**Prova Testemunhal
no Processo Penal**

Prova Testemunhal no Processo Penal

UM ESTUDO SOBRE FALSAS MEMÓRIAS E MENTIRAS

2021

Paula Thieme Kagueiama

PROVA TESTEMUNHAL NO PROCESSO PENAL
UM ESTUDO SOBRE FALSAS MEMORIAS E MENTIRAS
© Almedina, 2021
AUTOR: Paula Thieme Kagueiama

DIRETOR ALMEDINA BRASIL: Rodrigo Mentz
Editora Jurídica: Manuella Santos de Castro
EDITOR DE DESENVOLVIMENTO: Aurélio Cesar Nogueira
ASSISTENTES EDITORIAIS: Isabela Leite e Larissa Nogueira

DIAGRAMAÇÃO: Almedina
DESIGN DE CAPA: FBA

ISBN: 9786556273129
Setembro, 2021

Dados Internacionais de Catalogação na Publicação (CIP)
(Câmara Brasileira do Livro, SP, Brasil)

Kagueiama, Paula Thieme
Prova testemunhal no processo penal: um estudo sobre falsas memorias e mentiras / Paula Thieme Kagueiama. – 1. ed. – São Paulo : Almedina, 2021.

Bibliografia
ISBN 978-65-5627-312-9

1. Memórias 2. Mentira 3. Processo penal 4. Processo penal – Brasil 5. Prova testemunhal – Brasil I. Título.

21-71448   CDU-343.1(81)

Índices para catálogo sistemático:

1. Brasil : Processo penal 343.1(81)

Maria Alice Ferreira - Bibliotecária - CRB-8/7964

Este livro segue as regras do novo Acordo Ortográfico da Língua Portuguesa (1990).

Todos os direitos reservados. Nenhuma parte deste livro, protegido por copyright, pode ser reproduzida, armazenada ou transmitida de alguma forma ou por algum meio, seja eletrônico ou mecânico, inclusive fotocópia, gravação ou qualquer sistema de armazenagem de informações, sem a permissão expressa e por escrito da editora.

EDITORA: Almedina Brasil
Rua José Maria Lisboa, 860, Conj.131 e 132, Jardim Paulista | 01423-001 São Paulo | Brasil
editora@almedina.com.br
www.almedina.com.br

AGRADECIMENTOS

Agradeço ao Professor Marcos Alexandre Coelho Zilli, que, muito antes de ser meu orientador de Mestrado, foi um dos melhores professores que tive na graduação. Seu amor pela Academia, pela docência e pelo compartilhamento de conhecimento reflete-se em aulas claras, sérias e profundas, fazendo nascer nos alunos, como em mim nasceu, curiosidade e interesse crescentes pelo processo penal. Como meu orientador, agradeço pela confiança, pela paciência e pelos importantes ensinamentos generosamente transmitidos ao longo de toda essa caminhada.

Aos Professores Marta Saad Gimenes, Gustavo Henrique Badaró, Guilherme Madeira Dezem e Diogo Rudge Malan, agradeço pelas excelentes e valiosas sugestões feitas em minha banca, seja de qualificação, seja de defesa, que, em muito, contribuíram para a execução e aprimoramento deste trabalho.

Agradeço ao Professor Miguel Reale Júnior, meu eterno professor, mestre, colega de escritório e amigo, a quem devo muito do que sei e do que ainda irei aprender. Pela generosidade, pelo incentivo e por todas as oportunidades a mim oferecidas, sou completa e eternamente grata.

Agradeço à minha amada família, nas pessoas de minha mãe, Maria Cristina, de meu pai, Júlio, e de meu irmão, Thiago: vocês são meus pilares e meus portos seguros.

Agradeço, igualmente, ao meu namorado e melhor amigo, Ivan, que me deu apoio e amor incondicionais durante toda a execução desse trabalho. Obrigada pela compreensão de minha ausência e pelo incentivo diário aos meus sonhos.

Aos amigos de graduação, pós-graduação, escritório e, sobretudo, de vida, aos quais agradeço nas pessoas de Ana Flávia, Haissa, Laódice,

Laura, Elisa, Ângelo, Domitila, Rafael, Daiana, Mônica, Taciana e Filipe: obrigada pelo apoio, pela compreensão, pela amizade e parceria.

Das pessoas que partiram, mas que estarão sempre em meu coração, agradeço aos meus queridos avós paternos, Nelson e Luzia, por terem me ensinado muito do que sei sobre ética, persistência e empenho.

APRESENTAÇÃO
PROFUNDIDADE E CLAREZA

Normalmente os autores, especialmente de primeira viagem, quando aprofundam a análise do tema da dissertação, sentem dificuldade de dar leveza ao texto, para tornar a leitura convidativa. Não é o que sucede com Paula Thieme Kagueiama, com seu trabalho sobre a "Prova testemunhal no Processo Penal: um estudo sobre falsas memórias e mentiras".

Com efeito, além da extensa análise de Psicologia do Testemunho, a jovem autora nos apresenta um discurso agradável de ler, convidando o leitor a prosseguir, malgrado a diversidade de vertentes abordadas, com consistente referência a bibliografia, mormente estrangeira.

O dilema que preside ao trabalho surge nas palavras do grande pensador do processo civil e penal, Francesco Carnelutti, no sentido de que ao tempo em que o juízo penal se pode considerar o reino da prova testemunhal, da qual não pode prescindir, reconhece-se que a prova testemunhal é a mais infiel entre as provas.

Sendo o processo uma "petite histoire", buscando-se reproduzir o fato em julgamento, em obrigatória busca da verdade do sucedido, tem-se por fonte primacial a prova testemunhal, razão pela qual se alcança apenas a verdade processual, uma verdade aproximada da verdade, que é, de conseguinte, "tão só provável". E esta limitação se dá em vista de ser "a memória permeada de falhas e a mentira um traço inextirpável da natureza humana", como alerta a autora no início do trabalho.

Como enfrentar esse paradoxo?

Esta é a resposta que, com ampla fundamentação na Psicologia do Testemunho, procura Paula formular, analisando a prova testemunhal em diversos ângulos, pois começa por examinar a pessoa da testemunha.

Assim, discorre sobre a formação da memória, a sua aquisição, a retenção e a sua evocação e, principalmente, analisa a formação de falsa memória e o esquecimento.

Bem ilustra que a falsa memória não se confunde com a mentira, pois no caso há sinceridade, engano fruto de diversos fatores de contaminação da lembrança, internos ou externos. Os fatores podem ser involuntários, no caso de falsa memória, ou voluntários, quando a testemunha decide mentir.

Primeiramente, anota a autora ser a memória um registro de uma experiência pessoal da realidade, estando sujeito este registro a diversas condicionantes, a começar, por exemplo, pelo estado de espírito predominante no momento da ocorrência do acontecimento (estresse, ansiedade, estados de ânimo, nível de alerta). Em suma, há um "modo especial e particular que cada um percebe a realidade", além de fatores objetivos a influenciar a percepção, como a distância do fato ou a possibilidade de efetiva visualização.

A falsa memória pode ser fruto de sugestões, de tal forma que a testemunha acredita ter efetivamente vivenciado determinadas circunstâncias que, no entanto, não ocorreram, mas que acredita terem havido, podendo estar sugestionada pela opinião de um parente ou hoje em dia, principalmente, pela enxurrada de versões difundidas pela mídia e pelas redes sociais.

A testemunha pode também esquecer de como se deram os fatos com o passar do tempo, pois como ressalta autora, as memórias não são permanentes, sendo natural o processo de decadência, podendo também se entrelaçarem lembranças, formando-se uma reprodução livre dos fatos.

Outro aspecto examinado no que tange à pessoa da testemunha diz respeito à decisão de faltar à verdade, seja omitindo o que sabe, seja desvirtuando fatos conscientemente. A figura do mentiroso é largamente estudada, inclusive procurando indicar quais sinais verbais e não verbais podem revelar estar a testemunha a mentir, bem como tentando ver quais as características da estrutura do relato inverídico. Detectar a mentira conclui-se não ser fácil, mesmo porque há bons mentirosos e também equívocos de interpretação da atitude do inquirido, como no caso de Othelo e Desdemona.

Sob outra perspectiva, a fonte da infidelidade à verdade pode estar não na pessoa da testemunha, mas do inquisidor, que, por seu comportamento, compromete a descrição a ser feita. Assim, distinguem-se as perguntas em abertas, dando azo a que a testemunha disserte sobre o que sabe, e fechadas, nas quais já se define o campo da resposta ou, senão, a pergunta alternativa, sugerindo um ou outro caminho para o relato. As perguntas abertas, viabilizando que a testemunha se lembre, livre de qualquer sugestão, acerca do ocorrido, deveriam ser as preferenciais, mas não as são.

A indicação de um caminho para a testemunha se dá caso o inquiridor, por via de feedback, assinta com o relatado ou faça gesto de reprovação ao que ouve. Pior quando se lê para a testemunha em juízo, por exemplo, o teor de seu depoimento no inquérito policial, levando em geral à mera confirmação, buscando a testemunha não entrar em qualquer contradição. A leitura da denúncia, também, para situar o fato objeto de indagação, pode levar a sugerir a tese acusatória, sem se dar conhecimento dos argumentos já despendidos pela defesa.

Assim, o desafio está em como fazer para mitigar estes fatores de contaminação da prova testemunhal, para se ter maior fidedignidade na reconstrução do fato objeto do julgamento, seja em face de vícios decorrentes da própria testemunha, seja em vista da conduta errática do inquiridor.

É o que empreende a Autora, que passa a examinar diferentes técnicas que podem minimizar as naturais dificuldades próprias da prova testemunhal, destacando-se o recurso à Entrevista Cognitiva, consistente em: (i) reinstalação do cenário fático e do estado psicológico da testemunha no momento da percepção do evento; (ii) relato livre com o maior detalhamento possível; (iii) repetição da narrativa em diferentes ordens (cronologicamente ao contrário); (iv) repetição da narrativa de diferentes perspectivas.

Outras técnicas são estudadas, como a entrevista autoadministrada - SAI (Self-Administered Interview) e a Statement Validity Analysis - SVA, essa última para detectar se o depoimento é sincero ou mentiroso. É certo, contudo, que tais procedimentos não são de fácil aplicação na nossa prática forense.

A riqueza da análise, portanto, não afasta o exame da triste realidade da administração da justiça penal em nosso país, questão à qual a Autora se dedica criticamente no último capítulo da dissertação, destacando a necessidade de modificação da cultura prevalecente no meio jurídico, cujos atores não estão preparados para a aplicação da Entrevista Cognitiva e da Entrevista Autoadministrada.

A formação dos partícipes da administração da justiça criminal é desafio a que conclama a Autora, malgrado haja algumas dificuldades em se aprender a utilizar destes mecanismos de minimização da contaminação interna e externa da prova testemunhal, cuja falibilidade lhe é conatural.

A leitura deste trabalho revela-se indispensável para ilustrar delegados de polícia, escrivães, promotores, advogados e juízes a produzir a mais fidedigna possível prova testemunhal, dotando de segurança a justiça criminal, que hoje pouco se vale da contribuição dada pela Psicologia do Testemunho, largamente apresentada e criticada por Paula Thieme Kagueiama, que tenho a sorte de ter como minha colega de escritório.

Miguel Reale Júnior

PREFÁCIO
O MITO DE FUNES E AS RUÍNAS DA MEMÓRIA

> *Fisicamente, habitamos um espaço, mas, sentimentalmente, somos habitados por uma memória.*
>
> (SARAMAGO)

Michel Foucault esteve no Brasil em cinco oportunidades. O primeiro desembarque deu-se em 1965 em visita organizada por Gerard Lébrun, na Faculdade de Filosofia e Ciências Humanas da Universidade de São Paulo. Em 1973, já como professor do *Collège de France* e com a experiência da militância política dos movimentos de 1968 na bagagem, retornou aos trópicos para um ciclo de palestras na Pontifícia Universidade Católica do Rio de Janeiro. Foram intensos aqueles dias do mês de maio. Estão eternizados na célebre obra *A verdade e as formas jurídicas*, o mesmo título que se deu à série de conferências. A passagem de Foucault pelo país dos militares transbordou as fronteiras da intelectualidade ganhando registro na mídia impressa. Em 26 de maio, o *Jornal do Brasil* publicou, sob o sugestivo título *Em torno de Édipo*, os extratos da mesa redonda que encerrou, no dia anterior, o ciclo de conferências. Um encerramento, diga-se de passagem, por demais memorável ladeado que foi pela participação de Hélio Pellegrino, Chaim Katz e Affonso Romano de Sant'Anna, entre tantos outros.

Ao longo de cinco dias, Foucault discorreu sobre os diferentes métodos jurídicos de revelação da verdade e, para tanto, buscou nos gregos antigos inspiração e apoio para a suas conclusões. Em *Ilíada*, por exemplo, Foucault chamou a atenção para a passagem em que Menelau e Antíloco disputam uma corrida de carruagens. A vitória do último é contestada pelo primeiro que o acusa de trapaça. A disputa entre ambos não é resolvida, como se poderia esperar, pelo expediente da consulta à testemunha que havia sido colocada no ponto do percurso em que as carruagens fizeram o retorno. Na verdade, Menelau lança um desafio ao seu oponente: jurar, em nome de Zeus, que não havia cometido a trapaça. Naquele momento, Antíloco cede, não faz o juramento e admite a trapaça. E, assim, chega-se à verdade. Uma verdade que se revela pelo jogo do desafio e pelo receio da ira divina.[1]

Já em *Édipo Rei*, a verdade é construída aos pedaços e sem o recurso ao jogo do desafio. A cidade de Tebas enfrenta uma peste que tem causa identificada: a maldição que recai sobre Édipo. A tragédia desenvolve-se, então, pelo percurso da revelação dos fragmentos da verdade que, ao final, escancaram a compreensão sobre o ocorrido. É, pois, pelo testemunho dos escravos que se descobre que Édipo não havia sido morto após ser abandonado quando ainda bebê. Em verdade, fora salvo. E mais. Fora ele próprio o responsável pela morte de seu pai, o então Rei Laio, casando-se, na sequência, com a própria mãe. Assim, em Édipo, a verdade é um jogo de revelação que se opera com a reunião dos fragmentos da memória que estão depositados entre os diferentes atores/testemunhas. Diversamente da disputa entre Antíloco e Menelau, cuja verdade emerge do fracasso/vitória no enfrentamento do desafio, em Édipo, a verdade é apurada mediante o procedimento da reconstrução histórica que tem na força do testemunho a sua energia vital.

Para o pensamento foucaltiano, os métodos de construção da verdade se incorporam nos modelos jurídicos posteriores. No direito germânico antigo, a solução dá-se pelo duelo entre os grupos envolvidos. No direito feudal, por sua vez, as partes se submetem a um jogo de provas. Nestas, as ordálias, ou juízos de Deus, são bastante representativas do modelo do desafio e da revelação divina da razão e da verdade. É um desafio que se lança contra o próprio corpo acompanhado da intervenção divina. A intercessão de Deus impediria que o inocente sofresse as consequências do desafio. Os métodos assim postos aproximam-se da ilustração do desa-

---

[1] FOUCAULT, Michel. *A verdade e as formas jurídicas*. Rio de Janeiro: Nau, 2005, p. 32.

fio lançado por Menelau a Antíloco em *Ilíada*. São também encontrados em *Antígona*, quando um dos guardas, ao anunciar ao rei Creonte que o decreto de não sepultamento de Polinice havia sido descumprido, desde logo se propõe ao desafio de segurar o ferro em brasa ou de saltar sobre o fogo para demonstrar a sua inocência.

Esses modelos de revelação da verdade desaparecem e em seu lugar ressurge o método da apuração, calcado na investigação e na reconstrução histórica dos acontecimentos. Segundo Foucault, o que se verifica a partir do final do século XII não é uma simples transposição do modelo edipiano de reconstrução da verdade. Até mesmo porque a conjuntura política e social era muito distinta. O que se estabelece, a partir de então, é a associação da Justiça, como resultado, ao processo de apuração, como método, da verdade. A legitimidade do agir punitivo não se funda na fé da intervenção divina para a revelação dos inocentes e dos culpados submetidos que são ao jogo das provas, mas sim na apuração da verdade e no estabelecimento dos métodos de prova que permitam atingi-la.[2] A dinâmica probatória, portanto, calca-se na reconstrução histórica dos acontecimentos. É fato que a supervalorização da verdade como meta e sua

---

[2] Ainda que de forma diferente do que aqui é colocado, Foucault considera que o ressurgimento e a prevalência da investigação sobre as formas antigas de resolução dos conflitos deriva das relações de poder que são construídas, sobretudo a partir da Igreja, e da construção da noção de infração. Nesse sentido, a investigação como método e o inquérito como forma fixam uma maneira de apreensão do conhecimento, de revelação da verdade e de afirmação do poder. Nesse sentido, assinala Foucault: "Como conclusão poderíamos dizer: o inquérito não é absolutamente um conteúdo, mas a forma de saber. Forma de saber situada na junção de um tipo de poder e de certo número de conteúdos de conhecimentos. Aqueles que querem estabelecer uma relação entre o que é conhecido e as formas políticas, sociais ou econômicas que servem de contexto a esse conhecimento costumam estabelecer essa relação por intermédio da consciência ou do sujeito de conhecimento. Parece-me que a verdadeira junção entre processos econômico-políticos e conflitos de saber poderá ser encontrada nessas formas que são ao mesmo tempo modalidades de exercício de poder e modalidades de aquisição e transmissão do saber. O inquérito é precisamente uma forma política, uma forma de gestão, de exercício do poder que, por meio da instituição judiciária, veio a ser uma maneira, na cultura ocidental, de autentificar a verdade, de adquirir coisas que vão ser consideradas como verdadeiras e de as transmitir. O inquérito é uma forma de saber-poder". (FOUCAULT, Michel. *A verdade e as formas jurídicas*. Rio de Janeiro: Nau, 2005, p. 77-78).

condição legitimadora da Justiça e do poder acabaram propiciando toda a sorte de abusos.

Nesse cenário, a confissão desempenhou papel dúplice. Ao mesmo tempo em que indicava o êxito no alcance da verdade, era signo do arrependimento e, dessa forma, o caminho para a remissão dos pecados. Assim, na potencialização da verdade, faltaram freios morais para o emprego dos tormentos. Até a Igreja cedeu ao uso da tortura e a ela emprestou formal apoio.[3] Felizmente, as luzes fizeram renascer as almas e o direito. A dimensão humanista do processo e do percurso probatório sagrou-se vitoriosa em movimento histórico que ainda irradia os seus efeitos. Não se abandonou, contudo, a lógica da realização da justiça. Apurar, investigar e descobrir ainda são pressupostos para o julgamento. São selos legitimadores do poder. A obtenção da verdade, muito embora tenha sido desmistificada em seus contornos absolutos, ainda representa importante valor, desde que estabelecidos limites éticos e jurídicos da atividade processual.

A verdade, de fato, não é atingível pela via do processo judicial. Afinal, o que por ele se demonstra não é a realidade, senão fragmentos da realidade engessados pelos termos da imputação. É, portanto, dentro destes limites que se projeta a dinâmica do processo. A narrativa acusatória encerra uma interpretação sobre os fatos e que guarda relevância jurídico penal. A partir dela gravitam os sujeitos do processo. Acusação e acusado postam-se em relação de confronto e, dessa forma, buscam convencer o juiz. Assim o fazem pelo expediente probatório. O que se verifica no processo penal de natureza condenatória é uma disputa em torno da demonstração da veracidade da tese acusatória. Ao juiz reserva-se a essencialidade da atividade judiciária: a proclamação do julgamento. O julgamento é uma declaração sobre o resultado probatório. É, enfim, uma proclamação sobre o provado, sobre os fatos revelados e sobre o juízo de adequação destes com os termos da imputação. O grau de adequação ou de inadequação é que ditará os destinos do julgamento. Aqui a presunção de inocência orienta a solitária atividade da decisão. É um manto prote-

---

[3] Veja-se, a propósito, a Bula Papal de Inocêncio IV em 1252.

tivo que somente cederá uma vez fixada, na mente do julgador, a certeza positiva quanto aos termos da acusação.

A desmistificação do processo como canal de revelação da verdade, embora tenha sido importante para fixar balizas éticas e legais na condução da persecução penal, não projeta o processo penal para o campo da simples proclamação de vencedores e de vencidos. A leitura é mais complexa. Isto porque os valores que sustentam a persecução penal envolvem interesses públicos. De um lado, posta-se o poder punitivo que encontra no processo a via necessária e formalizada para a sua concretização. Nessa perspectiva, a instrumentalidade do processo – sem qualquer menosprezo a sua importância – busca pavimentar o caminho para a satisfação do poder punitivo que se institui, justamente, para a preservação dos bens jurídicos de maior relevância social. De outro, posta-se a preservação da liberdade e, porque não dizer, o resguardo da esfera jurídica da dignidade daquele que é alvo da acusação. Eis o dilema do processo penal. A solução do conflito envolve, portanto, uma série de regras dirigidas à reconstrução de fatos orientadas pela demonstração do enunciado que a acusação carrega. Ao menos em tese, quanto mais aprofundada for a atividade instrutória, tão melhor será a apuração dos fatos e, portanto, a aderência do julgamento à realidade.

Estas, note-se, são premissas que perpassam pelos diferentes sistemas processuais. É, portanto, um traço comum aos variados ordenamentos processuais e que se materializa sob distintas premissas. No processo de matriz adversarial, por exemplo, a ideia do contínuo confronto entre as partes é considerada essencial para a melhor revelação dos fatos. O mesmo ocorre no processo não adversarial – ou inquisitorial. A diferença reside na possibilidade de o juiz ser um ator mais ativo na condução atividade instrutória, determinando aquelas provas que reputar importantes para o esclarecimento de suas dúvidas. Por óbvio, tal se fará em ambiente controlado. Não se defende o reavivamento do juiz inquisidor. Não há a menor possibilidade de confusão entre tais pontos.[4]

---

[4] Como já destacamos em estudo anterior: "...dotar o julgador de poderes instrutórios implica formatar o processo penal em razão de suas próprias especificidades e exigências. É expressão do compromisso com a dimensão pública dada pela natureza dos interesses envolvidos. Tal iniciativa instrutória não implica supremacia do julgador e aniquilamento

Os tempos contemporâneos são intensos, frenéticos, tecnológicos e fluidos. Os avanços trazidos pela modernidade, contudo, não liquidaram com a prova testemunhal, tampouco reduziram a sua importância como elemento epistêmico. Aliás, a possibilidade de interferências no meio digital lança dúvidas quanto à viabilidade de uma adesão cega à confiabilidade de muitos meios de prova que se arvoram na supremacia da tecnologia como instrumento preciso de reconstrução de fatos. O testemunho humano ainda encontra espaço de sobrevivência no processo penal. Se isto se manterá por muito tempo é questão afeta à futurologia que, a toda evidência, se mostra estranha ao presente escrito, apegado que está à memória e, portanto, ao passado. De qualquer modo, ao menos por enquanto não atingimos o estágio ficcional desenhado por Asimov em que *Cutie*, o robô, após longas horas de introspecção toma para si a proclamação da verdade cartesiana: *I myself exist, because I think*.[5]

A prova testemunhal, como se sabe, alimenta-se da memória que, por sua vez, não é um monumento, mas sim, um movimento. É, portanto, potencial fonte de armadilhas. É que a memória se constrói de percepções e, dessa forma, está sujeita a diferentes leituras que não estão totalmente desvinculadas de interpretações e subjetivismos, sem contar, obviamente, os efeitos deletérios do tempo. A possibilidade de fixação de todos os detalhes sobre o ocorrido é irreal como bem nos revela Jorge Luis Borges em seu célebre conto *Funes, o memorioso*. A prodigiosa memória de Funes permite-lhe reconstruir o passado com exatidão ao ponto de, certa feita, ter tomado um dia inteiro para contar e reproduzir um dia de sua própria vida.[6] Eis o mito de Funes.

---

das partes, algo mais próximo de um autoritarismo do que de um processo estruturado em bases democráticas. Em realidade, uma marcha processual em que cada um dos atores desempenha o seu papel original é perfeitamente compatível com tais iniciativas, desde que complementares à atuação das partes e imprescindíveis para o esclarecimento de dúvidas relevantes para o deslinde da causa" (ZILLI, Marcos. O poder instrutório do juiz no processo penal. In. RASCOVSKI, Luiz (Coord.). *Temas relevantes de direito penal e processual penal*. São Paulo: Saraiva, 2012, p. 154).

[5] ASIMOV, Isaac. *I, Robot*. New York: Bantam Spectra Book, 2004, p. 36.

[6] "Essas lembranças não eram simples; cada imagem visual estava ligada a sensações musculares, térmicas etc. Podia reconstruir todos os sonhos e entressonhos. Duas ou três

Borges escancara, com sagacidade, o impossível no divisar humano. Na tentativa de captarmos a realidade somos traídos pelos limites próprios da memória. Conforme explorado pela autora do livro ora prefaciado, nesse campo residem as falsas memórias, vale dizer, aquelas que decorrem de percepções equivocadas captadas quando o evento é testemunhado, bem como aquelas marcadas pela ação do tempo, ou mesmo pela influência da narrativa de terceiros. As questões são fascinantes e envolvem diferentes áreas do conhecimento humano. Compreendê-las supõe desprendimento das visões monoculares e exercício de ampliação dos horizontes cognitivos. A Psicologia há tempos vem se dedicando ao tema.

Em 2017, um grupo de psicólogos da Universidade de Huddersfield, no Reino Unido, conduziu interessantes pesquisas empíricas que demonstraram a falibilidade da memória, bem como os efeitos nela projetados quando a sua construção é confrontada com a memória de terceiros.[7] O experimento envolveu mais de quatrocentos voluntários, de diferentes idades, que assistiram as imagens captadas pelas câmeras de vídeo instaladas em um bar. A cena envolvia uma discussão, seguida de agressões protagonizadas por dois homens. Na sequência, os voluntários foram divididos em grupos quando então passaram a discutir a cena assistida na busca pela identificação do responsável pelo início da agressão. Em alguns grupos, foram inseridos atores que, se fazendo passar por voluntários, foram, na verdade, incumbidos de sustentar falsas memórias sobre a cena. Com o encerramento da experiência, nos grupos que não contaram com a participação dos atores, 32% dos participantes forneceram respostas erradas na identificação daquele que havia sido o responsável pela briga. Nos grupos que contaram com a participação do ator, o percentual subiu para 52%. Por fim, nos grupos em que mais de dois atores foram inseridos, o percentual de respostas erradas atingiu a incrível marca de 80%.

---

vezes tinha reconstituído um dia inteiro; não tinha dúvida nunca, mas cada reconstituição tinha exigido um dia inteiro".

[7] MOJTAHEDI, Dara. *New research reveals how little we can trust eyewitness*. Disponível em: https://www.researchgate.net/publication/318457127_New_research_reveals_how_little_we_can_trust_eyewitnesses. Acesso em 04.06.2021.

A pesquisa escancara aspectos problemáticos na retenção de informações que cercam o testemunho de eventos, o que traz especiais dificuldades quando deles se depende para a realização da Justiça. Nesse ponto, os dramáticos casos de erros judiciários que, por razões diversas, ganham visibilidade não ilustram todo o cenário marcado por outros que permanecem invisíveis. Não faltam exemplos emblemáticos.

Doze de outubro de 1980. Em uma rua deserta, próxima do aeroporto da cidade de Seattle, nos Estados Unidos, uma adolescente foi vítima de estupro. O autor conduzia um veículo de cor azul. Tinha barba, vestia um terno de três peças e aparentava ter entre os seus 25 e 30 anos. Estes detalhes foram fixados pela vítima e por ela reproduzidos aos agentes policiais que a atenderam. Algum tempo depois, Steve Titus foi abordado por policiais. Conduzia um Chevrolet azul. Tinha barba, mas não trajava terno. Foi fotografado. A sua foto foi apresentada à vítima, junto com outras de possíveis suspeitos. Ela apontou Steve como aquele que "mais se parecia" com o autor do estupro. Steve Titus foi, então, formalmente acusado. Durante o julgamento, perante os jurados, a vítima disse que estava absolutamente convicta quanto ao reconhecimento de Steve, o que representou uma significativa mudança de seu padrão de convicção. Ao final, Steve Titus foi condenado. Inconformado e desesperado, buscou auxílio de Paul Henderson, um repórter do *Seattle Times*. Sensibilizado e convencido com os relatos de Steve, Henderson mergulhou na investigação do caso e na reconstrução dos fatos. Em seu trabalho investigativo, apurou que, dias antes do caso que envolvera Steve, uma adolescente de 15 anos havia sido vítima de estupro no mesmo local. Ao ser confrontada com uma sequência de fotos nas quais constava a de Steve, a vítima não o reconheceu.[8] Assim, em sucessivas reportagens, Henderson demonstrou a falibilidade das provas colhidas durante o processo, bem como a coerência das evidências que sustentavam o álibi de Steve e que jamais haviam sido consideradas pelas autoridades.[9] A série de reportagens levou a Polícia a reabrir as investigações. Ao mesmo tempo, a Justiça sus-

---

[8] Disponível em: https://www.law.umich.edu/special/exoneration/Pages/casedetailpre1989.aspx?caseid=331. Acesso em 05.06.2021.
[9] Disponível em: https://special.seattletimes.com/o/news/local/tituscase/clock.html. Acesso em 05.06.2021.

pendeu o processo instaurado contra Steve. Nas investigações, apurou-se que Edward Lee King, um criminoso em série, era o responsável pela prática de vários estupros. Ao visualizar a foto de Edward, a vítima, que antes havia reconhecido Steve, não teve dúvidas em reconhecê-lo, admitindo, assim, o grave erro que procedera. Em razão dos fatos, Henderson foi laureado, em 1982, com o prêmio Pulitzer de jornalismo investigativo.[10] Steve Titus não teve a mesma sorte. Em razão da grave acusação, rompeu o noivado, perdeu o emprego e assumiu dívidas para pagar os seus advogados. Ajuizou uma ação indenizatória. Não viveu até o julgamento. Steve Titus faleceu em 02 de fevereiro de 1985, após um ataque cardíaco fulminante decorrente do grave estado de depressão que o acometera.

Elizabeth Loftus acompanhou e estudou o caso de Steve Titus. Psicóloga e professora da Universidade da Califórnia, Elizabeth é uma grande autoridade nos estudos sobre os processos de construção de falsas memórias. Suas obras sobre a memória humana e a relação com a atividade forense representam roteiro obrigatório para aqueles que se dedicam ao aprimoramento da atividade jurisdicional. *The myth of the repressed memory*; *Witness for the defense: the accused, the eyewitness and the expert who puts memory on trial* e *Eyewitness testimony* são apenas alguns de seus importantes legados científicos. Para Elisabeth, a centralidade do problema no caso de Steve Titus girou em torno de uma falsa certeza que, em realidade, se sedimentou ao longo do processo, a partir da percepção inicial que a vítima obteve ao visualizar a fotografia de Steve. Steve Titus não foi o primeiro caso de erro judiciário e não será o último, infelizmente. Por certo, não há soluções fáceis para problemas complexos, sobretudo quando decorrentes da própria natureza humana. Talvez um bom caminho envolva o aprimoramento do aparato persecutório com o estabelecimento de instrumentos que melhor resguardem a formação da memória e, portanto, o seu grau de fidedignidade.

No Brasil, a insuficiência normativa sobre a questão é retumbante. A ausência de tomada de compromisso das testemunhas que guardam relação de parentesco com o acusado, dos menores de 14 anos e dos deficien-

---

[10] Disponível em: https://www.pulitzer.org/winners/paul-henderson. Acesso em 05.06.2021.

tes mentais[11] é solução que revela as reservas do legislador frente à confiabilidade das narrativas prestadas por tais pessoas. Não previne, contudo, a formação de falsas memórias. Por sua vez, a separação das testemunhas por ocasião da audiência e as medidas dirigidas ao resguardo da incomunicabilidade[12] compõem a ritualidade dos atos judiciais. A toda evidência, não impedem as interações anteriores e, por consequência, as influências que os fatores externos exercem na formação da memória. O chamado depoimento especial, por sua parte, compreende método de inquirição que busca resguardar o *status dignitatis* de crianças e de adolescentes, sobretudo quando vítimas de crimes e de eventos traumáticos.[13] Cuida-se de inegável avanço que alinha a normativa nacional aos padrões internacionais de proteção dos direitos humanos deste grupo mais vulnerável. A intervenção de profissionais capacitados é, sem dúvida, uma importante ferramenta de intermediação entre a fonte de prova e os sujeitos do processo durante o depoimento especial. Não é, obviamente, um procedimento que estabeleça um manto protetivo contra falsas memórias. Aliás, nem foi este o principal objetivo da lei.

A jurisprudência, por outro lado, vem demonstrando sinais de preocupação com a fidedignidade de certos elementos de prova que são dependentes da memória. Recentes julgados do Superior Tribunal de Justiça, por exemplo, conferiram novo colorido exegético à obrigatoriedade de cumprimento do procedimento de reconhecimento pessoal. Se antes o desrespeito ao padrão procedimental era tratado com tolerância,[14] o atual entendimento proclama a indispensabilidade de observância de todo o roteiro previsto pelo art. 226 do Código de Processo Penal.[15] Assim, o

---

[11] Conforme arts. 206 e 208 do CPP.
[12] Conforme art. 210 do CPP.
[13] A escuta especializada e o depoimento especial foram regulados pela Lei 13.431/17.
[14] Veja-se, a propósito: "Esta Corte Superior de Justiça firmou o entendimento de que as disposições insculpidas no artigo 226 do Código de Processo Penal configuram uma recomendação legal, e não uma exigência, cuja inobservância não enseja a nulidade do ato, em especial caso eventual édito condenatório esteja fundamentado em idôneo conjunto fático probatório, produzido sob o crivo do contraditório, que associe a autoria do ilícito ao acusado" (AgRg no AREsp n. 375.887/RJ, j. 25.10.2016).
[15] Nesse sentido: "HABEAS CORPUS. ROUBO MAJORADO. RECONHECIMENTO FOTOGRÁFICO DE PESSOA REALIZADO NA FASE DO INQUÉRITO POLICIAL.

descumprimento injustificado é chancelado com a afirmação da nulidade do meio de prova e a imprestabilidade de seu resultado. A benfazeja

INOBSERVÂNCIA DO PROCEDIMENTO PREVISTO NO ART. 226 DO CPP. PROVA INVÁLIDA COMO FUNDAMENTO PARA A CONDENAÇÃO. RIGOR PROBATÓRIO. NECESSIDADE PARA EVITAR ERROS JUDICIÁRIOS. PARTICIPAÇÃO DE MENOR IMPORTÂNCIA. NÃO OCORRÊNCIA. ORDEM PARCIALMENTE CONCEDIDA. 1. O reconhecimento de pessoa, presencialmente ou por fotografia, realizado na fase do inquérito policial, apenas é apto, para identificar o réu e fixar a autoria delitiva, quando observadas as formalidades previstas no art. 226 do Código de Processo Penal e quando corroborado por outras provas colhidas na fase judicial, sob o crivo do contraditório e da ampla defesa. 2. Segundo estudos da Psicologia moderna, são comuns as falhas e os equívocos que podem advir da memória humana e da capacidade de armazenamento de informações. Isso porque a memória pode, ao longo do tempo, se fragmentar e, por fim, se tornar inacessível para a reconstrução do fato. O valor probatório do reconhecimento, portanto, possui considerável grau de subjetivismo, a potencializar falhas e distorções do ato e, consequentemente, causar erros judiciários de efeitos deletérios e muitas vezes irreversíveis. 3. O reconhecimento de pessoas deve, portanto, observar o procedimento previsto no art. 226 do Código de Processo Penal, cujas formalidades constituem garantia mínima para quem se vê na condição de suspeito da prática de um crime, não se tratando, como se tem compreendido, de "mera recomendação" do legislador. Em verdade, a inobservância de tal procedimento enseja a nulidade da prova e, portanto, não pode servir de lastro para sua condenação, ainda que confirmado, em juízo, o ato realizado na fase inquisitorial, a menos que outras provas, por si mesmas, conduzam o magistrado a convencer-se acerca da autoria delitiva. Nada obsta, ressalve-se, que o juiz realize, em juízo, o ato de reconhecimento formal, desde que observado o devido procedimento probatório. (...) 5. De todo urgente, portanto, que se adote um novo rumo na compreensão dos Tribunais acerca das consequências da atipicidade procedimental do ato de reconhecimento formal de pessoas; não se pode mais referendar a jurisprudência que afirma se tratar de mera recomendação do legislador, o que acaba por permitir a perpetuação desse foco de erros judiciários e, consequentemente, de graves injustiças. 6. É de se exigir que as polícias judiciárias (civis e federal) realizem sua função investigativa comprometidas com o absoluto respeito às formalidades desse meio de prova. E ao Ministério Público cumpre o papel de fiscalizar a correta aplicação da lei penal, por ser órgão de controle externo da atividade policial e por sua ínsita função de custos legis, que deflui do desenho constitucional de suas missões, com destaque para a "defesa da ordem jurídica, do regime democrático e dos interesses sociais e individuais indisponíveis" (art. 127, caput, da Constituição da República), bem assim da sua específica função de "zelar pelo efetivo respeito dos Poderes Públicos [inclusive, é claro, dos que ele próprio exerce] [...] promovendo as medidas necessárias a sua garantia" (art. 129, II). 7. Na espécie, o reconhecimento do primeiro paciente se deu por meio fotográfico e não seguiu minimamente o roteiro normativo previsto no Código de Processo Penal. Não houve prévia descrição da pessoa a ser reconhecida e não se exibiram

mudança jurisprudencial é um aceno em direção aos maiores cuidados que os atores do processo devem tomar no tratamento dos canais de exteriorização da memória.

A questão, como se vê, é complexa e exige aprofundamento em seus estudos. Nesse ponto, a literatura jurídica nacional é bastante restrita. A obra que ora vem à público integra o seleto grupo de trabalhos que se dedicam ao tema. É resultado de investigação científica conduzida no campo dos estudos de pós-graduação da Faculdade de Direito da Universidade de São Paulo. Impactou a banca examinadora. Por certo, impactará a comunidade acadêmica que contará com um importante guia a orientar as futuras pesquisas sobre o tema da memória e da prova testemunhal.

A autora, com desenvoltura, busca apoio em outras áreas de conhecimento como a Psicologia para, então, discorrer sobre a memória, seus tipos e fases de formação: aquisição, retenção e recuperação. Tais elementos, pouco explorados na literatura jurídica tradicional, servem de apoio para a compreensão dos processos de contaminação da memória incidentes em cada uma de suas fases formativas. A partir deste ponto, a autora realiza interessante análise sobre os fatores de contaminação da prova testemunhal, distinguindo-os em voluntários e involuntários. No primeiro grupo postam-se as mentiras. Aqui, em clara demonstração de sua maturidade acadêmica, a autora chama a atenção para as dificuldades que cercam a delimitação conceitual da mentira, bem como as suas

---

outras fotografias de possíveis suspeitos; ao contrário, escolheu a autoridade policial fotos de um suspeito que já cometera outros crimes, mas que absolutamente nada indicava, até então, ter qualquer ligação com o roubo investigado. (...) 12. Conclusões: 1) O reconhecimento de pessoas deve observar o procedimento previsto no art. 226 do Código de Processo Penal, cujas formalidades constituem garantia mínima para quem se encontra na condição de suspeito da prática de um crime; 2) À vista dos efeitos e dos riscos de um reconhecimento falho, a inobservância do procedimento descrito na referida norma processual torna inválido o reconhecimento da pessoa suspeita e não poderá servir de lastro a eventual condenação, mesmo se confirmado o reconhecimento em juízo; 3) Pode o magistrado realizar, em juízo, o ato de reconhecimento formal, desde que observado o devido procedimento probatório, bem como pode ele se convencer da autoria delitiva a partir do exame de outras provas que não guardem relação de causa e efeito com o ato viciado de reconhecimento..." (STJ, HC 598.886/SC, 6ª Turma, Min. Rogério Schietti). A questão também vem sendo assim decidida pela 5° Turma do STJ. Nesse sentido: HC 652284/SC, Min. Reynaldo Soares da Fonseca).

condicionantes transitórias ou patológicas. Com relação às falsas memórias, a autora, em percurso que transita pela experiência estrangeira, discorre sobre métodos e técnicas que procuram afastar/minimizar os efeitos deletérios da memória.[16] Na estação de chegada, a obra enfrenta os vácuos de nossa legislação e apresenta proposta de aprimoramento da qualidade epistemológica da prova testemunhal.

O resultado é uma obra original, instigante e vigorosa. É o coroamento de uma trajetória acadêmica que tive a honra de acompanhar na condição de orientador. Em realidade, a curiosidade científica da autora, o seu comprometimento e, sobretudo, a sua acuidade intelectual levaram-me ao desempenho de dois papéis que não o de orientador. Fui, em realidade, testemunha e, nesta condição, ouso afirmar que as falsas memórias não me traem. Os louros do reconhecimento são devidos, exclusivamente, à autora. Fui, ademais, aprendiz. Aliás, ainda desempenho este papel toda a vez que me posto a desfrutar das páginas e dos parágrafos da presente obra. Por gentileza, guardem este nome: Paula Kagueiama. Não será difícil. Afinal, as coisas boas sempre nos deixam boas recordações que se perpetuam em nossa memória. Por certo não será diferente após a leitura desta obra.

Junho de 2021

MARCOS ZILLI.

---

[16] *Cognitive interview, self-administered interview, statement validity analysis* e *reality monitoring*.

SUMÁRIO

INTRODUÇÃO 29

1 CONSIDERAÇÕES INTRODUTÓRIAS A RESPEITO DA PROVA TESTEMUNHAL NO PROCESSO PENAL 33
1.1 A Relação entre prova e verdade 33
1.2 A prova testemunhal e sua importância na reconstrução histórica dos fatos 38
1.3 A natureza jurídica da testemunha e da prova testemunhal no processo penal... 42
1.4 Delimitação da figura da testemunha no processo penal 44
    1.4.1 Capacidade para ser testemunha 44
    1.4.2 Dever, dispensa e proibição de depor 45
    1.4.3 Compromisso de dizer a verdade e exceções ao seu deferimento... 47
    1.4.4 Distinção entre a testemunha e outras figuras no processo penal... 50
    1.4.5 A testemunha indireta pode ser considerada testemunha e valorada como tal?................................. 57
1.5 Características da prova testemunhal 63
    1.5.1 Oralidade 63
    1.5.2 Objetividade 65
    1.5.3 Retrospectividade................................. 67
    1.5.4 Judicialidade..................................... 67
    1.5.5 Imediação 68
1.6 Procedimento probatório da prova testemunhal 70
1.7 A falibilidade da prova testemunhal: a equivocada presunção de veracidade e a incidência de fatores de contaminação sobre a testemunha 74

2 Os fatores involuntários de contaminação da prova testemunhal......... 81

2.1 Introdução 81
2.2 A memória 82
    2.2.1 Considerações iniciais 82
    2.2.2 Classificação dos tipos de memória 87
    2.2.3 A construção das memórias declarativas de longa duração 91
    2.2.4 As três fases de formação da memória 94
2.3 Fatores de contaminação incidentes no momento da aquisição
    da memória 97
    2.3.1 Atenção 97
    2.3.2 Emoção e estresse 101
    2.3.3 Estereótipos e expectativas 105
    2.3.4 Condições objetivas de percepção do evento 107
2.4 Fatores de contaminação incidentes no momento da retenção
    do conhecimento 109
    2.4.1 A formação das falsas memórias 110
    2.4.2 As interferências causadas pelo contato entre testemunhas
        (*memory conformity*) 122
    2.4.3 O decurso do tempo e o esquecimento 125
2.5 Fatores de contaminação incidentes no momento da recuperação
    da lembrança pela testemunha 127
    2.5.1 O efeito do tempo na recuperação do evento: o preenchimento
        de lacunas e o fenômeno da interferência 127
    2.5.2 A inquirição e o entrevistador: a sugestionabilidade interrogativa ... 129
2.6 Conclusão parcial 142

3   O FATOR VOLUNTÁRIO DE CONTAMINAÇÃO DA PROVA
    TESTEMUNHAL: A MENTIRA 143
3.1 A MENTIRA 143
    3.1.1 Definição 143
    3.1.2 Formas de manifestação da mentira 148
    3.1.3 A mentira situacional e a mentira patológica 150
3.2 Teorias acerca dos processos cognitivos e emocionais do mentiroso 152
    3.2.1 A teoria do processo emocional 152
    3.2.2 A teoria da complexidade do conteúdo 155
    3.2.3 A teoria da tentativa de controle 156
    3.2.4 A perspectiva da autoapresentação 159

3.2.5 A teoria do engano interpessoal 161
3.3 Indicadores verbais e não verbais da mentira 163
    3.3.1 Meta-análise da literatura por DePaulo et al. (2003) 166
    3.3.2 Síntese dos indicadores verbais e não verbais associados à mentira 176
3.4 Detecção da mentira 179
    3.4.1 As principais dificuldades enfrentadas pelas autoridades entrevistadoras 180
    3.4.2 Os principais erros cometidos pelas autoridades entrevistadoras... 184
    3.4.3 Estratégias para aumentar as diferenças entre testemunhas sinceras e mentirosas 189
3.5 Conclusão parcial 195

4 O TRATAMENTO DA PROBLEMÁTICA DA CONTAMINAÇÃO DA PROVA TESTEMUNHAL PELO DIREITO ESTRANGEIRO 197

4.1 Entrevista Cognitiva (*Cognitive Interview* – CI): a obtenção de um relato testemunhal mais completo e preciso 197
    4.1.1 Aspectos gerais 197
    4.1.2 Seções da Entrevista Cognitiva 199
    4.1.3 Eficácia da Entrevista Cognitiva auferida por estudos empíricos ... 207
    4.1.4 A aplicação da Entrevista Cognitiva na prática 209
4.2 *Self-Administered Interview* (SAI): a minimização dos efeitos do tempo e das informações pós-evento 211
    4.2.1 Proposta da ferramenta 211
    4.2.2 Conteúdo 214
    4.2.3 Eficácia da SAI auferida por estudos empíricos 216
    4.2.4 Aplicação prática da SAI: desafios e aprimoramentos 219
4.3 *Statement Validity Analysis* (SVA): a tentativa de distinguir um depoimento sincero de um mentiroso 220
    4.3.1 Conceito e origem 220
    4.3.2 Etapas integrantes do protocolo SVA 220
    4.3.3 Eficácia da SVA auferida por pesquisas empíricas 221
    4.3.4 Aplicação prática da SVA: limites e críticas 233
4.4 *Reality Monitoring* (RM): A identificação da origem de uma memória 235
    4.4.1 Fundamento teórico 239
    4.4.2 Modelo padronizado de critérios do RM 239
    4.4.3 Formas de Monitoramento de Realidade 242

4.4.4 Aplicação prática do RM: possibilidades e limitações 249

5 A PROVA TESTEMUNHAL NO DIREITO PROCESSUAL PENAL
   BRASILEIRO: PROPOSTAS DE APERFEIÇOAMENTO
   E MITIGAÇÃO DOS FATORES DE CONTAMINAÇÃO 253
5.1 A realidade brasileira no tocante à produção da prova testemunhal:
    legislação e prática... 253
    5.1.1 A legislação processual penal pátria: a incipiente disciplina
          da prova testemunhal.. 257
    5.1.2 A prática pelos atores jurídicos: os procedimentos adotados
          para coletas de depoimentos 264
5.2 O aperfeiçoamento da prova testemunhal mediante a redução
    do impacto dos fatores de contaminação 264
    5.2.1 Mitigação do impacto dos fatores involuntários de contaminação
          da prova testemunhal.. 275
    5.2.2 Mitigação do impacto dos fatores voluntários de contaminação
          da prova testemunhal: adoção conjunta de mecanismos
          de identificação de mentira 283
5.3 A cautela na valoração da prova testemunhal: critérios úteis de avaliação
    da credibilidade e veracidade da narrativa 288
5.4 Sugestões de lege ferenda 294

CONCLUSÕES 301
REFERÊNCIAS 309

3.2.5 A teoria do engano interpessoal 161
3.3 Indicadores verbais e não verbais da mentira 163
    3.3.1 Meta-análise da literatura por DePaulo et al. (2003)............ 166
    3.3.2 Síntese dos indicadores verbais e não verbais associados à mentira 176
3.4 Detecção da mentira 179
    3.4.1 As principais dificuldades enfrentadas pelas autoridades entrevistadoras 180
    3.4.2 Os principais erros cometidos pelas autoridades entrevistadoras... 184
    3.4.3 Estratégias para aumentar as diferenças entre testemunhas sinceras e mentirosas 189
3.5 Conclusão parcial... 195

4 O TRATAMENTO DA PROBLEMÁTICA DA CONTAMINAÇÃO DA PROVA TESTEMUNHAL PELO DIREITO ESTRANGEIRO 197

4.1 Entrevista Cognitiva (*Cognitive Interview – CI*): a obtenção de um relato testemunhal mais completo e preciso............................... 197
    4.1.1 Aspectos gerais 197
    4.1.2 Seções da Entrevista Cognitiva 199
    4.1.3 Eficácia da Entrevista Cognitiva auferida por estudos empíricos ... 207
    4.1.4 A aplicação da Entrevista Cognitiva na prática 209
4.2 *Self-Administered Interview* (SAI): a minimização dos efeitos do tempo e das informações pós-evento 211
    4.2.1 Proposta da ferramenta..................................... 211
    4.2.2 Conteúdo 214
    4.2.3 Eficácia da SAI auferida por estudos empíricos................. 216
    4.2.4 Aplicação prática da SAI: desafios e aprimoramentos 219
4.3 *Statement Validity Analysis* (SVA): a tentativa de distinguir um depoimento sincero de um mentiroso 220
    4.3.1 Conceito e origem 220
    4.3.2 Etapas integrantes do protocolo SVA......................... 220
    4.3.3 Eficácia da SVA auferida por pesquisas empíricas............... 221
    4.3.4 Aplicação prática da SVA: limites e críticas 233
4.4 *Reality Monitoring* (RM): A identificação da origem de uma memória..... 235
    4.4.1 Fundamento teórico... 239
    4.4.2 Modelo padronizado de critérios do RM...................... 239
    4.4.3 Formas de Monitoramento de Realidade 242

4.4.4 Aplicação prática do RM: possibilidades e limitações 249

5   A PROVA TESTEMUNHAL NO DIREITO PROCESSUAL PENAL
    BRASILEIRO: PROPOSTAS DE APERFEIÇOAMENTO
    E MITIGAÇÃO DOS FATORES DE CONTAMINAÇÃO 253
5.1 A realidade brasileira no tocante à produção da prova testemunhal:
    legislação e prática.. 253
    5.1.1 A legislação processual penal pátria: a incipiente disciplina
          da prova testemunhal.. 257
    5.1.2 A prática pelos atores jurídicos: os procedimentos adotados
          para coletas de depoimentos 264
5.2 O aperfeiçoamento da prova testemunhal mediante a redução
    do impacto dos fatores de contaminação 264
    5.2.1 Mitigação do impacto dos fatores involuntários de contaminação
          da prova testemunhal.. 275
    5.2.2 Mitigação do impacto dos fatores voluntários de contaminação
          da prova testemunhal: adoção conjunta de mecanismos
          de identificação de mentira 283
5.3 A cautela na valoração da prova testemunhal: critérios úteis de avaliação
    da credibilidade e veracidade da narrativa 288
5.4 Sugestões de lege ferenda 294

CONCLUSÕES 301
REFERÊNCIAS 309

Introdução

O presente trabalho centra sua análise em um dos meios de prova mais importantes – se não, o mais importante –, e mais utilizado no processo penal: a prova testemunhal. A importância da prova testemunhal, a bem da verdade, transcende o processo, visto que ela é, historicamente, o meio de prova mais antigo e elementar de comprovação dos fatos pretéritos. Nesse sentido, Gorphe refere que a utilização da prova testemunhal remonta às origens da história da humanidade: "desde de que existen los hombres y desde que tienen la pretensión de hacer justicia se han valido del testimonio como del más fácil y más común de los medios de prueba".[17]

A testemunha, em termos gerais, é aquela que revela a outrem a ocorrência de um fato pretérito do qual teve conhecimento por meio dos seus sentidos. No processo penal, a testemunha é um terceiro, alheio à relação processual e desinteressado em seu resultado, chamado a depor perante o juiz acerca de suas percepções sensoriais, que, por sua vez, devem referir-se a fatos que constituam o litígio penal.[18]

É natural que quase todos os fatos da vida sejam percebidos por alguém. Isso se verifica em relação a qualquer ocorrência naturalística, das mais singelas e sem importância às mais extraordinárias e relevantes, como a prática de um crime. Não por outra razão, é o testemunho considerado, na reconstrução histórica dos fatos, a prova por excelência.[19]

---

[17] GORPHE, François. *La critica del testimonio*. 5. ed. Trad.: Mariano Ruiz-Funes. Madrid: Reus, 1971, p. 09.

[18] MARQUES, José Frederico. *Elementos de direito processual penal*. Campinas: Millennium Editora, 2009. v. 2, p. 333.

[19] Nesse sentido, Magalhães Noronha ressalta ser a prova testemunhal, máxime no processo penal, a prova por excelência: "o crime é um fato, é um trecho da vida, e, conse-

Além de sua frequência e importância serem explicadas pela própria natureza da prova e por sua conexão com o substrato fático, também justifica a posição de destaque da prova testemunhal no processo penal o fato de ser sua produção probatória fácil e célere, bem como depender de um baixo dispêndio de recursos materiais. A rara presença de vestígios materiais, aliada à dificuldade e à complexidade de produção das provas técnicas, corrobora o cenário de escassez das provas periciais e de dependência majoritária ou exclusiva da prova testemunhal para a reconstrução dos fatos pretéritos.

Contudo, a sobredita importância e elevada presença da prova testemunhal no processo penal resvalam em sua imanente falibilidade. A validade da prova testemunhal fundamenta-se na presunção de veracidade da palavra humana, o que, por sua vez, implica na aceitação de duas premissas básicas: (i) a testemunha percebeu, armazenou, e, posteriormente, evocou, com exatidão, os fatos assim como eles ocorreram na realidade (é dizer, a sua memória sobre os acontecimentos corresponde, precisamente, à realidade); (ii) a testemunha, sempre e em qualquer situação, relata a verdade dos fatos, assim como os recorda, não omitindo fatos que sabe serem verdadeiros, tampouco expressando fatos que sabe serem falsos.

A falibilidade da prova testemunhal nasce justamente da insustentabilidade dessas duas premissas, uma vez que: (i) todo o complexo processo de formação da memória humana (aquisição, retenção e evocação da lembrança) é permeado de falhas, distorções e subjetivismo[20]; (ii) a mentira é um traço inextirpável da natureza humana, sendo temerário e ingênuo desconsiderar a sua ocorrência.[21]

Portanto, atuam sobre a prova testemunhal, desde o seu nascedouro, ou seja, desde o momento no qual a testemunha percebe o evento criminoso, até o momento da coleta de seu depoimento perante a autori-

---

quentemente, é, em regra, percebido por outrem". (NORONHA, Edgard Magalhães. *Curso de direito processual penal*. 10. ed. São Paulo: Saraiva, 1978, p. 113).

[20] ÁVILA, Gustavo Noronha de. *Falsas Memórias e Sistema Penal*: a Prova Testemunhal em Xeque. Rio de Janeiro: Editora Lumen Iuris, 2013, p. 51;

[21] MANZINI, Vincenzo. *Trattato di Diritto Processuale Penale Italiano*. 6. ed. Torino: UTET, 1970. v. 3, p. 285-286.

dade, diversos fatores que alteram e distorcem a realidade presenciada pela testemunha. Esses fatores, denominados, no presente trabalho, de "fatores de contaminação da prova testemunhal", podem ser (i) involuntários, quando decorrentes de processos inconscientes e independentes da vontade da testemunha em dizer a verdade e colaborar com a reconstrução histórica dos fatos; ou (ii) voluntários, quando são determinados pela vontade consciente da testemunha em expressar fatos divergentes de seu conhecimento ou omitir fatos sabidamente verdadeiros.

Diante desse cenário, o presente trabalho nasceu de uma preocupação que, embora não seja recente, remonta a um problema sempre atual: é possível confiar em uma testemunha e atribuir à sua palavra um valor de certeza histórica, fundamentando, a partir dela, uma condenação criminal?

Em resposta à questão individuada, foram examinados, nessa obra, os principais fatores que contaminam a prova testemunhal, afastando-a do relato objetivo e preciso dos fatos pretéritos relevantes ao processo penal. Em um segundo momento, pretendeu-se buscar soluções para os problemas apontados por meio da verificação do desenvolvimento, no direito estrangeiro, de técnicas de inquirição e de análise do depoimento e do depoente voltadas a afastar o impacto dos fatores de contaminação e distinguir depoimentos provavelmente falsos de depoimentos verazes. Todos os dados encontrados nesses capítulos serviram para, ao final, identificar e sugerir meios para o aprimoramento da qualidade epistemológica da prova testemunhal na realidade brasileira.

Para tanto, a presente obra, em sequência a esta introdução, divide-se nas seções a seguir elencadas, cujos objetos estão, desta maneira, sintetizados:

No primeiro capítulo, estão descritos os aspectos gerais atinentes à prova testemunhal, como as suas características, traços distintivos, princípios e regulamentação legal, com o intuito de definir e delimitar a base material sobre a qual recai o objeto de estudo e apresentar a problemática existente em torno desse meio de prova, que tem seu exame aprofundado nos capítulos que se seguem.

O segundo capítulo dá início ao exame dos fatores de contaminação da prova testemunhal, com a apresentação dos elementos involuntários de distorção do relato da testemunha em relação à realidade fática.

Dedicou-se, nesse capítulo, ao estudo do complexo e falível fenômeno da memória humana, com a análise dos fatores de contaminação incidentes em cada uma das etapas de formação da memória (aquisição, retenção e evocação), entre eles, a formação de falsas memórias e o esquecimento.

No terceiro capítulo, apresenta-se a temática do fator voluntário de contaminação da prova testemunhal, ou seja, a mentira. Cumpriu-se examinar, sobretudo, o fenômeno da mentira, as principais teorias sobre os processos emocionais e cognitivos do mentiroso, os indicadores verbais e não verbais mais confiáveis e menos confiáveis da mentira, bem como os erros cometidos e as dificuldades enfrentadas pelas autoridades policiais e judiciais na detecção da testemunha mendaz.

O quarto capítulo, por sua vez, retrata as principais ferramentas utilizadas no direito estrangeiro para minimizar o impacto dos fatores de contaminação estudados nos capítulos anteriores. São apresentadas a Entrevista Cognitiva e a Entrevista Autoadministrada, técnicas de inquirição voltadas à redução da formação de falsas memórias e à minimização dos efeitos negativos do tempo sobre a memória da testemunha, bem como são examinados métodos estruturados de análise do depoimento para a distinção entre depoentes sinceros e depoentes potencialmente mentirosos (a *Statement Validity Analysis* e o Monitoramento de Realidade).

No quinto capítulo, por fim, coube identificar os principais problemas existentes na legislação e na prática brasileiras no tocante ao tratamento da prova testemunhal, assim como investigar a possibilidade de adequação das ferramentas, antes examinadas, na realidade do Brasil, com a apresentação de propostas de alteração legislativa.

1
Considerações Introdutórias a Respeito da Prova Testemunhal no Processo Penal

1.1 A relação entre prova e verdade
A função da prova tem sido, historicamente, transmudada, partindo de uma concepção predominantemente persuasiva para se atingir uma natureza marcadamente cognoscitiva. Na Grécia e na Roma antiga, até o período do Principado, consoante recorda Taruffo[22], a prova tinha, sem dúvida, um caráter persuasivo, argumentativo, voltada, fundamentalmente, a convencer o juiz dos fatos alegados pelas partes. O acertamento dos fatos pela prova era questão renegada, sendo mais importante o convencer alguém de algo do que o comprovar algo para alguém. Nessa época, a advocacia era uma arte de exercício da retórica.

O autor italiano indica que a gradual profissionalização da carreira dos magistrados e dos advogados conduziu à mutação da concepção de prova, partindo de um aspecto quase que exclusivamente argumentativo para adquirir uma valência mais racional e jurídica. O sentido técnico que passou a revestir a ideia de prova foi a responsável pela crise de sua concepção persuasiva.[23]

Ainda que se argumente que as partes possam intentar, por meio da atividade probatória, única e exclusivamente persuadir o juiz acerca da defesa defendida, tal não é capaz de vincular o juiz a uma teoria persuasiva da prova, tampouco demonstrar que o magistrado teve seu convencimento formado em razão dos argumentos retóricos empreendidos pelas partes.

---

[22] TARUFFO, Michele. *La prova dei fatti giuridici*. Milano: Giuffrè, 1992, p. 324.
[23] Ibid., p. 325.

Do contrário, a exigência de fundamentação das decisões judiciais obriga o magistrado a expor racionalmente os motivos pelos quais entendeu como comprovados os fatos aduzidos por determinada parte. E, para tanto, não basta afirmar que foi convencido pela melhor retórica empregada por aquela parte, mas deve explicitar a razão pela qual a análise do conjunto probatório amealhado aos autos levou a ser preferível, por mais plausível e mais próxima à verdade, determinada tese em detrimento da outra.

A despeito de ser acertada a concepção cognoscitiva da prova, afirmando ser sua função permitir o conhecimento de fatos passados, não se desconhece a impossibilidade de se atingir uma coincidência absoluta entre o resultado da prova e a verdade histórica. O juiz, que não presenciou os fatos pessoalmente, mas apenas tomou conhecimento deles por intermédio das provas, pode apenas dizer-se convencido da veracidade do enunciado fático, se existirem elementos probatórios que o confirmem – e isso não é o mesmo que afirmar que o enunciado é necessariamente verdadeiro.

Sobre a temática, Beltrán[24] assinala duas alternativas para se compreender a relação entre prova e verdade. A primeira diz respeito à relação enquanto conceito: uma preposição é considerada provada se é verdadeira e se existem elementos probatórios suficientes em seu favor. A segunda relação dá-se de maneira teleológica: a atividade probatória almeja o atingimento da verdade, sendo esse o objetivo para o qual está voltada, reconhecendo-se, contudo, que a preposição comprovada não é necessariamente verdadeira.

O autor enumera três ordens de razões que embaraçam o atingimento da verdade em um processo, desmistificando o conceito abarcado pela primeira relação.[25] A primeira ordem de motivos diz respeito ao processo enquanto tal: sendo o processo algo delimitado temporalmente, exigindo-se uma data limite a pôr fim à atividade probatória, impõe-se um claro impedimento a que essa se estenda indefinidamente em busca da verdade. Igualmente, há de se considerar que as partes, em regra, per-

---

[24] FERRER BELTRÁN, Jordi. *Prova e verità nel diritto*. Trad.: Valentina Caraveli. Bologna: Il Mulino, 2004, p. 63 e 64.
[25] Ibid., p. 65 e ss.

seguem a produção das provas que sustentam suas próprias pretensões, podendo, por conseguinte, omitir provas relevantes contrariamente a elas, ou, inclusive, fabricar provas que lhes são benéficas (induzindo, por exemplo, que uma testemunha venha a cometer falso testemunho).

Em segundo lugar, recorda o instituto da coisa julgada, que torna imutável, após o esgotamento das vias recursais, o quanto decidido em determinado processo. É também limitativa da descoberta da verdade a existência, em alguns ordenamentos jurídicos, da impossibilidade de se rediscutir matéria fática após a primeira ou segunda instância.

Por fim, há regras jurídicas sobre a prova que podem representar um impasse à descoberta da verdade. Apesar de o autor restringir-se a citar as regras sobre o resultado da prova, como o sistema da prova tarifada, entende-se quadrável nesse âmbito, também, as regras sobre exclusão da prova ilícita, que privilegiam a proteção de determinados valores (inviolabilidade domiciliar, integridade física, intimidade, etc.), em detrimento do atingimento da verdade.

Ferrajoli[26], por sua vez, assinala as razões pelas quais a verdade, denominada como processual, é apenas aproximativa, e não correspondente à verdade, assim como ocorrida na realidade. Em primeiro lugar, aponta que as proposições judiciais fáticas não podem ser experimentadas diretamente pelo juiz, visto que dizem respeito a fatos pretéritos. Assim, a verdade de tais proposições só pode ser conhecida por meio de uma inferência indutiva, tendo como premissas o fato a ser explicado, as provas produzidas, além das máximas de experiência, e, como conclusão, o fato tido como comprovado. A verdade assim obtida é tão só provável.

Outro elemento limitativo da verdade é o subjetivismo intrínseco ao julgador, que, mesmo involuntariamente, sempre conta com "certa dose de preconceito"[27], responsável por fazê-lo dar maior relevo a determina-

---

[26] FERRAJOLI, Luigi. *Direito e razão*: teoria do garantismo penal. São Paulo: Editora Revista dos Tribunais, 2002, p. 42 e ss.

[27] Ibid., p. 47. Adiante, explica Ferrajoli que o subjetivismo é favorecido pela maior afetação da investigação judicial no plano moral e emocional (quando comparado a investigações históricas ou científicas), bem como por estar mais sujeita a pressões externas, convicções políticas e condicionamentos culturais e sociais. Ademais, não está a decisão judicial sujeita a contínuas alterações e correções, como está, por exemplo, as conclusões científicas e históricas, existindo, apenas, a limitada revisão recursal. Por fim, é seletiva

das provas em detrimento de outras, bem como desprezar provas contrárias à sua preconcepção formada sobre os fatos.

Por fim, também aponta para a existência de garantias, regras e procedimentos legais, cujas observâncias são obrigatórias para a convalidação judicial das verdades processuais. Nesse sentido, "não é só a verdade que condiciona a validade, mas é também a validade que condiciona a verdade no processo".[28]

Assim, a verdade a ser buscada é a verdade "processual", uma verdade aproximada, resultado de um processo respeitador das garantias processuais penais do acusado e das regras legais de admissão, produção e valoração da prova. A busca da verdade absoluta "é carente de limites e confins legais"[29], ao tempo que consente com abusos e com o arbítrio. Uma vez que se erige a verdade real como valor a ser buscado no processo, chancela-se toda sorte de violações aos direitos do acusado, reduzindo-lhe tanto quanto possível os seus meios de defesa e ampliando, em sua maior proporção, os poderes atribuídos ao acusador.[30] Portanto, a reconstrução dos fatos históricos, assim como ocorridos na realidade,

---

a visão do julgador, em razão de sua formação profissional específica, vendo a realidade por meio de filtros jurídicos.

[28] Ibid., p. 49.

[29] "[...] a verdade perseguida pelo modelo formalista como fundamento de uma condenação e, por sua vez, uma *verdade formal* ou *processual*, alcançada pelo respeito a regras precisas, e relativa somente a fatos e circunstancias perfilados como penalmente relevantes. Esta verdade não pretende ser a verdade; não é obtida mediante indagações inquisitivas alheias ao objeto penal; está condicionada em si mesma pelo respeito aos procedimentos e às garantias da defesa. É, em suma, uma verdade mais controlada quando ao método de aquisição, porém mais reduzida quanto ao conteúdo informativo do que qualquer hipotética 'verdade substancial' [...]". (Ibid., p. 38).

[30] A busca da verdade real, absoluta, era a tônica do sistema inquisitório, que teve seu surgimento no âmbito da Igreja Católica e seu marco histórico com o IV Concílio de Latrão (1215), que instituiu a confissão obrigatória, ao menos uma vez por ano, consoante explica Jacinto Coutinho. Esse novo sistema processual era um dos métodos de dominação da Igreja Católica na luta contra os considerados hereges. Extirpadas as partes do processo penal, o réu era visto como mero objeto do processo e detentor da verdade, a ser extraída pelo Inquisidor. Admitia-se, nessa extração da verdade, até a submissão do acusado à tortura, cujo uso fora legitimado por meio de bula papal (COUTINHO, Jacinto Nelson de Miranda. Sistema acusatório: cada parte no lugar constitucionalmente demarcado. *Revista de informação legislativa*, v. 46, n. 183, p. 103-115, jul./set. 2009, p. 105).

encontra obstáculos intransponíveis no processo, de vez que são ligados à sua própria natureza, à sua estrutura e aos seus atores.

Donde, um enunciado sobre um fato considerado ou aceito como *verdadeiro*, ou considerado ou aceito como *comprovado*, não leva à necessária conclusão de ser ele verdadeiro. O surgimento de uma prova nova, por exemplo, pode demonstrar ter sido ele, desde sempre, falso. Mas, ainda que não se comprove posteriormente a falsidade, remanesce a impossibilidade fática em se comprovar, de forma inconteste e absoluta, a correspondência entre o enunciado sobre o fato e a verdade assim como ocorrida na realidade. Logo, pode-se dizer, como Beltrán[31] assim assinalou, a possibilidade de o juiz *considerar* ou *aceitar* um enunciado como verdadeiro se existirem elementos probatórios suficientes no processo a permitir essa conclusão.

Todavia, a impossibilidade de atingir a verdade não conduz nem poderia conduzir a um abandono dessa enquanto valor a nortear a atividade probatória no processo. É a função da prova permitir a reconstrução histórica dos fatos, e, portanto, tornar possível a maior aproximação da decisão judicial com a verdade. A prova e a verdade colocam-se em uma relação teleológica, e não de correspondência.

Se a atividade probatória não tiver como norte o atingimento da verdade, e a decisão judicial não se legitimar conforme o maior acertamento com a verdade permitida pelos elementos probatórios existentes, o processo penal transformar-se-á em puro arbítrio ou em uma mera loteria, tornando-se um instrumento ilógico e inócuo de pacificação social e de concretização da justiça.[32]

---

[31] FERRER BELTRÁN, Jordi. *Prova e verità nel diritto*. Trad.: Valentina Caraveli. Bologna: Il Mulino, 2004, p. 85 e ss.

[32] Nesse sentido, Badaró destaca: "[...] não se concebe um modelo justo de processo, em especial de natureza punitiva ou sancionatória, que não trabalhe com a verdade – ainda que inatingível – como fator de legitimação de seu resultado e critério de justiça". (BADARÓ, Gustavo. Direito à prova e os limites lógicos de sua admissão: os conceitos de pertinência e relevância. In: BEDAQUE, José Roberto dos Santos; CINTRA, Lia Carolina Batista; EID, Elei Pierre [Coords.]. *Garantismo Processual*. Brasília: Gazeta Jurídica, 2016, p. 219-260). Na mesma esteira, assevera Ferrajoli "[...] uma justiça não arbitrária deve ser em certa medida 'com verdade', quer dizer, baseada sobre juízos penais predominantemente cognitivos (de fato) e recognitivos (de direito), sujeitos como tais a verificação empírica". [...]

Aduz-se, desse modo, que, não obstante a impossível correspondência entre verdade e prova, a verdade processual é valor relevante ao processo, enquanto se coloca como norte à atividade probatória. Respeitados os limites impostos pelas regras processuais e pelas garantias do acusado, as provas são elementos fundamentais à reconstrução histórica dos fatos colocados a julgamento, a partir da qual se pretende verificar a ocorrência do crime e a sua autoria.

Ocupando posição central na reconstrução dos fatos, encontra-se a prova testemunhal, cuja importância, de um lado, e fragilidade, de outro, serão analisados nos itens que se seguem. A não rara dissonância entre o resultado da prova testemunhal e a verdade é objeto de antiga preocupação entre os estudiosos porque, não obstante insegura enquanto elemento de convicção, é ela, com frequência, definidora do convencimento judicial acerca dos fatos.

Antes, contudo, de ingressar na análise do objeto central do presente trabalho – a falibilidade da prova testemunhal –, faz-se relevante traçar os principais aspectos desse meio probatório, como a sua natureza jurídica, a distinção entre a testemunha e outras figuras, as suas características e a sua regulamentação no Código de Processo Penal brasileiro (CPP).

1.2 A prova testemunhal e sua importância na reconstrução histórica dos fatos

A testemunha é aquela que revela a outrem a ocorrência de um fato pretérito, ao qual teve conhecimento por meio dos seus sentidos, sobretudo, por meio de sua visão e audição, mas, também, possivelmente, pelo seu tato, paladar e olfato.[33]

(FERRAJOLI, Luigi. *Direito e razão*: teoria do garantismo penal. São Paulo: Editora Revista dos Tribunais, 2002, p. 32-33). "Se uma justiça penal integralmente 'com verdade' constitui uma utopia, uma justiça penal completamente 'sem verdade' equivale a um sistema de arbitrariedade" (ibid., p. 38).

[33] Malatesta reconhece a existência de testemunhas de outros sentidos, que não os de visão e de audição, mais comumente verificados. No entanto, o autor credita-lhes valor inferior, com o qual não se concorda: "Quais são os sentidos, sôbre cuja percepção são chamadas a fazer fé as testemunhas. Comquanto se possa ser têstemunha para qualquer espécie de sensação, com-tudo não se fala geralmente senão de têstemunhas de vista e de ouvir. Isto é devido à maior precisão e exactidão dêstes dois sentidos; mas isto não importa

Aranha atenta para etimologia da palavra testemunhar, do latim *testari*, que remete aos verbos mostrar, asseverar, manifestar, testificar, confirmar. O vocábulo testemunha (*testis*), dela decorrente, significa, em sentido amplo, toda a coisa ou pessoa que afirma a verdade de um fato.[34]

Natural que quase todos os fatos da vida, exceto os ocorridos na intimidade do lar, propositadamente à clandestinidade ou em locais ermos, sejam percebidos por alguém. Tal ocorre tanto em relação a um crime, como com qualquer outra ocorrência não delituosa, relevante ou irrelevante, ordinária ou extraordinária. É da natureza humana, como se verifica ao longo de toda a história, reportar, em primeira pessoa, o que se viu e o que se ouviu.[35]

Donde, pode-se referir que, na reconstrução histórica dos fatos, o testemunho é a prova por excelência.[36] É o meio mais antigo e natural de investigação e de prova, que, segundo Barros[37], tem a função de provar a certeza histórica, derivada das relações e atestações alheias. Essa certeza, prossegue o autor, difere-se da certeza metafísica ou racional e, ainda, da certeza física.[38]

---

com tudo que, com um valor inferior, não haja testemunhos baseados noutros sentidos" (MALATESTA, Nicola Framarino dei. *A lógica das Provas em Matéria Criminal*. 2. ed. Lisboa: Livraria Clássica Editora, 1927, p. 40).

[34] ARANHA, Adalberto José Q. T. de Camargo. *Da prova no processo penal*. 3. ed. São Paulo: Saraiva, 1994, p. 114.

[35] ALBRIGHT, Thomas D. Why eyewitnesses fail. *Proceedings of the National Academy of Sciences of the United States of America*, v. 114, n. 30, p. 7758–7764, 2017, p. 7759. O autor recorda o Smiriti, literatura sagrada hindu, baseada na memória, bem como o Novo Testamento, composto por relatos em primeira pessoa.

[36] NORONHA, Edgard Magalhães. *Curso de direito processual penal*. 10. ed. São Paulo: Saraiva, 1978, p. 113.

[37] BARROS, Romeu Pires de Campos. *Direito processual penal brasileiro*. São Paulo: Sugestões Literárias S.A, 1971. v. 2, p. 769.

[38] Admite-se, aqui, o termo "certeza" com as ressalvas ponderadas no item anterior. Os fatos históricos tidos como comprovados, uma vez que são resultados de uma reconstrução posterior e indireta, mediada pelas provas históricas, não podem ser considerados como correspondentes à verdade, mas apenas como uma aproximação a ela. É suscetível de erros e distorções, tendo em vista a falibilidade da prova testemunhal e de outras provas porventura consideradas, a interferência de interesses dos mais variados na reconstrução dos fatos (políticos, sociais, econômicos), a ausência ou raridade de provas materiais, em alguns casos, dentre outros fatores.

O fundamento da prova testemunhal é, segundo dispõe Malatesta, a presunção da veracidade humana, ou seja, a suposição de que o homem, podendo mentir, opta por dizer a verdade, seja porque essa opção satisfaz suas necessidades ingênitas, porque lhe aparece como natural à sua vontade (a verdade é um bem, enquanto a mentira é um mal), ou, ainda, porque teme as sanções religiosas e civis que possam decorrer de sua mentira.[39] Essa presunção é, por sua vez, a base da vida em sociedade: vive-se, desde o nascimento, tomando como verdadeiras diversas afirmações feitas por outrem, porque, de outra forma, seria impossível direcionar os próprios atos ou progredir intelectualmente.[40]

É essa uma das razões pelas quais se considera como ocorridos tantos fatos que não se vivenciou diretamente. Fatos históricos sobre os quais há tão somente, ou primordialmente, relatos testemunhais acerca de suas existências são tidos como ocorridos e integram o que se considera como certeza histórica.[41]

---

[39] MALATESTA, Nicola Framarino dei. *A lógica das Provas em Matéria Criminal.* 2. ed. Lisboa: Livraria Clássica Editora, 1927, p. 332-333. Nesse mesmo diapasão, Câmara Leal também defende ser a presunção da veracidade do homem a base sobre a qual se sustenta a prova testemunhal: "estabeleceu-se, pois, como princípio, a credibilidade no testemunho alheio, habituando-se os homens a adquirirem a grande maioria de seus conhecimentos, baseada na crença da veracidade humana" (LEAL, Antônio Luiz da Câmara. *Código de Processo Penal Brasileiro.* Rio de Janeiro: Livraria Editora Freitas Bastos, 1942. v. 2, p. 29).

[40] Malatesta afirma: "E mesmo avançando em idade e nos estudos, não é possível haver progressos intelectuais, quando se não adquira o impulso da fé nos outros. Quando se medita sôbre as fôrças e sôbre os fenómenos da natureza física, é necessário pois começar por ter fé na descrição das observações e das experiências alheias, antes de passar às experiências e observações próprias. Se se medita sôbre as fôrças e sôbre os fenómenos da natureza moral, estudando a humanidade na sua vida intelectual, social ou política, nas várias épocas e lugares, é necessário comtudo atender-se ao têstemunho dos outros, e ter íé nêle. [...]. São tão poucas as coisas e as pessoas que podemos conhecer por meio da nossa observação directa e pessoal, que a vida tornar-se-ia absolutamente impossível, se nâo prestássemos fé às observações alheias para regular as nossas acções, relativamente a tôdas as coisas e a tôdas as pessoas que não conhecemos diretamente" (MALATESTA, Nicola Framarino dei. *A lógica das Provas em Matéria Criminal.* 2. ed. Lisboa: Livraria Clássica Editora, 1927, p. 336-337).

[41] Nesse sentido, manifesta-se Tornaghi: "o testemunho é a fonte por excelência da certeza histórica. Todo homem normal tem como certo um sem-número de acontecimentos, graças ao testemunho que deles lhe dão pessoas dignas de crédito. Não vi o satélite russo

Se na história a prova testemunhal sempre foi de importância ímpar e, às vezes, única no resgate e na narração dos fatos pretéritos, não poderia ser diferente no processo penal, que nada mais é do que uma reconstrução reduzida da realidade: um recorte, uma delimitação de um fato da vida, enquadrado a um tipo penal conforme a narrativa deduzida pelo órgão acusatório.[42]

Sobre a importância da prova testemunhal no processo penal, à míngua, não raro, de outros elementos probatórios, são precisas as considerações de Barros[43]:

> Acontece que, na maior parte dos fatos delituosos, falta até a possibilidade abstrata de que a relação intercedente entre o autor e o delito fique, documentalmente, ilustrada por rastros unívocos; recorre-se às testemunhas, que tenham normalmente percebido aquela relação e possam inteligentemente referi-la aos juízes, constituindo uma perene necessidade histórica do processo. Superadas as primeiras fases do processo penal, fases rudimentares, e adquirido certo desenvolvimento [...], a prova testemunhal ganhou terreno e se infiltrou no processo penal, através dos tempos e de acordo com os princípios que o têm informado [...].

[...], mas não tenho a menor dúvida de que está gravitando em torno da Terra, e minha convicção advém do fato do que dizem pessoas nas quais eu creio" (TORNAGHI, Hélio. *Curso de processo penal*. 7. ed. São Paulo: Saraiva, 1990, p. 392).

[42] Acerca da natural importância da prova testemunhal no processo: "Quase nenhum processo pode desenvolver-se sem testemunhas; o processo concerne a um pedaço da vida vivida, um fragmento de vida social, um episódio da convivência humana, pelo que é natural, inevitável, seja representado mediante vivas narrações de pessoas". (FLORIAN, Eugenio. *Delle prove penali*. Milano: F. Vallardi, 1926. v. 2, p. 68). Na mesma esteira, afirma Carnelutti ser o processo penal o reino da prova testemunhal: "El juicio penal no puede prescindir del testigo. Entre el juicio penal y el juicio civil, una de las diferencias es que el primero se puede servir incomparablemente menos que el segundo de la otra prueba histórica, que es la prueba documental [...]; por tanto, mientras los juicios civiles sin testigos se dan con una cierta frecuencia, en lo penal son casos verdaderamente raros y el juicio penal se puede considerar indudablemente como el reino de la prueba testimonial" (CARNELUTTI, Francesco. *Lecciones sobre el proceso penal*. Trad.: Santiago Sentís Melendo. Buenos Aires: E.J.E.A., 1950. v. 01, p. 308).

[43] BARROS, Romeu Pires de Campos. *Direito processual penal brasileiro*. São Paulo: Sugestões Literárias S.A., 1971. v. 02, p. 770.

Em sentido semelhante, Gorphe aduz que a utilização da prova testemunhal remonta às origens da história da humanidade e de sua correspondente pretensão em fazer justiça. No campo penal, afirma o autor ser esse meio de prova de importância considerável, figurando, frequentemente, como a única base das acusações criminais.[44]

A prova testemunhal é, pois, o meio de prova mais comum e simples de demonstração da veracidade ou plausibilidade das proposições formuladas pelas partes no processo penal. Sua produção exige reduzido dispêndio de tempo e de recursos, ao contrário, por exemplo, de uma prova técnica.

Entretanto, consoante se examinará ao longo do trabalho, ao lado da importância da prova testemunhal, reside a sua inerente e indissociável fragilidade, que a torna, em grande parte das vezes, um elemento falível e de duvidosa confiabilidade.

1.3 A natureza jurídica da testemunha e da prova testemunhal no processo penal

No processo penal, a testemunha é aquela que percebe a ocorrência de um suposto crime ou algum aspecto a ele relacionado, e, em razão do conhecimento que possui, presta depoimento perante o juiz acerca dos fatos objeto da ação penal.[45] A testemunha é um terceiro, alheio ao fato

---

[44] GORPHE, François. *La crítica del testimonio*. 5. ed. Trad.: Mariano Ruiz-Funes. Madrid: Reus, 1971, p. 09.

[45] Nesse sentido, Alcalá-Zamora e Levene: "en sentido jurídico probatorio, testigos son terceras personas llamadas a comunicar al juzgador sus percepciones sensoriales extrajudiciales". (ALCALÁ-ZAMORA y CASTILLO, Niceto; LEVENE, Ricardo. *Derecho Procesal Penal*. Buenos Aires: Editorial Guillermo Kraft, 1945, Tomo 3, p. 83). Ao seu turno, Aranha traz a seguinte definição: "testemunha é todo o homem, estranho ao feito e equidistante às partes, capaz de depor, chamado ao processo para falar sobre fatos caídos sob seus sentidos e relativos ao objeto do litígio. É a pessoa idônea, diferente das partes, convocada pelo juiz, por iniciativa própria ou a pedido das partes, para depor em juízo sobre fatos sabidos e concernentes à causa". (ARANHA, Adalberto José Q. T. de Camargo. *Da prova no processo penal*. 3. ed. São Paulo: Saraiva, 1994, p. 115). Por fim, sobre a matéria, Marques explana: "prova testemunhal é a que se obtém com o depoimento oral sobre fatos que se contêm no litígio penal. [...]. No depoimento, que é a narração da testemunha perante o magistrado, deve conter-se o que a ela foi dado perceber por intermédio de qualquer dos sentidos. A testemunha pode depor sobre o que viu, como sobre o que ouviu, e ainda

delituoso, ao qual apenas teve conhecimento por algum dos seus sentidos. Apresenta-se, assim, como um sujeito presumidamente desinteressado no resultado do processo.

A testemunha, em relação à posição exercida no processo penal, é considerada como fonte de prova, ao passo que é a pessoa da qual se extrai o elemento de prova. Denomina-se, pois, fonte de prova pessoal, em contraposição às fontes de prova reais (documentos em sentido amplo). Doutro vértice, a prova testemunhal enquadra-se nos chamados meios de prova. Conforme leciona Gomes Filho[46], os meios de provas são os "instrumentos ou atividades por intermédio dos quais os dados probatórios (elementos de prova) são introduzidos e fixados no processo (produção de prova)".

Por sua vez, o elemento de prova[47] é, no caso, a declaração da testemunha, consistente no conjunto formado por sua narrativa e pelas respostas por ela dadas às perguntas dirigidas pelas partes e pela autoridade entrevistadora.

No caso da prova testemunhal, bem como dos demais meios de prova provenientes de fontes pessoais (declarações das vítimas e esclarecimentos orais de peritos), a formação da prova dá-se dentro do processo, em audiência, diante do controle judicial e mediante o contraditório de partes. Destarte, atuam sobre a formação da prova as intervenções da defesa e do Ministério Público, por meio de perguntas e reperguntas à pessoa inquirida, assim como os questionamentos posteriores do juiz, em face de pontos não totalmente esclarecidos pela fonte de prova. Em razão

---

sobre qualquer outra percepção obtida por um dos demais sentidos, como, *verbi gratia*, o olfato ou tato". (MARQUES, José Frederico. *Elementos de direito processual penal*. Campinas: Millennium Editora, 2009. v. 2, p. 333).

[46] GOMES FILHO, Antonio Magalhães. Notas sobre a terminologia da prova (reflexos no processo penal brasileiro). In: *Estudos em homenagem à Professora Ada Pellegrini Grinover*. São Paulo: DPJ, 2005, p. 308.

[47] Os elementos de prova são, consoante explica Gomes Filho, os "dados objetivos que confirmam ou negam uma asserção a respeito de um fato que interessa à decisão da causa". (GOMES FILHO, Antonio Magalhães. Notas sobre a terminologia da prova [reflexos no processo penal brasileiro]. In: *Estudos em homenagem à Professora Ada Pellegrini Grinover*. São Paulo: DPJ, 2005, p. 307).

dessa particularidade, a esses meios de prova dá-se o nome de *provas constituendas*.[48]

Difere-se, nesse sentido, das provas documentais, que preexistem ao processo, sendo formadas, portanto, externamente a ele. São essas últimas apenas juntadas ao processo e o contraditório das partes é exercido, *a posteriori*, sobre o documento já produzido.

1.4 Delimitação da figura da testemunha no processo penal

1.4.1 Capacidade para ser testemunha

Em abstrato, qualquer pessoa pode ser testemunha, conforme consagra o diploma processual penal pátrio, em seu art. 202. A testemunha deverá ser, obrigatoriamente, uma pessoa física, haja vista que narrará acerca de suas *percepções sensoriais*.[49]

Naturalmente, a pessoa deverá ser capaz (não se referindo aqui a uma capacidade mental plena e absoluta, mas, ao menos, mínima) de perceber os fatos, por algum dos seus sentidos, e, após, transmitir esses fatos à autoridade policial ou judicial (ainda que não o faça oralmente, por impossibilidade física de fazê-lo).[50] Sem a capacidade natural de perce-

---

[48] Gustavo Badaró distingue as denominadas provas pré-constituídas das constituendas. As primeiras "dizem respeito a fontes de conhecimento preexistentes ao processo, enquanto que as constituendas são constituídas e produzidas com atos do processo [...]. As *provas constituendas*, como, por exemplo, aquelas decorrentes de fontes de provas pessoais (por exemplo: vítimas e testemunhas), têm sua produção no curso do próprio processo, exigindo a realização de atividades processuais das partes e do juiz, bem como demandando tempo para sua produção em contraditório. Já as provas *pré-constituídas*, como os documentos, são simplesmente juntadas aos autos do processo, já tendo sido criadas previamente e extra--autos" (BADARÓ, Gustavo Henrique Righi Ivahy. Prova emprestada no processo penal e a utilização de elementos colhidos em Comissões Parlamentares de Inquérito. *Revista Brasileira de Ciências Criminais*, São Paulo, v. 22, n. 106, p. 157-169, jan./fev. 2014, p. 167-168).
[49] ALCALÁ-ZAMORA y CASTILLO, Niceto; LEVENE, Ricardo. *Derecho Procesal Penal*. Buenos Aires: Editorial Guillermo Kraft, 1945, Tomo III, p. 86.
[50] Aquino, sobre o assunto, anota: "Portanto, embora o testemunho seja um ato devido, só o é para pessoas que tenham condições de se tornarem sujeitos de tal dever (pessoas que tenham capacidade de perceber ou deduzir os fatos e transmiti-los a outrem)". (AQUINO, José Carlos Xavier de. *Prova testemunhal no processo penal brasileiro*. 6. ed. São Paulo: Letras Jurídicas, 2015, p. 106).

ber minimamente os fatos e de prestar depoimento sobre eles, não se pode dizer que a pessoa é apta a ser testemunha.

Ainda que abstratamente qualquer pessoa física possa vir a ser testemunha, deve-se verificar a capacidade em concreto, ou seja, a capacidade de ser testemunha naquele processo específico. Nesse sentido, não poderão figurar como testemunhas as partes processuais, o juiz, os órgãos auxiliares do juízo, o intérprete e o defensor do acusado, haja vista não consistirem em terceiros alheios à relação processual.

Certas pessoas, consoante se verá, são dispensadas de depor, em razão da relação havida com o acusado, ou, ainda, proibidas, em função do meio pelo qual obtiveram ciência dos fatos objeto do processo. Ademais, algumas pessoas, embora sejam aptas a depor, tanto abstrata como concretamente, não são obrigadas a prestarem compromisso de dizer a verdade.

1.4.2 Dever, dispensa e proibição de depor

Todas as pessoas, em princípio, têm o dever de prestar depoimento se intimadas para tanto. Trata-se de um dever público e cívico, justificado pela ideia de que, enquanto a persecução criminal visa restabelecer a ordem e a segurança pública, é obrigação da testemunha, como membro da sociedade, contribuir para que esse objetivo seja alcançado.[51] Esse dever subdivide-se nos deveres de comparecer em juízo[52] (salvo exceções legais que permitem que a testemunha seja ouvida onde estiver[53]), de

---

[51] MITTERMAIER, C. J. A. *Tratado de la prueba en materia criminal*. 3. ed. Madrid: Imprenta de La Revista de Legislación, 1877, p. 265-267.

[52] Em caso de não comparecimento da testemunha em juízo, a autoridade judiciária poderá determinar a sua condução coercitiva, nos termos do art. 218 do CPP, assim como aplicar-lhe a multa prevista no art. 458 do CPP, sem prejuízo do processo penal por crime de desobediência e condenação ao pagamento das custas da diligência (art. 219 do CPP).

[53] Excepcionam a regra mencionada as hipóteses previstas nos artigos 220 e 221 do CPP: as testemunhas impossibilitadas de comparecer na sede do juízo, por enfermidade ou velhice, serão ouvidas onde estiverem; as autoridades detentoras dos cargos enumerados no *caput* do art. 221 serão inquiridas em local, data e horário previamente acordados entre elas e o juiz. Ademais, as autoridades mencionadas no §1º do art. 221 poderão prestar depoimento por escrito.

efetivamente prestar o depoimento (silenciar-se equivale ao não comparecimento[54]) e, por fim, de dizer a verdade sobre os fatos percebidos.

O art. 206 do CPP, em sua segunda parte, prevê as hipóteses de dispensa do dever de depor, ou seja, a possibilidade de não depor ao exclusivo arbítrio da testemunha.[55] Incluem-se nesse rol o ascendente ou descendente, o afim em linha reta, o cônjuge, ainda que desquitado, o irmão e o pai, a mãe, ou o filho adotivo do acusado. Privilegia o legislador a solidariedade familiar em detrimento da reconstrução histórica dos fatos, por entender que a existência de vínculo de consanguinidade ou de afeto entre a testemunha e o acusado tornaria demasiadamente difícil e custoso o ato de depor.[56]

Ressalta-se que o laço familiar relevante à dispensa é aquele existente no momento do depoimento, e não no momento da prática do suposto crime, pois o que se intenta resguardar são as presentes relações de afeto ou consanguinidade ameaçadas pelo ato do depoimento.[57] Ademais, apesar de a lei não expressamente prever, deve ser inclusa também no rol do art. 206 a figura do companheiro, haja vista subsistirem idênticas razões de dispensa afeitas ao cônjuge.

A dispensa prevista pela lei é excetuada nos casos em que o fato investigado ou suas circunstâncias não puderem ser comprovados por outro meio. Nessa hipótese, bem como naquela em que a testemunha deseja ser ouvida a despeito da dispensa, não lhe é deferido o compromisso de dizer a verdade.

---

[54] AQUINO, José Carlos Xavier de. *Prova testemunhal no processo penal brasileiro*. 6. ed. São Paulo: Letras Jurídicas, 2015, p. 121.

[55] ARANHA, Adalberto José Q. T. de Camargo. *Da prova no processo penal*. 3. ed. São Paulo: Saraiva, 1994, p. 120.

[56] Mittemaier justifica a exclusão ao dever de depor: "El legislador no haría bien en obligarles á hablar, porque colocados entre su deber y las afecciones naturales más poderosas, veríaseles muchas veces obedecer á éstas y sacrificar la verdad á los intereses del acusado; pero aunque así no sea, y suponiendo que el testigo sea honrado hasta el estoicismo, seria condenarle á un verdadero suplicio [...]. Y si por el contrario, su deposición fuese en descargo, sería en verdad poco decisiva en el proceso, porque se creería muy fácilmente que sus palabras habían sido dictadas por la afección de familia" (MITTERMAIER, C. J. A. *Tratado de la prueba en materia criminal*. 3. ed. Madrid: Imprenta de La Revista de Legislación, 1877, p. 268-269).

[57] TORNAGHI, Hélio. *Curso de processo penal*. 7. ed. São Paulo: Saraiva, 1990, p. 398.

Já os casos de proibição de depor encontram-se previstos no art. 207 do CPP e referem-se àqueles que, por força de função, ministério, ofício ou profissão, devam guardar segredo sobre os fatos objeto da prova. Excetua-se a proibição se desobrigados pela parte interessada, mas, ainda assim, ficará a cargo da testemunha a decisão sobre prestar ou não o depoimento.

Para que se configure a proibição, deve, em primeiro lugar, existir um segredo, que é, nas palavras de Reale Júnior, "a situação na qual se conhece algo de terceiro, que tem razoável interesse de o teor do revelado permanecer desconhecido de outrem, havendo, como consequência, um dever de guardar em reserva o sabido em confiança".[58] O segredo deverá ser relevante, ou seja, a sua revelação deve ter o potencial de causar dano a outrem.[59] Por fim, a ciência do segredo deverá decorrer em razão de função (encargo permanente ou provisório), ministério (encargo vinculado a certo estado ou condição pessoal, sem fins lucrativos), ofício (serviço manual ou mecânico) ou profissão (atividade pública ou privada, habitual e especializada, de prestação de serviços a terceiros).[60]

Destaca-se que a revelação do segredo profissional sem justa causa, nesse caso, sem que haja permissão do interessado, é crime, tipificado no art. 154 do CP.

1.4.3 Compromisso de dizer a verdade e exceções ao seu deferimento

A regra geral, estampada no art. 203 do CPP, é a da assunção, sob palavra de honra, do compromisso de dizer a verdade pela testemunha, sob pena de incorrer nas sanções do delito de falso testemunho. O dever de dizer a verdade abrange a vedação a fazer afirmações falsas (dizer uma coisa positivamente distinta da verdade percebida), negar a verdade (negar um fato que se conhece ou se sabe verdadeiro) ou calar sobre o que sabe (silenciar ou omitir a verdade).[61]

---

[58] REALE JÚNIOR, Miguel. *Código penal comentado*. São Paulo: Saraiva, 2017, p. 461.
[59] Ibid., p. 465.
[60] PRADO, Luiz Regis. *Curso de direito penal brasileiro*. 14. ed. São Paulo: Editora Revista dos Tribunais, 2015, p. 855.
[61] BITENCOURT, Cezar Roberto. *Tratado de Direito Penal*. 6. ed. São Paulo: Saraiva, 2012. v. 5, p. 333-334.

O compromisso de dizer a verdade veio a substituir o juramento, de índole religiosa (prestava-se o depoimento sobre os Santos Evangelhos).[62] Considera-se, hoje, o compromisso um ato solene, que concretiza o dever de dizer a verdade, sob ameaça de vir a ser a testemunha processada pelo crime tipificado no art. 342 do CP.[63]

O compromisso de dizer a verdade apresenta uma dupla vertente: de um lado, transmite um dever moral, impondo à testemunha um "juramento" ou "promessa", sob pena de incorrer em sanções morais, religiosas ou sociais; de outro, impõe um dever jurídico, ao ameaçar a testemunha a ser processada e sancionada pelo crime de falso testemunho.[64]

A despeito de o legislador pátrio ter permitido que qualquer pessoa possa ser testemunha, ele excepcionou, tão logo, o âmbito de pessoas às quais não se aplica o compromisso de dizer a verdade. Em consonância com o art. 208 do CP, são elas: os doentes e deficientes mentais[65], os menores de 14 anos e os parentes do réu elencados no art. 206.

Nos dois primeiros casos, relacionados aos doentes ou deficientes mentais[66] e aos menores de 14 anos[67], entendeu o legislador serem eles,

---

[62] LEAL, Antônio Luiz da Câmara. *Código de Processo Penal Brasileiro*. Rio de Janeiro: Livraria Editora Freitas Bastos, 1942. v. 02, p. 31.

[63] NUCCI, Guilherme de Souza. *Código Penal Comentado*. 14. ed. Rio de Janeiro: Forense, 2014, p. 2170. (e-book).

[64] RAMOS, Vitor de Paula. *Prova testemunhal*: Do Subjetivismo ao Objetivismo. Do isolamento Científico ao Diálogo com a Psicologia e a Epistemologia. São Paulo: Thomson Reuters Brasil, 2018, p. 47.

[65] Aquino diferencia "doente" de "deficiente" mental: "Vale lembrar que tanto um termo quanto o outro significam distúrbio ou anormalidade das funções cerebrais, de sorte que o sujeito portador dessa anomalia torna-se incompatível com o seu meio social. O legislador empregou os dois termos, doente e deficiente mental sem distinção. Geralmente, como já foi dito, tanto um termo como o outro significam decadência das funções cerebrais, mas o certo é que o doente mental, via de regra, tem um distúrbio temporário, ao passo que o deficiente não está sujeito a interregnos de lucidez" (AQUINO, José Carlos Xavier de. *Prova testemunhal no processo penal brasileiro*. 6. ed. São Paulo: Letras Jurídicas, 2015, 110).

[66] Gorphe destaca a necessidade uma plena capacidade intelectual para ser uma boa testemunha: "El testimonio pone en juego la mayor parte de las funciones intelectuales: los sentidos, la percepción, la memoria, el juicio. [...]. Para ser capaz de testimonio, hay que gozar no solamente de órganos de los sentido intactos, sino también de una inteligencia normal, de un juicio recto y de una memoria fiel. Si uno de estos órganos, sensibles o intelectuales, es defectuoso, no dejará de alterar los datos del hecho; será una ventana

seja pela dificuldade de cognição ou de compreensão, seja pela imaturidade ou desenvolvimento mental incompleto, mais vulneráveis a erros de percepção do evento, de codificação e compreensão do fato percebido, bem como de evocação desses fatos perante a autoridade (seja por não compreenderem bem a pergunta feita, por não diferenciarem a realidade da ficção, ou por não entenderem o valor negativo das mentiras e as suas consequências, entre outras razões).

Os familiares do acusado arrolados no art. 206 do CPP, consoante já visto, são dispensados do dever de depor. Contudo, caso optem por prestar o depoimento ou, ainda, seja caso de exceção à dispensa, em razão de não se poder provar os fatos por outros meios, a lei não lhes defere o dever de prestar compromisso de dizer a verdade. O vínculo de afeto ou de consanguinidade existente entre essas pessoas e o acusado é um empecilho quase intransponível à imparcialidade de seus depoimentos.[68]

---

equivocada, que desvía los rayos de su curso natural, y habrá que tomarse el trabajo de volver a encontrar la verdad bajo su sombra caricatural" (GORPHE, François. *La crítica del testimonio*. 3. ed. Trad.: Mariano Ruiz-Funes. Madrid: Reus, p. 105)

[67] Sobre a fragilidade e incerteza dos depoimentos infantis, Gorphe assevera: "Basta conocer un poco a los niños para saber que su actitud frente a la realidad es muy diferente de la de los adultos. El respeto de la verdad es una noción que se les hace adquirir poco a poco. El niño, hasta cierta edad, no concede importancia a la verdad por si misma. ¿Por qué decir lo verdadero y no lo falso? Sólo nosotros, los adultos, lo comprendemos. Pero él no distingue aún claramente entre la ficción y la realidad, entre su pensamiento y las cosas, o no se aplica de buena voluntad a esta distinción, y juega tanto con uno como con el otro de estos dos términos. Tiene cierto espíritu de observación, pero es un espiritu pasivo y estrecho, sigue los vaivenes de una curiosidad móvil o los caprichos de una especie de diversión" (GORPHE, François. *La crítica del testimonio*. 3. ed. Trad.: Mariano Ruiz-Funes. Madrid: Reus, p. 106-107).

[68] Noronha assim justifica a exclusão legal dos familiares do acusado do dever de prestar compromisso de dizer a verdade: "A lei atende aos laços afetivos e de consanguinidade que prendem a testemunha ao acusado, acode à paz e harmonia das famílias, etc., não impondo a essas pessoas a desumana obrigação de depor. Todavia, essa exceção desaparece toda vez que, sem esse depoimento, não se puder obter ou integrar a prova do fato e de suas circunstâncias, agrega o citado art. 206. Já agora fala mais alto o interesse social, pelo que não se dispensa seu depoimento. Entretanto, reconhecendo a lei que ele padece de vícios por aquelas circunstâncias, atentando à realidade de que dificilmente deporão com imparcialidade as mencionadas pessoas, não lhes defere o compromisso a que está

Essas pessoas, às quais a lei excetua o dever de prestar compromisso, não são propriamente testemunhas, mas declarantes ou informantes.

A despeito de reinar controvérsia doutrinária no respeitante ao assunto, entende-se mais adequado o entendimento de que os informantes, por não prestarem compromisso de dizer a verdade, não podem ser sujeitos ativos do crime de falso testemunho. Se assim não fosse, não haveria qualquer razão para lhes atribuir tratamento legal diferenciado, pois, na prática, não resultaria nenhuma diferença entre as testemunhas compromissadas e as não compromissadas.[69] Outrossim, o fundamento da exceção ao dever de prestar compromisso consiste justamente na constatação de que esse grupo de pessoas, seja por sua imaturidade, deficiência mental ou por nutrir laços familiares com o acusado, não reúne condições plenas para narrar o fato assim como ocorrido.[70]

Portanto, por não prestarem o compromisso de dizer a verdade e, sobretudo, por estarem em situação que, de alguma forma, embaraça a narração verídica dos fatos ocorridos, os informantes deverão ter suas declarações recebidas e valoradas com a devida cautela pelo magistrado.

1.4.4 Distinção entre a testemunha e outras figuras no processo penal

1.4.4.1 Testemunha e perito

Não se confunde a testemunha com o perito e, portanto, não se confunde a prova testemunhal com os esclarecimentos orais dos peritos. Ao perito cabe, com respaldo em seus conhecimentos técnicos, científicos ou artísticos, emitir um juízo de valor sobre os fatos, ou, ainda, externar considerações técnicas gerais, possibilitando ao juiz valorar os fatos sujeitos à sua apreciação.[71]

---

obrigada a testemunha, como se verifica da parte final do art. 208. (NORONHA, Edgard Magalhães. *Curso de direito processual penal*. 10. ed. São Paulo: Saraiva, 1978, p. 112).

[69] BITENCOURT, Cezar Roberto. *Tratado de Direito Penal*. 6. ed. São Paulo: Saraiva, 2012. v. 5, p. 327 (e-book).

[70] NUCCI, Guilherme de Souza. *Código Penal Comentado*. 14. ed. Rio de Janeiro: Forense, 2014, p. 2171 (e-book).

[71] BADARÓ, Gustavo Henrique. *Processo penal*. 5. ed. São Paulo: Revista dos Tribunais, 2017, p. 443.

Nesse sentido, a sua oitiva, quando determinada pelo juiz de ofício ou requerida pelas partes, tem como função prestar esclarecimentos sobre o laudo pericial, possibilitando o exercício do contraditório das partes sobre a prova. Suas declarações orais em nada se aproximam da prova testemunhal, haja vista que expressam o resultado de suas avaliações técnicas, obtidas após consciente, esperada e detida observação de um objeto.

Em geral, a testemunha, diversamente, percebe, por qualquer um dos seus sentidos, a ocorrência de um fato sem que o estivesse esperando: a testemunha não se coloca nessa posição intencionalmente, mas, sem pretensão de sê-la, acaba, por fatalidade ou coincidência, conhecendo fatos relevantes à apuração do crime (aquisição incidental da memória). A falta de expectativa e preparação para perceber o evento torna ainda mais difíceis a percepção e a conservação da memória pela testemunha.

Todavia, há exceções à regra de que a testemunha não espera a ocorrência do evento percebido. Há casos em que a pessoa propositadamente se coloca em uma dada situação para presenciar o evento supostamente delituoso, como é a hipótese do flagrante esperado e do diferido, do agente infiltrado e do agente que ouve os diálogos de interceptação telefônica.[72]

---

[72] Na hipótese de flagrante esperado, a polícia, de posse de informações sobre a possível prática de um crime, antecipa-se ao local e aguarda que o agente cometa, espontaneamente, o fato delituoso. No caso do flagrante diferido ou retardado, previsto no art. 8º, caput, da Lei nº 12.850/13, a prisão em flagrante não é realizada no momento que o crime está acontecendo. Retarda-se a intervenção policial ou administrativa a fim de que se oportunize uma maior coleta de provas, por meio do acompanhamento e da observação das atividades da organização criminosa. Em ambos os casos – flagrante esperado e flagrante diferido –, verifica-se que o agente policial percebe o evento criminoso, bem como outros eventos paralelos, de forma propositada e estando preparado para tanto. Pode o policial que participou do flagrante esperado ou do flagrante diferido depor como testemunha, assim como faz o agente policial que participa do flagrante próprio ou impróprio, ou qualquer outro policial que realize diligências durante as investigações.
Soma-se a essas a figura do agente infiltrado, que, mediante prévia autorização judicial, infiltra-se, ocultando a sua identidade, em uma organização criminosa para obter informações e provas acerca de seu funcionamento, estrutura e membros. Nesse caso, observa-se que o agente infiltrado também percebe o evento criminoso (ou aspectos a ele relacionados) de forma preparada e deliberada. A Lei nº 12.850/13 silencia sobre a utilização do agente infiltrado como testemunha, mas assegura ao agente a preservação de seu nome,

Ademais, em relação aos fatos que percebe, a testemunha é normalmente leiga, trazendo, pois, uma visão não técnica sobre os fatos, ainda que estes tenham um teor técnico, artístico ou científico que ela desconheça.

O perito não precisa contar com a fidelidade de sua memória em relação ao objeto estudado, ao passo que todas as informações obtidas são, desde logo, transcritas em uma base material e, no prazo de dez dias, transformadas em um laudo pericial (art. 160, parágrafo único, do CPP). A observância e a avaliação dão-se de maneira consciente e direcionada, diferente da percepção da testemunha[73], que, como mencionado, não espera, em regra, presenciar o fato criminoso.

Por sua vez, a existência do objeto periciado não é, em geral, discutível, mas o que é controvertida é a avaliação sobre as razões, natureza ou fundamentos da ocorrência material. Ou seja, o que se coloca em discussão é a avaliação feita pelo perito, e não a existência do objeto em si que fora observado, ao contrário da testemunha, cujo depoimento versa, em regra, sobre a ocorrência ou não dos eventos naturalísticos objeto do inquérito ou processo penal.

1.4.4.2 Testemunha e vítima

Distingue-se, também, a despeito de apresentar-se um tanto quanto evidente, as figuras da vítima e da testemunha. A vítima ou ofendido é

---

qualificação, imagem, voz e outras informações pessoais durante a fase de investigação e processo. Nesse sentido, para preservar a segurança do agente, seu depoimento pode ser prestado sob anonimato, o que restringe o contraditório e o direito ao confronto da testemunha por parte da defesa. Tendo isso em vista, deve-se avaliar a necessidade da oitiva do agente policial, uma vez que já se tem os autos da operação de infiltração anexados aos autos do processo, e, em caso de ser ele testemunha, deve o juiz valorar essa prova com reservas, em razão de ter sido restringido o exercício do contraditório em sua produção.

[73] TORNAGHI, Hélio. *Instituições de processo penal*. São Paulo: Saraiva, 1978. v. 04, p. 170-171, traça algumas diferenças entre o testemunho e a perícia: "O testemunho se decompõe em observação e declaração. A perícia é observação, avaliação e declaração. [...]. A perícia, portanto, ademais do elemento objetivo, tem um componente subjetivo. O testemunho é retrospectivo, refere-se a fatos passados. A perícia é retrospectiva enquanto incide sobre acontecimentos pretéritos, e prospectiva na medida em que aponta eventos futuros como consequências dos outros. A testemunha traz para os autos a matéria-prima da prova. A perícia entra com o microscópico para apreciá-la".

aquele que, supostamente, sofreu a ação delituosa, cuja existência e autoria apuram-se no processo. Empresta-se definição adotada por Figueiredo Dias para afirmar ser o "ofendido, em processo penal, unicamente a pessoa que, segundo o critério que se retira do tipo preenchido pela conduta criminosa, detém a titularidade do interesse jurídico-penal por aquela violado ou posto em perigo". [74]

A vítima pode figurar no processo de diversas formas[75]: como parte, nas ações penais de iniciativa privada; como assistente de acusação; como objeto de prova; ou como fonte de prova. No caso de objeto de prova, exemplifica-se com o exame de corpo de delito sobre a vítima, para apurar a ocorrência de crime sexual ou de lesões corporais, e, nesse último caso, as extensões e a gravidade das lesões.

Enquanto fonte de prova, a vítima pode prestar declarações em juízo, nas quais responderá sobre as circunstâncias do delito e quem seja ou se presuma ser o autor, assim como, se possível, indicará provas, consoante dispõe o art. 201 do CPP. Ou seja, o conteúdo de suas declarações é delimitado pela lei. Destaca-se que a vítima, pelo mesmo dispositivo, será ouvida "sempre que possível", ou seja, a despeito de ter sido arrolada pelas partes ou pelo juiz. Difere-se, nesse sentido, das testemunhas, que deverão ser arroladas pelas partes, na denúncia ou na resposta à acusação, ou indicadas, de ofício, pelo juiz.

A vítima não tem o dever de dizer a verdade, não presta compromisso para tanto, e, consequentemente, não responde pelo crime de falso testemunho[76], ao contrário das testemunhas compromissadas.

---

[74] DIAS, Jorge de Figueiredo. *Direito Processual Penal*. Coimbra: Coimbra Editora, 2004, p. 505.
Dezem, por sua vez, assim explica a figura da vítima: "Praticado o crime, verifica-se que há duas ordens de violação: há como sujeito passivo o Estado, na medida em que violada a ordem jurídica. Também há a violação dos interesses da pessoa diretamente prejudicada com a prática delituosa. Assim, o ofendido é pessoa diretamente atingida pela infração, ou seja, cujo bem jurídico fora violado em decorrência do delito". (DEZEM, Guilherme Madeira. *Da prova penal:* tipo processual, provas típicas e atípicas. Campinas: Millennium Editora, 2008, p 224).
[75] TORNAGHI, Hélio. *Instituições de processo penal*. São Paulo: Saraiva, 1978. v. 04, p. 56.
[76] BADARÓ, Gustavo Henrique. *Processo penal*. 2. ed. Rio de Janeiro: Elsevier, 2014, p. 320.

Doutro vértice, é nítido o interesse das vítimas no resultado do processo, haja vista que é diretamente envolvida nos fatos então apurados, tendo sido, em tese, prejudicada pela conduta praticada pelo acusado. Além do anseio, comumente presente, de ver o acusado condenado pela prática do suposto crime, o ofendido também nutre, em boa parte das vezes, interesses de natureza patrimonial, ou seja, de vir a ser ressarcido pelos danos materiais ou morais sofridos. Portanto, é essencialmente diverso da testemunha, uma vez que essa é, por natureza, alheia aos fatos, e não tem interesse, em tese, no desfecho do processo.

Às razões ora expressadas, deve-se somar, também, o fato de a vítima ter uma visão potencialmente prejudicada e distorcida da ocorrência dos fatos. Não obstante a testemunha também esteja suscetível a uma série de equívocos em relação ao fato percebido (objeto do presente estudo), não se olvide que, no caso da vítima, esse efeito é, em regra, maximizado, em razão das emoções, traumas, estresse, amor, ódio, e todos os demais sentimentos experimentados por ela, enquanto (possível) sujeito passivo do delito.[77]

Por todos esses motivos, a palavra da vítima deverá ser cuidadosamente valorada pelo juiz, não podendo, sozinha, fundamentar uma sentença condenatória.

---

[77] Aranha ressalta a posição paradoxal ocupada pela vítima: ao tempo que seria ela a pessoa mais adequada a narrar a ocorrência dos fatos, ante sua óbvia proximidade com o delito, enfrenta seu relato a fragilidade de se ver submerso em sentimentos e emoções: "Em primeiro lugar, por ter suportado a ação, por ter sofrido o prejuízo ou o dano, por estar presente em todo o desenrolar, a sua atenção estaria a tal ponto desperta que possibilitaria uma reprodução fiel do ocorrido, inclusive minúcias e detalhes. Contudo, sua vontade fatalmente estaria atingida, possuída de indignação ou dor, a ponto de ser impossível uma total isenção. Não se pode encontrar uma vítima despida totalmente de sentimentos, com tal frieza emocional que seja possível falar-se em imparcialidade. Além do mais, não podemos esquecer que não são raros os casos de pseudovítimas, criadas por uma imaginação traumatizada [...]". (ARANHA, Adalberto José Q. T. de Camargo. *Da prova no processo penal*. 3. ed. São Paulo: Saraiva, 1994, p. 110).

1.4.4.3 Testemunha e colaborador

A colaboração premiada é um fenômeno processual complexo, conforme observa Vasconcellos[78], pois envolve diversos atos e situações processuais, com naturezas distintas. O acordo de colaboração premiada é entendido como um meio de obtenção de prova, pois se destina à busca e à aquisição de elementos ou fontes de prova, por meio da cooperação do acusado.[79] Já a oitiva/interrogatório do colaborador consiste em meio de prova, assim como eventuais provas documentais por ele apresentadas. Por sua vez, a confissão do colaborador e as declarações incriminatórias a terceiros são considerados elementos de prova.

Nos moldes previstos pela Lei nº 12.850/13, e conforme já se manifestou o Supremo Tribunal Federal[80], o acordo de colaboração premiada também tem natureza de negócio jurídico processual. De um lado, o Ministério Público compromete-se a adotar determinadas posturas persecutórias (pleitear a redução da pena, aplicação de penas alternativas ou imposição de regime inicial menos gravoso), a deixar de exercer seu poder de oferecer a ação penal ou a retardar esse oferecimento.[81] Por

---

[78] VASCONCELLOS, Vinicius Gomes. *Colaboração premiada no processo penal*. São Paulo: Revista dos Tribunais, 2017, p. 60-64.

[79] O Supremo Tribunal Federal, em acórdão relatado pelo Min. Dias Toffoli, apontou que "a colaboração premiada, como **meio de obtenção de prova**, destina-se à 'aquisição de entes (coisas materiais, traços [no sentido de vestígios ou indícios] ou declarações) dotados de capacidade probatória', razão por que não constitui meio de prova propriamente dito", emprestando a conceituação de Mario Chiavario (BRASIL. Supremo Tribunal Federal, *Habeas Corpus* n.º 127.483/PR, Plenário, julgado em 27/08/15, DJe 04/02/16. Grifos no original).

[80] "A colaboração premiada é um negócio jurídico processual, uma vez que, além de ser qualificada expressamente pela lei como 'meio de obtenção de prova', **seu objeto é a cooperação do imputado para a investigação e para o processo criminal**, atividade de natureza processual, ainda que se agregue a esse negócio jurídico o efeito substancial (de direito material) concernente à sanção premial a ser atribuída a essa colaboração". (BRASIL, Supremo Tribunal Federal, *Habeas Corpus* n.º 127.483/PR, Plenário, julgado em 27/08/15, DJe 04.02.16. Grifos no original).

[81] ZILLI, Marcos Alexandre Coelho. A colaboração premiada nos trópicos. Autonomia das partes e o imperativo do controle judicial. Leituras sobre a Lei 12.850/13 à luz da eficiência e garantismo. In: CUNHA FILHO, Alexandre J. Carneiro da et al. (Coord.). *48 visões sobre a Corrupção*. São Paulo: Quartier Latin, 2016, p. 866.

outro lado, o acusado abre mão de seu direito ao silêncio e compromete-se a cooperar efetivamente com as investigações ou com o processo penal.[82]

Feitas essas brevíssimas considerações, interessa saber a natureza da oitiva do colaborador, sobretudo, no que tange às imputações feitas a terceiros. Indaga-se se, nessa parcela, a oitiva do colaborador reveste-se de natureza de prova testemunhal.

De imediato, há de se negar essa possibilidade: o colaborador não se confunde com a testemunha[83], visto que é sujeito parcial, possuindo direto envolvimento com os fatos investigados, assim como interesse na aquisição de benefícios, em troca de sua colaboração.[84]

---

[82] Conforme dispõe o art. 4º da Lei nº 12.850/13, para que o colaborador faça jus à concessão de benefício penal ou processual penal acordado, da sua colaboração deve advir ao menos um dos seguintes resultados: I - a identificação dos demais coautores e partícipes da organização criminosa e das infrações penais por eles praticadas; II – a revelação da estrutura hierárquica e da divisão de tarefas da organização criminosa; III – a prevenção de infrações penais decorrentes das atividades da organização criminosa; IV – a recuperação total ou parcial do produto ou do proveito das infrações penais praticadas pela organização criminosa; V – a localização de eventual vítima com a sua integridade física preservada.

[83] Em vista de sua incompatibilidade com a figura da testemunha, por sua ausência de distanciamento com os fatos, o colaborador é, por vezes, referido como testemunha imprópria (ZILLI, Marcos Alexandre Coelho. A colaboração premiada nos trópicos. Autonomia das partes e o imperativo do controle judicial. Leituras sobre a Lei 12.850/13 à luz da eficiência e garantismo. In: CUNHA FILHO, Alexandre J. Carneiro da et al. (Coord.). *48 visões sobre a Corrupção*. São Paulo: Quartier Latin, 2016; p. 864). Também entendem incompatíveis as figuras do colaborador e da testemunha: FERRO, Ana Luiza et al. *Criminalidade organizada – comentários à lei 12.850 de 02 de agosto de 2013*. Curitiba: Juruá, 2014, p. 102; VASCONCELLOS, Vinicius Gomes. *Colaboração premiada no processo penal*. São Paulo: Revista dos Tribunais, 2017, p. 66.

[84] Contudo, o Superior Tribunal de Justiça já se manifestou no sentido de ser possível a oitiva de colaborador como testemunha, em processo no qual não figure como réu: "No entanto, não há impedimento ao depoimento de colaborador como testemunha, na medida em que, não sendo acusado no mesmo processo em que o recorrente figure como réu, sua oitiva constitui verdadeira garantia de exercício da ampla defesa e do contraditório dos delatados, ao mesmo tempo que também consubstancia mecanismo de confirmação das declarações e de validação dos benefícios previstos no acordo de colaboração" (BRASIL, Supremo Tribunal Federal, Recurso Ordinário em *Habeas Corpus* n.º 67.493/PR, Rel. Min. Felix Fischer, Quinta Turma, julgado em 19.04.2016, DJe 02.05.2016). No mesmo sentido: BRASIL, Superior Tribunal de Justiça, Agravo Regimental no Recurso Especial n.º

Não se coaduna também com a proposta de considerá-lo informante[85], pois, como visto em item anterior, essa figura é reservada àqueles que depõem sem prestar o compromisso de dizer a verdade. No caso, conforme previsão inserida no § 14º do art. 4º da Lei nº 12.850/13, o colaborador deve renunciar o direito ao silêncio, bem como prestar o compromisso de dizer a verdade, quando ouvido.

Diante disso, Vasconcellos, em posição à qual se adere, propõe que o colaborador seja analisado em categoria própria, em razão de não se encaixar na figura da testemunha, tampouco na do informante.[86] Em vista de sua parcialidade incontestável, devem suas declarações ser recebidas com cautela e corroboradas por outros elementos probatórios.

1.4.5 A testemunha indireta pode ser considerada testemunha e valorada como tal?

A chamada testemunha indireta, também conhecida como de referência ou "de ouvir dizer", é aquela que não percebe pessoalmente os fatos relevantes ao julgamento. Ela apenas toma conhecimento deles por meio de outra pessoa, que teria, por sua vez, percebido diretamente os fatos e relatado àquela. É, desse modo, uma testemunha de segundo grau, ou de

---

1465912/RS, Rel. Min. Maria Thereza de Assis Moura, Sexta Turma, julgado em 08/02/18, DJe 19/02/18.

[85] Em outro julgado do Superior Tribunal de Justiça, o Min. Rel. Nefi Cordeiro expressa entendimento de que o colaborador pode ser ouvido como informante ou corréu, desde que seja conhecida a sua condição de colaborador pelos demais acusados, não sendo, todavia, razão de nulidade a equivocada nomeação como testemunha: "1. Não sendo vedada a oitiva de coautores colaboradores, constantes ou não do processo, exigida é tão somente a indicação dessa condição – não pode o acusado desconhecer a condição do depoente como favorecido em acordo de colaboração premiada. 2. A categoria indicada ao colaborador deve ser de corréu ou informante (se não integra a ação penal), pelo direto interesse nos fatos acusatórios, mas a errônea nomeação como testemunha não gera nulidade na colheita ou valoração dessa prova" (BRASIL, Superior Tribunal de Justiça, Agravo Regimental no Recurso Ordinário em *Habeas Corpus* n.º 73.461/SP, Rel. Min. Nefi Cordeiro, Sexta Turma, julgado em 04/10/18, DJe 23/10/18).

[86] VASCONCELLOS, Vinicius Gomes. *Colaboração premiada no processo penal*. São Paulo: Revista dos Tribunais, 2017, p. 68.

segunda mão, ou, inclusive, de terceiro grau, a depender da quantidade de pessoas interpostas entre ela e a testemunha direta dos fatos.[87]

Questiona-se, a princípio, se a denominada "testemunha indireta" poderia ser considerada propriamente uma testemunha, conforme o sentido técnico do termo. A resposta é definitivamente negativa: as testemunhas, conceitualmente, são aquelas pessoas que percebem pessoalmente um fato, sem intermediação, seja por tê-lo visto, seja por tê-lo escutado, ou por qualquer outro modo percebido, desde que seja por seus próprios sentidos.[88] Desse modo, enfatiza Gorphe não ser a testemunha indireta digna desse nome, uma vez que não pode atestar nada mais que um vago rumor ou uma frágil opinião sobre os fatos.[89]

Muitos são os problemas relacionados à prova testemunhal indireta. Por não ser uma testemunha propriamente dita dos fatos, a "testemunha" indireta não tem responsabilidade pela veracidade do relato feito por outrem[90], mas apenas responsabiliza-se pela afirmação de ter ouvido aquilo da testemunha direta. Se é ou não verdade o que a testemunha direta lhe disse, não poderia saber com segurança, tampouco seria de qualquer valia dar-lhe sua palavra acerca da veracidade da narrativa.

Em segundo lugar, a "testemunha" indireta também não pode ser contraditada no que tange ao relato dos fatos ouvidos de outrem. Não sendo a fonte originária da ciência dos fatos, não é possível submetê-la a contraditório, de forma a tentar extrair a veracidade, coerência e consistência de sua narrativa.

---

[87] Do direito norte-americano, pode-se extrair uma conceituação de testemunha de ouvir dizer ou *hearsay* útil ao nosso direito pátrio. Malan recorda, assim, o conceito trazido pelo artigo 801 (c) da *Federal Rules of Evidence*: "*hearsay é uma declaração diversa daquela proferida pela testemunha enquanto depõe no julgamento, oferecida como meio de prova para comprovar a veracidade da questão afirmada*". Malan destaca, desse conceito, característica importante da *hearsay*: "uma determinada declaração só é considerada *hearsay* quando se destina a comprovar em juízo a veracidade do teor das asserções nela contidas". (MALAN, Diogo Rudge. *Direito ao confronto no processo penal*. Rio de Janeiro: Lumen Juris, 2009, p. 52-53).
[88] GORPHE, François. *La critica del testimonio*. 5. ed. Trad.: Mariano Ruiz-Funes. Madrid: Reus, 1971, p. 16
[89] Ibid., p. 17.
[90] BADARÓ, Gustavo Henrique. *Processo penal*. 2. ed. Rio de Janeiro: Elsevier, 2014, p. 322.

Essa é a razão pela qual a utilização da testemunha de ouvir dizer é, em regra, proibida no Direito norte-americano, expressada pela cláusula geral *hearsay is no evidence*. É fator decisivo à proibição o fato de a testemunha de ouvir dizer não possibilitar ao acusado o direito de confrontar as declarações incriminadoras prestadas contra ele, direito esse previsto constitucionalmente pela VI Emenda ("in all criminal prosecutions the accused shall enjoy the right [...] to be confronted with the witness against him")[91].

Badaró aponta que o fundamento mais aceito para a *hearsay rule*, regra de exclusão da prova testemunhal indireta, é epistemológico: a melhor forma para se descobrir a verdade, sobretudo, em um processo oral e focalizado em provas pessoais, é submeter a testemunha ao confronto cruzado a fim de verificar se seu relato é veraz ou não.[92]

Contudo, relembra o autor as inúmeras exceções à *rule against hearsay* existentes nos Estados Unidos da América, seja em casos de indisponibilidade da testemunha, em razão, por exemplo, de morte ou doenças físicas e psiquiátricas, ou quando, ainda que presente a testemunha direta, a *hearsay witness* é de boa qualidade epistemológica.[93] No Reino Unido,

---

[91] Diogo Rudge Malan ensina que o "right of confrontation" ou direito ao confronto, garantido pelo direito norte-americano, "impõe que todo o saber testemunhal incriminador passível de valoração pelo juiz seja produzido de forma *pública, oral, na presença do julgador e do acusado e submetido à inquirição* deste último". Conclui o autor que "a declaração de uma determinada testemunha não pode ser admitida como elemento de prova contra o acusado, a não ser que ela tenha sido prestada nas sobreditas condições". (Grifou-se). (MALAN, Diogo Rudge. *Direito ao confronto no processo penal*. Rio de Janeiro: Lumen Juris, 2009, p. 79).

[92] BADARÓ, Gustavo Henrique. A utilização da hearsay witness na Corte Penal Internacional. Estudo sobre sua admissibilidade e valoração. *Zeitschrift für Internationale Strafrechtsdogmatik*, v. 04, p. 177-188, 2014, p. 178.

[93] Ibid., p. 179. Ao lado da morte ou doença, o professor arrola outras hipóteses de indisponibilidade da fonte originária do relato: "Outras situações que têm sido consideradas de 'indisponibilidade' da testemunha, a autorizar a hearsay, são as situações de former testimony e de forfeiture by wrongdoing. Na primeira hipótese, admite-se o testemunho de relato prestado, no mesmo processo ou em processo diverso, caso a parte processual contra a qual tal prova será produzida já tenha tido uma oportunidade e similar motivo para inquirir o autor do depoimento originário. No segundo caso, permite-se aceitar o testemunho de relato oferecido contra parte processual que concorreu para a prática de

de igual modo, há considerável margem discricionária para o juiz decidir sobre a admissibilidade da testemunha de ouvir dizer.[94]

A Corte Penal Internacional, a seu turno, não veda a utilização da *hearsay witness*, porém, uma vez admitido esse meio de prova, concede-lhe um valor probatório inferior ao depoimento prestado por uma testemunha

---

ato ilícito que acarretou a indisponibilidade do depoente para testemunhar. Isso ocorre, por exemplo, no caso em que o acusado tenha, direta ou indiretamente, praticado ou dado causa ao ato ilícito, por exemplo, em razão de ameaças ou mesmo de ter matado a fonte originária que não mais poderá ser confrontada".

Sobre as exceções à proibição da *hearsay witness*, ver também: ANDRADE, Manuel da Costa. *Sobre as proibições de prova em processo penal*. Coimbra: Coimbra Editora, 2006, p. 161-163. O autor explica que a proibição geral é flexibilizada por meio de exceções admitidas pelos tribunais, as quais dificultam o trabalho dos intérpretes e dos aplicadores do direito, uma vez que as hipóteses excepcionais não são estritamente determinadas e são, muitas vezes, resultado de escolhas locais, movidas pela pressão de casos com elevada carga emotiva, e que não encontram receptividade em outros estados federados. Uma das hipóteses apontadas pelo autor é a referente às denominadas "dying declarations": admite-se a testemunha de ouvir dizer das declarações de vítima de agressão letal, quando estas foram dadas antes ou na iminência, receio ou expectativa de sua morte.

Malan menciona as quase três dezenas de exceções à regra *hearsay is no evidence*, previstas na *Federal Rules of Evidence* dos Estados Unidos da América. Estão elas divididas em dois grandes grupos: (i) admissão da *hearsay* ainda quando disponível a fonte originária da prova, em razão de ser o depoimento indireto de boa qualidade epistemológica, (2) admissão da *hearsay* quando a fonte originária do conhecimento encontra-se indisponível. (MALAN, Diogo Rudge. *Direito ao confronto no processo penal*. Rio de Janeiro: Lumen Juris, 2009, p. 57 e ss.).

[94] Malan, nesse ponto, cita a edição do *Criminal Justice Act 2003* inglês, cujo Capítulo 2 da Parte 11 aumentou a margem de discricionariedade judicial, para autorizar a admissão de depoimentos de testemunhas indiretas, ainda quando ausente previsão expressa nesse sentido. A admissão é possível quando, por exemplo, "atende aos interesses da justiça". A Inglaterra, além disso, prevê diversas hipóteses que excepcionam a *hearsay evidence*, como, por exemplo, nos casos de depoimento prestado por pessoa prestes a falecer (*dying declarations*), na hipótese de ter sido vítima de homicídio e quando as suas declarações referem-se à causa ou ao autor do crime; e de documentos de primeira mão, quando o autor do documento, que é a testemunha direta dos fatos, está indisponível para depor (MALAN, Diogo Rudge. *Direito ao confronto no processo penal*. Rio de Janeiro: Lumen Juris, 2009, p. 56-57).

direta, não podendo ser ela prova preponderante ou exclusiva para a condenação do acusado.[95]

Além da ausência de responsabilidade pelo relato de outrem e da impossibilidade de contradição, o depoimento da testemunha indireta não permite ao juiz e às partes a possibilidade de analisar o comportamento da testemunha fonte da ciência, sua segurança, certeza e sua exata relação com os fatos, aferir as circunstâncias objetivas e subjetivas presentes no momento da percepção do evento, bem como todos os demais traços fundamentais à valoração da prova.[96]

Por essa razão, consoante afirma Gorphe, o "testimonio indirecto, *ex credulitate,* como lo han llamado legistas y canonistas por oposición al testimonio *ex scientia,* ha sido siempre y en todo lugar objeto de una legítima desconfianza".[97]

---

[95] BADARÓ, Gustavo Henrique. A utilização da hearsay witness na Corte Penal Internacional. Estudo sobre sua admissibilidade e valoração. *Zeitschrift für Internationale Strafrechtsdogmatik,* v. 04, p. 177-188, 2014, p. 183-184. O professor, em análise da jurisprudência da Corte Penal Internacional, aponta que *hearsay witness* não é tratada pelo tribunal como um problema de admissibilidade, mas sim de valoração da prova. O valor probatório da testemunha indireta deve ser menor que o atribuído à testemunha direta, uma vez que não é possível verificar a sinceridade e testar a memória da fonte originária do conhecimento.

[96] Nessa senda, expõe Eduardo Espínola Filho sobre o prejuízo ocasionado pela utilização das testemunhas indiretas: "A transmissão de informações por testemunhas de segunda, ou terceira mão, referindo o que as verdadeiras testemunhas afirmavam sobre fatos, que só estas presenciaram, tem, como já se viu pela transcrição da última passagem da nossa sentença, o inconveniente enorme de privar o julgador dos elementos indispensáveis a uma avaliação segura da prova testemunhal, forçando-o a receber, como tal, o depoimento, na sua materialidade. [...] a prova testemunhal não vale somente pelo que a testemunha diz, mas é preciso conhecer as condições pessoais de quem dá as informações, apurar se se trata de pessoa independente das partes interessadas no processo [...], se há necessidade de saber se, pelas suas condições particulares, a testemunha não terá simpatias ou antipatias naturais, que a façam propender, inconsciente, insensivelmente, a ver o fato num aspecto mais favorável, ou mais odioso para o inculpado; se é mister verificar o modo por que é o depoimento prestado, por conhecer quando a testemunha está revelando uma segurança objetiva do fato narrado, em condições de independência, que garantam a verdade contra a sugestividade, de que pode ela ser vítima [...]". (ESPÍNOLA FILHO, Eduardo. *Código de Processo Penal Brasileiro Anotado.* 6. ed. Rio de Janeiro: Editor Borsoi, 1965. v. 3, p. 93).

[97] GORPHE, François. *La critica del testimonio.* 5. ed. Trad. Mariano Ruiz-Funes. Madrid: Reus, 1971, p. 17.

Espínola Filho entende que a impossibilidade de o juiz verificar o comportamento externado por aquele que teve ciência direta do fato e avaliar os aspectos objetivos e subjetivos da testemunha em relação ao fato presenciado fazem com que a testemunha indireta tenha um valor probante reduzido em relação à testemunha direta.[98]

Destarte, sendo o relato da "testemunha" indireta frágil, pois mediato em relação aos fatos, impossível de ser contraditado e devidamente examinado pelo julgador, bem como livre de responsabilidade pela veracidade dos fatos narrados, é forçoso concluir não ser o seu depoimento elemento de prova válido a formar o convencimento judicial.

A despeito de não haver expressa proibição da utilização das testemunhas indiretas no ordenamento jurídico brasileiro, sendo elas, a bem da verdade, recorrentemente admitidas e valoradas pelos tribunais pátrios[99],

---

[98] ESPÍNOLA FILHO, Eduardo. *Código de Processo Penal Brasileiro Anotado*. 6. ed. Rio de Janeiro: Editor Borsoi, 1965. v. 3, p. 93.

[99] Nesse sentido, admitindo a prova testemunhal indireta como meio de prova válido: "A prova testemunhal, mesmo que indireta (ouviu da vítima o relato), produzida em juízo, mediante o contraditório e a ampla defesa, que, de maneira coerente e harmônica, ratifica o depoimento da vítima na fase inquisitorial, é suficiente para a condenação". (BRASIL, Superior Tribunal de Justiça, Agravo Regimental no Recurso Especial n.º 1387883/MG, Rel. Min. Ribeiro Dantas, Quinta Turma, julgado em 19/10/17, DJe 25/10/17).
Em mesmo sentido: "A legislação em vigor admite como prova tanto a testemunha que narra o que presenciou, como aquela que ouviu. A valoração a ser dada a essa prova é critério judicial, motivo pelo qual não há qualquer ilegalidade na prova testemunhal indireta" (BRASIL, Superior Tribunal de Justiça, *Habeas Corpus* n.º 265.842/MG, Rel. Min. Rogerio Schietti Cruz, Rel. p/ Acórdão Min. Nefi Cordeiro, Sexta Turma, julgado em 16/08/16, DJe 01/09/16).
No entanto, verificam-se decisões em que o STJ reverteu decisão de pronúncia por estar fundada apenas em prova testemunhal indireta: "Vale observar que a norma segundo a qual a testemunha deve depor pelo que sabe per proprium sensum et non per sensum alterius impede, em alguns sistemas – como o norte-americano –, o depoimento da testemunha indireta, por ouvir dizer (hearsay rule). No Brasil, embora não haja impedimento legal a esse tipo de depoimento, 'não se pode tolerar que alguém vá a juízo repetir a vox publica. Testemunha que depusesse para dizer o que lhe constou, o que ouviu, sem apontar seus informantes, não deveria ser levada em conta (TORNAGHI, Helio. Instituições de processo penal. v. 4. Rio de Janeiro: Forense, 1959, p. 461)". (BRASIL, Superior Tribunal de Justiça, Recurso Especial n.º 1674198/MG, Rel. Min. Rogerio Schietti Cruz, Sexta Turma, julgado em 05/12/17, DJe 12/12/17).

considera-se que, diante de todos os elementos a pesar contra sua credibilidade e segurança, a sua única utilidade seria a de indicar a fonte originária do relato testemunhal. E, assim indicando, deve ser a pessoa fonte direta da ciência dos fatos ouvida pelo julgador, permitindo-se, por conseguinte, o exercício do contraditório das partes e o controle do juiz sobre a prova.

1.5 Características da prova testemunhal

1.5.1 Oralidade

No Direito brasileiro, assim como em quase todos os outros ordenamentos jurídicos, a regra é a da oralidade da prova testemunhal (art. 204 do CPP). Veda-se à testemunha a apresentação de depoimento por escrito, o que não obsta, entretanto, a breve consulta a apontamentos.

O diploma processual penal pátrio excepciona o dever de depor oralmente àquelas testemunhas incapazes, por limitações físicas, de fazê-lo: aos mudos é permitida a apresentação do depoimento na forma escrita; aos surdos, as perguntas são formuladas na forma escrita e as respostas são dadas oralmente. No caso dos surdos-mudos, naturalmente, tanto as perguntas quanto as respostas são apresentadas na forma escrita.

A lei, ainda, possibilita a determinadas pessoas, em razão do cargo que exercem, de prestarem depoimento por escrito, caso em que as perguntas formuladas pelas partes e deferidas pelo juiz são enviadas às autoridades por ofício. Tal previsão, inserida no § 1º do art. 221 do CPP, atribui a prerrogativa ao Presidente e Vice-Presidente da República, aos Presidentes do Senado Federal, da Câmara dos Deputados e do Supremo Tribunal Federal.

No caso de pessoa que desconhece a língua nacional, o legislador manteve a regra da oralidade, impondo apenas a participação de intérprete para traduzir as perguntas e respostas.

A formação oral da prova testemunhal é dado essencial ao meio probatório: é por meio da oralidade que se verifica a máxima concretização do contraditório. É pela participação ativa e simultânea das partes na formação da prova, por meio de perguntas e reperguntas, e da observação atenta das partes ao comportamento e à forma de responder da testemunha que se possibilita a extração de um relato mais fiel, quanto possível, e a revelação de falhas e inconsistências no depoimento.

O exame judicial do comportamento e da forma como a narrativa da testemunha desenvolve-se, sejam suas pausas, reticências ou tom de voz, é fator fundamental à valoração da veracidade e da fidedignidade da prova.

Nesse sentido, Gomes Filho entende que a larga aceitação da prova testemunhal tem como principal fundamento, do ponto de vista processual, justamente o método pelo qual é ela introduzida ao processo: o completo exercício do contraditório e do controle na formação da prova pelos sujeitos processuais permite a verificação imediata da idoneidade das informações aportadas pelas testemunhas, "pela simples observação do comportamento do depoente, de sua segurança ao narrar os fatos ou, ao contrário, de suas hesitações e contradições".[100]

Donde, não remanescem dúvidas que a produção oral da prova testemunhal não pode ser substituída, ao menos não sem redundar em graves prejuízos à reconstrução histórica dos fatos, pela apresentação de depoimento escrito. Esse último não permite o contraditório das partes sobre a formação da prova, tampouco o controle e a apreciação judicial sobre a testemunha e sobre a idoneidade de seu relato. Permite-se, pelo meio escrito, o recurso mais facilitado à dissimulação, assim como à substituição velada da autoria do relato.[101] Se houver a entrega de depoimento por

---

[100] GOMES FILHO, Antonio Magalhães. Provas – Lei 11.690, de 09.06.2008. In: MOURA, Maria Thereza Rocha de Assis (Coord.). *As reformas no processo penal*: as novas Leis de 2008 e os projetos de reforma. São Paulo: Editora Revista dos Tribunais, 2009, p. 283.

[101] Nesse sentido, é assertivo Aquino ao dizer: "Com efeito, se o outro meio de comunicação entre os homens (ou seja, a linguagem escrita) fosse o escolhido pelo legislador, sem dúvida o processo penal correria graves riscos, uma vez que, como é sabido, a linguagem escrita concede a quem escreve muitos meios de dissimulação, bem como possibilita ao leitor as mais variadas formas de interpretação. E isto, obviamente, chancelaria o testemunho com o selo de duvidoso e, por via de consequência, torná-lo-ia imprestável, como de resto tornaria imprestável o próprio processo penal [...]. Em epítome, o sujeito que, em vez de comparecer em juízo para depor, traz para os autos, por escrito, seu depoimento, com muita facilidade poderá distorcer a verdade dos fatos, sem correr o risco de ser desmascarado pela astúcia, habilidade do inquiridor, ou por seu próprio estado emocional que o delate". (AQUINO, José Carlos Xavier de. *Prova testemunhal no processo penal brasileiro*. 6. ed. São Paulo: Letras Jurídicas, 2015, p. 99).

escrito, pela testemunha, não se poderá considerá-lo como prova testemunhal, mas sim como prova documental, haja vista que é da essência da primeira a sua produção dentro do processo, sob a forma oral.[102]

Por essa razão, questiona-se se a faculdade em se entregar por escrito o depoimento, concedida pelo art. 221, § 1º, a certas autoridades, é razoável frente a outro eventual valor que se queira tutelar por meio dessa norma. Se o valor tutelado do outro lado é tão só a conveniência do não deslocamento da testemunha ou de sua não exposição, supostamente justificado pelo elevado cargo por ela exercido, parece não ser justificável a faculdade legal, que restringe sobremaneira o controle sobre a prova e seu valor enquanto meio probatório de conhecimento dos fatos.[103]

1.5.2 Objetividade

À testemunha cabe a narração objetiva dos fatos percebidos por um ou mais de seus sentidos. As suas impressões pessoais e valorações sobre o fato deverão ser afastadas do depoimento, consoante o determinado no art. 213 do CPP.

Nesse sentido, a testemunha, diferente do perito, informa e não opina.[104] A única exceção à vedação de expressar sua opinião é quando essa é inseparável da narração do fato. Cogitam-se as hipóteses, por exemplo, de dimensionamento de tempo (*e.g.:* lapso temporal entre disparos ou a

---

[102] Alcalá-Zamora manifesta-se sobre os prejuízos do depoimento escrito: "el llamado testimonio escrito es, en realidad, una suplantación de la prueba testifical por la documental, olvida que en aquélla importan el tono y la actitud del declarante tanto como las manifestaciones que haga, e imposibilita o complica sobremanera la obtención de aclaraciones acerca de las respuestas emitidas" (ALCALÁ-ZAMORA Y CASTILLO, Niceto; LEVENE, Ricardo. *Derecho Procesal Penal*. Buenos Aires: Editorial Guillermo Kraft, 1945, Tomo III, p. 107).

[103] Contudo, deve-se examinar, com redobrada cautela, a pertinência e a necessidade do depoimento da autoridade em questão a fim de se evitar que o pedido de sua inquirição seja utilizado como expediente de tumulto e morosidade processuais.

[104] NORONHA, Edgard Magalhães. *Curso de direito processual penal*. 10. ed. São Paulo: Saraiva, 1978, p. 118. No mesmo sentido, Pisani assinala: "È proprio su quest'ultimo punto che si fa la tradizionale distinzione fra il testimone ed il perito, sottolineando che, mentre il testimone riferisce, il perito valuta. E ciò per significare che il testimone deve solo riferire i fatti che sono a sua conoscenza, contrariamente al perito che, invece, esprime una valutazione sui fati stessi". (PISANI, Mario. *Manuale di Procedura Penale*. Bologna: Monduzzi Editore, 1994, p. 238)

duração total de uma agressão), de espaço (*e.g.* noções de distância entre pessoas ou entre pessoas e coisas) e de velocidade (*e.g.*: se um veículo era conduzido dentro ou acima da velocidade máxima permitida para a via). Tais considerações, que não passam de uma estimativa pessoal da testemunha, que, em muito, podem variar de uma pessoa para outra, são inescapáveis à sua narrativa e podem prover elementos, ainda que não absolutamente seguros, para a avaliação judicial.

É de se anotar, contudo, que a objetividade do depoimento testemunhal é uma característica, em realidade, inalcançável. Todo o processo de percepção, retenção e evocação da memória perante o juiz é permeado por subjetivismo, como, à frente, ver-se-á, que contamina no todo ou em parte a formação da memória. As impressões pessoais, preconceitos, estereótipos e seletividade, logo de início, já definem o que é percebido e o que é armazenado pela testemunha, e, por consequência, determinam invariavelmente o conteúdo do relato testemunhal.[105]

---

[105] Discorre Mittermaier sobre as imprecisões da percepção causadas pelo subjetivismo de quem testemunha o fato: "Concíbese desde luego, que esta declaración puede muy fácilmente derogar la verdad objetiva, y que la sola individualidad del testigo pueda influir mucho en la manera de observar [...]; por último, cierta preocupaciones o disposición de espiritu hacen que dé a los objetos colores imaginarios, y muchas veces cree haber visto lo que desea ver. Con frecuencia y relativamente á ciertos objetos, la facultades intelectuales, los hábitos prácticos y la experiencia adquirida tienen una influencia directa y notoria en las observaciones de los testigos [...]". Não apenas em relação ao momento de percepção, mas igualmente de evocação da lembrança, vê-se agir o subjetivismo da testemunha: "Aun haciendo abstracción de toda intención culpable de ocultar la verdad, la individualidad del testigo obra siempre de nuevo poderosamente en su declaración. Modificase esta, según la disposición de su espíritu que habla en el momento y según las inclinaciones á que se abandona" (MITTERMAIER, C. J. A. *Tratado de la prueba en materia criminal*. 3. ed. Madrid: Imprenta de La Revista de Legislación, 1877, p. 231-232).
Em linha semelhante, Eugenio Florian rechaça a separação absoluta entre os fatos e o juízo da testemunha. Em primeiro lugar, anota o autor que é impossível não perguntar à testemunha acerca de fatos que exijam uma apreciação pessoal do depoente (ex.: estava o acusado bêbado?). Em segundo lugar, o autor explica que toda atividade narrativa exige da testemunha uma elaboração crítica das circunstâncias da narração, um trabalho de seleção, uma coordenação racional, uma síntese orgânica das percepções individuais e seu conjunto. Portanto, toda narração exige, ainda que implícita e inconscientemente, um juízo de valor (FLORIAN. Eugenio. *Elementos de Derecho procesal penal*. Barcelona: Bosch Casa Editorial, 1934, p. 355).

A busca pela maior objetividade quanto possível do depoimento não pode ignorar o subjetivismo que lhe é intrínseco, que deve ser levado em consideração pelo julgador, quando da apreciação e valoração da prova.

1.5.3 Retrospectividade

A testemunha é chamada a depor sobre fatos pretéritos, ou seja, ocorridos anteriormente ao ato do depoimento. A prova testemunhal, como qualquer outro meio probatório, visa a reconstruir um fato passado, que confirme ou negue a ocorrência do crime ou de sua autoria. Não deverá a testemunha fazer prognósticos sobre o futuro[106], visto que tal redunda em meras impressões pessoais e foge à função destinada à prova.

Nesse âmbito, relevante diferenciar as ações de testemunhar e depor. A primeira dá-se no momento em a pessoa percebe o evento, ou seja, presencia ou sente a sua ocorrência por algum de seus órgãos sensoriais. Já o depoimento refere-se ao momento que a testemunha recupera perante o juiz e as partes as lembranças sobre o evento antes percebido.[107]

1.5.4 Judicialidade

Tecnicamente, só pode ser considerada prova testemunhal aquela produzida perante o juiz, em audiência oral, e sujeita ao contraditório das partes. Os depoimentos prestados em inquérito policial ou outros procedimentos administrativos não são provas, mas constituem-se, tão somente, elementos informativos.

Todas as considerações já tecidas quando do exame da oralidade do depoimento testemunhal aqui se estendem: o exame do juiz acerca da idoneidade do relato testemunhal e a participação ativa das partes para

---

[106] Tonaghi assim posiciona-se: "ainda que quando seus conhecimentos técnicos lhe [à testemunha] permitam prever fatos futuros, não pode ela externar-se o que, a respeito deles, lhe parece. Se um médico é chamado a depor sobre uma agressão, não lhe compete dizer se a lesão produzida na vítima vai inabilitá-la para o trabalho por mais de trinta dias. Se um engenheiro depõe sobre um incêndio a que assistiu, não lhe toca pronunciar-se sobre a iminência de desmoronamento das paredes que restam". (TORNAGHI, Hélio. *Curso de processo penal*. 7. ed. São Paulo: Saraiva, 1990, p. 396.)

[107] ARANHA, Adalberto José Q. T. de Camargo. *Da prova no processo penal*. 3. ed. São Paulo: Saraiva, 1994, p. 119.

a sua formação compõem a própria essência desse meio de prova, não podendo ser suprimida sem resultar em sua desnaturação.

No entanto, a despeito de não se tratarem propriamente de provas, o presente trabalho não pôde ignorar os elementos informativos consistentes nos depoimentos prestados em fase inquisitiva. Isso porque é nesse momento que já se veem surgir os principais sinais de infidelidade e incerteza da narrativa da testemunha, que acabam por se repetir em juízo. Ademais, muito embora os elementos informativos não possam fundamentar exclusivamente uma condenação, é inegável que têm eles um peso considerável na formação do convencimento judicial, notadamente maior do que sua fragilidade e unilateralidade sustentariam[108].

Nesse compasso, sendo os depoimentos prestados em solo policial infligidos pelos mesmos fatores voluntários e involuntários de contaminação do relato testemunhal e sendo eles inegavelmente considerados na formação da convicção judicial, tiveram de ser eles incluídos no presente estudo. Quando necessário, fez-se menção específica a alguma particularidade do elemento informativo relevante ao exame da matéria; nos demais casos, a análise foi realizada conjuntamente com a prova testemunhal propriamente dita.

1.5.5 Imediação

O princípio da imediação, que possui íntima relação de complementariedade com o da oralidade, impõe que o juiz tome conhecimento das alegações das partes e da produção probatória de forma direta, sem intermediadores ou interferências.

Gomes, em trabalho sobre o tema, conceitua o princípio da imediação como: "contemporânea e contínua interação comunicacional entre juiz, partes e provas (pessoais), a fim de que o julgador possa conhecer pessoal

---

[108] Essa situação poderá ser alterada com a exigência de exclusão física dos autos do inquérito policial, preconizada pelo novo art. 3º-C, § 3º, do CPP, inserido pela Lei nº. 13.964/19, que, no entanto, encontra-se, até o momento dessa escrita, com a sua eficácia suspensa, por decisão cautelar do Ministro do Supremo Tribunal Federal Luiz Fux, nas Ações Diretas de Inconstitucionalidade nºs. 6.298, 6.298, 6.299, 6.300 e 6.305. Esse assunto será melhor abordado à frente, em nota de rodapé nº. 603.

e diretamente as alegações das partes e o acervo probatório do processo, desde sua iniciação".[109]

A imediação permite ao juiz criar sua própria percepção sobre os elementos de convicção e sobre as sustentações das partes, sem que haja interrupções externas ou distorções.[110] Cria-se, a partir desse mecanismo, um canal comunicativo e interativo livre e transparente entre julgador, partes e provas, possibilitando, ao menos potencialmente, que o resultado da formação da convicção judicial seja mais próximo aos fatos.

Em relação à prova testemunhal, a imediação perfaz-se quando a testemunha depõe, na presença do juiz que proferirá a sentença, acerca dos fatos por ela percebidos diretamente. Nesse caso, assim como nas demais provas pessoais, assume a imediação elevada importância enquanto método de conhecimento: possibilita ao julgador uma melhor avaliação da veracidade do relato e da credibilidade da testemunha, seja pela observação direta (análise do comportamento verbal e não verbal do depoente), seja pela interação com a fonte de prova.

A imediação, como se mostra óbvio, apenas ganha sentido se o juiz que participou da instrução seja o mesmo a proferir a sentença.[111] A melhor avaliação dos elementos probatórios e das alegações das partes possibilitada pela imediação é valorosa quando – e apenas se – puder refletir

---

[109] GOMES, Décio Luiz Alonso. *Imediação processual penal*: definição do conceito, incidência e reflexos no direito brasileiro. 2013. Tese (Doutorado em Direito Processual Penal) – Universidade de São Paulo (USP), São Paulo, 2013, p. 31.

[110] Nessa linha, Figueiredo Dias conceitua a imediação como: "relação de proximidade comunicante entre o tribunal e os participantes no processo, de modo tal que aquele possa obter uma percepção própria do material que haverá de ter como base da sua decisão" (FIGUEIREDO DIAS, Jorge de. *Direito processual penal*. Coimbra: Coimbra Editora, 2004, p. 232).

[111] GOMES, Décio Luiz Alonso. *Imediação processual penal*: definição do conceito, incidência e reflexos no direito brasileiro. 2013. Tese (Doutorado em Direito Processual Penal) – Universidade de São Paulo (USP). São Paulo, 2013, p. 22. Assevera o autor: "Ademais, ainda em relação ao juiz, a imediação implica, obviamente, que haja coincidência entre o juiz presente à produção prova e aquele que deve tirar daí os elementos do seu próprio convencimento. Esta é a razão justificativa da previsão segundo qual à deliberação da decisão devem concorrer, sob pena de nulidade absoluta, o mesmo juiz que participou da instrução".

na formação do convencimento judicial, redundando em uma decisão potencialmente mais acertada com os fatos ocorridos na realidade.

Por fim, o princípio da imediação tem íntima relação de complementariedade com o princípio da oralidade, pois a comunicação oral permite o contato direto entre os sujeitos do processo, bem como entre esses e as fontes de provas pessoais. Outrossim, relaciona-se a imediação com o princípio da concentração dos atos, de vez que o menor lapso temporal entre os atos instrutórios e entre esses e a prolação da decisão é fundamental para manter vivas as impressões e conclusões do julgador, obtidas por meio da comunicação imediata do juiz com as partes e com as provas.

1.6 Procedimento probatório da prova testemunhal

As testemunhas deverão ser arroladas pelas partes, em momento precisamente delimitado pela lei: no caso da acusação, quando do oferecimento da denúncia ou queixa (art. 41 do CPP); já no caso da defesa, quando da apresentação de resposta à acusação (art. 396-A do CPP). É possível, assim como qualquer outro meio de prova, o requerimento posterior, caso a necessidade do depoimento da testemunha surja de fato ou circunstância apurada na instrução (art. 402 do CPP).

No procedimento de rito ordinário, pode-se arrolar até oito testemunhas cada parte, e, no procedimento de rito sumário, o número máximo é de cinco testemunhas de cada lado. Subsidiariamente, o juiz poderá determinar a oitiva de testemunhas[112], além das arroladas pelas partes,

---

[112] Aponta-se que, a despeito da previsão legal da possibilidade de o juiz determinar a oitiva de testemunhas não arroladas pelas partes, a questão não é pacífica, haja vista que a iniciativa probatória do juiz feriria a imparcialidade do magistrado e a necessária estrutura acusatória do processo penal. Esse debate acentua-se ainda mais com a inclusão do novo art. 3º-A pela Lei nº. 13.964/19: "o processo penal terá estrutura acusatória, vedadas a iniciativa do juiz na fase de investigação e a substituição da atuação probatória do órgão de acusação". No entanto, esse dispositivo, assim como os relacionados ao juiz de garantias, está, por ora, com a eficácia suspensa por decisão cautelar do Ministro Luiz Fux.
Sobre o assunto, em recente decisão, a Primeira Turma do Supremo Tribunal Federal, por maioria, entendeu pela possibilidade de o juiz ter iniciativa probatória, podendo, quando julgar necessário e dentro dos limites do art. 209 do CPP, ouvir testemunhas não arroladas pelas partes. Voto vencido, o Ministro Marco Aurélio entendeu que a prova produzida de ofício pelo juiz violaria o sistema acusatório, devendo ser reconhecida sua nulidade e

sejam aquelas referidas por outras testemunhas ou outras que entender relevantes para os esclarecimentos dos fatos (art. 209, *caput* e § 1º, do CPP).

As testemunhas serão ouvidas, em regra, na sede do juízo (art. 792 do CPP), em audiência una de instrução, debates e julgamento (art. 400, *caput* e § 1º, do CPP). Excepcionam essa regra as previsões estampadas nos arts. 220, 221, *caput*, e 222, todos do diploma processual penal. A primeira hipótese diz respeito ao caso de testemunhas impossibilitadas de comparecerem em juízo, por força de enfermidade ou doença, justificando, pois, a tomada de seu depoimento no local em que estiverem.

A segunda hipótese excepcional diz respeito às testemunhas detentoras de certos cargos públicos, às quais a lei concede a prerrogativa de ajustarem com o magistrado data, horário e local de suas inquirições.[113] Ademais, consoante já mencionado no item 1.5.1, é facultada a algumas dessas autoridades (Presidente e Vice-Presidente da República, e presidentes da Câmara dos Deputados, Senado e STF) a prestação de depoimento por escrito.

Por fim, previu-se a expedição de carta precatória para inquirição de testemunha residente fora da comarca na qual tramita o processo, uma vez que não pode ser ela obrigada a deslocar-se até a sede do juízo a fim de ser inquirida.

Presente a testemunha, deve-se garantir a sua incomunicabilidade com as demais testemunhas, mantendo-as em espaços separados antes e durante os depoimentos (art. 210 do CPP). Do contrário, as testemunhas podem induzir-se e influenciar-se reciprocamente, tomando como suas as percepções alheias.

---

determinado seu desentranhamento (BRASIL, Supremo Tribunal Federal, *Habeas Corpus* n.º 160.496/RS, Rel. Min. Marco Aurélio, Primeira Turma, j. em 30/11/20, DJe 24/02/21).
[113] A prerrogativa, conforme texto do art. 221, *caput*, do CPP, é concedida às seguintes autoridades: ao Presidente e ao Vice-Presidente da República, aos senadores e deputados federais, aos ministros de Estado, aos governadores de Estados e Territórios, aos secretários de Estado, aos prefeitos do Distrito Federal e dos Municípios, aos deputados das Assembleias Legislativas Estaduais, aos membros do Poder Judiciário, aos ministros e juízes dos Tribunais de Contas da União, dos Estados, do Distrito Federal, bem como aos do Tribunal Marítimo.

Antes do início do depoimento, deverá a testemunha qualificar-se e responder se tem relação com quaisquer das partes e, em caso afirmativo, o grau dessa relação. Após, prestará o compromisso de dizer a verdade, salvo nos casos excepcionalmente previstos (art. 208 do CPP).

Em relação à forma de produção da prova testemunhal, interessa mencionar as alterações promovidas pela Lei nº 11.690/08, responsável por implementar avanços em matéria probatória. Extinguiu-se, a partir dessa modificação legislativa, o antigo e antiquado modelo presidencialista, no qual o juiz gozava do direito de iniciar as perguntas à testemunha, bem como da exclusividade de dirigir-lhe os questionamentos. Sob a égide desse sistema, as partes deveriam dirigir as perguntas ao juiz, que, por sua vez, dirigia-as à testemunha, podendo, nesse ato, reformulá-las. Lamentava-se, dessa feita, a frequente perda do espírito e substância das perguntas feitas pelas partes, ao passo que o juiz poderia dar-lhes conotação ou sentido absolutamente diversos.

A partir de 2008, o juiz perdeu o protagonismo na inquirição da testemunha, transferindo-o às partes: suas perguntas, outrora iniciais, passaram a ser complementares, ao final, caso remanesçam pontos do depoimento a serem esclarecidos. As perguntas passaram a ser dirigidas diretamente às testemunhas pelas partes, iniciando a inquirição a parte responsável por arrolar a testemunha, seguida da parte contrária. Em caso de testemunha do juízo, o Ministério Público é quem formula inicialmente as perguntas e, após, a defesa, em respeito ao princípio da ampla defesa.

Ao juiz, consoante determina o art. 212, *caput*, cabe a inadmissão de perguntas que possam induzir as respostas da testemunha, não tenham relação com o objeto do processo ou redundem em perguntas já respondidas pelo depoente.

Frisa-se que esse método de inquirição se apresenta adequado e necessário à concretização do modelo processual acusatório, que é demarcado pela separação de funções entre o acusador e o julgador e pela gestão da prova nas mãos das partes, e não nas do magistrado.[114]

---

[114] LOPES JÚNIOR, Aury. *Direito Processual Penal*. 11. ed. São Paulo: Saraiva, 2014, p. 894

Gomes Filho, ao apreciar a nova redação do art. 212 do CPP, aponta ser ela derivada do sistema adversarial anglo-saxônico, no qual o depoente é colocado sob inquirição pela parte que o arrolou (denominado *direct-examination*), e, após, pela parte contrária (*cross-examination*). Para o autor, essa técnica de inquirição possui evidentes vantagens epistemológicas, pois o confronto das partes com a testemunha pode suscitar o aparecimento de lembranças mais numerosas ou mais nítidas, aproximando a reconstrução do fato à realidade, além de reforçar, sem dúvidas, a garantia constitucional do contraditório.[115]

A despeito de inexistir previsão legal, não se poderá negar às partes o direito de fazer novas perguntas se, e quando, das perguntas finais do juiz surgirem novas dúvidas ou omissões a serem sanadas. Da mesma forma, dever-se-á possibilitar à parte dirigir novos questionamentos à testemunha após o exame cruzado realizado pela parte contrária, se, em razão desse, surgirem novas informações sobre os fatos.[116]

A inquirição cruzada da testemunha é fundamental para exploração dos fatos relatados por ela em momento anterior, bem como para a revelação de fatos ainda não relatados. É a oportunidade para evidenciar as contradições da narrativa, os pontos omissos, as reticências e a eventual falta de credibilidade do depoente.

No entanto, a despeito de representar um avanço em comparação ao regime presidencialista antes vigente, não se revela, conforme se verá, suficiente, por si, para garantir a qualidade e a confiabilidade da prova testemunhal, pois tantos outros fatores incidem sobre a testemunha, ocasionando a contaminação e a distorção de seu relato.

---

[115] GOMES FILHO, Antonio Magalhães. Provas – Lei 11.690, de 09.06.2008. In: MOURA, Maria Thereza Rocha de Assis (Coord.). *As reformas no processo penal: as novas Leis de 2008 e os Projetos de Reforma*. São Paulo: Editora Revista dos Tribunais, 2009, p. 284-289. O autor defende que a inquirição feita diretamente pelas partes, por meio do exame direto e cruzado, assim como previsto no art. 212 do CPP, deve ser estendida para a tomada de declarações da vítima, dos peritos e do assistente técnico. O interrogatório do acusado, por nada dispor a reforma de 2008, permaneceu disciplinado pelo art. 188, que impõe perguntas iniciais pelo juiz e complementação pelas partes.

[116] GOMES FILHO, Antonio Magalhães. Provas – Lei 11.690, de 09.06.2008. In: MOURA, Maria Thereza Rocha de Assis (Coord.). *As reformas no processo penal: as novas Leis de 2008 e os Projetos de Reforma*. São Paulo: Editora Revista dos Tribunais, 2009, p. 288.

No caso do procedimento especial do Júri, destaca-se não ter havido alteração legislativa nesse tocante, estando vigente a disciplina prevista na redação originária do código. Assim, conforme dispõe o art. 473 do CPP, o juiz inicia perguntando à testemunha e, somente após, as perguntas são abertas às partes, em malferimento às bases do sistema acusatório.

1.7 A falibilidade da prova testemunhal: a equivocada presunção de veracidade e a incidência de fatores de contaminação sobre a testemunha

Feitas essas considerações iniciais, têm-se conceituadas e delimitadas as figuras da testemunha e da prova testemunhal, bases sobre as quais recaiu a problemática central do presente trabalho: a falibilidade dessa modalidade probatória, em função da incidência sobre a testemunha de diversos fatores voluntários e involuntários de contaminação.

Nessa esteira, a despeito de ser recorrentemente apontada como fundamento da aceitação da prova testemunhal, a presunção da veracidade humana não se sustenta, como se verá no presente trabalho, em vista da existência de inúmeros fatores, externos e internos à testemunha, bem como voluntários ou involuntários, que potencialmente incidem sobre essa prova, contaminando-a e tornando-a frágil e não confiável.

A presunção de que o depoimento é verídico (seja porque a testemunha presumidamente diz a verdade, seja porque sua memória corresponde exatamente à realidade fática) não pode prevalecer, ao contrário do alegado pela corrente epistemológica presuntivista. Segundo o presuntivismo, o depoimento deve ser considerado verdadeiro em razão dos princípios da credulidade e da veracidade[117], salvo se existir prova em contrário. Em sentido oposto, a corrente do não presuntivismo, à qual se adere, defende que não basta, para se considerar como justificado epistemologicamente um testemunho, inexistir provas em contrário,

---

[117] O princípio da credulidade preconiza que os homens têm natural predisposição para acreditar na palavra alheia, enquanto o princípio da veracidade informa que os homens têm uma predisposição para dizer a verdade (RAMOS, Vitor de Paula. *Prova testemunhal:* Do Subjetivismo ao Objetivismo. Do isolamento Científico ao Diálogo com a Psicologia e a Epistemologia. São Paulo: Thomson Reuters Brasil, 2018, p. 74).

mas devem existir, também, provas positivas de sua veracidade.[118] Dessa forma, a veracidade da prova testemunhal não é um fato dado, mas um dado a ser demonstrado.

Ao ser elevado o *standard* epistemológico exigido no processo penal, ante a relevância dos interesses nele envolvidos (direito de punir x direito à liberdade do imputado[119]), não se pode admitir que a veracidade da prova testemunhal seja presumida, mas, ao contrário, deve ser essa prova encarada com "desconfiança epistemológica".[120]

Em primeiro lugar, não há qualquer segurança de que o homem, podendo mentir, dirá a verdade. Isso porque, no processo penal, sobre o qual se decidirá, sobretudo, acerca da absolvição ou condenação de outrem, diversos fatores de ordem moral, social, psicológica e econômica, podem levar uma testemunha a omitir fatos que sabe serem verdadeiros ou expressar fatos que sabe serem falsos. Ainda que haja a ameaça da sanção penal em caso de falso testemunho, e tal possa servir de desincentivo à mentira, é fato de que o temor exercido pelo comando secundário da norma não é garantia, por si, da abstenção de sua transgressão.

Esses fatores levaram Manzini a atribuir como falsa a presunção da veracidade humana por entender ser a mentira ínsita ao homem, seja quando esse tem interesse direto em mentir, seja mesmo quando supõe que a verdade pode prejudicar ou beneficiar a si ou a outrem. Segundo o

---

[118] Ibid., p. 73-82.
[119] Nos dizeres de Leone, "en el proceso penal, por tanto, existe siempre un conflicto, un contraste de intereses, aunque la actitud de las partes sea tal, que no lo plantee: el contraste entre el derecho subjetivo de castigar del Estado y derecho de libertad del imputado: derecho de libertad que debe entenderse, no sólo en sentido amplio, sino también como derecho a que no se le inflija un castigo desproporcionado a la entidad del delito. [...]. Esta particular configuración del proceso penal de primera instancia, se explica considerando la altísima importancia de los intereses en conflicto en materia penal: el interés del Estado en el castigo del culpable y el interés del imputado en la tutela de su esfera de libertad, constituyen los valores más elevados de una sociedad civil y, por tanto, se conceptúa conforme al carácter público de tales intereses despojar a los titulares de todo poder de disposición" (LEONE, Giovanni. *Tratado de Derecho Procesal Penal*. Trad.: Santiago Sentís Melendo. Buenos Aires: Ediciones Juridicas Europa-America, 1963, p. 179).
[120] RAMOS, Vitor de Paula. *Prova testemunhal:* Do Subjetivismo ao Objetivismo. Do isolamento Científico ao Diálogo com a Psicologia e a Epistemologia. São Paulo: Thomson Reuters Brasil, 2018, p. 84.

autor, o fundamento da prova testemunhal seria a própria necessidade da prova no processo, de um lado, e, de outro, o livre convencimento judicial, sendo meramente moral a certeza proporcionada pela prova.[121]

Lado outro, ainda que a testemunha não queira voluntariamente mentir ou omitir fatos em seu depoimento, deve-se considerar também a concorrência de variados fatores externos ou internos a ela que podem levá-la, involuntariamente, a narrar os fatos de forma diversa àquela ocorrida na realidade. A percepção falha dos fatos testemunhados (em razão das condições objetivas do ambiente, seletividade da atenção, estereótipos, conhecimentos prévios, emoções e estresse da testemunha), a retenção equivocada dos fatos percebidos (sujeita a falsas memórias, ao efeito de conformidade entre testemunhas e ao esquecimento), e a evocação defeituosa dos fatos armazenados perante o juiz (perguntas sugestivas, interferência entre lembranças e preenchimento das lacunas de memória): todos esses aspectos denotam um processo de formação da memória complexo e permeado de erros e subjetivismo.[122]

Não por outra razão, estudos na área de psicologia convergem na afirmação de que um testemunho sem erros é, em realidade, uma exceção.[123]

---

[121] MANZINI, Vincenzo. *Trattato di Diritto Processuale Penale Italiano*. 6. ed. Torino: UTET, 1970. v. 3, p. 285-286.

[122] Nesse sentido, Gustavo de Ávila adverte sobre a incerteza e subjetividade da prova testemunhal, frutos do complexo processo de formação da memória: "Antes de tudo, os canais sensoriais trabalham de forma seletiva, pois o aparato perceptivo possui capacidade limitada, eis que, exposto a estímulos simultâneos, acaba por captar aqueles a respeito dos quais está acostumado (em um mesmo contexto, os guardas de trânsito e os pedestres observam coisas distintas) e também dependerá do estado emotivo da pessoa. Além disso, a imagem mental irá se converter em palavra, de mesmo conteúdo mental, ou seja, irá variar, de acordo com a habilidade do narrador (são raras e cansativas as descrições consideradas adequadas) e, ainda, quando o discurso não fluir como deve, a figura do interrogador será fundamental". (ÁVILA, Gustavo Noronha de. *Falsas Memórias e Sistema Penal*: a Prova Testemunhal em Xeque. Rio de Janeiro: Editora Lumen Iuris, 2013, p. 51).

[123] SOUSA, Luís Filipe Pires. *Prova testemunhal*. Coimbra: Almedina, 2016, p. 11. No mesmo sentido, afirma Trindade: "o testemunho absolutamente exato não é uma regra, pois a percepção, conforme antes esclarecido, é singular, variando não só de pessoa para pessoa, como no próprio indivíduo, de acordo com as circunstâncias. Portanto, o testemunho perfeitamente exato configuraria uma verdadeira exceção (...)". (TRINDADE, Jorge. *Manual*

Carnelutti, em sua análise sobre as misérias do processo penal, já alertava, há mais de meio século, para a fragilidade e infidelidade da prova testemunhal, de vez que baseada unicamente na falível palavra humana:

> [...] a testemunha é um homem; um homem com o seu corpo e com a sua alma, com seus interesses e com as suas tentações, com as suas lembranças e com os seus esquecimentos, com a sua ignorância e com a sua cultura, com a sua coragem e com o seu medo. [...]. Todos sabemos que a prova testemunhal é a mais infiel entre as provas; a lei a cerca de muitas formalidades, querendo prevenir os perigos; a ciência jurídica chega ao ponto de considerá-la um mal necessário; a ciência psicológica regula e inventa até instrumentos para a sua avaliação, ou seja, para decidir a verdade da mentira; mas a melhor maneira para garantir o resultado sempre foi e será sempre a de reconhecer na testemunha um homem e de atribuir-lhe o respeito que merece cada homem.[124]

Destarte, é possível delinear quatro hipóteses possíveis de depoimentos: depoimentos sinceros e verdadeiros (a testemunha *quis* dizer a verdade e sua memória *corresponde* à realidade fática); depoimentos insinceros e verdadeiros (a testemunha *quis* falsear os fatos, mas seu depoimento acaba por *coincidir* com a realidade); depoimentos sinceros e falsos (a testemunha *quis* dizer a verdade, mas sua memória *não* corresponde à realidade fática); depoimentos insinceros e falsos (a testemunha *quis* falsear os fatos e seu depoimento *não* coincide com a realidade).[125]

---

de Psicologia Jurídica para operadores do Direito. 6. ed. Porto Alegre: Livraria do Advogado, 2012, p. 257).

[124] CARNELUTTI, Francesco. *As misérias do processo penal*. Trad.: Ricardo Rodrigues Gama. Campinas: Russell Editores, 2013, p. 26. (e-book). Em suas lições de processo penal, Carnelutti também demonstra grande preocupação com os perigos representados pela falibilidade da prova testemunhal, chamando atenção para os erros de percepção, para as dificuldades de conservação da experiência e de sua posterior expressão (representação discursiva), com exatidão e fidelidade, bem como para a possível distorção voluntária dos fatos (CARNELUTTI, Francesco. *Lecciones sobre el proceso penal*. Trad.: Santiago Sentís Melendo. Buenos Aires: E.J.E.A., 1950. v.1, p. 309-310).

[125] RAMOS, Vitor de Paula. *Prova testemunhal*: Do Subjetivismo ao Objetivismo. Do isolamento Científico ao Diálogo com a Psicologia e a Epistemologia. São Paulo: Thomson Reuters Brasil, 2018, p. 87.

Os depoimentos falsos, ou seja, aqueles não correspondentes à realidade, são os que preocupam, sejam eles decorrentes de erros honestos, sejam eles decorrentes de mentiras.

Diante desse cenário, o presente trabalho propõe-se a analisar o que se entendeu adequado denominar de "fatores de contaminação" da prova testemunhal. O termo contaminação, nesse contexto, não diz respeito a vícios ocorridos durante a fase de obtenção da prova, não se confundindo, portanto, com as provas obtidas por meios ilícitos, com violação de normas de direito material. Tampouco diz respeito às provas ilegítimas, produzidas com violação de normas processuais.

Contaminação é o ato ou efeito de tornar algo impuro ou inferior[126], ou seja, reduzir a qualidade de algo ou torná-lo diverso do seu estado anterior ou natural. Contaminar também é referido, figurativamente, como "sujar, enlamear, conspurcar"[127], que também pode ser entendido por "fazer perder as boas qualidades, corromper".[128]

Nesse sentido, o resultado da prova testemunhal, o relato ou a narrativa da testemunha, pode ser "contaminado" pela incidência de fatores involuntários (por exemplo, pelo fenômeno das falsas memórias) ou pela ocorrência de fatores voluntários (mentira), tendo, por consequência, a redução da qualidade da prova e de sua confiabilidade como elemento apto a reconstruir historicamente os fatos. Portanto, neste trabalho, o termo "contaminação" foi utilizado para denominar a distorção, discrepância ou alteração do resultado da prova testemunhal, do dado probatório obtido, em relação à realidade fática, provocadas pela ocorrência ou incidência de determinados fatores internos ou externos à testemunha.

Nesse cenário, a impossibilidade de abandonar-se a utilização da prova testemunhal no processo penal, haja vista sua relevância incontes-

---

[126] Significado da palavra "contaminação" trazida pelo Dicionário Michaelis Online. Disponível em: <https://michaelis.uol.com.br/moderno-portugues/busca/portugues-brasileiro/contaminação/>. Acesso em: 21.09.19.

[127] Significado da palavra "contaminar" trazido pela Enciclopédia Larousse Cultural (*Grande Enciclopedia Larousse Cultural*. São Paulo: Nova Cultura, 1998. v. 07).

[128] Significado da palavra "conspurcar" por Dicionário Aulete Online. Disponível em: <http://www.aulete.com.br/conspurcar>. Acesso em: 21.09.19.

tável na reconstrução dos fatos pretéritos, contrasta e é constantemente desafiada pela falibilidade e incerteza desse meio de prova.

Portanto, entende-se ser de necessidade primária a investigação acerca dos fatores involuntários e voluntários de contaminação da prova testemunhal, a partir dos quais se intenta aprofundar-se na busca e aplicação de instrumentos voltados a aprimorar a qualidade desse meio de prova. A mitigação da influência dos fatores de contaminação na prova testemunhal tem por finalidade permitir uma melhor reconstrução histórica dos fatos submetidos a julgamento, resultando em uma decisão potencialmente mais acertada com a realidade.

Em consonância ao visto inicialmente, a despeito da verdade ser valor inalcançável, um processo que dela absolutamente se afaste ou dela se esqueça não poderá ser considerado justo, nem legítimo será o seu resultado. Nesse sentido, sendo a prova testemunhal elemento, no mais das vezes, preponderante ou até mesmo exclusivo na formação do convencimento judicial, o seu afastamento da verdade redundará em uma decisão tão afastada quanto da realidade dos fatos.

Donde, mais uma vez, reforça-se a importância da temática a ser agora explorada, iniciando-se com a análise dos fatores involuntários de contaminação da prova testemunhal.

2
Os Fatores Involuntários de Contaminação da Prova Testemunhal

2.1 Introdução

A falibilidade e a não confiabilidade da prova testemunhal, que preocupam e justificam o presente estudo, têm como fundamento o principal fato de ser ela baseada unicamente na palavra humana. Ou seja, a validade da prova testemunhal finca-se na presunção de que o homem (i) percebeu, armazenou e, posteriormente, evocou, com exatidão, os fatos assim como eles ocorreram na realidade (é dizer, a sua memória sobre os acontecimentos corresponde, precisamente, à realidade); (ii) o homem, diante do juiz e das partes, relata a verdade dos fatos, assim como os recorda, não omitindo fatos que se sabe verdadeiros, tampouco expressando fatos que sabe serem falsos.

A primeira presunção (i), conforme se verificará no presente capítulo, não se sustenta, uma vez que o homem não é capaz de perceber os fatos assim como ocorreram, por uma infinidade de fatores que se colocam entre o seu ser e o mundo externo; não é apto a armazenar tais fatos da maneira como os percebeu, pois o processamento de informações é permeado de subjetivismo e falhas; por fim, seguramente, não pode evocar as suas lembranças de maneira objetiva e perfeita.

Todas essas etapas, componentes do processo de formação da memória humana, são entremeadas de elementos que contaminam, prejudicam, tornam incerta e falha a prova testemunhal, e, por serem independentes da vontade da testemunha em colaborar com o esclarecimento dos fatos, serão denominados de *fatores involuntários de contaminação* da prova testemunhal.

A segunda presunção (ii), de que o homem, podendo mentir, opta por dizer a verdade, será analisada no próximo capítulo, e, por dizer respeito a elemento intrínseco à vontade humana, será demarcada sob o título: *fatores voluntários de contaminação* da prova testemunhal.

Para o exame dos fatores *involuntários de contaminação* da prova testemunhal, como são eles decorrentes da fragilidade e vulnerabilidade da memória humana, faz-se fundamental, antes de mais nada, delinear brevemente alguns aspectos relativos à memória para dar subsídio ao estudo dos elementos que prejudicam a sua perfeita formação.

2.2 A memória

2.2.1 Considerações iniciais

A memória é um fenômeno biológico, fundamental e altamente complexo. A despeito de ser exaustivamente estudada pelas mais diversas áreas de conhecimento, como a psicologia, psiquiatria, neurociência, genética, biologia molecular, filosofia e história, muitos de seus aspectos remanescem desconhecidos ou controvertidos.[129]

A memória é, sem dúvida, uma das mais importantes funções humanas: é ela a responsável por permitir ao homem saber sobre si mesmo, sua identidade e sua história, bem como saber e recordar sobre os fatos aprendidos, experimentados ou de outra forma conhecidos. Todo esse aprendizado e vivência armazenados na memória moldam a personalidade de cada ser humano, tornando-o um ser único e diferente dos seus semelhantes.

Para além do conhecimento sobre si mesmo, a memória também permite ao homem conhecer a história do ambiente e do mundo em que vive, bem como das pessoas que o cercam, dando-lhe a sensação de pertencimento e direcionamento histórico.[130]

---

[129] ÁVILA, Gustavo Noronha de. *Falsas Memórias e Sistema Penal: a Prova Testemunhal em Xeque*. Rio de Janeiro: Editora Lumen Iuris, 2013, p. 80.

[130] Por isso, Izquierdo diz ser a memória "nosso senso histórico e nosso senso de identidade pessoal (sou quem sou porque me lembro quem sou)". (IZQUIERDO, Iván. Memórias. *Estudos Avançados*, São Paulo, v. 3, n. 6, p. 89-112, aug. 1989. Disponível em: <http://www.revistas.usp.br/eav/article/view/8522/10073>. Acesso em: 10.05.18, p. 89).
Sobre a concepção de memória, assinala Sadock et al.: "A memória é a cola que une nossa vida mental, o andaime para nossa história pessoal. A personalidade é, em parte, uma acumulação de hábitos que foram adquiridos, muitos no início da vida, que criam disposições

Por fim, é a memória imprescindível para qualquer ato da vida, por mais simples que esse seja. Dirigir-se até o local de trabalho, praticar as funções a ele relacionadas e retornar à casa compõem uma rotina corriqueira da maioria das pessoas, cuja realização só é possível graças à memória de todas as informações necessárias à prática desses atos.[131]

O aprendizado, enquanto mudança de comportamento por meio da aquisição de conhecimento, e a memória, enquanto meio de conservação desse aprendizado, são, em última análise, "essenciais para o pleno funcionamento e a sobrevivência independente de pessoas e animais"[132]. Sem eles, perde-se a capacidade de comunicar-se por meio da linguagem e, inclusive, de executar atividades motoras antes aprendidas.[133]

Pode ser a memória definida como o resultado de um complexo processo de percepção, armazenamento e de evocação de uma informação aprendida.[134] Uma experiência externa, percebida visualmente pela pessoa, penetra pela retina, é transformada em sinais elétricos e, por meio de diversas conexões neuronais, chega ao córtex occipital, local onde ocorre uma série de processos bioquímicos. Quando instados a recuperar a memória armazenada, os neurônios revertem os sinais bioquímicos ou

---

e influenciam o modo como nos comportamos". (SADOCK, Benjamin J, et al. *Compêndio de psiquiatria clínica*. Trad.: Marcelo de Abreu Almeida et al. 11. ed. Porto Alegre: Artmed, 2017, p. 110. [e-book]).

[131] MOURAO JUNIOR, Carlos Alberto; FARIA, Nicole Costa. Memória. *Psicologia: Reflexão e Crítica*. Porto Alegre, v. 28, n. 4, p. 780-788, dez. 2015, p. 781: "Ainda que sem perceber, estamos fazendo uso desse importante recurso cognitivo [memória] a todo momento. Se entramos no carro para ir para a faculdade, temos necessariamente que nos lembrar para onde estamos indo. Lembrar envolve diretamente a memória. Não fosse assim, estaríamos impossibilitados de chegar ao nosso destino. Não fosse a memória, sequer saberíamos que cursamos uma faculdade, não saberíamos nem mesmo nosso nome, e tampouco o nome de nossos pais, amigos, etc. Em outras situações da vida, somos capazes de identificar comportamentos automáticos que estão, também, intrinsecamente relacionados à memória".

[132] KANDEL, Eric R. et al. *Princípios de Neurociências*. 5. ed. Porto Alegre: AMGH, 2014, p. 1256. (e-book).

[133] Ibid., p. 1256.

[134] PURVES, Dale et al. *Neuroscience*. 5. ed. Sunderland, Mass.: Sinauer Associates, 2012, p. 695.

estruturais em elétricos a fim de que os sentidos e a consciência possam interpretá-los como pertencentes ao mundo real.[135]

Izquierdo destaca que esses processos elétricos e bioquímicos de passagem da realidade externa para a memória interna e, após, do interno para o mundo externo, são responsáveis por perdas e alterações do evento percebido.[136] Os neurônios *traduzem* as informações, sujeitando-as a imperfeições e a transformações.

Dalmaz e Alexandre Netto observam que são necessárias diversas etapas para a fixação da memória e que, durante certo tempo, a memória fica sujeita a interferências. Mesmo após, no período mais longo de estabilização da informação, a memória submete-se a alterações em sua organização.[137]

Recordar-se de algo também interfere na substância da memória, uma vez que é comum a adição de informações ou pensamentos ao fato lembrado que, em realidade, não pertenciam ao evento originário. Assim, a cada evento de recordar-se, novos elementos são adicionados por associação e passam a integrar a lembrança. É a recordação um constante processo de reconstrução.[138]

Assim, a memória não é um fenômeno estático e perfeito, ao contrário: é ela um processo "ativo, contínuo e dinâmico"[139], sujeita a erros em todas as suas etapas de formação. A percepção do evento já é o nascedouro do problema, pois a atenção e a compreensão do fato percebido são, em geral, incompletas e falhas. Passa-se, então, a uma codificação

---

[135] Izquierdo, Iván. *Memória*. 2. ed. Porto Alegre: Artmed, 2011, p. 21-22. O autor complementa que a experiência pode ser percebida por outros sentidos, audição, olfato, paladar ou tato: "Uma informação verbal, embora possa penetrar também pela retina (por exemplo, quando lemos), acaba em outras regiões do córtex cerebral. A leitura de uma partitura musical, embora também tenha como ponto de origem a retina, ocupa depois muitas regiões do córtex cerebral. A informação olfativa penetra pelo nariz, não pelos olhos; a gustativa pela língua, etc. Há regiões do cérebro em que todas essas vias convergem".
[136] Izquierdo, Iván. *Memória*. 2. ed. Porto Alegre: Artmed, 2011, p. 22.
[137] Dalmaz, Carla; Alexandre Netto, Carlos. A memória. *Ciência e Cultura*, v. 56, n. 1, jan. 2004, p. 30.
[138] Ibid., p. 30.
[139] Wise, Richard A.; Safer, Martin A. A Method for Analyzing the Accuracy of Eyewitness Testimony in Criminal Cases. *Court Review: The Journal of the American Judges Association*, 387, v. 48, p. 22-34, 2012, p. 22.

e armazenamento sujeitos a perdas, transformações e interferências externas e internas. Por fim, a evocação é contaminada, seja pelo esquecimento, seja por associações com informações estranhas aos fatos ou pela exposição a perguntas sugestivas.

Donde, é correta a afirmação de Sousa no sentido de que a memória não é um registro da realidade em si, mas sim um "registo de uma experiência pessoal da realidade". Os conhecimentos atuais e as crenças da pessoa são filtros por meio dos quais esta se recorda do passado.[140] Nessa mesma linha, é exato Trindade ao afirmar que "quando se reproduz a lembrança de um acontecimento, repete-se não só a sensação da realidade já percebida, mas também a própria reação perceptiva daquela realidade"[141].

Destarte, a memória não funciona como um gravador, um retrato fotográfico da realidade ou um filme de DVD.[142] Por isso, sua evocação

---

[140] SOUSA, Luís Filipe Pires. *Prova testemunhal*. Coimbra: Almedina, 2016, p. 10-11.

[141] TRINDADE, Jorge. *Manual de Psicologia Jurídica para operadores do Direito*. 6. ed. Porto Alegre: Livraria do Advogado, 2012, p. 254.

[142] Nesse sentido, Damasio: "As imagens *não* são armazenadas sob a forma de fotografias fac-similares de coisas, de acontecimentos, de palavras ou de frases. [...]. Em resumo, não parecerem existir imagens de qualquer coisa que seja permanentemente retida, mesmo em miniatura, em microfichas, microfilmes ou outro tipo de cópias" (DAMASIO, Antonio. *O erro de Descartes*. São Paulo: Companhia das Letras, 2012, p. 118 [e-book]). Albrecht Langeluddeke, com respaldo em Kretschmer, já assinalara: "Ni siquiera la memoria del hombre sano es completamente fiel. <Nuestras imágenes del recurso> – dice Kretschmer – no permanecen en nuestro cerebro completas como un clisé fotográfico, para que cuando se pregunte por ellas sean estereotípicamente reproducidas. Lo que queda en la memoria después de algún tiempo de una escena vivida no es muchas veces sino unos cuantos restos de impresiones ópticas, acústicas y táctiles que ya al surgir en su día se fundieron con otros elementos representativos distintos y que en su ulterior reproducción frecuentemente se completan en amplia medida con el depósito general de representaciones de la persona del narrador sin que el misto tenga consciencia de que haya de reproducir ninguna otra cosa que los recuerdos firmemente evocados>". (LANGELUDDEKE, Albrecht. *Psiquiatría Forense*. Madrid: Espasa-Calpe, 1972, p. 389). No mesmo sentido, Albright: "[a codificação, retenção e recuperação] não são processos passivos e estáticos que registram, retêm e divulgam os conteúdos em um vácuo informacional, não afetados por influências externas. Os conteúdos não podem ser tratados como um permanente registro verídico, como fotografias armazenadas em um cofre. Ao contrário, a fidelidade de nossas memórias pode ser comprometida por muitos fatores, em todas as etapas de processamento, da codificação,

não depende apenas de encontrar a fita correspondente no arcabouço da memória e reproduzi-la para si ou para terceiros.[143] Nessa esteira, Damasio adverte que "sempre que recordamos um dado objeto, um rosto ou uma cena, não obtemos uma reprodução exata, mas antes uma *interpretação*, uma nova versão reconstruída do original".[144]

Loftus, uma das maiores referências no campo dos estudos de falsas memórias (à frente examinados), bem sintetiza a problemática da fragilidade e subjetividade da memória:

> [...] as memórias das pessoas não são a somatória de tudo que fizeram, mas são mais que isso: as memórias são a somatória do que as pessoas pensam, do que a elas é dito, do que elas acreditam. Nós somos moldados pelas nossas memórias, mas nossas memórias também são moldadas por quem somos e por aquilo que fomos levados a acreditar.[145]

Portanto, se a memória, de uma forma geral, não é um elemento seguro e completamente fiável, com igual ou maior razão não é segura e fiável a memória da testemunha de um crime. O evento criminoso ou algum aspecto a ele relacionado são, em geral, percebidos inesperada e repentinamente pela testemunha, sem o preparo ou a atenção necessários para sua completa percepção. Ainda, diferente de uma informação aprendida por repetição, comumente, só se percebe o fato criminoso uma única vez, o que dificulta ainda mais a sua retenção pela testemunha.

Para analisar a questão particular da testemunha, há de se abordar brevemente alguns aspectos gerais relacionados à memória. Relevante, nesse âmbito, estudar os tipos de memória, bem como especificar as etapas constitutivas do seu processo de formação.

---

passando pelo armazenamento, até as etapas finais de recuperação". (ALBRIGHT, Thomas D. Why eyewitnesses fail. *Proceedings of the National Academy of Sciences of the United States of America*, v. 114, n. 30, p. 7758-7764, 2017, p. 7760-7761). (tradução nossa).

[143] SOUSA, Luís Filipe Pires. *Prova testemunhal*. Coimbra: Almedina, 2016, p. 10-11.

[144] DAMASIO, Antonio. *O erro de Descartes*. São Paulo: Companhia das Letras, 2012, p. 118-119. (e-book).

[145] LOFTUS, Elizabeth. Make-Believe Memories. *American Psychologist*, v. 58, n. 11, p. 864-873, 2003, p. 872.

2.2.2 Classificação dos tipos de memória

2.2.2.1 Pelo curso temporal de armazenamento

2.2.2.1.1 Memória de curta duração
– Memória imediata

A memória imediata diz respeito à capacidade de manter informações de experiências em andamento por frações de segundo. Considera-se que cada órgão sensorial tem um sistema semi-independente de registro dessa memória.[146]

– Memória de trabalho

A memória de trabalho ou operacional mantém a informação recebida por alguns segundos ou poucos minutos. Serve para "gerenciar a realidade" e determinar o contexto no qual os fatos ocorrem, o que se está fazendo naquele momento e o que se estava fazendo no momento imediatamente anterior.[147]

Kandel explica que a memória de curto prazo "mantém representações atuais, embora transitórias, de conhecimentos relevantes para certos objetivos".[148] Consiste esse tipo de memória em, ao menos, dois subsistemas, um voltado ao processamento de informação verbal, e outro relacionado à informação visuoespacial. Para coordenar esses dois subsistemas, entra em cena um terceiro sistema denominado de "processos de controle executivo", responsável por distribuir recursos de atenção aos subsistemas verbal e visuoespacial, bem como monitorar, manipular e atualizar as representações armazenadas.[149]

---

[146] PURVES, Dale et al. *Neuroscience*. 5. ed. Sunderland, Mass.: Sinauer Associates, 2012, p. 696.
[147] IZQUIERDO, Iván. *Memória*. 2. ed. Porto Alegre: Artmed, 2011, p. 25
[148] KANDEL, Eric R. et al. *Princípios de Neurociências*. 5. ed. Porto Alegre: AMGH, 2014, p. 1257. (e-book).
[149] KANDEL, Eric R. et al. *Princípios de Neurociências*. 5. ed. Porto Alegre: AMGH, 2014, p. 1257. (e-book).

Um exemplo de utilização da memória de trabalho, recorrente na literatura médica[150], é aquele relativo à conservação de um número de telefone apenas pelo tempo suficiente para realizar a ligação, esquecendo-o em seguida. Também é utilizada a memória de trabalho para possibilitar um encadeamento lógico de ideias durante um debate ou uma conversa.

O funcionamento da memória de trabalho depende, essencialmente, da atividade elétrica de neurônios localizados no córtex pré-frontal. Esse tipo de memória não deixa traços neuroquímicos ou comportamentais.[151]

Outra função da memória de trabalho é comparar a nova informação com memórias anteriores do indivíduo, seja para gerar uma reação adequada da pessoa à informação recebida, seja para avaliar a utilidade de seu armazenamento, por meio da conversão dessa em uma memória de longo prazo.

2.2.2.1.2 Memória de longa duração

A memória de longa duração ou de longo prazo implica o armazenamento da informação recebida pelo período de dias, semanas, meses, anos, ou, até mesmo, por toda a vida.[152] A memória imediata ou memória de trabalho podem ingressar na memória de longo prazo, de forma consciente ou inconsciente, dependendo, para tanto, do reforço da memória ou da repetição da informação.

As memórias de longa duração levam certo tempo para serem consolidadas. No ínterim entre a aquisição e a consolidação (momento no qual a memória se estabiliza ou se torna permanente), a memória fica sujeita

---

[150] MOURAO JUNIOR, Carlos Alberto; FARIA, Nicole Costa. Memória. *Psicologia: Reflexão e Crítica*. Porto Alegre, v. 28, n. 4, p. 780-788, dez. 2015, p. 783-784. No mesmo sentido: IZQUIERDO, Iván. *Memória*. 2. ed. Porto Alegre: Artmed, 2011, p. 25. Citando exemplos diversos sobre memória de trabalho: PURVES, Dale et al. *Neuroscience*. 5. ed. Sunderland, Mass.: Sinauer Associates, 2012, p. 696. Os autores mencionam o seguinte exemplo: "An everyday example is searching for a lost object; working memory allows the hunt to proceed efficiently, avoiding places already inspected".
[151] IZQUIERDO, op. cit., 2011, p. 26-27.
[152] PURVES, Dale et al. *Neuroscience*. 5. ed. Sunderland, Mass.: Sinauer Associates, 2012, p. 697.

à influência de diversos fatores, que podem anulá-la ou contaminar seriamente seu conteúdo.[153]

2.2.2.2 Pelo conteúdo das informações armazenadas

2.2.2.2.1 Memória declarativa

As memórias declarativas são assim chamadas porque são aquelas a partir das quais se declara a ocorrência de um fato, um evento ou um conhecimento. São divididas em episódicas e semânticas. Ambas são consideradas memórias *explícitas*, ou seja, são formadas e evocadas deliberada e conscientemente pelo indivíduo.

– Memória episódica

A memória episódica, também conhecida como autobiográfica, é o sistema de memória neurocognitivo que permite a recordação de eventos pretéritos experimentados pela pessoa. É dizer: é por meio da memória episódica que se recorda de experiências pessoais ocorridas em certo tempo e em determinado lugar.[154] Esse tipo de memória refere-se exatamente àquilo que, no senso comum e rotineiro, considera-se como abarcado pelo termo "memória".

Esse tipo de memória trabalha com traços mnemônicos compostos pela informação central do evento e por elementos contextuais[155], ou seja, os marcadores temporais e espaciais da ocorrência. Assim, quando se pensa em um evento vivido, por exemplo, um casamento ou uma formatura, se é capaz de lembrar elementos do acontecimento em si, assim como situá-lo espacial e temporalmente entre outras memórias.

---

[153] IZQUIERDO, Iván. *Memória*. 2. ed. Porto Alegre: Artmed, 2011, p. 36. O autor explica a incidência de fatores que podem contaminar ou cancelar a formação e a consolidação da memória: "Nas primeiras horas após a sua aquisição, são lábeis e suscetíveis à interferência por numerosos fatores, desde traumatismos cranianos ou eletrochoques convulsivos até uma variedade enorme de drogas ou, mesmo, à ocorrência de outras memórias. A exposição a um ambiente novo dentro da primeira hora após a aquisição, por exemplo, pode deturbar seriamente, ou até cancelar a formação definitiva da memória de longa duração. [...]".
[154] TULVING, Endel. What is Episodic Memory? *Current Directions in Psychological Science*, v. 2, n. 3, p. 67-70, 1993, p. 67.
[155] SOUSA, Luís Filipe Pires. *Prova testemunhal*. Coimbra: Almedina, 2016, p. 12.

Recordar-se de um evento pessoalmente experimentado é um ato consciente, único e distintivo, no qual se revive "aqui e agora" um evento ocorrido "em outro lugar e em outro tempo".[156]

A lembrança de um fato delituoso, percebido pela testemunha, consiste em uma memória declarativa do tipo episódica.

– Memória semântica

Já as memórias declarativas semânticas referem-se ao conhecimento geral ou ao significado de eventos vividos: não se conserva a origem ou os marcadores temporais e espaciais do episódio em si, só o conhecimento dele adquirido.

A memória do tipo semântica também é relevante quando do estudo da memória da testemunha. Isso porque, apesar da memória do fato delituoso em si ser do tipo episódica, a forma como se percebe e se compreende o evento, assim como a forma pela qual se evoca a lembrança, são altamente influenciáveis pelo conhecimento anterior da testemunha, ou seja, por sua memória semântica.[157]

A memória semântica é organizada na forma de esquemas. Loftus e Davis definem os esquemas como estruturas organizadas de conhecimento, que incluem crenças e expectativas acerca das características, funções, natureza e comportamentos de determinadas pessoas, grupos de pessoas, objetos ou eventos. Dessa forma, os esquemas auxiliam na percepção e na compreensão seletiva de informações, atribuem sentido a eventos vivenciados, guiam a busca e a recuperação de memórias e integram informações novas a antigas. São os esquemas essenciais para interpretar as informações recebidas e o mundo ao redor, contudo também são responsáveis por causar erros de percepção, armazenamento e evocação de memórias, tais quais seletividade da memória/esquecimento, falsas memórias e distorções sobre fatos ocorridos.[158]

---

[156] TULVING, Endel. What is Episodic Memory? *Current Directions in Psychological Science*, v. 2, n. 3, p. 67-70, 1993, p. 68.

[157] SOUSA, Luís Filipe Pires. *Prova testemunhal*. Coimbra: Almedina, 2016, p. 13.

[158] LOFTUS, Elizabeth F.; DAVIS, Deborah. Internal and External Sources of Misinformation in Adult Witness Memory. In: LINDSAY, R. C. L et al. *The Handbook of Eyewitness Psychology*. Londres: Erbaun Associates Publishers, 2007, v. 01, p. 196-197.

Sousa explica que os esquemas interferem na formação da memória, porque, ao reconstruir um fato passado, acaba-se por se basear mais no que sabe, em geral, sobre aquele tipo de evento, pessoas e coisas envolvidas, do que naquilo realmente percebido ou ocorrido. Tende-se, assim, a perceber e a recordar-se melhor de fatos que se amoldam aos esquemas preexistentes, esquecer-se de fatos que destoem ou neguem esse esquema, bem como integrar elementos novos à memória que digam respeito a fatos, em geral, presentes em ocorrências do mesmo tipo.[159]

2.2.2.2.2 Memória procedural

A memória procedural ou de procedimento está relacionada com as capacidades ou habilidades motoras ou sensoriais, hábitos e comportamentos do indivíduo. Essa memória é formada pelo aprendizado progressivo, o que se faz pela repetição e pela prática. No entanto, uma vez consolidadas, operam de forma quase automática, sem atenção consciente, além de serem muito mais resistentes ao esquecimento.[160] Exemplos recorrentes desse tipo de memória é a habilidade de andar de bicicleta ou de tocar um instrumento musical.

As memórias procedurais, ao contrário das declarativas, são chamadas de implícitas, ou seja, são adquiridas sem esforço consciente e orientam o comportamento de forma também inconsciente.[161]

2.2.3 A construção das memórias declarativas de longa duração

A memória envolve um complexo sistema para sua formação. As principais conclusões sobre o funcionamento da memória procedem de estudos com animais com sistemas nervosos mais rudimentares, que, não

---

[159] SOUSA, Luís Filipe Pires. *Prova testemunhal.* Coimbra: Almedina, 2016, p. 15.
[160] BEAR, Mark F. *Neurociências:* desvendando o sistema nervoso. 2. ed. Porto Alegre: Artmed, 2012, p. 741.
[161] KANDEL, Eric R. et al. *Princípios de Neurociências.* 5. ed. Porto Alegre: AMGH, 2014, p. 1264. (e-book). No mesmo sentido, Purves et al. explicam: "Knowing how to use your phone or how to sing a song are examples of nondeclarative memories. It is difficult or impossible to describe exactly how we do these things, and thinking about how to carry out such automatic activities may actually inhibit the ability to perform them efficiently" (PURVES, Dale et al. *Neuroscience.* 5. ed. Sunderland, Mass.: Sinauer Associates, 2012, p. 695).

obstante isso, funcionam de forma semelhante ao sistema nervoso humano.[162] Outra contribuição importante ao estudo da temática adveio da análise de pacientes com perdas de memória por decorrência de doenças degenerativas ou acidentes.[163]

Sobre o local de formação das memórias declarativas de longa duração, pesquisas possibilitam afirmar ser o hipocampo a estrutura central responsável por esse processo. Também têm relação com a formação das memórias o córtex entorrinal, o núcleo da amígdala (sobretudo, em memórias com conteúdo emocional) e áreas corticais distantes.[164]

Sabe-se, hoje, que a memória é formada graças ao fenômeno da *plasticidade neural*, ocorrido ao nível celular, especificamente, nos neurônios. Izquierdo conceitua a plasticidade neural como o "conjunto de processos fisiológicos, em nível celular e molecular, que explica a capacidade das células nervosas de mudar suas respostas a determinados estímulos como função da experiência".[165]

---

[162] Kaplan et al. ilustram a questão: "Uma fonte de informação importante sobre memória veio de um estudo extenso sobre o molusco marinho *Aplysia californica*. Neurônios individuais e conexões entre neurônios foram identificados, e o diagrama do circuito de alguns comportamentos simples foi descrito". Por meio da observação do reflexo da retração da guelra do molusco, foi possível estudar os mecanismos de aprendizagem associativa e não associativa. (SADOCK, Benjamin J. et al. *Compêndio de psiquiatria clínica* Trad.: Marcelo de Abreu Almeida, et al. 11. ed. Porto Alegre: Artmed, 2017, p. 110 [e-book]).
Estudos com roedores, aves e macacos permitiram relevantes descobertas sobre o funcionamento da memória e a sua localização (BEAR, Mark F. *Neurociências*: desvendando o sistema nervoso. 2. ed. Porto Alegre: Artmed, 2012, p. 746 e ss.; IZQUIERDO, Iván. *Memória*. 2. ed. Porto Alegre: Artmed, 2011, p. 18-19).

[163] BEAR, op. cit., 2012, p. 751 e ss. O caso humano de H.M, um homem epiléptico que foi submetido a uma cirurgia de remoção de grande parte dos lobos temporais, é amplamente estudado e trouxe relevantes contributos para as pesquisas sobre a memória. O paciente H.M, depois da cirurgia, sofreu com amnésia anierógrada, para fatos posteriores à cirurgia, mas não se esqueceu de fatos ocorridos há décadas, bem como era capaz de formar novas memórias procedimentais. Tal demonstrou que os locais de formação e os mecanismos neurais subjacentes são distintos nas memórias procedurais e nas declarativas, bem como nas de longa duração e de curta duração.

[164] IZQUIERDO, Iván et al. Memória: tipos e mecanismos – achados recentes. *Revista USP*. São Paulo, n. 98, p. 9-16, jun./jul./ago. 2013, p. 12.

[165] IZQUIERDO, op. cit., 2011, p. 59.

Essa mudança da resposta neural depende de modificações estruturais ou funcionais nos neurônios, em pontos especializados dos contatos neuronais, conhecidos como sinapses.[166] A sinapse é o nome dado à região de junção entre as terminações dos prolongamentos dos neurônios, sendo os axônios os prolongamentos dirigidos a outros neurônios e os dendritos as terminações sobre as quais é colocada a informação a ser transmitida.[167]

A transmissão da informação entre os neurônios, feita por meio de sinais elétricos, ocorre por meio da liberação de neurotransmissores (pelo neurônio pré-sináptico), que se ligam a proteínas receptoras (liberada pelo neurônio pós-sináptico). A liberação dos neurotransmissores pode ativar as vias de sinalização intracelular no neurônio pós-sináptico, com isso, determinando a produção de proteínas responsáveis pelas modificações sinápticas (ou seja, pela plasticidade neural).[168] Esse processo, que depende de ativação de enzimas, com consequente ativação gênica e síntese proteica, é essencial ao aprendizado e, por consequência, para a formação de novas memórias.

Desse modo, é correta a afirmação de Izquierdo et al. de que "o processo e formação das memórias de longa duração, portanto, é lento e frágil: consiste de muitas etapas, e qualquer uma pode falhar. Além disso, várias dessas etapas estão sujeitas a poderosos mecanismos de modulação".[169]

Os mecanismos de modulação, citados pelos autores, podem afetar o metabolismo do neurônio, impossibilitando-o de ativar os genes e sintetizar novas proteínas, e, com isso, inibindo a capacidade de armazenar novas memórias. Isso ocorre, por exemplo, quando há uma inibição das vias dopaminérgica ou noradrenérgica, ou uma estimulação intensa da via serotoninérgica, o que pode "cancelar a formação definitiva de uma memória horas depois de ter sido adquirida".[170]

---

[166] LOMBROSO, Paul. Aprendizado e memória. *Revista Brasileira de Psiquiatria*, v. 26, n. 3, p. 207-210, 2004, p. 208.
[167] IZQUIERDO, et al., o cit., 2013, p. 11-12.
[168] LOMBROSO, Paul. Aprendizado e memória. *Revista Brasileira de Psiquiatria*, v. 26, n. 3, p. 207-210, 2004, p. 208.
[169] IZQUIERDO, Iván et al. Memória: tipos e mecanismos – achados recentes. *Revista USP*. São Paulo, n. 98, p. 9-16, jun./jul./ago. 2013, p. 14.
[170] Ibid., p. 14.

O estado psicológico (estresse, ansiedade, estados de ânimo, emoções, nível de alerta) apresentado pela pessoa no momento da percepção e da codificação de um dado evento é importante fator de modulação, tendo forte impacto na capacidade de armazenamento de novas memórias.[171]

2.2.4 As três fases de formação da memória

2.2.4.1 Aquisição

A aquisição da memória engloba a percepção do evento, por algum dos órgãos sensoriais, e a codificação da informação recebida. Venter et al. descrevem a aquisição como o processo pelo qual o sistema nervoso desenvolve representações dos estímulos externos percebidos, sejam eles objetos físicos ou eventos, e transfere essa representação da memória de curto prazo ou memória de trabalho para a memória de longa duração.[172]

A codificação das informações recebidas, segundo Craik e Lockhart[173], envolve a breve análise dos estímulos sensoriais em distintos níveis ou etapas. Em primeiro lugar, são analisadas as características físicas ou sensoriais dos estímulos, ou seja, suas cores, ângulos, linhas, som, aparência, entre outros aspectos sensíveis. Em um segundo momento, o cérebro confronta as informações novas com informações preexistentes na memória em busca de reconhecimento de padrões e de atribuição de sentido aos novos estímulos. Assim, o reconhecimento de uma palavra, por exemplo, faz-se pela confrontação com outras situações e contextos prévios nos quais o sujeito outrora percebera aquela mesma palavra.

A persistência e a força do traço de memória formado dependem de uma codificação completa, ou, nas palavras dos autores supramencionados, uma codificação "profunda", ou seja, demandam uma percepção atenta e uma associação com os conhecimentos prévios do indivíduo.

---

[171] ÁVILA, Gustavo Noronha de. *Falsas Memórias e Sistema Penal*: a Prova Testemunhal em Xeque. Rio de Janeiro: Editora Lumen Iuris, 2013, p. 96.
[172] VENTER, A.; LOUW, D. A.; VERSCHOOR, T. Perception and Memory: Implications for Eyewitness Testimony. *South African Journal of Criminal Justice*. n. 16, p. 137-162, 2003, p. 147.
[173] CRAIK, Fergus; LOCKHART, Robert. Levels of Processing: A framework for Memory Research. *Journal of Verbal Learning and Verbal-Behavior*, n. 11, p. 671-684, 1972, p. 675.

Todavia, o processo de aquisição da informação não funciona tal qual a gravação de um vídeo. Em primeiro lugar, a pessoa não é capaz de perceber o evento em sua inteireza, ante a seletividade e a limitação da atenção e da compreensão humana. No mais, estereótipos, expectativas, traumas e estresse moldam o que e como se percebe os fatos ocorridos na realidade. Ainda, a própria associação da informação nova com conhecimentos preexistentes pode acarretar o efeito negativo de contaminar a formação da memória com elementos não presentes no evento original.

Por essas razões, Trindade afirma que o processo de verificação da realidade pelo indivíduo não seria propriamente uma percepção, mas sim o que ele denomina de "apercepção". Enquanto a percepção é um processo neutro, "sem desejo, sem memória e sem compreensão"; a apercepção "é a percepção carregada das vivências e das valorações individuais", é o "modo especial e particular que cada um percebe a realidade". Assim, toda (a)percepção é, para o autor, uma percepção somada a um juízo de valor[174].

2.2.4.2 Retenção

A retenção ou armazenamento refere-se à manutenção da memória ao longo do tempo. A memória de longo prazo, segundo pesquisas, parece ter uma capacidade de armazenamento ilimitada, enquanto a memória de trabalho apenas é capaz de guardar poucos fragmentos de memória ao mesmo tempo.[175]

Bremner et al. consideram como conceito relacionado ao armazenamento a consolidação da memória, ou seja, o processo pelo qual o traço mnemônico torna-se estável ou permanente. A consolidação da memó-

---

[174] "A percepção", continua o autor, "agrega um juízo de valor, a bagagem existencial, a experiência de cada um, as circunstâncias de que tanto se tratou a partir de Ortega y Gasset, a biografia da qual todos somos escravos. (...) A percepção humana é variável e vulnerável a inúmeros fatores, sejam reais ou fantasmáticos, externos ou internos, conscientes ou inconscientes, patológicos, ou, como se viu, simplesmente considerados normais no contexto da complexidade da existência humana". (TRINDADE, Jorge. *Manual de Psicologia Jurídica para operadores do Direito*. 6. ed. Porto Alegre: Livraria do Advogado, 2012, p. 254-255).

[175] KANDEL, Eric R. et al. *Princípios de Neurociências*. 5. ed. Porto Alegre: AMGH, 2014, p. 1261. (e-book).

ria, segundo os autores, pode demorar várias semanas ou mais, intervalo de tempo no qual a memória fica mais suscetível a modificações.[176]

No período de retenção, igualmente, pode ocorrer a recodificação dos traços mnemônicos, causada, sobretudo, pela repetição do mesmo evento ou de eventos similares, responsáveis por ocasionar uma confusão entre os acontecimentos (efeito de repetição). A entrada de informações derivadas de eventos similares e o contato com informações pós--evento provenientes de fontes das mais diversas (mídia, redes sociais, outras testemunhas) podem resultar na integração da nova informação à representação anterior ou podem interferir na recuperação da memória originária.[177] Por essas razões, a retenção não pode ser considerada uma etapa estática e imutável, mas consiste em um processo dinâmico e ativo.

2.2.4.3 Recuperação

A última etapa consiste na recuperação ou evocação da memória codificada e armazenada, trazendo-a de volta à consciência.[178] Kandel entende ser a etapa da evocação semelhante ao momento da percepção, na medida em que ambas são processos construtivos, sujeitos a falhas e distorções.[179]

A evocação da lembrança consiste em um processo bioquímico complexo, ao passo que envolve diversas estruturais cerebrais, e próprio, visto que distinto ao da consolidação do traço da memória.[180]

A recuperação dá-se, sobretudo, por três meios: pela evocação "livre" dos estímulos armazenados, pelo reconhecimento diante do reencontro de algo que havia sido previamente percebido (pessoas, objetos, vozes), ou pela recordação com indícios, na qual o entrevistador apresenta dados e elementos alternativos para a pessoa indicar quais estariam presentes em sua memória (perguntas de sim/não ou de respostas fechadas).[181]

---

[176] BREMNER, J. Douglas et al. Functional neuroanatomical: Correlates of Effects of Stress on Memory. *Journal of Traumatic Stress*, v. 08, n. 4, 1995, p. 529.
[177] SOUSA, Luís Filipe Pires. *Prova testemunhal*. Coimbra: Almedina, 527-553, 2016, p. 17.
[178] VENTER, A.; LOUW, D. A.; VERSCHOOR, T. Perception and Memory: Implications for Eyewitness Testimony. *South African Journal of Criminal Justice*. n. 16, p. 137-162, 2003, p. 149.
[179] KANDEL, Eric R. et al. *Princípios de Neurociências*. 5. ed. Porto Alegre: AMGH, 2014, p. 1261. (e-book).
[180] IZQUIERDO, Iván. *Memória*. 2. ed. Porto Alegre: Artmed, 2011, p. 82.
[181] SOUSA, Luís Filipe Pires. *Prova testemunhal*. Coimbra: Almedina, 2016, p. 13.

A despeito de, no geral, ser considerada como favorável à recuperação da lembrança a concessão de "dicas" ao sujeito, seja recriando o evento vivido, seja dando-lhe certos estímulos condicionados à memória[182], no caso das testemunhas, como o evento a ser reconstruído é justamente objeto de dúvida e controvérsia no processo, não é possível, tampouco benéfica, essa "ajuda" do entrevistador, uma vez que pode ter o efeito contrário de contaminação e distorção da memória.

2.3 Fatores de contaminação incidentes no momento da aquisição da memória

Feitas essas breves considerações acerca do funcionamento básico da memória, seus principais tipos e suas etapas de formação, é chegado o momento de imergir-se no estudo dos fatores involuntários de contaminação da prova testemunhal, incidentes em cada fase de formação da memória: aquisição, retenção e evocação.

A aquisição da informação, primeira etapa do processo de formação da memória, é constituída pela percepção e pela codificação da informação sensorial percebida. Já nesse momento inicial, de entrada da informação externa na memória, percebe-se a incidência de diversos elementos responsáveis por afastar a imagem percebida e codificada da imagem do evento realmente ocorrido.

2.3.1 Atenção

A atenção é o processo de filtragem pelo qual a informação captada pelo sistema visual (ou por outro sistema perceptivo) é selecionada para posterior processamento.[183] A testemunha, em regra, não espera presenciar

---

[182] Nesse sentido, explica Izquierdo: "É bem conhecido o fato de que a evocação será tanto melhor, mais fácil e mais fidedigna quanto mais componentes do(s) estímulo(s) condicionados sejam apresentados na hora do teste. [...]. Para evocar uma memória é preciso recriá-la conclamando à ação o maior número possível de sinapses pertencentes aos estímulos condicionadas dessa memória. É como reconstruir uma casa: quanto mais tijolos se tem à disposição, melhor será a reconstrução; se há algum indicativo de a que lugar da casa pertenciam grupos desses tijolos, a tarefa poderá ser facilitada". (IZQUIERDO, Iván. *Memória*. 2. ed. Porto Alegre: Artmed, 2011, p. 80).

[183] ALBRIGHT, Thomas D. Why eyewitnesses fail. *Proceedings of the National Academy of Sciences of the United States of America*, v. 114, n. 30, p. 7758-7764, 2017, p. 7760.

ou perceber um crime: esse ocorre, geralmente, repentina e subitamente, sem que haja preparo ou observação atenta da testemunha. Dessa maneira, quando o crime ou algum aspecto a ele relacionado ocorre, a testemunha, provavelmente, encontra-se com sua atenção dirigida a outros fatos ou pensamentos absolutamente distintos e distantes da prática de um crime.

A falta de atenção para perceber o evento mitiga consideravelmente as chances de a testemunha ter uma percepção completa e precisa da ocorrência, resultando em uma retenção e posterior evocação falhas e fragmentadas.

A atenção da testemunha para o evento depende de diversas variáveis, como o destaque e a intensidade do estímulo, o seu interesse naquela ocorrência específica, bem como o tempo de exposição ao fenômeno.

A primeira, referente à intensidade/destaque do estímulo (por exemplo: som alto), é relevante à medida que se tende a prestar mais atenção quanto mais o estímulo destaca-se entre aqueles precedentes ou circundantes.[184] Outrossim, um evento nunca antes ocorrido é melhor percebido e lembrado pela pessoa do que aquele rotineiro e repetitivo.

As cores vivas (vermelho e amarelo) tendem a atrair mais a atenção do que as cores frias (verde e azul), por serem mais salientes. Seja por essa razão, seja por razões de cunho evolutivo (a cor vermelha, por exemplo, sempre foi associada a objetos relevantes à sobrevivência do homem e dos animais); estudos empíricos revelam que as cores vermelha e amarela são mais fortemente conectadas à representação mnemônica de um objeto do que as cores azul e verde.[185]

Dessa forma, uma testemunha tende a melhor recordar-se da cor de um objeto presente na cena do crime se este for vermelho ou amarelo do que se este for verde ou azul. Não só a memória da testemunha é objetivamente melhor para o primeiro grupo de cores, como a confiança subjetiva em sua memória para as cores vermelha e amarela também é superior.[186]

---

[184] SOUSA, Luís Filipe Pires. *Prova testemunhal.* Coimbra: Almedina, 2016, p. 21.
[185] KUHBANDNER, Christof et al. Differential binding of colors to objects in memory: red and yellow stick better than blue and green. *Frontiers in Psychology*, v. 6, p. 01-11, mar. 2015, p. 09.
[186] Ibid., p. 09.

Ademais, o interesse da pessoa no evento também exerce grande influência na observação e na codificação da informação percebida. Em pesquisa conduzida por Barlett (1932)[187], verificou-se que informações sobre determinado assunto eram melhor recordadas por aqueles que nutriam interesse na matéria objeto da percepção em detrimento daqueles que não nutriam. Além da maior atenção empreendida na observação e fixação das informações, pessoas com maior interesse em determinado assunto, geralmente, já possuem conhecimentos prévios sobre o tema, que auxiliam em uma melhor codificação da nova informação.

O tempo de exposição ao evento também é relevante para a percepção, moldando os níveis de atenção da testemunha: quanto mais exposta ao evento, mais atenção a testemunha dirigirá a ele, e, por conseguinte, melhor será, em tese, a sua memória.[188]

---

[187] A pesquisa referida, descrita por Michael W. Eysenck, debruçou-se sobre a impressionante memória do povo swazi da África do Sul. O pesquisador Barlett descobriu que a razão pela qual a memória dos swazis era tão boa em relação a informações sobre a compra de gados (valores, cores, raças dos animais) era porque esse povo nutria enorme interesse pelo gado, atribuindo ao animal uma importante função na estrutura social. As suas observações permitiram-lhe concluir que "quanto maior o conhecimento das pessoas sobre determinado assunto, mais facilmente relacionarão informações novas a seu conhecimento existente" (apud BADDELEY, Alan; ANDERSON, Michael C.; EYSENCK, Michael W. *Memória*. Porto Alegre: Artmed, 2011, p. 399).

[188] SOUSA, Luís Filipe Pires. *Prova testemunhal*. Coimbra: Almedina, 2016, p. 21.
O efeito do tempo de exposição ao evento sobre a correta identificação do suspeito pela testemunha foi testado em estudo empírico desenvolvido por Memon, Hope e Bull. Nesse estudo, voluntários jovens (de 17 a 25 anos) e mais velhos (de 54 a 81 anos) assistiram a uma cena simulada de um crime, na qual foram expostos a imagens do autor do delito por um período mais longo (45 segundos) ou por um período mais curto (12 segundos). Após, os participantes foram instruídos a reconhecer o autor em *line-ups* no qual ele estava presente (TP) e em *line-ups* nas quais estava ele ausente (TA), tendo sido previamente informados que o autor poderia ou não estar presente nas *line-ups*. Verificou-se que a exposição mais longa elevou a acurácia na identificação do autor, tanto nos participantes jovens, quanto nos mais velhos, sobretudo na condição TP (nível de acerto de 45% em relação aos participantes sujeitos à curta exposição *vs.* 90% de acerto dos participantes sujeitos à longa exposição). Mediram-se, também, nesse estudo, os níveis de confiança dos participantes na correta identificação do autor do delito. Verificou-se que as testemunhas sujeitas por mais tempo ao autor do crime revelaram uma inflação em sua confiança quando na condição TP. Os participantes, nessa condição, mesmo quando equivocados, apresentam-se

Quando o autor do suposto crime está armado, a atenção da testemunha tende a direcionar-se para a arma, fenômeno conhecido por efeito de focalização da arma (*weapon focus effect*). Tal ocasiona uma perda de atenção para outros aspectos do evento, como as características do autor do suposto delito.[189]

São controversas as razões subjacentes ao efeito de focalização da arma. Há quem defenda que esse fenômeno ocorre em razão do temor e da ansiedade provocados pela arma, que passa a ser a fonte central de informação da cena. Outra explicação possível é de que a arma é um objeto não usual, cuja presença não é esperada pela testemunha, por essa razão, chama mais atenção do que objetos típicos ou neutros. Dessa forma, outros objetos "fora de contexto" ou inconsistentes com o esquema da

---

tão confiantes quanto os participantes precisos na identificação (MEMON, Amina; HOPE, Lorraine; BULL, Ray. Exposure duration: Effects on eyewitness accuracy and confidence. *British Journal of Psychology*, v. 94, p. 339-354, 2003, p. 348-351).

[189] PICKEL, Kerri L. The weapon focus effect on memory for female versus male perpetrators. *Memory*, v. 17, n. 6, p. 664-678, 2009, p. 664.
Em estudo empírico desenvolvido por Elizabeth Loftus, Geoffrey Loftus e Jane Messo, verificou-se que participantes que presenciaram uma cena simulada de roubo à mão armada mantiveram seu olhar fixado por um maior tempo na arma, do que participantes que presenciaram a mesma cena, com a única diferença de ser a arma substituída por um objeto neutro (no caso, um cheque). Os participantes do primeiro grupo tiveram um resultado pior na identificação do autor do roubo, em comparação aos participantes do segundo grupo. Em um segundo estudo empírico conduzido pelos mesmos pesquisadores, os participantes que presenciaram a cena com a arma tiveram um desempenho semelhante ao grupo de controle na identificação do autor, mas, por outro lado, cometeram mais equívocos quando perguntados sobre questões específicas sobre ele (por exemplo, sobre as características do cabelo do autor do crime). Os pesquisadores especularam as razões da ocorrência do efeito de focalização da arma ("weapon focus"), levantando a possibilidade de estar ele relacionado ao aumento do estresse sentido pela testemunha (o que levaria ao direcionamento de sua atenção ao objeto que lhe causa temor) ou, ainda, por ser a arma um objeto inusual (o que, da mesma forma, atrairia a fixação do olhar da testemunha). Para os autores, maiores pesquisas seriam necessárias para sanar essas questões (LOFTUS, Elizabeth F.; LOFTUS, Geoffrey R.; MESSO, Jane. Some facts about "Weapon Focus". *Law and Human Behavior*, v. 11, n. 01, p. 55-62, 1987, p. 57-62).

testemunha sobre determinada pessoa ou evento, ainda que inofensivos, também atuariam como polo atrativo da atenção da testemunha.[190]

Por fim, também é pertinente mencionar o fenômeno denominado de cegueira à mudança (*change blindness*), que se refere à incapacidade de perceber alterações óbvias em um objeto observado. Ilustrativo desse fenômeno é o estudo desenvolvido por Simons e Levin (1998), no qual um estranho pedia informações a uma pessoa; passados 10 segundos do início do diálogo, duas pessoas passavam carregando uma porta entre eles, e, nesse exato ínterim no qual a visão da pessoa estava bloqueada, o estranho era substituído por outro indivíduo de estatura, voz e roupas diferentes do primeiro. Surpreendentemente, 50% dos participantes do estudo não perceberam a substituição do estranho.[191]

2.3.2 Emoção e estresse

Eventos com conteúdo emocional, ou seja, que ativam sentimentos como medo, cólera, tristeza, desprezo, surpresa, entre outros, são diversos de eventos emocionalmente neutros, no que tange à formação da memória correspondente.

As emoções, segundo Rohenkohl et al., são "coleções de respostas cognitivas e fisiológicas acionadas pelo sistema nervoso que preparam o

---

[190] Em suporte à segunda explicação, Pickel verificou, por pesquisas empíricas, que a memória acerca do suposto autor do crime piorou quando ele/ela segurava um objeto inconsistente com o estereótipo associado ao seu gênero. Assim, quando era uma mulher quem segurava uma arma, a memória da testemunha para as características da agente era pior do que quando o autor era um homem segurando a arma. A cena de uma mulher armada é menos consistente com o estereótipo, comumente disseminado, sobre ser a mulher menos agressiva e mais gentil que um homem. O efeito de focalização de arma diminuiu quando os participantes foram informados previamente sobre o perfil agressivo da autora do delito e sobre seus antecedentes criminais. Da mesma forma, a ocorrência do fenômeno diminui quando o autor/autora não se enquadra no estereótipo de seu gênero. O pesquisador, contudo, não descarta a possibilidade de o temor e a ansiedade influenciarem no efeito de focalização da arma, mas explica que o aumento da ansiedade não está sempre por trás da ocorrência desse fenômeno (PICKEL, Kerri L. The weapon focus effect on memory for female versus male perpetrators. *Memory*, v. 17, n. 6, p. 664-678, 2009, p. 667-678).

[191] Apud BADDELEY, Alan; ANDERSON, Michael C.; EYSENCK, Michael W. *Memória*. Porto Alegre: Artmed, 2011, p. 338.

organismo para comportar-se frente a determinadas situações".[192] Nesse cenário, o estresse é uma resposta comum do organismo a eventos negativos e violentos, responsável por desencadear reações fisiológicas defensivas (aumento da pressão arterial, da frequência de batimentos cardíacos e do tônus muscular), bem como gerar um aumento da ansiedade, do estado de alerta e da percepção de perigo.[193] A emoção e o estresse dela decorrente criam uma "disposição do organismo para a ação".[194]

Conquanto não haja consenso entre os pesquisadores acerca da influência e do impacto ocasionados pelas emoções e pelo estresse na memória da testemunha[195], alguns estudos têm demonstrado que, em eventos com conteúdo emocional, as testemunhas recordam-se mais facilmente dos elementos centrais da cena presenciada, enquanto têm uma memória pior para elementos e detalhes periféricos.[196]

Isso ocorre, entre outras razões, pela seletividade e focalização da atenção, que se concentra mais no aspecto central do evento emotivo ou

---

[192] ROHENKOHL, Gustavo et al. Emoção e falsas memórias. In: STEIN, Lilian Milnitsky et al. *Falsas memórias:* fundamentos científicos e suas aplicações clínicas e jurídicas. Porto Alegre: Artmed, 2010, p. 88. (e-book). Giovanni Pergher et al. conceituam emoção como "um estado afetivo presente durante a codificação e/ou recuperação da memória". E complementam que "do ponto de vista experimental, refere-se ao estado afetivo/fisiológico que um indivíduo apresenta na vigência de um teste de memória sob condições de estresse". (PERGHER, Giovanni et al. Memória, humor e emoção. *Revista Psiquiátrica do Rio Grande do Sul.* v. 28, n. 01, p. 61-68, jan./abr. 2006, p. 65).

[193] AHARONIAN, Ani A.; BORNSTEIN, Brian H. Stress and Eyewitness Memory. In: CUTLER, Brian L (Ed.). *Encyclopedia of Psychology and Law.* Newbury Park, CA: SAGE Publications, 2008, p. 01.

[194] ROHENKOHL, Gustavo et al. Emoção e falsas memórias. In: STEIN, Lilian Milnitsky et al. *Falsas memórias:* fundamentos científicos e suas aplicações clínicas e jurídicas. Porto Alegre: Artmed, 2010, p. 90. (e-book).

[195] AHARONIAN, Ani A.; BORNSTEIN, Brian H., op. cit., 2008, p. 01. A divergência entre os estudos sobre o impacto das emoções e do estresse sobre a memória das testemunhas pode ser explicada em razão de alguns fatores: dificuldade de mensurar os diferentes níveis de estresse utilizados nos estudos; o aspecto multifacetado do estresse, composto por vários elementos (fisiológicos, cognitivos afetivos, comportamentais); e os limites éticos nas pesquisas que impedem a criação de situações reais de elevado estresse, ou seja, nas quais os participantes sintam-se efetivamente ameaçados.

[196] LOFTUS, Elizabeth F.; CHRISTIANSON, Sven-Ake. Memory for Traumatic Events. *Applied cognitive psychology,* v. 1, p. 225-239, 1987, p. 228-238.

traumático, em detrimento de uma perda de foco para detalhes considerados mais irrelevantes pela testemunha[197] (o que não necessariamente corresponde ao critério de relevância/irrelevância para fins de reconstrução histórica dos fatos no processo penal). Nesse sentido, quando há um objeto que causa medo ou estresse à vista (por exemplo, uma arma), a testemunha pode, automática e involuntariamente, manter seu olhar fixado nesse objeto.[198] Por essa razão, a testemunha tem uma melhor percepção e recordação dos elementos relacionados à arma e à eventual lesão provocada por ela, ao tempo que tem uma reduzida lembrança acerca das características do criminoso ou outros aspectos periféricos presentes na cena.[199]

Para Burke Heuer e Reisberg, os elementos centrais do evento referem-se à sua essência ou enredo e aos elementos visualmente centrais, enquanto os periféricos são os detalhes contextuais e de fundo, bem como aqueles anexos aos principais.[200] Já Loftus e Christianson definiram, em seus estudos, os elementos centrais como aqueles ligados à personagem ou à ação principal do evento, ainda que não relevantes ao enredo do evento (*e.g.*: cor da roupa da personagem principal), e os periféricos como aqueles visualmente de fundo (*e.g.* carro localizado a certa distância no cenário).[201]

Nesse sentido, entende-se que, até um determinado nível de conteúdo emocional, as memórias para elementos centrais do evento são beneficiadas pela emoção, embora haja uma piora na percepção e posterior recor-

---

[197] Ibid., p. 237.
[198] Como mencionado anteriormente, esse efeito de focalização da arma pode ocorrer não pelo medo e pelo senso de autopreservação da testemunha, mas por ser a arma um objeto inusual, ou seja, não consistente com os esquemas e estereótipos sustentados pela testemunha.
[199] Sousa, Luís Filipe Pires. *Prova testemunhal*. Coimbra: Almedina, 2016, p. 27; Loftus, Elizabeth F.; Christianson, Sven-Ake. Remembering emotional events: the fate of detailed information. *Cognition and Emotion*, v. 5, n. 2, p. 81-108, mar. 1991, p. 83.
[200] Curci, Antonietta; Lanciano, Tiziana. Memory for emotional events: the accuracy of central and peripherical details. *Europe's Journal of Psychology*, v. 7, n. 2, p. 323-336, maio 2011, p. 324.
[201] Loftus, Elizabeth F.; Christianson, Sven-Ake. Remembering emotional events: the fate of detailed information. *Cognition and Emotion*, v. 5, n. 2, p. 81-108, mar. 1991, p. 85 e ss.

dação de elementos periféricos. Contudo, eventos excessivamente traumáticos[202] ou violentos podem causar um efeito adverso na codificação e retenção das informações, acarretando a ocorrência de uma síndrome amnésica. Uma das explicações para esse fenômeno relaciona a amnésia com as alterações e desequilíbrios de neuro-hormônios, responsáveis por bloquear o processamento da memória do evento em questão.[203] Eventos altamente estressantes também podem ativar a "reação de lutar ou fugir", fazendo com que a testemunha dirija, integral ou substancialmente, a sua atenção a formas de manter-se viva, em detrimento da percepção do evento.[204]

Stein, por sua vez, defende que, ainda que eventos emocionais tenham a aptidão de gerar uma memória mais vívida e muitas vezes mais detalhada, isso não significa que será ela mais acurada do que as memórias de eventos emocionalmente neutros.[205]

---

[202] Em trabalho conjunto promovido pelo Ministério da Justiça e coordenado pela pesquisadora Lilian Stein, explanou-se ser o trauma "a resposta que as pessoas têm sobre um evento extremamente negativo, ameaçador, seguido de alta excitação corporal e sensação de perda de controle". (BRASIL, Ministério da Justiça. Avanços científicos em psicologia do testemunho aplicados ao reconhecimento pessoal e aos depoimentos forenses. *Série Pensando o Direito*, v. 59. Brasília: Ministério da Justiça, Secretaria de Assuntos Legislativos, IPEA, 2015, p. 21).

[203] FRANK, Jean; LANDEIRA-FERNANDEZ, J. Rememoração, subjetividade e as bases neurais da memória autobiográfica. *Psicologia Clínica*. Rio de Janeiro, v. 18, p. 35-47, 2006, p. 43. Os autores assim explicam o bloqueio de formação de memória ocasionado pelo evento traumático: "Uma das explicações para os quadros de amnésia retrógrada, associados a um trauma e sem dano cerebral, seria a liberação alterada ou um desequilíbrio nos hormônios do eixo hipofisário-adrenal (glucocorticoides, mineralocorticoides) que atuariam bloqueando o processamento da memória autobiográfica (Markowitsch, 2003; McEwen, 2000). Nesse sentido, Anderson e colegas (2004) observaram que adultos, vítimas de abuso sexual na infância, manifestaram mudanças na morfologia cerebral assim como certos distúrbios de memória".

[204] WISE, Richard A.; SAFER, Martin A. A Method for Analyzing the Accuracy of Eyewitness Testimony in Criminal Cases. *Court Review: The Journal of the American Judges Association*, 387, v. 48, p. 22-34, 2012, p. 33.

[205] BRASIL, Ministério da Justiça. Avanços científicos em psicologia do testemunho aplicados ao reconhecimento pessoal e aos depoimentos forenses. *Série Pensando o Direito*, v. 59. Brasília: Ministério da Justiça, Secretaria de Assuntos Legislativos, IPEA, 2015, p. 21. Nessa esteira, Rohenkohl et al., com base em estudos empíricos recentes, demonstram

2.3.3 Estereótipos e expectativas

Os estereótipos e as expectativas são os filtros pessoais pelos quais a pessoa percebe e interpreta o mundo, e, no caso, a testemunha percebe o evento criminoso. São conhecimentos e disposições prévias, derivadas de experiências pessoais, que possibilitam à testemunha a fazer inferências sobre eventos, coisas e pessoas, de acordo com o contexto no qual se está inserida e com o que é esperado em situações semelhantes.[206]

Expectativas, vieses, crenças e estereótipos sobre coisas, pessoas e eventos são condicionados na forma de esquemas, já mencionados quando da análise da memória semântica (item 2.2.2.2.1).

Os esquemas são ativados pelas próprias características da coisa, da pessoa ou da situação observada (*bottom-up processes*), ou por outros elementos alheios às propriedades do objeto, como informações divulgadas na mídia (*top-down processes*).[207]

A despeito de o processamento por esquemas ser de crucial importância para a compreensão das informações recebidas, uma vez que relaciona os novos estímulos aos conhecimentos já armazenados, ele também é responsável por erros de percepção e interpretação.[208] Muitas vezes, as expectativas e os estereótipos conduzem a pessoa a ver elementos inexistentes no cenário fático, a ignorar elementos presentes, bem como a atribuir sentido ou consequências equivocadas aos acontecimentos.

Ou seja, tende-se a ver o que se espera ver, baseado na prévia experiência do que comumente é visto em situações como a que se está diante.

---

que itens emocionais (palavras, fotografias e eventos) são mais suscetíveis à formação de falsas memórias do que itens neutros, sendo os itens com valência emocional negativa ainda mais suscetível do que os com valência positiva (ROHENKOHL, Gustavo et al. Emoção e falsas memórias. In: STEIN, Lilian Milnitsky et al. *Falsas memórias*: fundamentos científicos e suas aplicações clínicas e jurídicas. Porto Alegre: Artmed, 2010, p. 93-97 [e-book]).

[206] ALBRIGHT, Thomas D. Why eyewitnesses fail. *Proceedings of the National Academy of Sciences of the United States of America*, v. 114, n. 30, p. 7758-7764, 2017, p. 7760.

[207] LOFTUS, Elizabeth F.; DAVIS, Deborah. Internal and External Sources of Misinformation in Adult Witness Memory. In: LINDSAY, R. C. L et al. *The Handbook of Eyewitness Psychology*. Londres: Erbaun Associates Publishers, 2007, v. 1, p. 197.

[208] LOFTUS, Elizabeth F.; DAVIS, Deborah. Internal and External Sources of Misinformation in Adult Witness Memory. In: LINDSAY, R. C. L et al. *The Handbook of Eyewitness Psychology*. Londres: Erbaun Associates Publishers, 2007, v. 1, p. 198.

Ainda, o estereótipo constituído sobre determinados grupos de pessoas é responsável por criar respostas padronizadas, substituindo a real visão do ocorrido pela visão preexistente sobre a pessoa observada ou sobre aquela situação particular.[209]

O modo como as expectativas e estereótipos moldam e enviesam a percepção de um evento foi demonstrado por um estudo desenvolvido por Lindholm e Christianson (1998)[210], no qual foram apresentados a um grupo formado por estudantes suecos e imigrantes vídeos de um assalto simulado, em duas versões: uma delas com o assaltante possuindo traços típicos de um sueco e, em outra, tendo traços físicos predominantes em um imigrante.[211] Após, foi requerido aos estudantes que apontassem em fotografias coloridas o assaltante visto no vídeo apresentado a cada um. A primeira conclusão extraída desse estudo era que havia maior probabilidade de acerto quando o assaltante era etnicamente semelhante ao estudante (fenômeno conhecido na literatura científica por *cross-race effect* ou

---

[209] Sobre o estereótipo, Baccega escreveu: "Não se pode fazer uma distinção precisa entre conceito e estereótipo, a não ser apontando para o fato de que a descrição da realidade, que se obtém através de um processo cognitivo com uma tendência majoritária (não unicamente) objetivo-descritiva, resultado do/no conceito, ao passo que no estereótipo encontraremos a predominância de aspectos valorativos, dos juízos de valor, com suas bases emocionais. Segundo Lippmann, quando nos aproximamos da realidade, 'não vemos primeiro para depois definir, mas primeiro definimos e depois vemos'. Aí está o estereótipo: são 'os tipos aceitos, os padrões correntes, as versões padronizadas'. Eles interferem na nossa percepção da realidade, levando-nos a 'ver' de um modo pré-construído pela cultura e transmitido pela linguagem". (BACCEGA, Maria Aparecida. O estereótipo e as diversidades. *Comunicação & Educação*. São Paulo, n. 13, p. 07-14, dez. 1998, p. 07-08).

[210] LINDHOLM, Torun; CHRISTIANSON, Sven-Åke. Intergroup Biases and Eyewitness Testimony. *The Journal of Social Psychology*, v. 138, n. 6, p. 710-723, 1998, p. 710-723.

[211] A experiência adotou o termo "imigrante" para (i) pessoas nascidas no sul da Europa, na América do Sul, na Ásia ou na África e cujos pais também nasceram em alguma dessas regiões ou (ii) pessoas nascidas na Suécia, mas cujos pais nasceram em alguma dessas regiões. Os traços distintivos dos imigrantes nas filmagens eram "cabelos escuros e pele negra". Os suecos foram definidos como (i) pessoas nascidas na Suécia e cujos pais também nasceram na Suécia ou (ii) nascidos fora da Suécia, mas cujos pais nasceram na Suécia. Os traços distintivos dos suecos no experimento foram "pele clara e cabelos loiros". (LINDHOLM, Torun; CHRISTIANSON, Sven-Åke. Intergroup Biases and Eyewitness Testimony. *The Journal of Social Psychology*, v. 138, n. 6, p. 710-723, 1998, p. 713-714).

own-race bias)[212]. A segunda conclusão foi a de que os estudantes, tanto suecos quanto imigrantes, eram duas vezes mais propensos a apontar um imigrante como autor do crime, em detrimento de um sueco. Tal visão refletia exatamente as estatísticas de criminalidade da Suécia, demonstrando, portanto, o poder da expectativa na conformação do processo perceptivo.[213]

2.3.4 Condições objetivas de percepção do evento

Alguns elementos objetivos ocupam posição de relevo no tocante à maior ou menor capacidade de percepção da testemunha. Entre eles, menciona-se a distância entre a pessoa e o objeto percebido, de importância fundamental quando a percepção dá-se por meio da visão. A distância não pode ser elevada sob pena de prejudicar a correta visualização do evento, da pessoa ou do objeto. A precisão na identificação de acusados é significantemente influenciada pela distância entre a testemunha e o alvo.[214]

---

[212] Essa primeira conclusão é condizente com o fenômeno denominado "cross-race effect", "own-race bias" ou "other-race effect", ou, em uma tradução para o português, "efeito da outra raça" ou "viés da raça". Esse efeito, cuja ocorrência já foi demonstrada por diversas pesquisas empíricas, refere-se à tendência de se reconhecer com maior precisão pessoas da mesma raça do observador, em detrimento de indivíduos de raças distintas à sua, em relação às quais tem menor familiaridade. Uma possível explicação para esse efeito refere-se à aprendizagem perceptiva, ou seja, à capacidade de extrair informações do ambiente de acordo com a prática e a experiência prévia do indivíduo com o estímulo. Nesse sentido, o maior contato e a familiaridade do indivíduo com pessoas de sua própria raça levá-lo-iam a focar sua atenção em características mais apropriadas a discriminar o estímulo, facilitando, assim, o posterior reconhecimento. O viés da raça não será estudado de forma mais aprofundada nesse trabalho, uma vez que apresenta maior relevância no reconhecimento de pessoas (MEISSNER, Christian A.; BRIGHAM, John C. Thirty Years of Investigating the Own-Race Bias in Memory for Faces: a Meta-Analytic Review. *Psychology, Public Policy, and Law*, v. 07, n. 01, p. 03-35, 2001, p. 03-35; BRIGHAM, John C.; BENNETT, Brooke; MEISSNER, Christian A.; MITCHELL, Tara L. The Influence of Race on Eyewitness Memory. In: LINDSAY, R. C. L. et. al. (Ed.). *The handbook of Eyewitness Psychology: Memory for People*. Nova Jersey: Lawrence Erlbaum Associates, v. 2, p. 257-276, 2007, p. 257-276).
[213] BADDELEY, Alan; ANDERSON, Michael C.; EYSENCK, Michael W. *Memória*. Porto Alegre: Artmed, 2011, p. 339-340.
[214] Outro dado sobre a distância, demonstrado por Lindsay et al. por meio de pesquisas empíricas, é de que as pessoas têm dificuldades em estimar a distância entre elas e deter-

De ordinário, consideram-se necessárias diferentes distâncias mínimas para a correta visualização do alvo, a depender do prévio contato entre a testemunha e a pessoa percebida, graduando-se, assim, no sentido de maior distância mínima exigida para menor: pessoa conhecida da testemunha, pessoa com características marcantes, pouco conhecida, ou nunca antes vista.[215]

O ângulo de visão e a posição ocupada pela testemunha no cenário são elementos fundamentais para perquirir as possibilidades de percepção do evento, assim como detectar falhas, ilusões e erros possivelmente cometidos pela testemunha.[216]

A luminosidade no momento de percepção do evento é, igualmente, uma condição objetiva necessária para perceber visualmente os acontecimentos pela testemunha. A penumbra, escuridão ou névoa prejudicam uma percepção completa e correta, deixando margem para a testemunha preencher as lacunas da visão com interpretações e impressões pessoais.

O sistema visual é composto por células fotossensíveis ou fotorreceptoras de dois tipos: bastonetes e cones, ambos localizados na retina. Os cones são ativados apenas em condições de luminosidade e permitem a visão acurada de detalhes e a percepção de cores. Os bastonetes, por sua vez, operam tanto em situações de alta luminosidade quanto de baixa ilu-

---

minados objetivos inanimados, entre elas e outras pessoas, bem como entre dois objetos inanimados. As estimativas de distância apresentaram erros substanciais, geralmente subestimando a distância real, quando a evocação ocorreu um tempo após a percepção (BREWER, Neil et al. How variations in Distance Affect Eyewitness Reports and Identification Accuracy. *Law and Human Behavior*, v. 32, n. 562, p. 526-535, 2008, p. 533).

[215] GORPHE, François. *La crítica del testimonio*. 5. ed. Trad.: Mariano Ruiz-Funes. Madrid: Reus, 1971, p. 236-235.

[216] GORPHE, François. *La crítica del testimonio*. 5. ed. Trad.: Mariano Ruiz-Funes. Madrid: Reus, 1971, p. 236. Assim, explica o autor: "Las dimensiones de los objetos o de las personas varían también según el ángulo visual bajo el que se muestran. Visto desde arriba, parecen más pequeños que en un plano horizontal, o desde abajo. Al contrario, parecen más grandes si se muestran de improviso en el contorno de un estrado o en el vano de una puerta, que en medio de una habilitación súbitamente iluminada. La inclinación de un plano visto de lejos parece más pronunciada que si es contemplado de cerca. Para darse perfecta cuenta de la *perspectiva* en que está situado el testigo, es indispensable a menudo trasladarse al propio lugar: se comprenderá entonces fácilmente que ha podido ser víctima de una ilusión sensorial".

minação e são responsáveis pela percepção de movimentos e pela orientação visual.[217]

Por essa razão, a visão humana tão somente se apresenta apta a detectar detalhes, em sua máxima potência, e a distinguir cores em situações de alta luminosidade, quando ambos os tipos de células estão em funcionamento. Em sentido contrário, a testemunha, ao presenciar eventos ocorridos sob reduzida luminosidade, não possui capacidade para detectar precisamente as cores da pele e das vestimentas do acusado, tampouco de perceber seus traços físicos e os objetos presentes na cena com riqueza e precisão de detalhes.[218]

Doutro vértice, mudanças súbitas de ambientes de alta para baixa luminosidade, e vice-versa, também podem prejudicar a percepção do evento, uma vez que é necessário certo tempo para a visão adaptar-se à nova condição (ativação do grupo de células fotossensíveis predominante no novo ambiente).[219]

O tempo de exposição ao evento, como já mencionado no tópico referente à atenção, também interfere no processo perceptivo, sendo tanto melhor a percepção quanto mais tempo a testemunha pôde observar o fato e atentar para os seus detalhes.

2.4 Fatores de contaminação incidentes no momento da retenção do conhecimento

O momento da retenção ou armazenamento do conhecimento obtido pela testemunha refere-se à manutenção da memória ao longo do tempo.

---

[217] ROGERS, Kara. *The eye: The physiology of human perception.* Nova York: Britannica Educational Publishing, 2011, p. 33 e ss.

[218] RAMOS, Vitor de Paula. *Prova testemunhal:* Do Subjetivismo ao Objetivismo. Do isolamento Científico ao Diálogo com a Psicologia e a Epistemologia. São Paulo: Thomson Reuters Brasil, 2018, p. 99-100.

[219] RAMOS, Vitor de Paula. *Prova testemunhal:* Do Subjetivismo ao Objetivismo. Do isolamento Científico ao Diálogo com a Psicologia e a Epistemologia. São Paulo: Thomson Reuters Brasil, 2018, p. 100. Ramos explica que a mudança de um ambiente com alta luminosidade para um de baixa luminosidade demanda um tempo para a adaptação da visão: os olhos podem ficar 10 mil vezes mais sensíveis à luz depois de 30 minutos no escuro. No caso contrário, ou seja, de mudança de um ambiente escuro para um ambiente claro, a adaptação é mais rápida: quinze segundos garantem uma adaptação completa.

Alguns fatores incidem sobre o traço mnemônico, alterando o seu conteúdo, parcial ou totalmente, ou, ainda, acarretando a sua contínua dissociação e fragmentação. A análise nesse tópico voltou-se, primeiramente, ao fenômeno das falsas memórias e, após, ao esquecimento.

2.4.1 A formação das falsas memórias

A formação das falsas memórias é um dos principais fenômenos de distorção e erro da memória, por decorrência, tem enorme impacto na qualidade da memória da testemunha. O fato de recordar de eventos ou experiências nunca vivenciadas, com a mesma certeza e vivacidade de acontecimentos reais, causa, ao mesmo tempo, espanto e fascínio.

A busca por respostas acerca desse fenômeno mnemônico não é recente: as primeiras pesquisam remontam ao início do século XX, na França, com Binet (1900) e, após, na Alemanha, com Stern (1910), ambos liderando estudos na área da falsificação da memória infantil.[220] Em 1932, Barlett iniciou pesquisas voltadas à falsificação da memória em adultos, concluindo ser a memória um processo reconstrutivo, baseado em esquemas mentais e influenciado pelas expectativas e conhecimentos prévios de cada um.[221]

Décadas depois, Deese, em 1959, realizou pesquisas acerca do efeito de palavras semanticamente associadas na formação de falsas memórias. Para tanto, utilizava uma lista com diversas palavras associadas entre si (*e.g.* hospital, enfermeira, maca, injeção, remédio, etc.), verificando que os participantes tendiam a apontar como presente uma palavra inexistente, embora associada às demais (*e.g.* médico). A pesquisa de Deese foi ampliada e aprofundada por Roediger e McDermott em 1995, dando origem a um procedimento experimental composto de 24 listas com palavras associadas, conhecido como Paradigma DRM.[222]

---

[220] Apud GESU, Cristina di. *Prova penal e falsas memórias*. 2. ed. Porto Alegre: Livraria do Advogado, 2014, p. 126-127.
[221] Apud BRUST, Priscila Goergen; NEUFELD, Carmen Beatriz; STEIN, Lilian Milnitsky. Compreendendo o fenômeno das falsas memórias. In: STEIN, Lilian Milnitsky et al. *Falsas memórias*: fundamentos científicos e suas aplicações clínicas e jurídicas. Porto Alegre: Artmed, 2010, p. 23. (e-book).
[222] BRUST, Priscila Goergen; NEUFELD, Carmen Beatriz; STEIN, Lilian Milnitsky. Compreendendo o fenômeno das falsas memórias. In: STEIN, Lilian Milnitsky et al. *Falsas memó-*

Por fim, a partir da década de setenta, Loftus passou a ser o grande nome nas pesquisas empíricas sobre as falsas memórias, introduzindo o procedimento de Sugestão de Falsa Informação. Em uma de suas pesquisas, Loftus, Miller e Burns (1978) apresentaram uma sequência de *slides* para um grupo de participantes, na qual foi ilustrado um acidente de carro, ocorrido pelo avanço inapropriado de um veículo em uma intersecção sinalizada por uma placa "parada obrigatória". No período de retenção da informação visualizada, o entrevistador, por meio de alguns questionamentos, introduziu à metade dos participantes uma falsa informação sobre o evento, sugerindo que a placa de trânsito presente na cena seria a de "dê a preferência". Após um tempo, questionados sobre qual a placa visualizada na imagem, muitos dos participantes, expostos à falsa informação, afirmaram recordar-se da falsa placa sugerida ("dê a preferência"), em detrimento da placa realmente existente nos slides ("parada obrigatória").[223]

Os referidos pesquisadores delinearam duas possíveis explicações para o fenômeno observado: ou a subsequente informação falsa teria causado uma alteração na memória original ou ambas as informações residiriam juntas na memória, uma competindo com a outra.[224]

Loftus destaca que as sugestões podem levar à formação de falsas memórias detalhadas e vívidas, tais quais as memórias de eventos realmente experimentados. Ressalva a pesquisadora, portanto, que o relato de uma lembrança expressada em grande número de detalhes, bem como sustentada com emoção e com confiança não indica, necessariamente, que a memória se baseia em um evento real.[225]

---

rias: fundamentos científicos e suas aplicações clínicas e jurídicas. Porto Alegre: Artmed, 2010, p. 23. (e-book).
[223] LOFTUS, Elizabeth F.; MILLER, David G.; BURNS, Helen J. Semantic Integration of Verbal Information into a Visual Memory. *Journal of Experimental Psychology: Human Learning and Memory*, v. 04, n. 1, p. 19-31,1978, p. 21-31.
[224] LOFTUS, Elizabeth F.; MILLER, David G.; BURNS, Helen J. Semantic Integration of Verbal Information into a Visual Memory. *Journal of Experimental Psychology: Human Learning and Memory*, v. 4, n. 1, p. 19-31,1978, p. 30.
[225] LOFTUS, Elizabeth F. Make-Believe Memories. *American Psychologist*, v. 58, n. 11, p. 864-873, 2003, p. 871.

As falsas memórias são formadas entre o período da codificação da memória até o momento da evocação da lembrança. Assim, após a percepção do evento até quando a testemunha é questionada pelas autoridades ou pelas partes, sugestões externas e autossugestões do próprio indivíduo podem atuar em sua memória, alterando seu conteúdo e afastando-a da realidade percebida. O período de armazenamento da memória, que perdura ao longo do tempo, é o mais suscetível à formação das falsas memórias, haja vista que, durante todo esse lapso temporal – que pode durar semanas, meses ou anos – até a recuperação da lembrança, o traço de memória fica vulnerável a toda sorte de distorções.

Por isso, foi inserida aqui, na etapa referente à retenção da memória, a explicação acerca do fenômeno das falsas memórias. No entanto, como relevantes fontes de falsas informações surgem prévia ou simultaneamente à recuperação da memória, volta-se ao tema pertinente às falsas memórias no tópico subsequente.

2.4.1.1 Conceito de falsas memórias

As falsas memórias consistem no fenômeno de se lembrar de eventos que, em realidade, nunca ocorreram, ou que ocorreram apenas parcialmente da forma como se recorda. Portanto, a diferença entre as falsas memórias e as memórias verdadeiras[226] está na correspondência entre seus conteúdos e a realidade, mas, no que tange às suas bases cognitivas e neurofisiológicas, as duas formas de memórias aproximam-se.[227]

Importante adiantar que as falsas memórias não se confundem com as mentiras, uma vez que o indivíduo acredita verdadeiramente ter vivido a experiência ou presenciado o evento, objeto das falsas memórias. No caso

---

[226] Aqui, o termo "memórias verdadeiras" é mencionado apenas como forma de oposição às falsas memórias, essas últimas como frutos de um processo de distorção de memória ocasionado pela autossugestão ou sugestão externa. Isso não quer dizer que as memórias que não sejam resultado da formação de falsas memórias sejam realmente verdadeiras, uma vez que estão, ainda, submetidas a todos os demais fatores de erros e incertezas, como aquelas decorrentes de uma má percepção do evento, por exemplo.

[227] BRUST, Priscila Goergen; NEUFELD, Carmen Beatriz; STEIN, Lilian Milnitsky. Compreendendo o fenômeno das falsas memórias. In: STEIN, Lilian Milnitsky et al. *Falsas memórias:* fundamentos científicos e suas aplicações clínicas e jurídicas. Porto Alegre: Artmed, 2010, p. 22. (e-book).

da mentira, de fundamento social, o indivíduo falseia conscientemente a verdade, sabendo que os fatos narrados são dissonantes daqueles armazenados em sua memória.

Por sua vez, as falsas memórias não resultam de condições anormais e patológicas de funcionamento da memória; são frutos de erros de compreensão e processamento de informações que acometem, potencialmente, toda e qualquer pessoa.

As falsas memórias podem ser formadas tanto por distorções endógenas, ou seja, por força de inferências ou interpretações do próprio indivíduo, como podem ser decorrentes de sugestões externas, é dizer, de informações incorretas provenientes de terceiros ou outras fontes externas ao sujeito.[228] Por essa razão, considera-se haver dois tipos de falsas memórias, a depender de sua origem: as ditas espontâneas e as sugeridas.

2.4.1.2 As falsas memórias espontâneas

As falsas memórias podem ser formadas sem que haja qualquer interferência ou sugestão externa: são resultados de distorções mnemônicas exclusivamente endógenas, ocorridas por consequência de inferências, interpretações ou confusões feitas pelo próprio indivíduo. Por essa razão, são chamadas de falsas memórias espontâneas, endógenas ou autossugeridas.

São exemplos desse tipo de falsas memórias aquelas em que a pessoa incorpora à lembrança de um evento elementos ocorridos em outra ocasião, ou quando se recorda exatamente de ter deixado as chaves em um determinado lugar, quando em realidade esqueceu-as em local totalmente distinto.

A falsa memória espontânea por inferência, por sua vez, é aquela na qual a pessoa recorda-se do fato inferido como sendo aquele percebido. Exemplo trazido por Reyna ilustra essa falsa memória: algumas pessoas recordavam-se de ter ouvido que o "pássaro estava em cima da mesa", muito embora só tivesse sido dito que "o pássaro estava dentro da gaiola" e "a gaiola estava em cima da mesa". Os autores chamam atenção para a diferença entre a frase inferida e a frase real, pouco significativa no caso

---

[228] Ibid., p. 25.

exemplificativo, mas potencialmente alarmante em um caso nos tribunais, nos quais as testemunhas são demandadas a narrar os fatos objetivamente, sem inferências ou impressões pessoais.[229]

2.4.1.3 As falsas memórias sugeridas

As falsas memórias sugeridas, como já adiantado, referem-se àquelas cujas fontes de falsificação são externas ao indivíduo. Loftus explica, com respaldo em estudos por ela e sua equipe desenvolvidos, que uma informação incorreta tem o potencial de invadir e contaminar as memórias originárias. Isso pode ocorrer quando se conversa com outras pessoas sobre uma dada ocorrência, quando se é sugestivamente interrogado, ou, ainda, quando se lê ou se assiste a uma cobertura midiática sobre o evento vivenciado.[230] Esse fenômeno pode ser denominado como "efeito da falsa informação".[231]

Essas falsas informações podem ser apresentadas a outrem deliberadamente para fins de fabricar uma memória inteiramente falsa ou incorporar fatos falsos a uma preexistente memória verdadeira, ou, ainda, podem ser ministradas de forma acidental pelo terceiro.

Uma das pesquisas empreendidas por Loftus buscou implantar uma memória falsa sobre um evento supostamente ocorrido com os voluntários do estudo, quando esses tinham apenas cinco anos. Para tanto, a pesquisadora e sua equipe, a partir de entrevistas feitas com parentes dos voluntários, registraram, em um livro, dois eventos reais ocorridos com

---

[229] REYNA, Valerie; LLOYD, Farrell. Theories of false memory in children and adults. *Learning and Individual Differences*, v. 9, n. 2, p. 95-123, 1997, p. 96.
Stein e Nygaard trazem à explanação outro exemplo ilustrativo acerca da falsa memória espontânea por inferência feita pelo próprio indivíduo: "Por exemplo, você pode se lembrar muito bem que o professor de Direito Penal disse que seria realizada uma prova no dia dois de maio. Na verdade, as palavras do professor foram: 'Teremos uma prova logo após o feriado'. O dia dois de maio é logo depois de um feriado. Porém existe uma grande diferença entre lembrar-se exatamente do que ouviu do professor e relatar uma inferência consistente com o que você ouviu" (STEIN, Lilian Milnitsky; NYGAARD, Maria Lúcia Campani. A memória em julgamento: uma análise cognitiva dos depoimentos testemunhais. *Revista Brasileira de Ciências Criminais*. São Paulo, v. 11, n. 4, p. 151-164, abr./jun. 2003, p. 156).
[230] LOFTUS, Elizabeth F. Creating False Memories. *Scientific American*, v. 277, p. 71-75, set. 1997, p. 71
[231] Id. Make-Believe Memories. *American Psychologist*, v. 58, n. 11, p. 864-873, 2003, p. 868.

cada uma das pessoas e inseriram, entre eles, um terceiro evento sabidamente falso: um episódio em que o participante, quando criança, ter-se-ia perdido em um *shopping* por um longo período, durante o qual teria se desesperado e conseguido ajuda com uma senhora até reencontrar os pais. Após a leitura dos registros, 29% dos participantes do estudo (7 de 24) alegaram recordar-se do evento falso. Em duas entrevistas posteriores, 25% dessas pessoas mantiveram a posição de que se recordavam do evento.[232]

As falsas memórias são mais facilmente criadas quando a informação apresentada é reforçada por outra pessoa, comumente um familiar do indivíduo. Outrossim, quando uma pessoa afirma que viu o sujeito praticando uma ação – não ocorrida na realidade – elevam-se os índices de instalação de falsas lembranças.[233]

Ressalta-se que pessoas de todas as idades estão suscetíveis à formação de falsas memórias, seja pela autossugestão, seja pela incorporação de informações falsas externas. Embora os idosos tenham um desempenho pior no que tange à recuperação de detalhes sobre um evento[234], verificou-se, em pesquisa empírica, que tanto adultos mais jovens quanto mais velhos cometem quantidade de erros semelhante em relatos livres, quando expostos a informações falsas. Quando submetidos a perguntas

---

[232] LOFTUS, Elizabeth F. Creating False Memories. *Scientific American*, v. 277, p. 71-75, set. 1997, p. 72.

[233] Ibid., p. 75.

[234] Isso porque, em adultos mais velhos, verifica-se uma queda nos componentes associativos e estratégicos da memória, em razão de mudanças no córtex pré-frontal e no lobo temporal medial. Adultos mais velhos, em comparação aos mais novos, tendem a apoiar-se mais em processos de familiaridade (sentimento automático de saber de algo, embora sem recordar-se exatamente do evento), do que em processos de recordação (evocação controlada de informações contextuais detalhadas), durante atividades de reconhecimento. O processo de familiaridade tende a produzir mais erros, sobretudo, quando manejado por idosos, que já contam com componentes associativos mais enfraquecidos (FITZGERALD, Ryan; PRICE, Heather. Eyewitness identification across the life span: a meta-analysis of age differences. *Psychological Bulletin*, v. 141, n. 6, p. 1228-1265, 2015, p. 14 [versão disponível em: <https://www.researchgate.net/publication/277413598_Eyewitness_Identification_Across_the_Life_Span_A_Meta-Analysis_of_Age_Differences>. Acesso em: 16.12.19]).

fechadas (evocação com dicas), adultos mais jovens cometeram ainda mais erros do que os idosos.[235]

2.4.1.4 As principais teorias sobre falsas memórias

Três principais modelos-teóricos buscam explicar o fenômeno de formação das falsas memórias. Passaremos à análise, ainda que com a brevidade necessária ao escopo do presente trabalho, das seguintes teorias: Paradigma Construtivista, Teoria do Monitoramento da Fonte e Teoria do Traço Difuso.

2.4.1.4.1 Teoria Construtivista

A Teoria Construtivista pugna ser a memória um sistema único, formado somente pela compreensão, interpretações e inferências da pessoa sobre os eventos percebidos, e não pela lembrança do evento em si. Assim, a memória é construída à medida que novas informações pertinentes a eventos e fatos sobrepõem-se e alteram as informações antes existentes, podendo dar origem, assim, a uma falsa memória.[236]

Esse sistema único de memória apenas conservaria as informações semânticas sobre o evento, ou seja, seu significado e sua essência; já os detalhes, seu sentido literal, restariam perdidos.[237]

A Teoria Construtivista peca em sua concepção de memória única, e isso porque se sabe que a memória em si do evento (memória episódica) é distinta da compreensão sobre esse evento e distinta, igualmente, da

---

[235] STONE, Kevin; WEST, Robin. Age Differences in Eyewitness Memory for a Realistic Event. *Journals of Gerontology, Series B: Psychological Sciences and Social Sciences*, v. 69, n. 3, p. 338-347, mar. 2013, p. 344-345. Uma possível explicação para a maior suscetibilidade dos jovens a falsas informações, quando sujeitos a perguntas fechadas sugestivas, é de que eles prestam mais atenção às "dicas" dadas nos questionamentos, como estratégia para melhorar a sua memória, bem como têm eles maior facilidade para codificar as novas informações. Os idosos, por sua vez, têm mais dificuldade em codificar e recuperar as falsas informações, ou, até mesmo, em notá-las.
[236] BRUST, Priscila Goergen; NEUFELD, Carmen Beatriz; STEIN, Lilian Milnitsky. Compreendendo o fenômeno das falsas memórias. In: STEIN, Lilian Milnitsky et al. *Falsas memórias*: fundamentos científicos e suas aplicações clínicas e jurídicas. Porto Alegre: Artmed, 2010, p. 27. (e-book).
[237] Ibid., p. 29.

memória semântica. A despeito de ser possível, como já visto, confundir a inferência sobre o fato com o fato em si, gerando uma falsa memória, seria absolutamente equivocado concluir que tal sempre ocorre e/ou que fato e inferência integram uma entidade única e inseparável na memória.

2.4.1.4.2 Teoria do Monitoramento da Fonte

A Teoria do Monitoramento de Fonte compreende as falsas memórias como resultados de uma má-atribuição ou confusão entre fontes de informação.[238] A fonte de informação refere-se à pessoa, local ou situação pela/na qual a informação foi apresentada, e a sua identificação, segundo a presente teoria, depende de um monitoramento da realidade vivenciada.[239]

Portanto, as falhas nesse processo de monitoramento causariam um equívoco ou uma confusão sobre as fontes de informação incidentes no caso, tornando o indivíduo incapaz de diferenciar a fonte de informação originária do evento e outras fontes interferentes, externas (sugestões de terceiros ou outros eventos vividos) e internas (inferências e interpretações do próprio indivíduo).

Exemplificativamente, quando se apresenta uma informação visual à pessoa e, após, uma nova informação verbal sobre o evento anteriormente visualizado, é possível que o indivíduo venha a confundir as fontes de informação, julgando como presente na cena visual elementos apenas trazidos, depois, de forma verbal.

Pela Teoria do Monitoramento da Fonte, as falsas memórias decorreriam apenas de erros de julgamento acerca da fonte de informação, e não de distorções de memória.[240] Essa compreensão restringe o espectro das falsas memórias, excluindo outras possíveis manifestações desse fenômeno, como, por exemplo, os erros por familiaridade. Isso ocorre

---

[238] REYNA, Valerie; LLOYD, Farrell. Theories of false memory in children and adults. *Learning and Individual Differences*, v. 09, n. 02, p. 95-123, 1997, p. 98.

[239] BRUST, Priscila Goergen; NEUFELD, Carmen Beatriz; STEIN, Lilian Milnitsky. Compreendendo o fenômeno das falsas memórias. In: STEIN, Lilian Milnitsky et al. *Falsas memórias:* fundamentos científicos e suas aplicações clínicas e jurídicas. Porto Alegre: Artmed, 2010, p. 31. (e-book).

[240] Ibid., p. 32.

quando um sujeito reconhece como já vista uma palavra nova, apenas pelo fato de tê-la associado com outras palavras semelhantes apresentadas anteriormente.[241]

2.4.1.4.3 Teoria do Traço Difuso

A Teoria do Traço Difuso preceitua a existência de dois sistemas de memória distintos: a memória literal (denominada de *verbatim representation*) e a memória de essência (*gist representation*). Os dois traços de memória são formados com base no mesmo evento, mas seus processamentos dão-se em paralelo, e seus armazenamentos são dissociados entre si.[242] A memória literal processa e armazena os detalhes específicos e superficiais dos eventos, enquanto a memória de essência cuida da compreensão dos significados da experiência vivida, variando em níveis de generalidade.[243]

Não apenas o processamento dos dois diferentes traços de memória é dissociado, como também o é a recuperação dessas memórias. Algumas dicas favorecem a recuperação de traços literais, como a menção de itens integrantes da experiência vivida, enquanto a menção a itens associados, porém não vivenciados diretamente, beneficia a recuperação da memória de essência. Quanto ao esquecimento, Brainerd e Reyna apontaram que a memória literal declina mais rapidamente que a memória de essência, tornando seus traços inacessíveis em menos tempo.[244]

As falsas memórias podem ocorrer quando são evocados traços de memória de essência, em detrimento de traços de memória literais[245],

---

[241] HUANG, Tin Po. A produção de falsas memórias e sua relação com fatores emocionais e processamentos consciente e automático. 2009. Tese (Doutorado em Psicologia) – Faculdade de Brasília. Brasília, 2009, p. 11.

[242] BRAINERD, C. J.; REYNA, V. F. Fuzzy-Trace Theory. *Current Directions in Psychological Science*, v. 11, n. 5, p. 164-169, out. 2002, p. 165.

[243] BRUST, Priscila Goergen; NEUFELD, Carmen Beatriz; STEIN, Lilian Milnitsky. Compreendendo o fenômeno das falsas memórias. In: STEIN, Lilian Milnitsky et al. *Falsas memórias*: fundamentos científicos e suas aplicações clínicas e jurídicas. Porto Alegre: Artmed, 2010, p. 33-34. (e-book).

[244] BRAINERD, C. J.; REYNA, V. F. Fuzzy-Trace Theory. *Current Directions in Psychological Science*, v. 11, n. 5, p. 164-169, out. 2002, p. 166.

[245] REYNA, Valerie; LLOYD, Farrell. Theories of false memory in children and adults. *Learning and Individual Differences*, v. 09, n. 02, p. 95-123, 1997, p. 101.

que se fariam necessários para a recordação do evento. Essa evocação pode ocorrer seja porque foram utilizadas "dicas" que facilitaram a recuperação desse tipo de memória, seja porque os traços literais já se encontram de difícil acesso ou em processo de esquecimento. Destarte, entende-se que a recuperação da memória de essência, por não conter detalhes específicos do evento, pode resultar na admissão de fatos e elementos não ocorridos, apenas pelo fato de serem eles similares, familiares ou plausíveis no contexto semântico guardado na memória.[246]

Nesse sentido, as falsas memórias encontram campo mais fértil à sua instalação na memória de essência, uma vez que essa armazena apenas o significado e os aspectos gerais do evento ou da experiência vivenciada, compatíveis, portanto, com uma memória diversa da verdadeira. Assim, sendo a memória de essência mais duradoura e robusta que a memória literal, as falsas memórias, por nela se basearem, tendem a ser mais persistentes que as memórias verdadeiras.[247]

É possível, ainda, que as falsas memórias sejam geradas pela interferência de uma falsa informação na recuperação dos traços literais ou pela evocação de memórias de um contexto equivocado. As falsas memórias são exacerbadas à medida que se expande o lapso temporal entre o evento original e as manipulações posteriores, como a apresentação de falsas informações. Isso porque os detalhes e aspectos específicos do evento, tais como a sua fonte e a sua imagem visual, já se encontram fragmentados e dissociados, facilitando a aceitação da sugestão.[248]

A Teoria do Traço Difuso apresenta complexidade e superioridade teórica em relação às duas anteriores ao conceber um sistema dualista de memória, bem como por ser capaz de acolher um leque maior de causas de falsificação de lembranças.

---

[246] BRUST, Priscila Goergen; NEUFELD, Carmen Beatriz; STEIN, Lilian Milnitsky, op. cit., 2010, p. 33-35.
[247] BRUST, Priscila Goergen; NEUFELD, Carmen Beatriz; STEIN, Lilian Milnitsky. Compreendendo o fenômeno das falsas memórias. In: STEIN, Lilian Milnitsky et al. *Falsas memórias:* fundamentos científicos e suas aplicações clínicas e jurídicas. Porto Alegre: Artmed, 2010, p. 33-36.
[248] REYNA, Valerie; LLOYD, Farrell. Theories of false memory in children and adults. *Learning and Individual Differences*, v. 9, n. 2, p. 95-123, 1997, p. 100.

2.4.1.5 A influência da mídia e das redes sociais na formação das falsas memórias

A cobertura da mídia de eventos criminosos, comumente ostensiva em casos de grande repercussão, é um fator de destaque na formação de falsas memórias em testemunhas. As redes sociais, enquanto meios de compartilhamento massivo de notícias e opiniões, potencializam e agravam esse fenômeno.

No período de retenção, sobretudo, até a estabilização do traço mnemônico ocorrido com a consolidação, a memória permanece exposta a toda sorte de influências do mundo externo. O apontamento de suspeitos pela mídia e pelas redes sociais (cada vez mais crescente), a apresentação de fotografias, reconstrução de cenas e narrativas, bem como a circulação de versões de outras testemunhas, têm o eficaz e pernicioso efeito de distorcer a memória da testemunha, seja pela implementação de elementos não presentes anteriormente, seja pela modificação de aspectos presentes por outros sugeridos pela mídia.

Loftus e Banaji destacam que a mídia, ao retratar um evento criminoso, tem especial penetração na memória das testemunhas, mormente, se o traço mnemônico dessas já se encontra enfraquecido. Outrossim, apontam os autores que estímulos intensos e vívidos, em geral, presentes em coberturas midiáticas televisivas, contribuem para persuadir as testemunhas acerca da veracidade das informações transmitidas, em grau muito mais elevado que estímulos fracos e pálidos.[249]

Em pesquisa desenvolvida pelos dois autores, verificou-se que participantes expostos a falsas informações presentes em reportagem televisiva sobre o evento criminoso cometeram mais erros de memória do que aqueles participantes não expostos ao material. A cobertura midiática assistida trouxe quatro dados falsos sobre o evento original, sendo que dois desses dados foram responsáveis por gerar um elevado índice de falsas memórias nos participantes expostos às informações equivocadas.[250]

---

[249] LOFTUS, Elizabeth F.; BANAJI, Mahzarin Rustum. Memory Modification and the Role of the Media. In: GHEORGHIU, V.A.; NETTER, P.; EYSENCK, H. J. *Suggestion and Suggestibility*. Berlin: Springer, 1989, p. 285-286.
[250] Ibid., p. 286-289.

Ainda, Loftus e Banaji destacam que a repetição massiva de reportagens televisivas e notícias em jornais, revistas e rádios pode exercer um importante papel na criação de memórias vívidas e intensas (denominadas de *flashbulb memories*)[251], mas que não necessariamente correspondem à realidade vivida ou percebida pela testemunha.

2.4.1.6 As falsas memórias nas crianças

Um robusto corpo de estudiosos defende que crianças mais novas, principalmente em idade pré-escolar, são mais suscetíveis a falsas sugestões inseridas em perguntas (efeito de submissão) do que crianças mais velhas e adultos.[252] Em relação à alteração de respostas após *feedbacks* negativos (efeito de mudança), Warren, Hulse-Trotter e Tubbs[253] concluíram que tanto crianças mais velhas quanto mais novas são mais vulneráveis à pressão social do que adultos, apresentando maior taxa de alteração em suas respostas.

No entanto, alguns estudos contrariam as referidas conclusões ao demonstrar, por pesquisas empíricas, que crianças, de diversas idades, não seriam mais sugestionáveis que adultos. Alguns autores, ainda, defendem que o efeito de submissão parece diminuir com a idade, enquanto o efeito de modificação tende a aumentar até os seis anos, quando, a partir de então, volta a decrescer.[254]

Ante a inexistência de consenso entre os estudiosos e em face dos próprios óbices existentes nessas pesquisas empíricas (dificuldades em se criar tarefas com grau de compreensão suficiente para crianças novas, sem que o sugestionamento seja muito óbvio para crianças mais

---

[251] Ibid., p. 289-290.
[252] WARREN, Amye; HULSE-TROTTER, Katherine; TUBBS, Ernest C. Inducing Resistance to Suggestibility in Children. *Law and Human Behavior*, v. 15, n. 3, p. 273-285, 1991, p. 281 e ss.; BRUCK, Maggie; CECI, Stephan J. Suggestibility of the Child Witness: A Historical Review and Synthesis. *Psychological Bulletin*, v. 113, n. 3, p. 403-439, 1993, p. 431.
[253] WARREN, Amye; HULSE-TROTTER, Katherine; TUBBS, op. cit., 1991, p. 283.
[254] CUNHA, Alexandra Isabel da Quintã. *A sugestionabilidade interrogativa em crianças: O papel da idade e das competências cognitivas*. 2010. Tese (Doutorado em Psicologia) – Universidade do Minho. Minho, 2010, p. 18.

velhas[255]), não há como se afirmar categoricamente que as crianças sempre se apresentam mais sugestionáveis que os adultos, nem que as suas memórias são, em todo e qualquer contexto, menos confiáveis.

Essa conclusão, porém, não afasta a possibilidade de as memórias infantis estarem sujeitas a um impacto mais intenso de certos fatores involuntários de contaminação. A imaginação fértil da criança e a menor capacidade de monitorização da fonte, por exemplo, podem levá-la a ter dificuldades em distinguir entre eventos presenciados ou meramente imaginados.[256] A compreensão e os conhecimentos limitados da criança também restringem o conteúdo das memórias infantis e a forma de se expressarem em juízo. Igualmente, crianças mais novas têm maior dificuldade em dimensionar distâncias, tempo e velocidades.[257]

Por fim, no momento da evocação do evento perante as autoridades, o método de inquirição, o viés e o estatuto do entrevistador podem ter um efeito de sugestionamento maior nas crianças do que em adultos, conforme se verá mais adiante.

2.4.2 As interferências causadas pelo contato entre testemunhas (*memory conformity*)

O contato e a discussão entre testemunhas após o evento criminoso têm um papel de relevo na produção de erros e distorções de memória. Não é raro que haja mais de uma testemunha do mesmo evento, assim como não é raro que elas tendam a conversar entre si tão logo o evento ocorra ou um tempo após a sua ocorrência, uma vez que o fato delituoso é um fenômeno que, em geral, desperta a curiosidade e o interesse humanos.

Contudo, as trocas de informações divergentes entre as testemunhas ou a mera tomada de conhecimento da versão alheia podem dificultar a posterior recuperação dos detalhes percebidos originalmente por cada uma delas. As discussões e o contato entre elas podem, ainda, tornar

---

[255] CUNHA, Alexandra Isabel da Quintã. *A sugestionabilidade interrogativa em crianças: O papel da idade e das competências cognitivas*. 2010. Tese (Doutorado em Psicologia) – Universidade do Minho. Minho, 2010, p. 19-20.
[256] SOUSA, Luís Filipe Pires. *Prova testemunhal*. Coimbra: Almedina, 2016, p. 45.
[257] Ibid., p. 44.

as narrativas uniformes, corroborativas entre si, efeito denominado de "conformidade de memória" (*memory conformity*).[258]

Memon e Wright[259] descrevem o poder de influência entre testemunhas ao narrarem o famoso caso do bombardeio de Oklahoma City. Nesse caso, foram ouvidas as seguintes testemunhas-chave: três trabalhadores de uma oficina, na qual o principal suspeito havia adquirido um caminhão utilizado no bombardeio. Duas dessas testemunhas, quando ouvidas, não fizeram qualquer alusão à presença de um segundo criminoso, denominado, pelo FBI, de John Doe 2. No entanto, após terem contato com a versão de um terceiro trabalhador, que descreveu, com firmeza e riqueza de detalhes, a existência desse cúmplice, passaram os dois primeiros a ter essa mesma recordação, sendo que um deles, inclusive, narrou posteriormente detalhes acerca dessa segunda pessoa.

Gabbert et al.[260] demonstraram, por meio de pesquisas empíricas, que pessoas submetidas a materiais ligeiramente diferentes (sem saber, contudo, que os estímulos percebidos eram distintos) tendiam a cometer erros adquiridos de outra testemunha, após ambas trocarem informações sobre o evento observado.

Duas ordens de razões podem justificar o efeito de conformidade de memória entre testemunhas. A primeira consiste em uma escolha, consciente ou inconsciente, da testemunha em aderir à versão alheia, em detrimento de sua própria percepção do evento. Isso não significa dizer que a testemunha *quis* falsear a verdade, pois a conformação justamente ocorre porque ela entende que a narrativa alheia é a acertada. A segunda refere-se à formação de falsas memórias por erro de atribuição de fonte.

A testemunha pode optar por seguir a versão de outra testemunha por pressão normativa ou por influência informacional. No primeiro caso, Gabbert et al.[261] explicam que a testemunha pode sentir uma pressão em

---

[258] GABBERT, Fiona et al. Memory Conformity Between Eyewitnesses. *Court Review: The Journal of the American Judges Association*, v. 48, p. 36-43, 2012, p. 36.
[259] MEMON, Amina; WRIGHT, Daniel. Eyewitness testimony and the Oklahoma bombing. *The Psychologist*, v. 12, n. 6, p. 292-295, 1999, p. 293.
[260] GABBERT, Fiona et al., op. cit., 2012, p. 37.
[261] GABBERT, Fiona et al. Memory Conformity Between Eyewitnesses. *Court Review: The Journal of the American Judges Association*, v. 48, p. 36-43, 2012, p. 38.

concordar com outra testemunha, reflexo de uma necessidade individual por aprovação social. Ainda que a testemunha discorde, em seu íntimo, da outra, ela acaba por, publicamente, conformar a sua versão à alheia. As influências normativas são tanto mais elevadas quanto maior a importância da informação e maiores os prejuízos potencialmente causados pela transmissão de uma informação errada.

Ainda, os pesquisadores apontam uma influência informacional referente à avaliação que a testemunha faz acerca de sua própria certeza e da confiabilidade de sua memória, em comparação com a confiabilidade da memória de outra testemunha. Segundo essa variável, quanto mais confiável e segura transparecer a outra testemunha, maiores as chances de uma testemunha conformar-se à sua narrativa. Isso também se aplica quando a pessoa é induzida a crer que a outra testemunha foi exposta ao estímulo sensorial por um período mais longo, ou que aquela teve maior interação com o núcleo do evento (por exemplo, acredita-se que uma testemunha que teve um contato direto com o criminoso teria maiores chances de identificá-lo do que uma testemunha que apenas observou o crime de certa distância).[262]

Outros elementos contribuem para maior ou menor extensão do efeito de conformidade: a existência de amizade ou relacionamento amoroso entre as testemunhas[263] (verifica-se, nesse caso, um aumento do efeito de conformidade) e a qualidade da pessoa da testemunha (crianças e idosos tendem a ser menos críveis do que adultos; já depoimentos de adultos jovens e de polícias, por sua vez, tendem a ser mais facilmente aceitos como corretos por outras testemunhas).[264]

---

[262] Ibid., p. 38.

[263] Pesquisas empíricas desenvolvidas por Gabbert et al. demonstraram que cotestemunhas amigas ou em relacionamento amoroso estão mais suscetíveis a aceitar informações pós-evento administradas pela outra. Tal pode ocorrer por uma questão de maior confiança entre elas, em comparação com testemunhas sem prévio relacionamento entre si, e uma maior facilidade de diálogo (GABBERT, Fiona et al. "With a little help from my friends...": The role of co-witness relationship in susceptibility to misinformation. *Acta Psychologica*, v. 127, n. 2, p. 476-484, fev. 2008, p. 481).

[264] GABBERT, Fiona et al. Memory Conformity Between Eyewitnesses. *Court Review: The Journal of the American Judges Association*, v. 48, p. 36-43, 2012, p. 40.

Por fim, o efeito de conformidade também pode resultar da formação de uma falsa memória: a informação pós-evento, proveniente de outra testemunha, sobrepõe-se ou substitui a informação originária, de forma que a pessoa não é capaz de diferenciar as fontes de informação.[265]

2.4.3 O decurso do tempo e o esquecimento

É natural que os eventos sejam esquecidos pela testemunha, não obstante sejam eles relevantes ou surpreendentes. A passagem do tempo é uma das causas mais evidentes do esquecimento: quanto mais tempo transcorre desde o dia da aquisição da memória até o dia da evocação da lembrança, mais o seu traço se enfraquece. Essa ideia é compreendida, entre os pesquisadores, pelo termo "decadência de traço".[266]

Segundo a curva hipotética de esquecimento de Ebbinghaus, os traços de memória tendem a decair rapidamente nos momentos seguintes ao aprendizado (ou à percepção do evento) e, após, tendem a decair mais lentamente até o ponto em que algumas informações não são mais esquecidas.[267]

É possível que, com o passar do tempo, os traços de memória tornem-se inacessíveis (ou seja, a memória continua armazenada, mas o seu acesso/evocação é difícil ou impossível), ou indisponíveis (o traço não se encontra mais armazenado). Ambos os fenômenos devem ser enquadrados sob o título esquecimento, uma vez que é muito difícil, na prática, distinguir se o traço está indisponível ou apenas inacessível, e o efeito de ambos é, na maioria das vezes, o mesmo (não recuperação do traço mnemônico).[268]

---

[265] Ibid., p. 40.
[266] BADDELEY, Alan; ANDERSON, Michael C.; EYSENCK, Michael W. *Memória*. Porto Alegre: Artmed, 2011, p. 214.
[267] A referida curva hipotética de esquecimento foi desenvolvida por Ebbinghaus, no final do século XIX, com base em estudos empíricos. No entanto, pesquisas posteriores revelaram que nem todas as informações são esquecidas da mesma maneira prevista pela curva de esquecimento de Ebbinghaus. (PERGHER, Giovanni; STEIN, Lilian Milnitsky. Compreendendo o esquecimento: teorias clássicas e seus fundamentos experimentais. *Psicologia USP*, v. 14, n. 01, p. 129-155, 2003, p. 133-134).
[268] BADDELEY, Alan; ANDERSON, Michael C.; EYSENCK, Michael W. *Memória*. Porto Alegre: Artmed, 2011, p. 212.

Baddaley, Anderson e Eyenck[269] explicam que as memórias não são permanentes, sendo natural o processo de decadência: os neurônios morrem e as conexões sinápticas enfraquecem ou são modificadas com o tempo. Outro fator que influencia o esquecimento, ao lado do puro e simples decurso de tempo, é a alteração do contexto incidental (flutuação contextual), ou seja, o contexto de aquisição da memória altera-se com o decurso de tempo, sendo muito diferente do recente ou atual contexto da evocação, tornando ainda mais difícil o acesso ao traço de memória.

Por fim, os autores apontam que o acúmulo de memórias ao longo do tempo, sobretudo, de traços de memória similares, é responsável por gerar um processo de interferência entre as lembranças e dá causa a uma maior dificuldade na recuperação de uma memória específica. A interferência é denominada retroativa, quando o aprendizado de uma informação nova interfere em um aprendizado anterior, e proativa, quando uma informação mais antiga interfere no aprendizado de uma informação nova.[270]

Como já visto, o esquecimento de detalhes literais e superficiais (traço literal) é mais rápido do que o esquecimento do significado geral e das abstrações feitas sobre a experiência (traço de essência).[271] Da mesma forma, as informações mais gerais e grosseiras do evento demoram mais para serem esquecidas do que os detalhes mais pontuais e específicos.[272]

Nesse sentido, sendo o decurso do tempo o fator que mais favorece o esquecimento, a observância da duração razoável do processo é de fundamental importância para a colheita da prova oral. Sem isso, não apenas se corre o risco de os traços de memória da testemunha já terem se esvanecido ao tempo de seu depoimento, mas, também, de que essa venha, involuntariamente, a suprir as lacunas de sua memória com informações falsas, que deem coerência e consistência ao seu relato.

---

[269] Ibid., p. 214-218.
[270] PERGHER, Giovanni; STEIN, Lilian Milnitsky. Compreendendo o esquecimento: teorias clássicas e seus fundamentos experimentais. *Psicologia USP*, v. 14, n. 01, p. 129-155, 2003, p. 137.
[271] KANDEL, Eric R.; SQUIRE, Larry R. *Memória*: da mente às moléculas. Porto Alegre: Artmed, 2003, p. 88.
[272] GOLDSMITH, Morris; KORIAT, Asher; PANSKY, Ainat. Strategic regulation of grain size in memory reporting over time. *Journal of Memory and Language*, v. 52, 2005, p. 505-525.

Como a decadência da memória tende a ocorrer rapidamente nos primeiros momentos após a percepção do evento, recomenda-se, para além do respeito à duração razoável do processo, a utilização de ferramentas e mecanismos aptos a fortalecer o traço mnemônico e a permitir uma evocação mais acurada e completa dos fatos percebidos. No quarto capítulo, descreve-se o exame desenvolvido quanto, entre outros instrumentos, a *Self-Administered Interview* (SAI), especialmente voltada para amenizar os efeitos negativos do tempo sobre a memória da testemunha.

2.5 Fatores de contaminação incidentes no momento da recuperação da lembrança pela testemunha

O momento da recuperação da lembrança pela testemunha traduz-se em seu depoimento perante as autoridades, no qual essa expõe os fatos percebidos por algum dos seus sentidos e armazenados em sua memória. A despeito da prova testemunhal, em termos técnicos, apenas referir-se ao depoimento prestado perante a autoridade judicial e sob o contraditório das partes, os fatores de contaminação aqui detalhados incidem tanto em fase processual como pré-processual. Não se pode desconsiderar, na análise, as distorções e os erros ocorridos durante o depoimento testemunhal em fase de inquérito, uma vez que é, nesse momento, que se observa o nascedouro do problema, o qual tende a repetir-se, após, em juízo.

Portanto, os fatores de contaminação tratados nesse item aplicam-se, igualmente, aos momentos de produção do elemento informativo, bem como de produção da prova testemunhal.

2.5.1 O efeito do tempo na recuperação do evento: o preenchimento de lacunas e o fenômeno da interferência

O esquecimento do evento percebido pela testemunha, ocorrido, especialmente, pelo decurso do tempo entre a aquisição da memória e a sua evocação, é, por si só, desfavorável à reconstrução histórica dos fatos. A costumeira delonga entre a ocorrência do fato e a instauração do inquérito, entre esse último e a eventual propositura de uma ação penal, e entre essa e a audiência de instrução é tamanha, que torna demasiadamente difícil à testemunha bem recordar-se dos fatos percebidos.

A operação do esquecimento dos eventos percebidos pela testemunha representa a potencial perda de elementos relevantes à reconstrução histórica dos fatos, o que, em si, já é negativo. Porém, o problema torna-se ainda maior e mais preocupante quando a testemunha, inconscientemente, preenche as lacunas de memória com base em seus conhecimentos de fundo, experiências, estereótipos e inferências plausíveis, tendo a nítida impressão de se recordar de algo, quando, em realidade, não se recorda. Esse processo ativo e inferencial da evocação é denominado de memória reconstrutiva.[273]

Assim, com base em sua memória semântica, construída em esquemas, a testemunha objetiva dar consistência e completude ao seu relato, ainda que os elementos inseridos não estivessem necessariamente presentes na cena originária.[274] Quanto mais tempo transcorre entre a percepção do evento e o depoimento da testemunha, maior é o recurso à memória reconstrutiva, uma vez que o traço mnemônico originário torna-se mais inacessível ou fragmentado.[275]

Ademais, o decurso do tempo entre a percepção do evento e a recuperação da memória pode favorecer o fenômeno da interferência, estimulando, por sua vez, o processo de esquecimento. Isso ocorre quando traços de memória similares, anteriores ou posteriores ao evento, dificultam a recuperação da memória-alvo. Nesse caso, um único estímulo está ligado não apenas ao alvo, mas a outros elementos associados, sendo que

---

[273] BADDELEY, Alan; ANDERSON, Michael C.; EYSENCK, Michael W. *Memória*. Porto Alegre: Artmed, 2011, p. 196-197. Sobre a memória reconstrutiva, os autores destacam que "quando a recordação verídica é essencial (p. ex. memória de testemunha ocular), os erros reconstrutivos podem ter graves consequências. Uma pessoa que testemunhou uma briga e mais tarde, sem intenção, fornece a informação errada sobre quem começou, com base na memória reconstrutiva fundamentada em estereótipos, é um sério perigo para os acusados".

[274] Nesse sentido, Luis Filipe Pires de Souza explica o processo de evocação: "Na fase de recuperação, a informação é reconstruída, dando-se-lhe significado face aos conhecimentos e contextos atuais (que poderão ser diferentes dos do momento da codificação), sendo complementada com preenchimento das lacunas de memória de forma a construir um relato o mais completo e coerente possível" (SOUSA, Luís Filipe Pires. *Prova testemunhal*. Coimbra: Almedina, 2016, p. 34).

[275] BADDELEY, Alan; ANDERSON, Michael C.; EYSENCK, Michael W. *Memória*. Porto Alegre: Artmed, 2011, p. 217.

esses múltiplos itens competem entre si pelo acesso à consciência (pressuposto de competição).[276]

É dizer, o estímulo ativa diversos traços mnemônicos, que disputam entre si, dificultando a recuperação do traço-alvo (princípio da sobrecarga de estímulo).[277] Quanto maior o número de elementos associados, maior a dificuldade em recuperar um item específico.

Pode-se até cogitar que, por ser o crime um evento relevante e, em regra, pouco frequente, dificilmente haverá memórias similares a serem com ele confundidas.[278] Entretanto, o fenômeno de interferência pode ocorrer no respeitante a determinados aspectos da memória, não sendo necessário haver uma correspondência entre os eventos em sua integralidade.

Como colocado anteriormente, é possível que a interferência ocorra entre o traço de memória-alvo e memórias codificadas posteriormente (interferência retroativa), ou entre o traço-alvo e memórias preexistentes a ele (interferência proativa).[279]

Desse modo, ao ocorrer o processo de interferência, em quaisquer de suas espécies (retroativa ou proativa), a testemunha pode-se reconhecer incapaz de recuperar o traço de memória-alvo, ou, pior, pode recuperar um traço equivocado, incorporando informações falsas ao seu relato.

2.5.2 A inquirição e o entrevistador: a sugestionabilidade interrogativa

A sugestionabilidade interrogativa, termo cunhado por Clark e Gudjonsson, refere-se à extensão na qual, em uma interação social fechada, as pessoas aceitam as mensagens comunicadas durante uma inquirição formal, apresentando, como resultado, uma alteração em sua resposta ou

---

[276] Ibid., p. 197.
[277] BADDELEY, Alan; ANDERSON, Michael C.; EYSENCK, Michael W. *Memória*. Porto Alegre: Artmed, 2011, p. 217.
[278] Isso é especialmente falso quando se trata de testemunhas policiais, cujo contato diário com eventos delituosos semelhantes é responsável por tornar o fenômeno da interferência entre memórias ainda mais frequente e intenso.
[279] BADDELEY, Alan; ANDERSON, Michael C.; EYSENCK, Michael W., op. cit., *Memória*. Porto Alegre: Artmed, 2011, p. 219-221.

em seu comportamento.[280]. A sugestionabilidade interrogativa, segundo os autores, é formada por cinco elementos básicos: (i) interação social fechada (ambiente fechado, entrevistador como uma figura de autoridade, pouca participação ativa do entrevistado, e pouca ou nenhuma tomada de controle por parte do entrevistado); (ii) o procedimento de inquirição (comunicação entre duas pessoas, entrevistador e entrevistado, sobre fatos pretéritos percebidos, praticados ou vividos pelo entrevistado); (iii) perguntas com estímulos sugestivos; (iv) alguma forma de aceitação da mensagem sugestiva; e (v) uma resposta comportamental do entrevistado.[281]

Os estímulos sugestivos são transmitidos na forma de perguntas direcionadoras, ou seja, perguntas que sugerem ou antecipam a resposta desejada pelo entrevistador, por meio da comunicação de expectativas ou premissas.[282] A sugestionabilidade interrogativa completa-se quando o entrevistado, ao considerar credível e plausível a sugestão comunicada, aceita a sugestão ou acredita na expectativa ou premissa transmitida, e, em decorrência disso, altera o seu comportamento e/ou resposta.

A sugestionabilidade interrogativa pode ser de dois tipos: cedência, quando o entrevistado cede perante a sugestão transmitida pelo entrevistador, e alteração, quando o entrevistado modifica a sua resposta anterior após um *feedback* negativo dado pelo entrevistador.[283]

Nos próximos itens, apresentam-se alguns aspectos e manifestações da sugestionabilidade interrogativa, responsável por gerar uma distorção na resposta da testemunha durante a evocação de sua memória.

---

[280] CLARK, Noel; GUDJONSSON, Gisli. Suggestibility in Police Interrogation: A Social Psychological Model. *Social Behaviour*, v. 1, p. 73-95, 1986, p. 84.

[281] CLARK, Noel; GUDJONSSON, Gisli. Suggestibility in Police Interrogation: A Social Psychological Model. *Social Behaviour*, v. 1, p. 73-95, 1986, p. 84.

[282] Conforme explicam Clark e Gudjonsson, a comunicação de expectativas pode ser identificada por meio da lógica, sintaxe ou entonação da frase, e consiste na antecipação da resposta a ser dada pelo entrevistado. Já a premissa refere-se à tomada de uma dada informação prévia como verdadeira, que serve como fundamentação de um argumento ou conclusão do entrevistador (ibid., p. 84-85).

[283] ÁVILA, Gustavo Noronha de. *Falsas Memórias e Sistema Penal*: a Prova Testemunhal em Xeque. Rio de Janeiro: Editora Lumen Iuris, 2013, p. 117.

2.5.2.1 O viés, o estatuto e a postura da autoridade entrevistadora

O modo como o entrevistador (autoridades policial e judicial, órgão ministerial, defesa, psicólogos e assistentes sociais) formula as perguntas dirigidas às testemunhas exerce significativa influência sobre a recuperação da lembrança, podendo levar a inúmeros erros e distorções de sua memória.

É natural que as perguntas feitas pela defesa do acusado, bem como pelo Ministério Público, sejam *parciais*, pois buscam sustentar e confirmar as próprias pretensões.[284] Exatamente por isso, não se pode concordar com a visão deturpada de que o órgão ministerial seria uma superparte, uma "parte imparcial", o que já revela, em si mesmo, uma figura paradoxal. Essa ideia sustenta a equivocada e perigosa ilusão de que o Ministério Público buscaria sempre a "verdade" e a "justiça", e, por consequência, seu modo de inquirição seria sempre neutro e imparcial.

A acertada concepção de que o Ministério Público é parte e deve ser considerado como tal leva à necessária aceitação de serem seus questionamentos às testemunhas potencialmente *enviesados*. Essa consciência pode gerar na testemunha uma desconfiança e cautela em relação à postura ministerial e aos seus questionamentos, com o consequente efeito de reduzir o sugestionamento potencialmente sofrido por ela.

Nessa perspectiva, as autoridades policiais e judiciais têm como pressuposto serem imparciais na condução dos atos do inquérito e do processo e, sobretudo, na produção das provas. Por essa razão, quando nutrem um viés ou expectativas acerca dos fatos, tal pode passar despercebido pela testemunha, que, não se dando conta da sugestão veiculada pelo entrevistador, aceita-a e incorpora-a à sua memória. Isso não significa dizer que a testemunha não possa sofrer uma sugestão advinda de

---

[284] As partes requerem e produzem elementos de provas com o propósito de comprovar as teses por elas defendidas, consoante reforça Raymond S. Nickerson: "An attorney's job is to make a case for one or the other side of a legal dispute. The prosecutor tries to marshal evidence to support the contention that a crime has been committed; the defense attorney tries to present evidence that will support the presumption that the defendant is innocent. Neither is committed to an unbiased weighing of all the evidence at hand, but each is motivated to confirm a particular position" (NICKERSON, Raymond S. Confirmation Bias: A Ubiquitous Phenomenon in Many Guises. *Review of General Psychology*, v. 2, n. 2, p. 175-220, 1988, p. 175).

perguntas feitas pelas partes, mas o efeito é maximizado quando essa não espera que a pergunta seja enviesada.[285]

Assim, conforme conceituam Ceci e Bruck, o viés confirmatório (*confirmation bias*) verifica-se quando o entrevistador sustenta um pré-julgamento sobre a ocorrência ou inocorrência de determinados eventos e, por essa razão, molda a entrevista de forma que as respostas do entrevistado sejam consistentes com as suas crenças prévias.[286] Dessa maneira, os entrevistadores evitam perguntas que possam contrariar suas expectativas e reforçam questionamentos voltados a confirmar suas posições. Podem deixar transparecer sua posição, concordância ou discordância com o relato da testemunha, por meio do tom utilizado, acenos, sorrisos ou feições.

De forma mais declarada, o viés do entrevistador pode influenciar a forma e o conteúdo da entrevista, dando-lhe uma carga altamente sugestiva.[287] Nessa esteira, pode o entrevistador, consciente ou inconscientemente, formular perguntas sugestivas (*leading questions*), ou seja, pergun-

---

[285] Nesse sentido, assevera Luis Filipe Pires de Sousa: "Assim, quando uma testemunha é inquirida por uma autoridade como um polícia, a testemunha pode conceber o polícia como sendo cooperativo, verdadeiro e não enganador. Por isso, uma informação enganosa dada pelo polícia pode ser inadvertidamente ser aceite como factual e tornar-se parte da memória da testemunha. A autoridade pode resultar em aquiescência e esta pode estar conexa com a ânsia de agradar e/ou com a vontade de evitar conflito. Em manifesto contraponto, quando a testemunha desconfia de quem faz a pergunta (v.g., advogado da parte contrária), esquadrinhará com cuidado o que este diz e detetará com mais facilidade a discrepância com o que viu" (SOUSA, Luís Filipe Pires. *Prova testemunhal*. Coimbra: Almedina, 2016, p. 72).
Portanto, o Ministério Público, por ser parte e, como consequência inevitável, ser parcial, deve ser encarado da mesma forma que o advogado da parte contrária, ou seja, deve gerar na testemunha a devida desconfiança e cautela com as eventuais perguntas sugestivas.
[286] BRUCK, Maggie; CECI, Stephen J. The Suggestibility of Children's Memory. *Annual Review of Psychology*, v. 50, p. 419-439, 1999, p. 423.
[287] CUNHA, Alexandra Isabel da Quintã. *A sugestionabilidade interrogativa em crianças*: O papel da idade e das competências cognitivas. 2010. Tese (Doutorado em Psicologia) – Universidade do Minho, Minho, 2010, p. 24.

tas que dirigem as respostas da testemunha, levando-a a responder de acordo com a expectativa ou viés sustentado pela autoridade.[288]

O estatuto do entrevistador também tem influência sobre a aceitação e a incorporação da sugestão no relato testemunhal. O fato de ser o entrevistador, geralmente, uma figura de autoridade (juiz, delegado, promotor), somado à percepção, por parte da testemunha, de ter ele amplo conhecimento sobre os fatos questionados, podem elevar a confiança nessa figura, fazendo a testemunha crer que sua opinião e seu viés são os corretos. Esse efeito tem maior impacto no caso de testemunhas crianças, porque essas tendem a atribuir maior credibilidade a adultos, considerando-os, naturalmente, como figuras de autoridade. Ceci et al. identificam que a suscetibilidade das crianças às falsas sugestões pode ser explicada, entre outros fatores, pela tendência de se conformarem aos desejos dos adultos, o que se convencionou chamar de fator de prestígio.[289]

Em estudo desenvolvido por Thompson, Clarke-Stewart e Lepore[290], crianças de cinco a seis anos assistiram a uma das seguintes cenas: em uma delas, um zelador limpava os brinquedos; em outra, o mesmo zelador brincava com os brinquedos. Após, as crianças foram questionadas pelo "chefe" do zelador (participante do estudo), pelo responsável pela experiência e por seus próprios pais. Os dois primeiros entrevistaram as crianças de três maneiras diversas: de forma neutra, de forma incriminatória (ou seja, sugerindo que o zelador havia brincado, ao invés de ter limpado os brinquedos), e de forma exculpatória (sugerindo que o zelador era bom e tinha realizado o seu serviço de limpeza corretamente). Verificou-se que crianças entrevistadas de forma sugestiva (incriminatória ou exculpatória) invertiam a descrição, ao longo do tempo, para assumir o sentido da sugestão, quando essa era contrária à cena presenciada.

---

[288] RAMOS, Vitor de Paula. Prova testemunhal: Do Subjetivismo ao Objetivismo. Do isolamento Científico ao Diálogo com a Psicologia e a Epistemologia. São Paulo: Thomson Reuters Brasil, 2018, p. 116.
[289] CECI, Stephen J.; ROSS, David F.; TOGLIA, Michael P. Suggestibility of Children's Memory: Psycholegal Implications. *Journal of Experimental Psychology: General*, v. 116, n. 1, p. 38-49, 1987, p. 46.
[290] THOMPSON, William C.; CLARKE-STEWART, K. Alison; LEPORE, Stephan. J. What did the janitor do? Suggestive Interviewing and the Accuracy of Children's Accounts. *Law and Human Behavior*, v. 21, n. 4, p. 405-426, 1997, p. 405-424.

Não apenas diante dos entrevistadores, mas mantiveram a mesma resposta diante de seus pais, mesmo uma semana após o evento.

Os pesquisadores concluem que aparenta existir uma verdadeira alteração na memória das crianças, que incorporam as falsas sugestões advindas dos entrevistadores e, por essa razão, continuam a repeti-las ao longo das ulteriores entrevistas.[291] Assim, os estudiosos comprovaram que sugestões persistentes sobre uma interpretação coerente do evento têm o poderoso efeito de alterar as descrições das crianças sobre o ocorrido.[292]

Por fim, a postura apresentada pelo entrevistador também pode dificultar a recuperação fidedigna dos traços mnemônicos da testemunha. Uma postura hostil e agressiva pode levar a um desequilíbrio de poder e controle na relação entre o inquiridor e o inquirido, fazendo com que o último tenha receio de discordar do primeiro e venha a aquiescer com seu viés ou sugestões (*acquiescence bias*).[293]

Nesse sentido, o viés, o estatuto e a postura do entrevistador exercem poderoso impacto no conteúdo do depoimento testemunhal, tendo o condão de levar a testemunha a conformar-se, ainda que inconscientemente, com a opinião implicitamente transmitida pelo entrevistador, seja porque a testemunha encara-o como uma figura de autoridade, seja por pensar ter ele maior domínio sobre o conteúdo dos questionamentos, ou, ainda, por ter receio ou por se ver incapaz de discordar do mesmo.

2.5.2.2 As perguntas fechadas e alternativas

Essencialmente, as perguntas formuladas pelas autoridades às testemunhas podem ser de dois tipos: abertas ou fechadas. As primeiras são aque-

---

[291] Nesse sentido, explicam os pesquisadores: "thus, it seems likely that children's beliefs about the janitor, and perhaps their long-term memory of the event, were altered by the suggestive interviews. This alteration could have come about through several mechanisms. The suggested interpretation may have overwritten the children's initial evaluations of the event, may have provided an interpretation to children who had not yet formed their own assessment, may have rendered children's initial evaluation inaccessible, or become indistinguishable from their memories of the original event" (THOMPSON, William C.; CLARKE-STEWART, K. Alison; LEPORE, Stephan. J. What did the janitor do? Suggestive Interviewing and the Accuracy of Children's Accounts. *Law and Human Behavior*, v. 21, n. 4, p. 405-426, 1997, p. 422).
[292] Ibid., p. 423.
[293] SOUSA, Luís Filipe Pires. *Prova testemunhal*. Coimbra: Almedina, 2016, p. 72.

las que conferem à testemunha um amplo campo de resposta, bem como limitam qualquer introdução de informações novas por parte do entrevistador (*e.g.:* "relate tudo o que sabe sobre esse dia"). Dessa maneira, as testemunhas podem contribuir com uma livre recuperação das memórias armazenadas, sem sofrer sugestionamentos por parte do entrevistador.

Já as perguntas fechadas restringem o âmbito de resposta da testemunha, além de poderem transmitir uma informação nova, não referida anteriormente pelo inquirido. Podem ser elas formuladas de três maneiras diversas: i) perguntas de sim/não (*e.g.* o réu estava armado?); ii) perguntas de múltipla escolha/alternativas (*e.g.* o réu portava uma arma de fogo ou uma arma branca?); iii) perguntas identificadoras, ou seja, aquelas que requerem uma descrição de tempo, pessoas, situações ou objetos (*e.g.:* como era a arma portada pelo réu?).[294]

Luis Filipe Pires de Sousa[295] aponta os principais prejuízos à veracidade e à precisão da prova testemunhal causados pela adoção de perguntas fechadas. No caso das perguntas de sim/não, retira-se da testemunha a possibilidade de narrar livremente os fatos, além de se identificar maior inclinação em responder, quando em dúvida, em sentido afirmativo.[296] As perguntas alternativas partem do pressuposto que apenas as opções veiculadas estão corretas, induzindo a testemunha a responder dentro das alternativas, ainda que o elemento presenciado seja diverso. Ainda, têm elas o elevado poder de contaminar a memória da testemunha com uma falsa sugestão, levando-a a aceitar uma das alternativas elencadas como sendo a correta.

Por fim, as perguntas identificadoras podem compelir a testemunha a ter de responder sobre um aspecto ou elemento não referido anteriormente, tampouco percebido por ela na cena do crime. Assim, podem surgir como uma informação pós-evento, apta à formação de falsas memórias. Por essa razão, é essencial que as perguntas identificadoras apenas digam respeito a questões já trazidas pela testemunha naquele mesmo depoimento.

---

[294] SOUSA, Luís Filipe Pires. *Prova testemunhal.* Coimbra: Almedina, 2016, p. 61.
[295] Ibid, p. 61-62.
[296] Nesse sentido, também: CLARK, Noel; GUDJONSSON, Gisli. Suggestibility in Police Interrogation: A Social Psychological Model. *Social Behaviour,* v. 1, p. 73-95, 1986, p. 85.

Outrossim, Waterman, Blades e Spencer[297] demonstraram, por meio de pesquisas empíricas, que o formato de perguntas (abertas ou fechadas) tem impacto direto em uma maior ou menor tendência de especulação por parte das testemunhas. Assim, em perguntas abertas (perguntas como "onde", "quando", "o que", etc.) sobre informações não conhecidas pelas testemunhas, verificou-se que a maioria das crianças e quase todos os adultos participantes da pesquisa responderam não saber a resposta. Já quando as perguntas eram formuladas de forma fechada (respostas alternativas ou de sim/não), a maioria das crianças e alguns adultos (mais do que no caso das perguntas abertas) apresentaram uma resposta (sim/não), ao invés de responderem que não sabiam.

Explicam os pesquisadores que o fato de as perguntas de sim/não ou alternativas já conterem uma resposta gera um sentimento de pressão nas testemunhas em escolher uma das respostas predeterminadas. Donde, percebe-se que as perguntas fechadas, mormente, quando formuladas com informações não apresentadas pela própria testemunha naquele depoimento, revelam um enorme perigo de contaminação da prova testemunhal, afastando, assim, o seu resultado dos fatos efetivamente percebidos pela testemunha.

2.5.2.3 A influência das palavras escolhidas pelo entrevistador

Demonstrou-se, no item anterior, que as perguntas fechadas, por conterem alternativas preestabelecidas de respostas (sim/não ou respostas de múltipla escolha) ou por pressuporem uma situação não explorada pela testemunha, são, por si, sugestivas e podem gerar falsas memórias na pessoa inquirida.

Além das perguntas fechadas, a escolha do vocabulário pelo entrevistador também tem o condão de exercer profundo direcionamento na resposta da testemunha, ainda que a palavra utilizada possa parecer, à primeira vista, inofensiva.

---

[297] WATERMAN, Amanda H.; BLADES, Mark; SPENCER, Christopher. Interviewing Children and Adults: The Effect of Question Format on the Tendency to Speculate. *Applied Cognitive Psychology*, v. 15, n. 5, p. 521-531, 2001, p. 528.

Para explicar a situação referida, cita-se estudo dirigido por Loftus e Palmer[298], no qual os participantes assistiram a uma cena de um acidente automobilístico. Divididos, cada grupo de participantes foi questionado sobre a estimativa de velocidade dos veículos quando causaram o mútuo acidente. As perguntas foram formuladas de maneira idêntica, exceto pelo verbo central utilizado: escolheram-se diferentes verbos de impacto (de maior a menor intensidade) entre os carros para cada um dos grupos, variando entre "esmagaram"; "colidiram", "bateram"; "encostaram" (*e.g.* "a que velocidade, aproximadamente, os carros estavam quando se *esmagaram*?").

Verificou-se que no grupo em que se utilizou a palavra "esmagaram" (de maior intensidade), ao invés de "bateram" (de menor intensidade), por exemplo, as estimativas de velocidade foram consideravelmente superiores. Os pesquisadores atribuíram as maiores estimativas de velocidade à escolha do vocabulário utilizado pelo entrevistador: no caso, a palavra "esmagar", vinda de uma fonte externa (entrevistador), integra-se à memória visual que o participante tinha do evento, criando uma lembrança de ter sido o acidente muito mais grave do que realmente foi.

Para reforçar essa teoria, os pesquisadores fizeram uma nova entrevista com os participantes, passada uma semana da experiência, na qual inseriram, em um questionário, a seguinte pergunta: "você viu vidros quebrados na cena do acidente?". A despeito de não existirem vidros quebrados no evento assistido, 16 de 50 pessoas, que haviam sido questionadas anteriormente com o verbo "esmagaram", responderam afirmativamente a essa pergunta, contra apenas 6 das 50 pessoas que foram perguntadas com a palavra "bateram". Ou seja, o verbo "esmagar" foi realmente capaz de gerar uma memória mais grave do acidente, tornando aceitável e consistente com esse cenário a existência de vidros quebrados.

Em outro estudo, Loftus e Zanni[299] demonstraram que a utilização de um artigo definido ("você viu *o* farol quebrado na cena do acidente?"), ao

---

[298] LOFTUS, Elizabeth F.; PALMER, John C. Reconstruction of Automobile Destruction: An Example of the Interaction Between Language and Memory. *Journal of Verbal Learning and Verbal Behaviour*, v. 13, p. 585-589, 1974, p. 585-589.
[299] LOFTUS, Elizabeth F.; ZANNI, Guido. Eyewitness testimony: the influence of the wording of a question. *Bulletin of the Psychonomic Society*, v. 5, n. 1, p. 86-88, 1975, p. 86-88.

invés de um artigo indefinido ("você viu *um* farol quebrado na cena do acidente?"), aumentava significativamente o número de respostas afirmativas, ao tempo que reduzia as respostas negativas ou incertas ("não sei"), muito embora inexistisse farol quebrado na cena assistida. O uso do artigo definido levou as testemunhas a crerem que a existência do farol era tida como certa pelo entrevistador, acarretando o direcionamento das respostas dos participantes nesse mesmo sentido.

Posto isso, faz-se fundamental considerar o poder sugestivo existente em uma frase formulada pelo entrevistador, podendo direcionar e determinar, com a alteração de apenas uma palavra, a resposta da testemunha. A testemunha pode ser levada a conformar-se à sugestão apresentada pelo entrevistador ou pode ter sua memória efetivamente alterada com a incorporação da informação sugestiva à lembrança originária do evento.

2.5.2.4 Repetição de perguntas

A repetição de perguntas, em uma mesma inquirição ou em inquirições diferentes, ou a formulação de uma pergunta confirmatória após a resposta da testemunha (*e.g.* "isso realmente aconteceu?"; "você está certo sobre isso?") podem ter o efeito de reduzir a precisão do relato, pelo aumento da insegurança do inquirido, que pensa ser a repetição um indicativo de que sua resposta inicial é equivocada ou insatisfatória. Ademais, a repetição pode tornar mais enfática e persuasiva a sugestão feita anteriormente pelo entrevistador.[300]

Em estudo dirigido por Poole e White[301], metade dos participantes, entre crianças e adultos, foi questionada de forma repetida sobre um evento presenciado. O efeito de repetição deu-se por meio de perguntas reiteradas em uma mesma entrevista, bem como pela repetição da entrevista uma semana após a primeira. Os pesquisadores notaram que a repetição de perguntas abertas não proporcionou melhorias significativas na

---

[300] THOMPSON, William C.; CLARKE-STEWART, K. Alison; LEPORE, Stephan. J. What did the janitor do? Suggestive Interviewing and the Accuracy of Children's Accounts. *Law and Human Behavior*, v. 21, n. 4, p. 405-426, 1997, p. 408.

[301] POOLE, Debra A.; WHITE, Lawrence T. Effects of Question Repetition on the Eyewitness Testimony of Children and Adults. *Developmental Psychology*, v. 27, n. 6, p. 975-986, 1991, p. 976-986.

recuperação do traço mnemônico (apesar de terem sido reportadas algumas informações novas na segunda entrevista, não houve um aumento da quantidade total de informações recuperadas); bem como não trouxe consequências negativas à evocação (é dizer, não houve aumento de informações imprecisas com a repetição).

No entanto, no que tange à repetição de perguntas fechadas (sim/não ou alternativas), notou-se uma considerável piora na consistência e precisão das respostas, sobretudo, no caso de crianças mais novas. Tal pode ser explicado tanto de uma perspectiva mnemônica, pela qual as crianças têm traços de memória mais fracos e, portanto, mais sujeitos a alterações; quanto de uma perspectiva social, a qual justifica serem as crianças mais suscetíveis à pressão social emanada da repetição de perguntas. A repetição de perguntas fechadas, por terem opções de respostas preestabelecidas, transmite a implícita mensagem de estar a resposta anterior errada, o que estimula a criança a alterá-la para conformar-se aos desejos do adulto entrevistador. Já a repetição de perguntas abertas parece apenas demandar maior apresentação de detalhes e não uma alteração da resposta anterior.[302]

Outro aspecto negativo da repetição de perguntas fechadas refere-se ao poder de consolidação de respostas meramente especulativas. Os adultos demonstram estar mais sujeitos a especular respostas a perguntas que fogem do seu conhecimento, e, à medida que as entrevistas se repetem, ganham eles maior confiança no acerto de suas respostas.[303]

A inflação da confiança subjetiva da testemunha não tem qualquer relação com a acurácia de sua memória. Não obstante, a confiança apresentada pela testemunha pode influenciar na avaliação de sua credibilidade pela autoridade policial ou judicial.[304]

---

[302] POOLE, Debra A.; WHITE, Lawrence T. Effects of Question Repetition on the Eyewitness Testimony of Children and Adults. *Developmental Psychology*, v. 27, n. 6, p. 975-986, 1991, p. 983-984.
[303] Ibid., p. 984.
[304] WISE, Richard A.; SAFER, Martin A. A Method for Analyzing the Accuracy of Eyewitness Testimony in Criminal Cases. *Court Review: The Journal of the American Judges Association*, 387, v. 48, p. 22-34, 2012, p. 23. Os autores assinalam que vários fatores – que nada tem que ver com a veracidade do relato – influenciam no aumento da confiança da testemunha, tais quais: repetição dos depoimentos, conformidade com outras testemunhas, recebimento de

Por fim, Odinot também chama atenção para outro problema relacionado à repetição de depoimentos: como a evocação não é um processo neutro, mas sim um processo reconstrutivo, uma experiência de aprendizado, cada vez que se recorda, a memória é afetada. Assim, repetidas evocações aumentam a chance de ocorrência de diversos tipos de inconsistências: informações lembradas em um primeiro momento podem não ser recordadas depois (erro de omissão); informações esquecidas em um primeiro momento podem vir a ser lembradas depois (erro de comissão); e, por fim, informações podem ser lembradas distintamente em cada um dos momentos (erro de distorção).[305]

As sugestões feitas pelo entrevistador, as inferências realizadas pela testemunha, o preenchimento de lacunas, todos esses elementos podem passar a compor o traço mnemônico e alterar a memória anteriormente retida.

Logo, ainda que a repetição de inquirições venha a ser defendida como forma de certificar-se das afirmações feitas pela testemunha, bem como manter vivo o traço mnemônico, as consequências negativas de entrevistas repetidas e de perguntas repetidas dentro de uma mesma entrevista acumulam-se e devem ser consideradas como forma de gerar incerteza e erro na prova testemunhal.

2.5.2.5 Feedbacks

Feedback, no contexto da sugestionabilidade interrogativa, segundo conceituação trazida por Clark e Gudjonsson[306], é um sinal comunicado pela autoridade entrevistadora à testemunha, após essa responder a uma pergunta ou a uma série de perguntas, cuja finalidade é a de reforçar ou modificar subsequentes respostas da testemunha.

---

feedbacks positivos pelo entrevistador, informações pós-evento confirmatórias da memória. Portanto, não é a confiança um bom índice de acurácia, revelando-se, ao contrário, um perigoso sinal da formação de falsas memórias.
[305] ODINOT, Geralda. *Eyewitness confidence*: the relation between accuracy and confidence in episodic memory. 2008. Tese (Doutorado em Psicologia) – Faculty of Social and Behavioural Sciences, Leiden University, The Netherlands, 2008, p. 40.
[306] CLARK, Noel; GUDJONSSON, Gisli. Suggestibility in Police Interrogation: A Social Psychological Model. *Social Behaviour*, 1986, p. 93-94.

Os *feedbacks* podem ser positivos ou negativos, de acordo com a convergência ou com a divergência das respostas da testemunha em relação às expectativas e aos vieses do entrevistador. Eles podem manifestar-se de forma implícita ou explícita. *Feedbacks* positivos implícitos podem aparecer na forma de elogios e gentileza, enquanto os explícitos podem dar-se por meio de cumprimentos e estímulos expressos, tais quais: "você está indo bem", "isso mesmo". Já os *feedbacks* negativos implícitos podem ser transmitidos por meio de gestos, balançar de cabeça ou repetição de pergunta, enquanto os explícitos podem vir por meio da comunicação expressa de estar a testemunha mentindo ou cometendo um erro, ou, ainda, pela afirmação de ser a sua resposta inaceitável.[307]

Quando positivo, o *feedback* pode elevar a confiança da testemunha no acerto de seu relato, ainda que esse não reflita a realidade.[308] Se o *feedback* positivo vem após uma resposta sugestionada, tem ele o condão de reafirmar a sugestão, tornando a testemunha mais suscetível a futuras perguntas sugestivas.

Quando negativo, o *feedback* tem o possível e temerário efeito de provocar uma mudança na resposta da testemunha para se conformar às expectativas do entrevistador, bem como de torná-la mais sujeita a futuras perguntas sugestivas. Quando o *feedback* negativo é aceito pelo entrevistado, pode gerar o desencadeamento de reações psicológicas, tais como a queda na autoestima da testemunha, o aumento da incerteza e dos níveis de ansiedade, o aparecimento de pensamentos debilitantes e uma redução na confiança em seu próprio repertório e referencial interno. Desse modo, a testemunha pode passar a depender mais de sinais externos emitidos pelo entrevistador, ao invés de confiar em seu próprio julgamento, ficando mais sujeita aos efeitos da sugestionabilidade interrogativa.[309]

---

[307] Ibid., p. 94.

[308] O aumento da confiança exteriorizada pela testemunha pode influenciar a percepção da veracidade do depoimento pelo entrevistador ou por futuros avaliadores, não obstante não seja esse um indicador confiável de veracidade (RAMOS, Vitor de Paula. *Prova testemunhal*: Do Subjetivismo ao Objetivismo. Do isolamento Científico ao Diálogo com a Psicologia e a Epistemologia. São Paulo: Thomson Reuters Brasil, 2018, p. 114).

[309] CLARK, Noel; GUDJONSSON, Gisli. Suggestibility in Police Interrogation: A Social Psychological Model. *Social Behaviour*, 1986, p. 95.

2.6 Conclusão parcial

Pela exposição até aqui realizada, já se tem elementos suficientes para responder à seguinte questão: a prova testemunhal é capaz de refletir de forma segura e fidedigna os fatos assim como ocorridos na realidade ou, ao contrário, é ela um meio de prova frágil e incerto do ponto de vista de sua correspondência com a certeza histórica?

Nesse sentido, sendo a prova testemunhal o resultado final de um longo e complexo processo de formação de memória, iniciado com a percepção do evento criminoso pela testemunha, intermediado pela codificação e retenção das informações obtidas, e, após, finalizado quando da evocação de sua lembrança perante o juiz e as partes, a resposta do questionamento posto já parece, desde o início, pender para o lado da fragilidade e incerteza da prova.

O aprofundamento do estudo dos fatores involuntários de contaminação confirmou a suposição feita: a cada etapa de formação da memória (aquisição, retenção e recuperação), diversos fatores incidem sobre a prova, cada um deles causando um afastamento ou descolamento da prova testemunhal da verdade histórica. O filtro pessoal pelo qual a testemunha percebe e codifica o evento, as inúmeras fontes de falsas informações às quais está ela sujeita e a inquirição sugestiva não raramente realizada pela autoridade entrevistadora: todos esses elementos impedem de forma mais ou menos intensa que a testemunha seja capaz de relatar os fatos de forma precisa e completa, assim como eles ocorreram na realidade.

Caberá, então, complementar a análise da falibilidade da prova testemunhal a partir do exame dos fatores voluntários de contaminação desse meio de prova, objeto do estudo do capítulo seguinte.

3
O Fator Voluntário de Contaminação da Prova Testemunhal: A Mentira

3.1 A mentira

3.1.1 Definição
Embora possa não parecer à primeira vista, conceituar o que vem a ser "mentira" não é tarefa das mais fáceis, nem encontra uniformidade entre os autores que se debruçam sobre o tema.[310] Ao conceituar a mentira, corre-se o risco de substituir o termo que se busca explanar por outro de igual complexidade e controvérsia, alcançando, por resultado, uma definição vazia de sentido. Assim seria caso se restringisse a afirmar que "mentira" é um ato comunicativo dirigido a "enganar" alguém, substituindo-se o termo que se pretende conceituar por outro de abstração semelhante. No que consistiria "enganar" alguém? Não se consegue clarificar em nada a questão.

A divergência doutrinária quanto aos atos passíveis de serem enquadrados sob o termo "mentira" é verificada entre estudiosos provenientes da mesma área de estudo e, naturalmente, é ainda mais patente entre os oriundos de áreas diversas, como psicologia, linguística, filosofia, socio-

---

[310] Para ilustrar a dificuldade em se conceituar a mentira, Granhag e Strömwall, em abertura de coletânea dedicada à detecção da mentira em contextos forenses, citam frase atribuída a Montaigne, filósofo francês do século XVI: "a mentira tem mil faces e um campo infinito". (GRANHAG, Pär-Anders; STROMWALL, Leif. Research on deception detection: past and present. In: GRANHAG, Pär-Anders; STROMWALL, Leif [Orgs.]. *The Detection of Deception in Forensic Contexts*. Reino Unido: Cambridge University Press, 2004, posição 88 [e-book]. [tradução nossa]).

logia e antropologia. Galasinski[311] aponta que, provavelmente, a única característica da mentira acerca da qual todos os estudiosos concordam é sobre ser ela um ato *intencional*.[312]

De pronto, devem ser afastados do campo de abrangência da mentira os atos comissivos ou omissivos praticados por erro de percepção da realidade, por formação de falsas memórias ou pelo esquecimento. Desse modo, inverdades ditas ou verdades omitidas de forma não intencional não se inserem dentro do conceito de mentira. Dentro do objeto de estudo em tela, como examinado no capítulo antecedente, essas afirmações ou omissões são consideradas como fatores *involuntários* de contaminação da prova testemunhal, uma vez que a testemunha não tem consciência de que a sua narrativa é, ao menos em algum aspecto, falsa.

Ao lado da intencionalidade, figura como característica da mentira a crença do agente no sentido de ser *falsa* a informação que veicula. A falsidade, destaca Vrij, deve ser vista sob a perspectiva subjetiva do agente e não sob a perspectiva da veracidade da preposição.[313] Destarte, uma afirmação falsa pode não ser uma mentira (quando o agente, por alguma razão, acredita ser ela veraz, como ocorre com as falsas memórias), assim como uma afirmação verdadeira pode ser uma mentira (quando o agente acredita ser ela falsa e transmite-a com a intenção de promover uma crença falsa em seu destinatário). No entanto, a mentira, nessa segunda hipótese, não se reveste de relevância jurídica, seja para efeitos de imputação do crime de falso testemunho, seja para a verificação de fatores de contaminação da prova. O resultado da mentira, nesse segundo caso, não provoca prejuízos à qualidade da prova e à sua correspondência com a verdade histórica.

---

[311] GALASINSKI, Dariusz. *The Language of Deception: A Discourse Analytical Study*. Thousand Oaks: SAGE, 2000, p. 02 (versão digital. Capítulo 2: "What is deception?". Disponível em <http://sk.sagepub.com/books/the-language-of-deception>. Acesso em: 21.05.19).

[312] Ato intencional é aquele feito com intenção, sendo intenção "um desígnio deliberado de praticar tal ou tal ato", "vontade, desejo". A intenção exige um agir (ou não agir, nos casos omissivos) consciente e deliberado por parte do agente (*Grande Enciclopedia Larousse Cultural*. São Paulo: Nova Cultura, 1998, v. 13).

[313] VRIJ, Aldert. Detecting Lies and Deceit: Pitfalls and Opportunities. 2. ed. Leicester: Wiley, 2008, p. 14.

Ainda, Galasinski alerta para o fato de que uma mensagem não necessariamente precisa ter um conteúdo falso para ter o potencial de enganar o seu destinatário. É possível promover uma falsa crença por meio da adoção do silêncio (quando o silêncio produz um entendimento diverso da verdade), da transmissão de informações incompletas (quando se retém parcela relevante da verdade) ou, ainda, por meio do recurso a falsas pressuposições ou implicações.[314]

A mentira pode dar-se tanto na forma comissiva (expressar um fato que sabe ser falso), quanto na forma omissiva (omitir um fato ou circunstância que sabe serem verdadeiros). São comuns, nessas duas hipóteses, os esforços de retenção e de controle da informação verdadeira pelo agente, considerado, por Galasinski[315], como a essência da mentira ou do engano.

Portanto, na conduta comissiva, também há uma omissão: a retenção da verdade conjuga-se com uma falsidade, ou seja, o agente, de forma ativa e propositada, utiliza-se de uma narrativa sabidamente falsa para promover uma crença equivocada no destinatário. Já na segunda hipótese, a omissão aparece de forma pura: verifica-se a retenção da verdade isoladamente, por meio do silêncio, sem o recurso à criação ou à distorção de fatos.

A omissão de uma informação verdadeira só se constitui em mentira – e reveste-se de relevância – se existe uma expectativa razoável do destinatário na revelação do fato pelo locutor.[316] Essa expectativa razoável

---

[314] GALASINSKI, Dariusz. *The Language of Deception: A Discourse Analytical Study*. Thousand Oaks: SAGE, 2000, p. 03 (versão digital. Capítulo 2 "What is deception?". Disponível em: <http://sk.sagepub.com/books/the-language-of-deception>. Acesso em 21.05.19). Galsinski entende que um discurso pode ser enganoso sem que o critério de verdade e falsidade se aplique. Exemplifica com uma pergunta: "Você já parou de bater em sua mulher?", que, a despeito de não ser nem falsa, nem verdadeira, pode ser enganosa, por partir de uma suposição possivelmente falsa. Todavia, reconhece o autor a possibilidade de se admitir, dentro da noção de mensagem falsa, também uma mensagem com falsa suposição ou implicação.

[315] GALASINSKI, Dariusz. *The Language of Deception: A Discourse Analytical Study*. Thousand Oaks: SAGE, 2000, p. 05 (versão digital. Capítulo 2 "What is deception?". Disponível em: <http://sk.sagepub.com/books/the-language-of-deception>. Acesso em: 21.05.19).

[316] BENN, Piers. Medicine, lies and deceptions. *Journal of Medical Ethics*, v. 27, n. 2, p. 130-134, abr. 2001, p. 132-133. Benn alerta para o fato de que nem toda omissão de verdade

é normativa, ou seja, suporta-se em um standard externo de adequação, que, por sua vez, deve levar em consideração o peso das razões contra e a favor dessa expectativa.[317]

No processo penal, parece mais fácil responder à indagação sobre se a omissão de uma informação verdadeira apresenta-se relevante e constitui-se em uma mentira. A testemunha, expressamente questionada sobre seu conhecimento acerca dos aspectos e circunstâncias do fato e de sua autoria, tem o dever público e cívico de revelar tudo aquilo que sabe e que seja pertinente e relevante à correta apuração dos fatos.[318] É dizer, a autoridade ou a parte que a questiona tem a justa e razoável expectativa de ter essas informações reveladas pela testemunha, expectativa essa que se baseia na obrigatoriedade da persecução penal e na necessidade de comprovação do fato para a condenação do acusado. Naturalmente, também há razoável e legítima expectativa de serem revelados fatos que, eventualmente, excluam a autoria delitiva ou mitiguem a responsabilidade do imputado, de forma a evitar-se uma condenação injusta ou impedir-se a impunidade do verdadeiro autor do delito.

Sob outra perspectiva, a mentira, para ser considerada como tal, não deve vir precedida de um aviso ao destinatário acerca de seu conteúdo

---

resulta em mentira, pois se assim fosse as pessoas ver-se-iam obrigadas a revelar tudo sobre suas vidas pessoais, sem que houvesse provocação externa ou justa expectativa de terceiros nessa revelação. Nessa esteira, o autor entende que só há mentira na omissão quando existe uma expectativa razoável de terceiros em saber a verdade que se omite: "The point is that I engage in deceptive concealment only if the context is such that, were it the case that *p*, people could reasonably expect me to reveal that *p* to those who do not already know it" (ibid., p. 132).

[317] SOKOL, Daniel K. Dissecting Deception. *Cambridge Q. Healthcare Ethics*, v. 15, p. 457-464, 2006, p. 461-462. Sokol explica que a expectativa razoável deve ser aferida de uma perspectiva externa aos interlocutores, sendo dispensável que o locutor conheça as razões pelas quais a expectativa faz-se razoável ou que concorde com elas. O autor admite as dificuldades de eleger e definir expectativas razoáveis, uma vez que, em certas situações, há mais de uma expectativa razoável em jogo. Assim, enquadrar um ato como mentira demanda verificar a razoabilidade das expectativas do agente e das razões que as sustentam.

[318] Excepcionam esse dever os fatos acobertados pelo segredo profissional, ou seja, aqueles cuja ciência deu-se em razão de função, ministério, ofício ou profissão, nos termos do art. 207 do CPP.

falso.[319] Esse aspecto da mentira soa dispensável no presente estudo, pois a testemunha que falseia propositadamente os fatos não alardeará previamente seu intento (e, caso o fizesse, seu depoimento seria desconsiderado).

Feitas essas breves considerações, pode-se conceituar a mentira como um ato comunicativo deliberado que, sem aviso prévio, busca manter ou induzir o destinatário em uma crença que o agente julga ser falsa, quando aquele tinha razoável expectativa que lhe fosse comunicada a verdade.[320]

A despeito de Sokol[321] considerar como mentira apenas os atos que resultem em efetiva manipulação ou engano do destinatário, descartando, assim, os atos meramente tentados, prefere-se adotar, nesse ponto, o entendimento de Vrij[322], para incluir no conceito de mentira os atos bem ou malsucedidos. A circunstância de ser identificada ou não a mentira não altera a sua natureza, tampouco a intenção do agente dirigida a falsear os fatos ou a omitir a verdade. O ato consumiu-se e está o depoente faltoso sujeito às penas pelo crime de falso testemunho.

Portanto, a mentira, como ato intencional de distorção, omissão ou falsificação da verdade (realidade fática tal como apreendida pela testemunha), consiste em um fator voluntário de contaminação da prova

---

[319] EKMAN, Paul. *Telling lies:* Clues to deceit in the marketplace, politics and marriage. New York: W. W. Norton, 1992, p. 27.

[320] A conceituação proposta baseia-se nas definições trazidas por Vrij (VRIJ, Aldert. *Detecting Lies and Deceit: Pitfalls and Opportunities.* 2. ed. Leicester: Wiley, 2008, p. 15) e por Sokol (SOKOL, Daniel K. Dissecting Deception. *Cambridge Q. Healthcare Ethics,* v. 15, p. 457-464, 2006, p. 462). O primeiro define mentira como um ato deliberado, bem-sucedido ou não, sem aviso prévio, voltado a criar em outra pessoa uma crença que o comunicador considera ser falsa (*"a successful or unsuccessful deliberate attempt, without forewarning, to create in another a belief which the communicator considers to be untrue."*). Já Sokol descreve a mentira como um ato comunicativo no qual se intenta manter ou induzir uma crença que o agente acredita ser falsa no destinatário, quando esse espera razoavelmente que a verdade seja dita e quando o agente tem sucesso em sua empreitada. (*"Deception is a communicative act intended to induce or maintain what the agent believes to be a false belief in the target when (1) the target's expectation of truthfulness is reasonable and (2) the agent is successful in producing the intended deceptive outcome."*).

[321] SOKOL, Daniel K., op. cit., 2006, p. 463.

[322] VRIJ, Aldert. *Detecting Lies and Deceit:* Pitfalls and Opportunities. 2. ed. Leicester: Wiley, 2008, p. 15.

testemunhal ao tornar o resultado da prova inseguro e não coincidente com os fatos pretéritos, objeto de reconstrução no processo. O elemento humano e subjetivo inerente à prova testemunhal, que envolve, como se verá à frente, inúmeros processos cognitivos e emocionais, traz, em si, a constante incerteza da confiabilidade desse meio de prova.

Nesse sentido, quando se debruça na análise da prova testemunhal e de sua credibilidade enquanto meio de prova apto a reconstruir os fatos relevantes ao processo, faz-se obrigatório considerar, nessa discussão, a mentira, enquanto fator humano e intencional de distorção da realidade fática apreendida pela testemunha.

Uma vez que o trabalho visa, em última análise, aperfeiçoar a qualidade da prova testemunhal, faz-se necessário entender as distinções entre os atos de mentira e os processos emocionais e cognitivos envolvidos em sua prática, a fim de que, em seguida, possa-se debruçar sobre a análise dos indicadores verbais e não verbais da mentira e a sua detecção pela autoridade entrevistadora.

3.1.2 Formas de manifestação da mentira

Como já referido anteriormente, a mentira pode manifestar-se por meio de duas formas primárias: pela comunicação de uma mensagem que o emissor julga ser falsa (forma comissiva) ou pela omissão de uma informação que o emissor acredita ser verdadeira (forma omissiva). Para a omissão de uma informação verdadeira revestir-se de relevância e ser considerada uma mentira, como visto, é necessário existir uma legítima expectativa do destinatário em obter a mensagem verdadeira em sua completude. Ekman, nessa toada, distingue a mentira em falsificações (mentira comissiva) e omissões.[323]

No entanto, é comum deparar-se, na literatura especializada, com a distinção da mentira em três categorias diferentes. O primeiro tipo é, comumente, denominado de falsificações ou mentiras completas (*"outright lies"*), e refere-se às mentiras comissivas que contradizem totalmente a verdade (assim considerada pelo agente). A verdade é, nesse caso, completamente substituída pela narrativa fabricada pelo mentiroso.

---

[323] EKMAN, Paul. *Telling lies:* Clues to deceit in the marketplace, politics and marriage. New York: W. W. Norton, 1992, p. 27.

Em seguida, aparecem as distorções[324] ou exageros[325], denominações atribuídas às mentiras que alteram parcialmente a verdade para satisfazer a algum interesse do agente. Para DePaulo et al., os exageros são as mentiras nas quais o emissor minimiza propositadamente os fatos (nesse caso, também denominadas de "minimizações"[326]) ou transmite uma mensagem que excede a verdade.

Por fim, DePaulo et al.[327], acompanhadas de Vrij[328], assinalam existir as chamadas "mentiras sutis", as quais correspondem à omissão de detalhes relevantes na narrativa ou à utilização de respostas evasivas. Insere-se também nessa categoria a manipulação de verdades literais expressadas de forma a enganar ou a induzir o destinatário em erro. Por fim, incluem-se as mentiras transmitidas pelo comportamento ou por sinais não verbais apresentados pelo agente.

Granhag e Strömwall[329], entretanto, restringem-se a incluir, nessa última categoria, a omissão, que se vê configurada quando o agente alega, falsamente, não saber ou não se lembrar de um dado evento ou fato. Se o agente mantém-se silente, quando era razoável e legítimo esperar-se dele

---

[324] Nomenclatura utilizada por Granhag e Strömwall (GRANHAG, Pär-Anders; STRÖMWALL, Leif. Research on deception detection: past and present. In: GRANHAG, Pär-Anders; STROMWALL, Leif [Orgs.]. *The Detection of Deception in Forensic Contexts*. Reino Unido: Cambridge University Press, 2004, posição 96. [e-book]).
[325] Denominação utilizada por DePaulo, Kashy, Kirkendol, Wyer e Epstein (DEPAULO, Bella; KASHY, Deborah; KIRKENDOL, Susan; WYER, Melissa. Lying in Everyday Life. *Journal of Personality and Social Psychology*, v. 70, n. 5, p. 979-995, 1996, p. 983), bem como por Vrij (VRIJ, Aldert. *Detecting Lies and Deceit: Pitfalls and Opportunities*. 2. ed. Leicester: Wiley, 2008, p. 16-17).
[326] FELDMAN, Robert; REICHERT, Andreas; TYLER, James M. The price of deceptive behaviour: Disliking and lying to people who lie to us. *Journal of Experimental Social Psychology*, v. 42, n. 01, p. 69-77, 2006, p. 71.
[327] DEPAULO, Bella; KASHY, Deborah; KIRKENDOL, Susan; WYER, Melissa. Lying in Everyday Life. *Journal of Personality and Social Psychology*, v. 70, n. 5, p. 979-995, 1996, p. 983.
[328] VRIJ, Aldert. Detecting Lies and Deceit: Pitfalls and Opportunities. 2. ed. Leicester: Wiley, 2008, p. 17.
[329] GRANHAG, Pär-Anders; STROMWALL, Leif. Research on deception detection: past and present. In: GRANHAG, Pär-Anders; STROMWALL, Leif (Orgs.). *The Detection of Deception in Forensic Contexts*. Reino Unido: Cambridge University Press, 2004, posição 96. (e-book).

a divulgação de todos os fatos que sabe, também incorre em mentira por omissão.

3.1.3 A mentira situacional e a mentira patológica

À semelhança dos fatores involuntários de contaminação da prova testemunhal, a mentira pode ser ocasionada por um estado transitório e situacional da testemunha ou por um estado permanente da pessoa. No caso dos fatores involuntários, por exemplo, é possível que o defeito de percepção do fato seja atribuível a um permanente estado de deficiência mental ou à deficiência de algum dos sentidos da testemunha. Pode dever-se, também, a uma dificuldade momentânea e específica para perceber um determinado evento, em razão das condições objetivas do ambiente, como, por exemplo, a baixa luminosidade do local ou a elevada distância entre a testemunha e a pessoa/objeto-alvo.[330]

A mentira, nesse passo, pode decorrer de um estado permanente e patológico, geralmente, referida na literatura médica pelos termos *pseudologia fantástica,* mitomania, mentira patológica ou mentira mórbida. Esse fenômeno envolve a repetição constante de afirmações falsas, ao longo de anos, sem qualquer motivação externa. A mentira é um fim em si mesmo, visto que não se justifica primariamente por qualquer recompensa material ou social.[331]

William Healy e Mary Healy[332], há mais de um século, já conceituavam a mentira patológica como "uma falsificação inteiramente desproporcional a qualquer fim discernível à vista", que se pode manifestar "por um período de anos ou, até mesmo, por uma vida inteira". As falsificações podem ser extensas e muito complicadas. Os mentirosos patológicos mentem com a mesma naturalidade com a qual outras pessoas dizem a verdade, e suas mentiras são, geralmente, não planejadas e impulsivas.

---

[330] KÖHNKEN, Günter. Statement Validity Analysis and the 'detection of the truth'. In: GRANHAG, Pär-Anders; STROMWALL, Leif (Orgs.). *The Detection of Deception in Forensic Contexts.* Reino Unido: Cambridge University Press, 2004, posição 549-554. (e-book).
[331] DIKE, Charles; BARANOSKI, Madelon; GRIFFITH, Ezra. Pathological lying revisited. *The Journal of the American Academy of Psychiatry and the Law,* v. 33, n. 03, p. 342-349, fev. 2005, p. 342.
[332] HEALY, William; HEALY, Mary Tenny. *Pathological Lying, acussation, and swindling: a study in forensic psychology.* Boston: Little, Brown, and Company, 1915, p. 01 (tradução nossa).

É difícil dizer se a mentira patológica inclui-se propriamente entre os fatores voluntários de contaminação da prova testemunhal, uma vez que, nesse caso, não é certa a extensão da voluntariedade e da consciência envoltas no ato de mentir. Os mentirosos patológicos transitam em uma fase intermediária entre a saúde psíquica e a neurose, dividindo-se em uma dupla consciência, formada, de um lado, pela vida real e, de outro, pela vida desejada.[333]

Diversos outros transtornos mentais apresentam, entre seus sintomas, a compulsão pela mentira, como o transtorno da ansiedade antissocial, o transtorno da personalidade limítrofe, o transtorno factício e as confabulações. Apesar dos indivíduos acometidos por esses transtornos apresentarem reiterados episódios de mentiras, não necessariamente essas mentiras são consideradas patológicas, no sentido supraexaminado (*pseudologia fantástica*).[334]

As mentiras situacionais, diversamente das mentiras patológicas ou decorrentes de um transtorno mental, não se relacionam a fatores permanentes ou duradouros da pessoa, mas sim a fatores transitórios e específicos. A mentira, aqui, não é um fim em si mesma, mas está ligada à persecução de um objetivo particular e determinado.

Essas mentiras situacionais podem ocorrer nos mais diversos contextos, desde uma situação cotidiana de baixo risco até uma situação de elevado risco, como um depoimento em um processo judicial. Podem estar elas dirigidas à obtenção de benefícios pessoais ou materiais para si, para evitar o próprio constrangimento, ou, ainda, para escapar de punições ou perdas materiais (mentiras auto-orientadas). Ainda, as mentiras podem estar voltadas à obtenção de benefícios a terceiros (ganho material ou

---

[333] DIKE, Charles; BARANOSKI, Madelon; GRIFFITH, Ezra. Pathological lying revisited. *The Journal of the American Academy of Psychiatry and the Law*, v. 33, n. 03, p. 342-349, fev. 2005, p. 344. Os autores explicam que as duas formas de vida – a real e a desejada – correm lado a lado, até que a vida desejada passa a se sobrepor e a tornar-se decisiva (ibid.).
[334] DIKE, Charles; BARANOSKI, Madelon; GRIFFITH, Ezra. Pathological lying revisited. *The Journal of the American Academy of Psychiatry and the Law*, v. 33, n. 03, p. 342-349, fev. 2005, p. 344 e ss.

psicológico), para evitar punições ou perdas alheias, ou para salvar outra pessoa de um dano psicológico (mentiras orientadas a terceiros).[335]

O presente capítulo volta-se à análise, primariamente, das mentiras situacionais. Os estudos empíricos dirigidos à identificação dos indicadores verbais e não verbais da mentira, à frente examinados, partiram do pressuposto de que os participantes voluntários não eram mentirosos patológicos, mas, sim, pessoas instruídas a mentir pontualmente sobre determinado tópico.

3.2 Teorias acerca dos processos cognitivos e emocionais do menti roso

Reveste-se de suma importância analisar as teorias acerca dos processos cognitivos e emocionais do mentiroso e em que medida esses processos distanciam-se daqueles experimentados por depoentes sinceros. Se é possível traçar as diferenças entre depoentes sinceros[336] e mentirosos, pode-se, com maior probabilidade de sucesso, desenhar métodos mais eficientes a detectar a mentira.

3.2.1 A teoria do processo emocional

Essa teoria fundamenta-se na afirmação de que os depoentes mentirosos experimentam emoções diversas daquelas vivenciadas pelos depoentes

---

[335] VRIJ, Aldert. *Detecting Lies and Deceit*: Pitfalls and Opportunities. 2. ed. Leicester: Wiley, 2008, p. 20.
Carnelutti divide os interesses potencialmente motivadores de uma mentira situacional em duas classes: originários, quando a mentira visa evitar resultado processual danoso à testemunha; ou derivados, quando a mentira tem por finalidade obter benefício a ela prometido ou evitar ameaça de dano feita por terceiro (CARNELUTTI, Francesco. *Lecciones sobre el proceso penal*. Trad.: Santiago Sentís Melendo. Buenos Aires: E.J.E.A., 1950, v. 1, p. 310).
[336] Recorda-se que o oposto de um depoente mentiroso é um depoente sincero, e não um depoente veraz, uma vez que, ainda que não tenha intenção de falsear os fatos, a testemunha pode narrar o evento de forma diversa da realidade, em razão da eventual incidência de fatores involuntários de contaminação da prova testemunhal (por exemplo, a ocorrência de falsas memórias). Portanto, o depoente sincero é aquele que narra os fatos de acordo com a memória que se tem deles, sejam eles correspondentes ou não à verdade. Importante ressaltar que, à frente, quando se mencionar estudos laboratoriais sobre a mentira, pode-se até utilizar o termo "depoente veraz" em contraponto ao "depoente mentiroso", mas apenas porque, nesses casos, pode-se determinar um valor de verdade – o que não é possível se fazer em casos reais, quando o valor de verdade é discutível.

sinceros, o que pode servir como indício relevante na identificação da mentira.

Ekman enumera as três emoções mais comuns relacionadas ao processo de mentira: medo de ser descoberto, culpa pela mentira e o prazer ou excitação em enganar alguém (*duping delight*).[337]

A primeira, o medo do mentiroso em ser identificado enquanto tal, não é uma emoção absoluta e invariável. Sua manifestação e a sua intensidade variam de acordo com a personalidade do agente (se o depoente considera-se um bom mentiroso e conta com um histórico de sucesso que confirma a sua crença), com os atributos do destinatário/entrevistador (se esse é, sabidamente, bom e rigoroso em detectar mentiras) e com o contexto em que a mentira se insere (se as consequências da mentira ou do fato que se busca ocultar por meio dela são gravosas).

No entanto, o autor alerta para o perigo de se confundir o medo de um depoente sincero em ser equivocadamente taxado de mentiroso com o medo do depoente mendaz de ter sua mentira descoberta.[338] Para minimizar esse potencial equívoco, faz-se necessário criar um ambiente propício para que o depoente sincero tenha segurança em relatar os fatos que sabe, sem receio de ser interpretado como mentiroso.

A segunda emoção destacada refere-se à culpa sentida *pelo ato da mentira*, o que não se confunde com a culpa pelo fato que se busca ocultar por meio dela. Essa emoção também não é uma constante, variando de acordo com o contexto, com as características do agente e do destinatário, bem como com o conteúdo da mentira. Quando essa emoção atinge uma intensidade elevada, ela pode denunciar o mentiroso por meio da revelação de sinais de mentira, ou até mesmo conduzir a uma confissão.

O sentimento de vergonha aproxima-se ao de culpa, mas dela se difere à medida que a primeira se projeta perante terceiros (constrangimento e humilhação perante outros), enquanto a culpa é uma emoção interna e individual (expressa-se na relação consigo mesmo).

A culpa pela mentira tende a aumentar quando o agente se identifica com o destinatário da mentira, quando o respeita ou divide valores

---

[337] EKMAN, Paul. *Telling lies*: Clues to deceit in the marketplace, politics and marriage. New York: W. W. Norton, 1992, p. 49.
[338] Ibid., p. 51.

comuns com ele; quando o destinatário não é conivente, nem contribui de alguma forma com a mentira; ou, ainda, quando a mentira não é autorizada por nenhum grupo social ou instituição.[339]

Por fim, o prazer ou a excitação em enganar alguém (denominado, por Ekman, de *duping delight*[340]) é uma emoção que pode surgir naqueles que encaram a mentira como um desafio prazeroso e gabam-se de sua aptidão para enganar terceiros. Ao contrário dos dois anteriores, é considerada uma emoção positiva para aquele que a sente. É razoável supor que sua incidência dá-se mais frequentemente em contextos nos quais a mentira não tem uma repercussão tão grave quanto uma sanção criminal, nem visa dissimular a realidade de um fato da relevância de um suposto delito.

A teoria do processo emocional reveste-se de importância prática: se as emoções sentidas por um depoente mentiroso divergem das sentidas por um depoente sincero, é provável que o primeiro apresente sinais externos diversos que permitam ao destinatário identificar a mentira.

Vrij, nesse sentido, destaca que a culpa pela mentira poderia, em tese, gerar uma aversão ao olhar, uma vez que o mentiroso não teria coragem de olhar para o interlocutor enquanto conta a mentira. O medo, por sua vez, poderia resultar em um aumento de ativação emocional, verificável por um maior pestanejar de olhos, em automanipulação (tocar no próprio rosto, nos próprios cabelos ou roupa), em hesitações e erros no discurso, em tom de voz mais alto e em sudorese. Ademais, essas duas emo-

---

[339] EKMAN, Paul. Lying and nonverbal behavior: theoretical issues and new findings. *Journal of Nonverbal Behavior*, v. 12, issue 3, p. 163-175, set. 1998, p. 67 e ss.
Nesse sentido, Frank e Ekman exemplificam que uma testemunha que deprecia o sistema de justiça pode não sentir qualquer culpa pela mentira. Pode ela também racionalizar o ato da mentira, pensando, por exemplo, que o réu a quem falsamente atribui algum delito merece a sanção penal, em razão de seu caráter ou de outros fatos criminosos que tenha cometido. Ademais, se o destinatário da mentira é impessoal ou anônimo, ou seja, não há um confronto direto entre a testemunha e o destinatário do depoimento, pode haver, também, uma redução do sentimento de culpa pela mentira. Pode pensar-se na hipótese de depoimento por escrito ou por gravação de vídeo. (EKMAN, Paul; FRANK, Mark G. Nonverbal detection of deception in forensic contexts. In: O'DONOHUE, William; LEVENSKY, Eric (Ed.). *Handbook of Forensic Psychology*: Resource for Mental Health and Legal Professionals. San Diego: Elvesier Academic Press, 2004, p. 641).
[340] EKMAN, Paul. *Telling lies:* Clues to deceit in the marketplace, politics and marriage. New York: W. W. Norton, 1992, p. 76.

ções negativas (medo e culpa) podem resultar em uma menor orientação do corpo do mentiroso em direção ao destinatário, em uma redução dos gestos que acompanham o discurso e em um menor contato visual.[341]

Já a excitação em mentir pode resultar em sinais de alegria, como um aumento nos movimentos e sorrisos.[342]

3.2.2 A teoria da complexidade do conteúdo

A teoria da complexidade do conteúdo ou do esforço cognitivo postula que o ato de mentir exige um esforço mental maior do que o ato de dizer a verdade. Primeiramente, a formulação da mentira, por si, já demanda um aumento da atividade cognitiva. Faz-se necessário criar uma narrativa consistente com os fatos já conhecidos pelo interlocutor (e que podem vir ainda a ser conhecidos por ele), suficientemente detalhada, plausível para parecer verdadeira e vivenciada, e, ao mesmo tempo, singela para permitir sua repetição no futuro.[343] Recordar-se da mentira, conter deslizes, evitar dar novas informações também aparecem como pontos de sobrecarga mental do mentiroso, em geral, inexistentes quando se trata de um depoente sincero.

Em segundo lugar, ao contrário dos depoentes sinceros, os mentirosos, comumente, não tomam por garantida a aceitação da mentira como se verdade fosse, seja porque os riscos para os mentirosos são maiores, seja porque os sinceros acreditam que sua inocência transparecerá (ilusão da transparência[344]). Por isso, para o mentiroso, passa a ser importante o monitoramento e o controle de seu comportamento a fim de parecer honesto perante o interlocutor. Essa tentativa de controle implica um esforço cognitivo feito pelo mentiroso.

---

[341] VRIJ, Aldert. Detecting Lies and Deceit: Pitfalls and Opportunities. 2. ed. Leicester: Wiley, 2008, p. 39.
[342] Ibid., p. 39.
[343] SOUSA, Luís Filipe Pires. *Prova testemunhal*. Coimbra: Almedina, 2016, p. 97.
[344] A ilusão da transparência, *illusion of transparency* no original em inglês, é um termo utilizado por Gilovich, Medvec e Savitsky para nomear a tendência de alguém superestimar a habilidade alheia de perceber o estado interno de outrem, seus sentimentos, pensamentos e sensações (GILOVICH, Thomas; MEDVEC, Victoria Husted; SAVITSKY, Kenneth. The Illusion of Transparency: Biased Assessments of Other's Ability to Read One's Emotional States. *Journal of Personality and Social Psychology*, v. 75, n. 02, p. 332-346, 1998, p. 332).

Outrossim, pela mesma razão supraexposta, o mentiroso também tende a monitorar as reações do interlocutor com o intuito de verificar se a sua mentira está sendo bem aceita ou não.

Também causam sobrecarga mental a constante necessidade de recordar-se sobre a encenação exigida pela mentira e o esforço de suprimir a verdade do relato. Por fim, Vrij lembra que, enquanto a verdade salta à mente automaticamente, a ativação da mentira é feita de forma mais intencional e deliberada, exigindo um esforço mental muito maior.[345]

Esse esforço cognitivo demandado pelo ato de mentir, segundo a teoria da complexidade do conteúdo, pode transparecer ao mundo externo por meio de alguns sinais apresentados pelo depoente mentiroso: piscar de olhos com menor frequência, mais hesitações e erros no discurso, fala pausada e devagar, demora em formular uma resposta, menor quantidade de movimentos corporais[346] e aversão ao contato visual.[347]

3.2.3 A teoria da tentativa de controle

De acordo com a teoria da tentativa de controle, o depoente mentiroso, quando motivado a não ser identificado como tal, pode tentar disfarçar sinais não verbais comumente associados à mentira, como a aversão ao olhar ou a movimentação exagerada de mãos, braços e pernas.[348]

---

[345] VRIJ, Aldert. *Detecting Lies and Deceit:* Pitfalls and Opportunities. 2. ed. Leicester: Wiley, 2008, p. 40.

[346] Pesquisas demonstram que os cérebros dos mentirosos apresentam grandes ativações em regiões superiores, o que inibiriam a agitação dos movimentos corpóreos (ibid., p. 41).

[347] G. Doherty-Sneddon e F. G. Phelps demonstram, a partir da realização de estudo empírico, que a aversão ao contato visual é uma resposta natural do indivíduo quando ele se encontra mentalmente sobrecarregado. O rosto do interlocutor é um rico estímulo do ambiente, que demanda recursos cognitivos para monitorar, e que, por isso, concorre com outros esforços cognitivos já empreendidos pelo depoente. Destarte, quando já sobrecarregado por outras demandas cognitivas (como ocorre no caso da mentira), o inquirido evitaria olhar para a face do entrevistador, o que lhe possibilitaria concentrar sua atenção em outras atividades (DOHERTY-SNEDDON, G.; PHELPS, F. G. Gaze aversion: A response to cognitive or social difficulty. *Memory & Cognition*, v. 33, n. 4, p. 727-733, jun. 2005).

[348] VRIJ, Aldert. *Detecting Lies and Deceit:* Pitfalls and Opportunities. 2. ed. Leicester: Wiley, 2008, p. 41-42.

No entanto, os sinais não verbais são, segundo pesquisadores, muito mais difíceis de se controlar do que a comunicação verbal.[349] Isso porque há uma relação automática e direta entre a aparição de um sentimento e um comportamento não verbal, o que dificulta, em muito, o controle de sua exteriorização. É o caso, por exemplo, da involuntária compressão de lábios quando se está com raiva, ou a sacudida do corpo quando se sente medo.

Diversamente, não se verifica uma ligação direta entre um sentimento e uma comunicação verbal. Ou seja, não há um necessário e automático desencadeamento de palavras quando se sente medo ou raiva. Portanto, é mais fácil controlar as palavras de um discurso, quando se está mentindo, do que controlar um comportamento não verbal, que é, por vezes, involuntário (gestos, expressões, movimentos, tom de voz).

Ademais, outra dificuldade relacionada ao controle da comunicação não verbal reside na ausência de autoconsciência acerca desse processo.[350] É dizer, as pessoas não sabem, com exatidão, como suas expressões faciais e seu tom de voz são percebidos por um terceiro, seja porque não se tem uma visão de si próprio quando se está interagindo com outros, seja porque sua própria voz é ouvida de forma diferente por si mesmo. DePaulo e Kirkendol[351] advertem que, ainda que as pessoas percebessem a si próprias como são percebidas por outros, nem assim conseguiriam necessariamente alterar seu comportamento. Isso porque os componentes de uma comunicação não verbal são similares aos componentes de habilidades motoras (por exemplo, andar de bicicleta ou tocar um instrumento musical), nas quais, uma vez aprendida a habilidade, pratica-se a ação sem atenção consciente acerca do procedimento ou dos componentes envolvidos.[352] Quando se tenta controlar ou monitorar esse processo, verifica-se uma piora na performance.[353]

---

[349] DEPAULO, Bella M.; KIRKENDOL, Susan E. The Motivational Impairment Effect in the Communication of Deception. In: YUILLE, J.C. (Ed.). *Credibility Assesment*. Nato Science. Dordrecht: Springer, 1988, p. 53. (Series D: Behavioural and Social Sciences), v. 47.
[350] Ibid., p. 53-54.
[351] Ibid., p. 54.
[352] Ver, neste trabalho, item sobre memória procedural (2.2.2.2.2).
[353] DEPAULO, Bella M.; KIRKENDOL, Susan E., op. cit., 1988, p. 63.

Além disso, a tentativa de controlar o "vazamento" de indicativos de mentira pode constituir, em si mesmo, em um novo indicativo de mentira.[354] O mentiroso, nesse sentido, acreditando que a agitação é um indicador da mentira[355], pode tentar inibir a movimentação das pernas, mãos, cabeça e corpo no geral. Ainda, o depoente mentiroso, na tentativa de controlar seu comportamento, pode dar respostas mais lentas e mais curtas e evitar piscar muito os olhos. Da mesma forma, pode o depoente esforçar-se para manter contato visual com o destinatário, por supor que a aversão ao olhar é um traço comum aos mentirosos.[356]

Como resultado dessa tentativa de controle, o comportamento do depoente pode tornar-se artificialmente rígido, inexpressivo e inibido. A inibição passa a ser, pois, um novo indicador de mentira[357].

DePaulo e Kirkendol denominam esse fenômeno de "Motivation Impairment Effect"[358]: quanto mais motivado a não ter sua mentira des-

---

[354] SOUSA, Luís Filipe Pires. *Prova testemunhal*. Coimbra: Almedina, 2016, p. 100.

[355] O que pode, de fato, ocorrer, mas não é uma constante (SOUSA, Luís Filipe Pires. *Prova testemunhal*. Coimbra: Almedina, 2016, p. 99).

[356] Ibid., p. 99.

[357] DePaulo e Kinkerdol, com respaldo em estudos anteriores conduzidos juntamente com O'Brien e Tang (1998), apontaram que os participantes examinados apresentaram-se mais inibidos quando estavam mentindo do que quando estavam dizendo a verdade. Os examinadores recrutados nos estudos, instruídos a julgar quão expressivos ou inibidos os participantes estavam, bem como julgar seus níveis de honestidade, concluíram que as taxas de desonestidade (ou seja, de mentira) verificadas nas pesquisas empíricas estavam altamente relacionadas às taxas de inibição e inexpressividade dos indivíduos (DEPAULO, Bella M.; KIRKENDOL, Susan E. The Motivational Impairment Effect in the Communication of Deception. In: YUILLE J.C. (Ed.). *Credibility Assesment*. Nato Science. Dordrecht: Springer, 1988. p. 63. [Series D: Behavioural and Social Sciences], v. 47).

[358] Ibid., p. 60. DePaulo e Kirkendol conduziram um estudo empírico por meio do qual sustentaram a existência do fenômeno: quanto mais motivado a mentir um participante do estudo era, mais os indicativos não verbais de mentira se tornavam patentes. Quando os participantes do estudo imaginavam que os avaliadores teriam acesso apenas à sua imagem, percebia-se uma alteração em seu comportamento não verbal (expressões faciais e movimentos), revelando uma inibição artifical de movimentos. O mesmo ocorreu quando imaginavam que teriam apenas sua voz examinada (elevação do tom de voz). E, quando foram avisados que os avaliadores do estudo teriam acesso apenas à transcrição de sua mentira, os participantes altamente motivados a mentir tiveram uma performance melhor do que aqueles não motivados a mentir. Donde, concluíram as autoras que os sinais ver-

coberta, mais o mentiroso tentará controlar os indicativos não verbais de sua mentira, e, quanto mais se empenha nesse controle, mais fora de controle esses indicadores ficarão. É dizer, o mentiroso acaba traído pelo seu próprio esforço.

3.2.4 A perspectiva da autoapresentação

As teorias anteriores concentram-se nas diferenças qualitativas existentes entre depoentes mentirosos e depoentes sinceros no que tange aos seus processos emocionais e cognitivos. Diversamente, a perspectiva da autoapresentação, desenvolvida por DePaulo, parte da verificação de um traço comum entre mentirosos e não mentirosos: ambos têm como objetivo final parecerem honestos perante terceiros.

A testemunha, ainda que diga a verdade sobre os fatos (ou melhor, aquilo que acredita ser a verdade), pode sentir medo e apresentar sobrecarga cognitiva, ou, até mesmo, pode tentar controlar seu comportamento na expectativa de ser considerada como confiável e autêntica. O medo de ser equivocadamente taxada como mentirosa e ver-se sujeita às sanções por tal ato podem gerar um temor em uma testemunha sincera, podendo apresentar sinais de nervosismo.[359]

As pretensões de honestidade da testemunha mentirosa e da não mentirosa diferenciam-se, contudo, em sua legitimidade. No caso do mentiroso, essa pretensão é ilegítima e há uma discrepância entre o que se alega verdadeiro e o que se *acredita* verdadeiro.

A ilegitimidade da pretensão de honestidade do mentiroso tem ao menos duas implicações em seu comportamento, que podem ser úteis à constatação de sinais de mentira. A primeira, identificada por DePaulo

---

bais são muito mais controláveis pelo mentiroso do que os sinais não verbais da mentira. Alertam, todavia, que pessoas muito experientes ou habilidosas em mentir podem não sofrer o efeito da piora motivada.
Pesquisas anteriores das autoras, conjuntamente com John Tang e Thomas O'Brien, corroboram essas conclusões: DEPAULO, Bella M. et al. The Motivational Impairment Effect in the Communication of Deception: Replications and Extensions. *Journal of Nonverbal Behavior*, v. 12, n. 3, p. 177-202, 1988, p. 177-202.
[359] VRIJ, Aldert. *Detecting Lies and Deceit:* Pitfalls and Opportunities. 2. ed. Leicester: Wiley, 2008, p. 46.

et al.[360], diz respeito à incapacidade ou à indisposição do depoente em abraçar suas asserções falsas tão convincentemente quanto abraça suas asserções verdadeiras. Isso pode ocorrer por uma questão de escrúpulo moral (desconforto e constrangimento em mentir), por uma ausência de investimento emocional do depoente mentiroso ou pela inexistência de conhecimentos e experiências reais que suportem sua narrativa. Diante disso, os depoentes mentirosos, comparados com os sinceros, podem parecer menos dispostos a dar informações e podem narrar sua história de forma menos convincente e interessada.[361] Assim, podem evitar discursos longos e detalhados e podem apresentar-se mais tensos.[362]

A segunda implicação refere-se ao esforço deliberado feito pelo mentiroso para parecer honesto, por meio do controle de seus movimentos e expressões. Enquanto o depoente sincero está verdadeiramente experimentando os sentimentos narrados, sendo desnecessário fazer um esforço consciente para exteriorizá-los, o depoente mentiroso precisa deliberadamente regular suas expressões a fim de parecer credível.[363]

Esse esforço de autorregulação resulta em uma elevação da demanda cognitiva, o que pode conduzir a alguns dos efeitos verificados no item 3.2.2, relativo à teoria da complexidade do conteúdo. O depoente pode, por exemplo, apresentar uma menor capacidade de processar informações atuais, de monitorar as reações do interlocutor, bem como de detalhar seu relato.

A tentativa de regular os pensamentos, sentimentos e comportamentos pode gerar, como já visto também no item anterior, referente à teoria da tentativa de controle, um efeito contrário à intenção de omitir os

---

[360] DEPAULO, Bella et al. Cues to Deception. *Psychological Bulletin*, v. 129, n. 1, p. 74-118, 2003, p. 77 e ss.

[361] DEPAULO, Bella M.; MORRIS, Wendy L. Discerning lies from truths: behavioural cues to deception and the indirect pathway of intuition. In: GRANHAG, Pär-Anders; STROMWALL, Leif (Orgs.). *The Detection of Deception in Forensic Contexts*. Reino Unido: Cambridge University Press, 2004, posição 231. (e-book).

[362] SOUSA, Luís Filipe Pires. *Prova testemunhal*. Coimbra: Almedina, 2016, p. 100.

[363] DEPAULO, Bella et al. Cues to Deception. *Psychological Bulletin*, v. 129, n. 1, p. 74-118, 2003, p. 78.

sinais da mentira. O depoente pode ser percebido como menos convincente, mais tenso e menos agradável.[364]

3.2.5 A teoria do engano interpessoal

A teoria do engano interpessoal, desenvolvida por Buller e Burgoon[365], preconiza que uma perspectiva teórica da mentira deve levar em conta não apenas fatores individuais, tais quais motivação, emoções e capacidade cognitiva do mentiroso, como também processos comunicacionais interpessoais.

Essa teoria coloca em posições de destaque a comunicação e interação existentes entre o transmissor da mensagem (para o objeto do presente trabalho: a testemunha) e o receptor da mensagem (o juiz e as partes processuais). É dizer, ambos, o transmissor e o receptor, são atores ativos do processo comunicacional, atuando simultaneamente em atividades de codificação e decodificação da mensagem. Essa interação comunicacional tem impactos diretos na natureza dinâmica e multifuncional da mentira, na carga cognitiva do mentiroso e na adaptação dos comportamentos apresentados pelos atores.

Ambos os atores influenciam-se reciprocamente, seja de forma direta, por meio da sincronia de movimentos, seja de forma indireta, como adaptação aos *feedbacks* recebidos. A forma direta refere-se ao processo de imitação, ou, em outras palavras, ao "efeito camaleão", representado pela repetição, por parte de um dos atores, do comportamento apresentado pelo outro. Assim, é possível que um reflita tom e volume de voz, movimentos, expressões faciais, acenos de cabeça ou olhar apresentados pelo outro.[366]

A influência indireta diz respeito à interpretação dos *feedbacks* emitidos pelo outro participante do processo interativo e à adaptação do próprio comportamento de acordo com os sinais captados. Nesse sentido, o depoente mentiroso, ao detectar sinais de desconfiança emitidos pelo

---

[364] Ibid., p. 78.
[365] BULLER, David; BURGOON, Judee K. Interpersonal Deception Theory. *Communication Theory*, v. 6, n. 3, p. 203-24, ago.1996, p. 203-242.
[366] VRIJ, Aldert. *Detecting Lies and Deceit:* Pitfalls and Opportunities. 2. ed. Leicester: Wiley, 2008, p. 48.

receptor da mensagem, tende a alterar seu comportamento para evitar a detecção da mentira. Da mesma forma, o receptor molda o seu comportamento com o intuito de evitar a percepção da desconfiança pelo emissor. Devido às recíprocas influências do emissor e do receptor entre si[367], frutos da bilateralidade do processo comunicacional, os comportamentos dos atores variam ao longo de toda a duração da interação.

A teoria do engano interpessoal também pugna que a performance do emissor mentiroso é formada por apresentações estratégicas e por apresentações não estratégicas. As primeiras são ações conscientes e deliberadas que exigem o controle de três setores: informação (regular a quantidade e qualidade da informação transmitida), comportamento (manifestação de sinais não verbais consentâneos com a narrativa) e imagem (manter uma imagem amigável e equilibrada que dissipe as desconfianças do receptor). Doutro vértice, as apresentações não estratégicas são os denominados "vazamentos", ou seja, a manifestação não intencional de sinais reveladores da mentira, como nervosismo, excitação, revelação de performances comunicacionais incompetentes devido à alta sobrecarga mental experimentada pelo mentiroso.[368]

Esse modelo prevê que quanto mais duradoura é a interação entre emissor e receptor da mensagem, mais *feedbacks* são dados pelas partes, e, por conseguinte, mais adaptações de comportamento são feitas, tornando o mentiroso mais fluente e calmo, bem como reduzindo a exteriorização de sinais indicativos da mentira.[369]

Outros aspectos internos e externos aos atores (emissor e receptor), como as expectativas prévias à interação comunicacional, contexto da

---

[367] Verifica-se que, nessa teoria, o receptor da mensagem tem papel relevante na formatação do comportamento apresentado pelo destinatário, bem como na definição de sua carga cognitiva.

[368] BULLER, David; BURGOON, Judee K. Interpersonal Deception Theory. *Communication Theory*, v. 6, n. 3, p. 203-24, ago.1996, p. 207. Em análise da teoria de Buller e Burgoon, explica as apresentações estratégicas e não estratégicas: YUKSEL, Yusuf. *Understanding Interpersonal Deception Theory*. Disponível em: <https://www.academia.edu/24202169/Understanding_Interpersonal_Deception_Theory>. Acesso em: 08.08.19.

[369] BULLER, David et al. *Interpersonal Deception Theory: Examining Deception From a Communication Perspective*. U.S.: Army Research Institute for the Behavioral and Social Sciences, 1998, p. 04-05.

comunicação, objetivos, habilidades e conhecimentos das partes, também influenciam o processo de comunicação e os seus resultados.[370]

3.3 Indicadores verbais e não verbais da mentira

Ao revisar as teorias sobre os processos emocionais e cognitivos do mentiroso, pôde-se verificar pontuais contradições havidas entre elas no respeitante ao comportamento e aos sinais apresentados pelo mentiroso. Para a teoria do processo emocional, por exemplo, o mentiroso, quando sente culpa pela mentira, tende a evitar o contato visual com o destinatário. Para a mesma teoria, quando o mentiroso sente medo de ter sua mentira identificada, pode apresentar sinais de agitação e automanipulação. Em contraste, a teoria da tentativa de controle assume que o mentiroso, ciente dos indicadores comumente associados à mentira, tenderá a controlar o aparecimento desses sinais, fazendo, por exemplo, contato visual com o destinatário e evitando movimentar-se em demasia.

Isso não necessariamente conduz à conclusão de que algumas teorias são equivocadas, enquanto outras têm perfeita adesão ao mundo fático. As divergências entre elas dizem respeito muito mais sobre a complexidade do ato de mentir, sobre a sua não linearidade e sobre a ausência de correspondência exata e invariável entre a mentira e a manifestação de determinados sinais verbais e não verbais.

A mentira é resultado de um complexo processo psicológico, que varia de acordo com os pensamentos e os sentimentos particulares do mentiroso.[371] Por isso, o estudo dos indicadores verbais e não verbais da mentira é uma ciência inexata e, portanto, não permite a listagem de sinais invariáveis ligados necessariamente à comunicação de informações falsas ou à omissão de informações verdadeiras.

Nessa toada, as teorias do processo emocional do mentiroso e da tentativa de controle podem coexistir simultânea ou sequencialmente, não

---

[370] BULLER, David; BURGOON, Judee K. Interpersonal Deception Theory. *Communication Theory*, v. 6, n. 3, p. 203-24, ago.1996, p. 207 e ss.
[371] DEPAULO, Bella M.; MORRIS, Wendy L. Discerning lies from truths: behavioural cues to deception and the indirect pathway of intuition. In: GRANHAG, Pär-Anders; STROMWALL, Leif (Orgs.). *The Detection of Deception in Forensic Contexts*. Reino Unido: Cambridge University Press, 2004, posição 223. (e-book).

sendo elas contraditórias e excludentes em si mesmas. Alguns mentirosos podem apresentar os sinais discorridos na primeira teoria, enquanto outros podem tentar omitir a exteriorização desses mesmos sinais, em consonância com o que manifesta a segunda teoria. Inclusive, pode-se, em uma mesma comunicação, verificar os sinais descritos por ambas as teorias, como reflexo dos pensamentos e sentimentos manifestados em determinado momento pelo mentiroso.[372]

Contudo, a literatura especializada, com base em estudos empíricos conduzidos em laboratórios, sugere alguns indicadores que, com maior probabilidade, estão associados ao ato de mentir, bem como, contrariamente, os indicadores que, com menor probabilidade, estão associados ao ato de mentir. Igualmente, pesquisadores apontam sinais que, a despeito de serem tidos, pelo senso comum, como associados à mentira, aparecem com mesma frequência ou com diferença insignificante entre depoentes mentirosos e depoentes sinceros. É importante verificar, também, quais são esses sinais para não taxar, com respaldo em crenças infundadas, um depoimento como mentiroso quando inexistem dados científicos a suportarem essa posição.

Os estudos laboratoriais apresentam vantagens e desvantagens quando comparados aos estudos de campo, esses últimos baseados em mentiras reais. Entre suas vantagens, Vrij[373] discorre não enfrentarem os estudos em laboratório os três principais problemas enfrentados pelos estudos de campo relacionados com a mentira: dificuldade em se filmar o ato da mentira (uma vez que, nos estudos de campo, é ele inesperado e espontâneo); dificuldade em estabelecer-se o valor da verdade (nos casos de mentiras da vida real, em geral, não se têm fatos independentes que comprovem, sem sombra de dúvidas, o que é falso e o que é verdadeiro em uma comunicação); e dificuldade em selecionar verdades compará-

---

[372] Nesse sentido, Bull, Memon e Vrij e assinalam que a distinção entre os processos de emoções, complexidade do conteúdo e tentativa de controle do comportamento é artificial. As mentiras podem apresentar aspectos preconizados por essas três teorias, sendo incorreto considerá-los como campos opostos. (BULL, Ray; MEMON, Amina; VRIJ, Aldert. *Psychology* and Law: Truthfulness, Accuracy and Credibility. 2. ed. West Sussex: Wiley, 2003, p. 12).

[373] VRIJ, Aldert. *Detecting Lies and Deceit*: Pitfalls and Opportunities. 2. ed. Leicester: Wiley, 2008, p. 50-53.

veis às mentiras (para comprovar-se que a manifestação de determinado comportamento deve-se ao ato de mentir, é necessário selecionar "verdades" comparáveis às "mentiras" que se pretende analisar. Em estudos de campo, isso é difícil, pois as pessoas comportam-se diferentemente a depender do contexto, dos riscos envolvidos na mentira, do entrevistador e do tópico discutido).

O ambiente controlado dos laboratórios permite superar essas dificuldades, bem como torna possível examinar a influência de diversos fatores nos comportamentos apresentados pelos participantes mentirosos (investigando, por exemplo, como pessoas de diferentes idades, gêneros, bagagens culturais e origens reagem aos estudos). Em ambientes controlados, pode-se também investigar como o comportamento e o estilo do entrevistador influenciam no comportamento do mentiroso e como mentiras ensaiadas e planejadas diferenciam-se de mentiras sem planejamento.

No entanto, as desvantagens dos estudos em laboratório também devem ser consideradas: como o ato de mentir não é voluntariamente escolhido pelo participante, mas faz parte da instrução recebida pelo condutor do estudo, dificilmente aparecerão sinais de constrangimento ou de culpa pela mentira. Outrossim, em laboratório, é difícil simular uma situação de alto risco para o mentiroso, como geralmente ocorre em uma situação de mentira real (por exemplo, o risco de uma sanção penal para a testemunha que tem o dever de dizer a verdade em um processo). Embora seja possível motivar os participantes com recompensas (nos casos de sucesso na mentira), eventuais ameaças de punição são irreais e esbarram, evidentemente, em limites éticos impostos às pesquisas.[374]

Posto isso, passar-se-á à análise dos indicadores verbais e não verbais associados à mentira, para, após, adentrar ao mérito da detecção da mentira pelo destinatário.

---

[374] Ibid., p. 52-53.

3.3.1 Meta-análise da literatura por DePaulo et al. (2003)

3.3.1.1 Metodologia utilizada

DePaulo et al.[375] apresentaram, em artigo publicado em 2003, uma relevante meta-análise de uma série de estudos empíricos independentes conduzidos por eles e por diversos outros pesquisadores[376], todos relacionados à comparação de comportamentos de narradores verazes e mentirosos. Ao todo, DePaulo et al. revisaram 120 amostras independentes[377] advindas de 116 relatórios, correspondentes, no total, à análise de 158 indicadores verbais e não verbais. A revisão resultou, ao todo, em 1.338 estimativas de ligações entre a ocorrência de um indicador e o ato de mentir.

Os participantes eram instados a mentir ou a dizer a verdade sobre tópicos diversos, seja sobre opiniões pessoais, sobre fatos ou eventos. Em algumas amostras, os candidatos eram induzidos a enganar alguém ou a simular um crime (*mock crime*), e, após, a mentir sobre isso.

Dos resultados coletados com as amostras, os pesquisadores calcularam o tamanho de efeito d[378], referente à diferença entre a média da

---

[375] DEPAULO, Bella et al. Cues to Deception. *Psychological Bulletin*, v. 129, n. 1, p. 74-118, 2003, p. 74-118.

[376] DePaulo et al. utilizaram pesquisas conduzidas por diversos autores, desde 1920 até 2001, sendo que a maioria dessas pesquisas está concentrada entre os anos 80 e 90 do século passado.

[377] DePaulo e Morris, em artigo publicado em 2004, relatam os processos de desenvolvimento da meta-análise conduzida em 2003 por DePaulo et al., bem como os resultados mais relevantes encontrados. Explicam que os participantes dos estudos utilizados para análise eram, em sua grande maioria (101/120), estudantes universitários. Parcela minoritária dos participantes era composta por suspeitos de investigações criminais, vendedores, viajantes, viciados em drogas e mentirosos notáveis, expostos publicamente por alguma mentira. A maioria dos participantes era nativa dos Estados Unidos (88/120), sendo o restante deles advindo de países diversos, como Suriname, Japão, Holanda, Alemanha, Jordânia e Romênia. (DEPAULO, Bella M.; MORRIS, Wendy L. Discerning lies from truths: behavioural cues to deception and the indirect pathway of intuition. In: GRANHAG, Pär--Anders; STROMWALL, Leif [Orgs.]. *The Detection of Deception in Forensic Contexts*. Reino Unido: Cambridge University Press, 2004, posição 253-254. [e-book]).

[378] Tamanho de efeito (*effect size*) consiste no tamanho da diferença entre grupos de pesquisa. O tamanho de efeito absoluto mede-se pela diferença entre a média advinda de

repetição de determinado comportamento em uma condição de mentira e a média desse mesmo comportamento em uma condição de verdade, dividido pela média de desvio padrão das verdades e das mentiras. Dadas essas premissas, um *d* positivo significa que o comportamento em questão aparece mais em condições de mentira do que em condições de verdade, ao passo que um *d* negativo indica que o comportamento ao qual ele se refere é mais frequente em condições de verdade do que em condições de mentira.

Para determinar, por exemplo, se os mentirosos apresentam-se mais nervosos do que os depoentes sinceros, os pesquisadores consideraram todos os 16 estudos nos quais foram observados sinais de nervosismo por parte dos participantes (o tamanho do efeito *d* é medido de acordo com o tamanho do estudo). Após, separaram os estudos em categorias teoricamente relevantes (por exemplo, se havia ou não incentivos para que os participantes não tivessem suas mentiras detectadas), como forma de verificar quão patentes ou sutis são os sinais de mentira de acordo com o contexto em que se insere.

Para os próximos itens, os autores utilizam as seguintes siglas para apresentar os resultados obtidos com os estudos empíricos: *d* para o tamanho do efeito; N para o número total de participantes nos estudos e *k* para o número total de estudos relevantes ou tamanhos de efeito independentes.

3.3.1.2 Indicadores da mentira: principais descobertas

3.3.1.2.1 Tensão

DePaulo et al. colocam em questionamento se "os mentirosos são mais tensos que aqueles que dizem a verdade".[379] Concluíram, pelo exame de diversos estudos empíricos, que a dilatação da pupila era considera-

---

dois grupos de intervenção diferentes (FEINN, Richard; SULLIVAN, Gail. Using Effect Size – or why the *P* Value is not enough. *Journal of Graduate Medical Education*. 2012, v. 4, n. 3, set. 2012. Disponível em: <https://www.ncbi.nlm.nih.gov/pmc/articles/PMC3444174/>. Acesso em: 17.08.19).

[379] DEPAULO, Bella et al. Cues to Deception. *Psychological Bulletin*, v. 129, n. 1, p. 74-118, 2003, p. 96.

velmente maior nos participantes que mentiam em relação àqueles que diziam a verdade ($d = .39$, $N = 328$, $k = 4$). Isso significa, segundo DePaulo e Morris[380], que os mentirosos são mais tensos ou utilizam mais recursos cognitivos para o ato, ou, então, ambos.

A tensão e o nervoso (aspectos gerais) também foram elevados em participantes mentirosos em comparação aos verazes ($d = .27$, $N = 571$, $k = 16$). Os observadores, ao verem participantes verazes e mentirosos atuando (sem saber quem perfomava o que), julgaram os mentirosos como aparentemente mais tensos. O mesmo deu-se quando os observadores apenas ouviram o áudio da experiência, sem visualizar os participantes. Nesse último caso, julgaram que o tom de voz dos mentirosos era mais agudo e expressava maior tensão ($d = .21$, $N = 294$, $k = 12$; $d = .26$, $N = 328$, $k = 10$, respectivamente).[381].

Outros aspectos relacionados à tensão e ao nervosismo, como inquietação (mexer em objetos, mexer em si próprio e no rosto) e piscar muito os olhos receberam tamanhos de efeito negativos (o que indica que os mentirosos performaram menos esses indicadores do que os participantes verazes), ou positivos, porém insignificantes.

Em estudos nos quais a inquietação foi avaliada de forma geral, verificou-se que os mentirosos apresentaram mais sinais de inquietação (mexer-se de forma geral, seja tocando no rosto, nos braços, nas roupas ou em objetos próximos) do que os participantes verazes. No entanto, isso não se confirmou nos estudos em que os indicadores de inquietação

---

[380] DEPAULO, Bella M.; MORRIS, Wendy L. Discerning lies from truths: behavioural cues to deception and the indirect pathway of intuition. In: GRANHAG, Pär-Anders; STROMWALL, Leif (Orgs.). *The Detection of Deception in Forensic Contexts*. Reino Unido: Cambridge University Press, 2004, posição 268. (e-book).

[381] Aldert Vrij, após revisar diversos estudos empíricos conduzidos por vários pesquisadores, reconhece que o tom de voz agudo é um dos indicadores da mentira acerca do qual há mais concordância entre os autores. Contudo, Vrij entende que o Tamanho de Efeito encontrado por Bella DePaulo ($d = .21$) demonstra uma fraca relação entre o tom de voz agudo e o ato de mentir. Outrossim, assevera que a diferença do tom de voz entre narradores mentirosos e narradores verazes seria muito pequena, de apenas poucos Hertz, o que apenas seria detectável com aparelhos sofisticados (VRIJ, Aldert. *Detecting Lies and Deceit: Pitfalls and Opportunities*. 2. ed. Leicester: Wiley, 2008, p. 55).

foram medidos separadamente.³⁸² Por isso, concluem os autores que não há um padrão entre inquietação e o ato de mentir, que permita fazer uma ligação segura entre eles.³⁸³

Em conclusão, DePaulo e Morris concluem pela existência de um número importante de indicadores a sugerir que os mentirosos são mais tensos que aqueles que dizem a verdade, ressalvando, contudo, que nem todos os indicadores de nervosismo/tensão aparecem com mais frequência em mentirosos em comparação aos verazes.³⁸⁴

3.3.1.2.2 Ausência de cooperação e negatividade

A próxima indagação promovida pela pesquisa consiste em saber se "os mentirosos são menos agradáveis e menos positivos do que os participantes verazes".

Os resultados globais das análises de "agradabilidade" dos depoentes mentirosos e verazes sustentaram a hipótese de que os participantes instados a mentir eram percebidos como menos agradáveis e positivos, embora alguns dos indicadores tenham apresentado tamanhos de efeito insignificantes. Nos estudos realizados, os participantes mentirosos foram considerados menos cooperativos do que os participantes sinceros (no quesito cooperação: $d = -.66$, $N = 222$, $k = 03$).³⁸⁵

---

³⁸² Nos estudos em que os níveis de inquietação dos participantes mentirosos foram medidos separadamente, constatou-se um tamanho de efeito insignificante para o critério "tocar no próprio rosto", o que incluia mexer no cabelo ou tocar a própria face ($d = .08$). Na medição separada dos critérios "tocar em si próprio" ou "tocar em objetos" (como apertar uma caneta ou mexer em um clipe de papel), o tamanho de efeito foi negativo, contrariando a hipótese de que os mentirosos são mais inquietos ($d = -0.1$ e $d = -.12$, respectivamente) (DEPAULO, Bella et al. Cues to Deception. *Psychological Bulletin*, v. 129, n. 1, p. 74-118, 2003, p. 96).

³⁸³ DEPAULO, Bella M.; MORRIS, Wendy L. Discerning lies from truths: behavioural cues to deception and the indirect pathway of intuition. In: GRANHAG, Pär-Anders; STROMWALL, Leif (Orgs.). *The Detection of Deception in Forensic Contexts*. Reino Unido: Cambridge University Press, 2004, posição 280-281. (e-book).

³⁸⁴ Ibid., posição 284. (e-book).

³⁸⁵ DEPAULO, Bella et al. Cues to Deception. *Psychological Bulletin*, v. 129, n. 1, p. 74-118, 2003, p. 94-96.

DePaulo e Morris, todavia, chamam atenção para o fato de que esse resultado é baseado em apenas três estudos. (DEPAULO, Bella M.; MORRIS, Wendy L. Discerning lies from

Os mentirosos também fizeram mais afirmações negativas e reclamações ($d =.21$, N = 397, k = 09); pareciam menos amigáveis e menos agradáveis (no quesito amigável e agradável, no geral: d = -.16, N = 216, k = 06; no quesito expressões agradáveis no rosto: d = -.12, N = 653, k = 13).

Outros aspectos como sorrisos[386], acenos com a cabeça, repuxar os cantos dos lábios, atratividade e abaixar as sobrancelhas não apresentaram diferenças relevantes entre participantes mentirosos e participantes verazes.

3.3.1.2.3 Ausência de disposição em divulgar informações

A disposição dos mentirosos em divulgar informações foi medida, pelos pesquisadores DePaulo et al., com base no exame de três elementos: quantidade de informações concedidas pelos participantes; detalhamento e complexidade da narrativa; impressão de retenção de informações.[387]

Da análise dos dados coletados, concluiu-se que os mentirosos falam por uma menor porcentagem de tempo quando comparados com os participantes que dizem a verdade (tempo de fala: d = -.35, N = 207, k = 06), e suas narrativas contêm menos detalhes e parecem menos completas em comparação às narrativas verdadeiras (detalhes: d = -.30, N = 883, k = 24; complexidade cognitiva: d = -.07, N = 294, k = 06). Sobre a retenção de

---

truths: behavioural cues to deception and the indirect pathway of intuition. In: GRANHAG, Pär-Anders; STROMWALL, Leif [Orgs.]. *The Detection of Deception in Forensic Contexts*. Reino Unido: Cambridge University Press, 2004, posição 287. [e-book]).

[386] O indicador de sorrisos foi examinado em 27 estudos independentes, com a participação de 1.313 pessoas. A combinação de todos os estudos resultou em um tamanho de efeito (d) = 0. No entanto, essas pesquisas não levaram em consideração diferenças entre sorrisos forçados e sorrisos genuínos. Para Ekman, para o sorriso servir como indicador da mentira, deve-se separar entre sorrisos genuínos (que conduzem a um levantar de bochechas e na movimentação dos músculos situados aos lados dos olhos) e sorrisos forçados (que não apresentam as características dos sorrisos genuínos). Na meta-análise de DePaulo et al., apenas dois estudos diferenciaram entre os tipos de sorrisos. Apesar da estatística não ser significativa, os seus resultados apontaram que pessoas que fingem estar sentindo emoções positivas tendem a dar mais sorrisos forçados (DEPAULO, Bella et al. Cues to Deception. *Psychological Bulletin*, v. 129, n. 1, p. 74-118, 2003, p. 96).

[387] DEPAULO, Bella et al. Cues to Deception. *Psychological Bulletin*, v. 129, n. 1, p. 74-118, 2003, p. 91-92.

informações, o único indicativo que sugere esse comportamento é a compressão dos lábios ($d = .16$, $N = 199$, $k = 04$).

Os autores concluem que a maioria dos indicativos aponta que os mentirosos são menos dispostos a compartilhar informações do que os depoentes verazes, ressalvando, todavia, que grande parte desses indicativos apresenta resultados estatísticos pouco significativos.

O resultado mais relevante, em termos de tamanho de efeito e número de estimativas independentes, a sugerir que os mentirosos são menos dispostos a compartilhar informações refere-se ao menor número de detalhes em sua narrativa.

3.3.1.2.4 Ausência de plausibilidade e convencimento

"Os mentirosos têm narrativas mais convincentes do que aqueles que dizem a verdade?". Para responder a essa questão, DePaulo et al. examinaram seis aspectos ligados à narrativa e ao mentiroso: lógica e sentido da narrativa; interesse despertado pela narrativa; narrativa imediata (direta e pessoal) ou distante; segurança ao narrar os fatos; fluência; quantidade de movimentos do agente.[388]

Sobre o primeiro aspecto, os pesquisadores encontraram números relevantes que revelam que a narrativa do mentiroso é mais discrepante e ambígua ($d = .34$, $N = 243$, $k = 07$), conta com menor estrutura lógica (lógica: $d = -.25$, $N = 223$, $k = 07$), e é menos plausível (plausibilidade: $d = -.23$, $N = 395$, $k = 09$), em comparação às narrativas verazes.

Os mentirosos apresentam também uma narrativa menos atrativa e menos interessante, com menor envolvimento verbal e vocal (envolvimento: $d = -.21$, $N = 384$, $k = 07$), bem como apresentam menor quantidade de gestos ilustrativos da fala (ilustração: $d = -.14$, $N = 839$, $k = 16$).

Os autores concluem que os mentirosos são mais distantes, impessoais, evasivos e pouco claros em suas narrativas. Tal conclusão baseou-se em impressões de imediatidade (envolvimento pessoal e direto com os fatos) verbal e vocal ($d = -.55$, $N = 373$, $k = 7$) e na análise de comporta-

---

[388] Ibid., p. 92-94. Ver também em: DEPAULO, Bella M.; MORRIS, Wendy L. Discerning lies from truths: behavioural cues to deception and the indirect pathway of intuition. In: GRANHAG, Pär-Anders; STROMWALL, Leif (Orgs.). *The Detection of Deception in Forensic Contexts*. Reino Unido: Cambridge University Press, 2004, posição 312-348. (e-book).

mentos linguísticos que indicam um distanciamento do agente em relação à sua narrativa (imediatidade verbal geral: $d = -.31$, $N = 117$, $k = 3$).

Embora os indicadores verbais de distanciamento tenham se revelado distintos entre os mentirosos e os participantes verazes, tal não ocorreu com os indicadores não verbais de distanciamento. É importante observar que, de forma contrária a que certos estereótipos sobre mentira possam sugerir, não houve diferença significativa entre a quantidade de contato visual feita pelos participantes mentirosos e pelos verazes.

Os participantes mentirosos transmitiram uma impressão de incerteza, por meio de suas palavras e tom de voz ($d = .30$, $N = 329$, $k = 10$). Sobre a fluência, o único indicador relevante consistiu na repetição de palavras e frases, verificada com mais frequência em participantes instruídos a mentir ($d = .21$, $N = 181$, $k = 4$). Outros aspectos relacionados à fluência, como pausas na fala (silenciosas ou preenchidas com sons como "hm...", ou palavras como "bem.."), não apresentaram distinção relevante entre participantes que diziam a verdade e aqueles que mentiam. Igualmente, não foram percebidas diferenças significativas nos movimentos de cabeça, mudanças de postura e outros movimentos mais intensos entre os participantes.

Em suma, os participantes instruídos a mentir apresentaram uma narrativa menos plausível, menos interessante, mais distante e incerta, o que, tomados em conjunto, indicam que os mentirosos têm narrativas menos convincentes que os depoentes verazes.

3.3.1.2.5 Não reconhecimento das imperfeições no discurso

Os pesquisadores DePaulo et al. encontraram indicativos, nos estudos empíricos, de que os mentirosos apresentam maior relutância em reconhecer espontaneamente equívocos em sua narrativa ou admitir lapsos de memória (assumir, por exemplo, que se esqueceram de alguns detalhes ou corrigir espontaneamente detalhes dados anteriormente), quando comparados com os participantes verazes (admitir falta de memória: $d = -.42$, $N = 183$, $k = 05$; correções espontâneas da narrativa: $d = -.29$, $N = 183$, $k = 05$).[389] Isso, segundo os autores, é coerente com a previsão de que

---

[389] DEPAULO, Bella et al. Cues to Deception. *Psychological Bulletin*, v. 129, n. 1, p. 74-118, 2003, p. 96.

os mentirosos fiam-se à equivocada crença de que o reconhecimento de falhas em seu discurso pode ameaçar a credibilidade de sua narrativa.[390]

Ademais, verificou-se que os mentirosos tendem a inserir menos elementos contextuais em sua narrativa ($d = -.21$, $N = 159$, $k = 06$), bem como a prover menos detalhes não usuais ($d = -.16$, $N = 223$, $k = 06$).

As imperfeições no discurso e o seu reconhecimento são tidos como sinais de credibilidade pelo sistema denominado "Criteria-Based Content Analysis" (CBCA), que será melhor examinado no próximo capítulo. A história do mentiroso, segundo esse sistema, é "boa demais para ser verdade", verificando-se relutância por parte do depoente mendaz em reconhecer erros ordinários em sua narrativa.[391]

3.3.1.3 Moderadores dos indicativos de mentira

3.3.1.3.1 Alta motivação para ser bem-sucedido na mentira

DePaulo et al. consideraram alguns moderadores que influenciam o aparecimento de sinais de mentira.[392] Compararam, para tanto, a flutuação de alguns indicadores da mentira quando os participantes do estudo eram motivados a ser bem-sucedidos em suas mentiras (por meio de incentivos financeiros ou incentivos ligados à imagem pessoal ou à identidade do mentiroso) e em situações nas quais a motivação era baixa ou inexistente. Como previsto pela teoria do efeito de piora pela motivação ("Motivation Impairment Effect"), já mencionada anteriormente, desenvolvida por DePaulo e Kinkerdol, em situações de elevada motivação, os sinais da mentira tornam-se mais patentes do que em situações de baixa motivação.

---

[390] Ibid., p. 96.
[391] DePaulo, Bella M.; Morris, Wendy L. Discerning lies from truths: behavioural cues to deception and the indirect pathway of intuition. In: Granhag, Pär-Anders; Stromwall, Leif (Orgs.). *The Detection of Deception in Forensic Contexts*. Reino Unido: Cambridge University Press, 2004, posição 347-348. (e-book).
[392] DePaulo, Bella et al. Cues to Deception. *Psychological Bulletin*, v. 129, n. 1, p. 74-118, 2003, p. 97-98.

Em situações de elevada motivação, os sinais gerais de nervosismo e tensão elevaram-se significativamente ($d = .35$), quando comparados com os mesmos indicativos em situação de baixa motivação ($d = .15$). O tom de voz agudo também teve relevante aumento quando os participantes foram motivados a ter sua mentira não detectada (d = .59 vs d = -02). As movimentações de pés e pernas apresentaram um decréscimo em condição de alta motivação (d = -.13 vs. d = -.02).

Em relação à aversão ao olhar, também houve um aumento em relação à ocorrência em situação de baixa motivação (d = -.15 vs. d = .09). Apesar da diferença entre eles ser consideravelmente alta, não se entende, em termos absolutos, ser um indicativo seguro de mentira.

3.3.1.3.2 Planejamento da mentira

Outro moderador objeto de análise pelos pesquisadores referiu-se à existência ou à ausência de planejamento da mentira pelo participante. Observou-se, nessa comparação, que as mentiras não planejadas apresentavam maior período de latência entre a pergunta do entrevistador e a resposta do participante do estudo em comparação com as mentiras planejadas (d = .20[393]). Esse foi o indicador mais confiável obtido nessa comparação.

3.3.1.3.3 Duração da mentira

A duração da comunicação entre o emissor da mensagem falsa e o seu destinatário também é um moderador que afeta o aparecimento dos sinais da mentira. Quanto mais a interação com o mentiroso dura, mais aparente tornam-se os indicadores da mentira.[394] Entre os indicadores

---

[393] O tamanho de efeito foi obtido subtraindo-se o tamanho de efeito das mentiras planejadas do tamanho de efeito das mentiras não planejadas. Assim, um tamanho de efeito positivo demonstra que o indicador da mentira é mais patente em situações de não planejamento do que em situações de planejamento.

[394] As conclusões de DePaulo et al. contradizem as previsões feitas pela teoria do engano interpessoal. Como visto, essa teoria preconiza que a maior duração da relação comunicacional entre o emissor e o receptor da mensagem eleva a qualidade da performance do emissor mentiroso, uma vez que esse adapta seu comportamento de acordo com os *feedbacks* emitidos pelo receptor. Segundo essa teoria, quanto mais se prolonga a

disponíveis para a avaliação, os pesquisadores concluíram que, quanto mais longa é a comunicação com o mentiroso, menor é a duração das suas respostas, maior é o período de latência entre a pergunta do entrevistador e a resposta do participante, bem como mais agudo é o tom de voz do mentiroso.[395]

3.3.1.3.4 Mentira sobre transgressões

Verificou-se que o objeto da mentira também age como um importante moderador dos seus indicativos. Mentiras sobre transgressões (que envolviam desde traições, pequenos delitos até delitos mais graves) provocaram um significativo aumento na exteriorização dos indicativos de nervosismo (d = -.51 *vs.* d = .09) e uma redução nas movimentações de pernas e pés (d = -.24 *vs.* d = -.04), quando comparados com mentiras acerca de outros tópicos. Observou-se, ademais, que os participantes que mentiam sobre transgressões demoravam mais para começar a falar após a pergunta do entrevistador (d = -.27 *vs.* d = -.01), mas, uma vez que iniciavam a falar, tendiam a falar mais rápido (d = .32 *vs.* d = .01).[396]

O objeto da mentira – mentiras sobre transgressões – foi considerado o mais relevante moderador da mentira pelos pesquisadores: os sinais identificadores tornaram-se mais robustos e abundantes do que nos moderadores anteriores. Nas mentiras sobre tópicos diversos, constatou-se uma pequena diferença entre os comportamentos do participante mentiroso e do participante veraz.[397]

---

relação comunicacional entre eles, menos o mentiroso tenderia a exteriorizar os sinais de mentira.
[395] DEPAULO, Bella M.; MORRIS, Wendy L. Discerning lies from truths: behavioural cues to deception and the indirect pathway of intuition. In: GRANHAG, Pär-Anders; STROMWALL, Leif (Orgs.). *The Detection of Deception in Forensic Contexts.* Reino Unido: Cambridge University Press, 2004, posição 402-409. (e-book).
[396] DEPAULO, Bella et al. Cues to Deception. *Psychological Bulletin,* v. 129, n. 1, p. 74-118, 2003, p. 96.
[397] DEPAULO, Bella et al. Cues to Deception. *Psychological Bulletin,* v. 129, n. 1, p. 74-118, 2003, p. 102.

3.3.2 Síntese dos indicadores verbais e não verbais associados à mentira

3.3.2.1 Indicadores não verbais

3.3.2.1.1 Indicadores não verbais mais frequentes

Com base na ampla revisão feita por Vrij[398] e por DePaulo et al.[399] de diversos estudos empíricos independentes realizados por eles e por outros pesquisadores, é possível identificar alguns indicadores não verbais visuais da mentira mais frequentemente constatados nos participantes instruídos a mentir: os mentirosos tendem a apresentar um menor gesticular de mãos como ilustração de suas falas e uma menor movimentação de dedos e mãos.[400] Na ampla meta-análise feita por DePaulo et al., como visto, verificou-se também que os participantes instruídos a mentir apresentaram uma maior dilatação da pupila quando comparados aos participantes verazes, o que sugere um aumento da excitação causada pelo ato de mentir.[401]

Nas meta-análises realizadas, os indicadores não verbais vocais mais recorrentes em relatos mentirosos foram: o tom de voz agudo; os erros de discurso (marcados pela repetição de frases e palavras); a menor frequência de fala (ou seja, menor número de palavras faladas em um certo tempo), quando comparados a relatos verdadeiros.

O aparecimento desses indicadores não verbais da mentira, sejam eles visuais, sejam eles vocais, pode ser explicado pelas teorias antes examinadas. A menor movimentação das mãos e dedos, a menor gesticulação, a

---

[398] VRIJ, Aldert. *Detecting Lies and Deceit: Pitfalls and Opportunities*. 2. ed. Leicester: Wiley, 2008, p. 53 e ss.

[399] DEPAULO, Bella et al. Cues to Deception. *Psychological Bulletin*, v. 129, n. 1, p. 74-118, 2003, p. 74-118.

[400] Nesse sentido, também: BULL, Ray; MEMON, Amina; VRIJ, Aldert. *Psychology* and Law: Truthfulness, Accuracy and Credibility. 2. ed. West Sussex: Wiley, 2003, p. 14-16.

[401] DePaulo et al. assinalam ser mais adequado enquadrar a dilatação da pupila como indicativo de uma atenção particular ou processamento de informações ou, ainda, como resultado de experiências afetivas específicas (DEPAULO, Bella et al., op. cit., 2003, p. 102).

menor frequência de fala e a repetição de palavras e frases são possíveis consequências da elevada demanda cognitiva experimentada pelo mentiroso, relacionada à complexidade do ato de mentir. Como resultado dessa sobrecarga mental, o mentiroso pode anular movimentos corporais para reservar seus recursos cognitivos restantes à preparação da narrativa e à formulação de respostas aos questionamentos do entrevistador.

Outrossim, é possível que o mentiroso reduza deliberadamente os movimentos excessivos, por imaginar que a agitação pode ser encarada como um sinal da mentira, tornando-se, assim, rígido e inibido (tentativa de controle). A elevada demanda cognitiva pode também levar o depoente mentiroso a reduzir sua frequência de fala, bem como a cometer mais erros em seu discurso.

Contudo, é importante ressalvar que esses indicadores, conquanto sejam mais frequentemente verificados em mentirosos, não são constantes e invariáveis, logo, não são totalmente seguros. Não há um indicador da mentira que seja sempre associado ao ato de mentir e apenas apareça quando a pessoa está mentindo (e, portanto, nunca apareça em depoentes sinceros).

3.3.2.1.2 Indicadores não verbais não confiáveis: derrubando estereótipos

Alguns estereótipos comumente disseminados sobre o comportamento do mentiroso não se sustentam frente às evidências encontradas nos estudos. O primeiro estereótipo falsamente atribuído ao ato de mentir é o de que o mentiroso apresenta aversão ao olhar, ou seja, evita o contato visual com o seu interlocutor. Vrij descreve dois fatores que podem explicar porque esse estereótipo é falso: (1) o contato visual é um comportamento passível de se controlar e, por ser considerado, por muitos, como uma estratégia de persuasão do ouvinte, pode ser facilmente praticado pelo depoente mentiroso a fim de parecer mais convincente; (2) a aversão ao olhar pode estar relacionada a diversas outras circunstâncias que nenhuma relação possuem com o ato de mentir, sendo, portanto, equivocado fazer uma direta ligação entre a mentira e a aversão ao olhar. Por exemplo, o constrangimento, a ausência de identificação ou afeto entre o emissor e o destinatário da mensagem, a proximidade física entre eles, todos esses são fatores que potencialmente podem levar o narrador/depoente a evitar o contato visual com o entrevistador.[402]

Também é falso o estereótipo de que os mentirosos, por estarem (potencialmente) mais nervosos e tensos com a situação da mentira e com as possíveis consequências advindas de sua descoberta, apresentarão todos os sinais tipicamente associados ao nervosismo. Conforme foi revelado nos estudos empíricos revisados na meta-análise de DePaulo et al., os mentirosos tendem a apresentar menor movimentação de pernas e pés, comportamento diverso do comumente imaginado em uma pessoa nervosa.

Outro estereótipo contestado por Vrij é aquele que atribui exclusivamente aos mentirosos os processos emocionais descritos por Ekman, a alta carga cognitiva e o empreendimento de esforços para aparentar credível e honesto. O pesquisador constatou que o participante/depoente sincero também pode apresentar emoções comumente experimentadas pelo depoente mentiroso, como, por exemplo, o medo de ter sua narrativa taxada de mentirosa. Também pode sofrer com a sobrecarga cognitiva ao tentar recordar-se de fatos passados e reconstruí-los de uma forma lógica e clara. Por fim, pode esforçar-se para parecer confiável, sobretudo em situações nas quais há consequências negativas para aqueles que tiverem suas narrativas interpretadas como mentiras. Portanto, os indicadores da mentira, a despeito de servirem como auxílio ao entrevistador, não podem, isoladamente, conduzir a uma associação direta e necessária entre a manifestação do comportamento sugerido e o ato de mentir.[403]

3.3.2.2 Indicadores verbais mais frequentes

Os indicadores verbais, assim como os não verbais, não indicam sempre uma relação segura entre a exteriorização de um dado sinal e o ato de mentir. As meta-análises realizadas por DePaulo et al.[404] e Vrij[405] indi-

---

[402] VRIJ, Aldert. Detecting Lies and Deceit: Pitfalls and Opportunities. 2. ed. Leicester: Wiley, 2008, p. 60.

[403] Ibid., p. 61

[404] DEPAULO, Bella et al. Cues to Deception. *Psychological Bulletin*, v. 129, n. 1, p. 74-118, 2003, p. 74-118.

[405] VRIJ, Aldert, op. cit., 2008, p. 105-108.

caram, todavia, os indicadores verbais mais recorrentemente verificados nos participantes instruídos a mentir nos estudos empíricos examinados.

Os mentirosos tendem a apresentar narrativas menos plausíveis, mais ambíguas, discrepantes e com menor estrutura lógica. Também tendem a oferecer menor quantidade de detalhes contextuais, a dar afirmações mais negativas e genéricas, a fazer menos autorreferências e a reconhecer menos imperfeições em seu discurso quando comparados aos participantes verazes.

Essas constatações podem ser explicadas pelos processos emocionais e cognitivos possivelmente experimentados pelo mentiroso, consolidados nas teorias anteriormente examinadas. As possíveis emoções negativas sentidas por ele (culpa e medo) podem transparecer ao mundo externo por meio de afirmações negativas e com menos autorreferências. Já o esforço cognitivo demandado pelo ato de mentir pode resultar em um discurso menos plausível, menos lógico e mais discrepante.

A tentativa de controlar os sinais supostamente considerados como associados à mentira estimula respostas genéricas e menos detalhadas, como forma de entregar menos conteúdo à detecção da mentira e evitar a revelação de informações relevantes. Essa teoria também explica o menor reconhecimento de falhas de memória e erros na narrativa do depoente mentiroso.

Ainda, a dificuldade do mentiroso em abraçar convincentemente suas asserções, prevista pela teoria da autoapresentação, pode causar, igualmente, um aumento de frases genéricas e mais curtas e uma redução das autorreferências.

No capítulo seguinte, são apresentados métodos de detecção de mentira (*Statement Validity Analysis* e *Reality Monitoring*) baseados na análise de indicadores verbais da mentira contidos nas declarações da testemunha.

3.4 Detecção da mentira

É uma constatação comum e reiterada na literatura especializada que as pessoas não são boas em distinguir mentiras de verdades.[406] Historica-

---

[406] LEVINE, Timothy; SHAW, Allison; SHULMAN, Hillary. Increasing Deception Detection Accuracy with Strategic Question. *Human Communication Research*, v. 36, p. 216-231, 2010, p. 216; BOND JR, Charles; DEPAULO, Bella. Accuracy of Depection Judgments. *Personal-*

mente, grande parte dos estudiosos verificou, por pesquisas empíricas, que as pessoas, ao tentarem detectar a mentira, apresentam resultados apenas ligeiramente acima do acaso (sendo o acaso equivalente a 50% de acerto).[407] Em meta-análise feita por DePaulo e Bond, constatou-se uma média de acertos de 54% na identificação das mensagens falsas e verdadeiras, sendo 47% de precisão em identificar mensagens falsas como tais e 61% de acerto em classificar mensagens verdadeiras como tais.[408]

Passar-se-á, na continuidade, a identificar brevemente quais são as principais dificuldades enfrentadas pelas autoridades entrevistadoras, bem como os principais erros cometidos na detecção da mentira.

3.4.1 As principais dificuldades enfrentadas pelas autoridades entrevistadoras

Vrij, Granhag e Porter[409], três dos principais pesquisadores da área de detecção da mentira, avaliam as principais dificuldades enfrentadas e os erros cometidos pelas autoridades entrevistadoras quando do exame da testemunha mentirosa. É importante pontuar, ainda que sinteticamente,

---

ity and Social Psychology Review, v. 10, n. 03, 2006, p. 214-234; BOGAARD, Glynis; MEIJER, Ewout H.; MERCKELBACH, Harald; VRIJ, Aldert. Strong, but Wrong: Lay People's and Police Officers' Beliefs about Verbal and Nonverbal Cues to Deception. *Plos One*, v. 11, n. 06, p. 01-19, jun. 2016, p. 01; BULL, Ray; MEMON, Amina; VRIJ, Aldert. *Psychology and Law: Truthfulness, Accuracy and Credibility*. 2. ed. West Sussex: Wiley, 2003, p. 26-27; GRANHAG, Pär Anders; VERSCHUERE, Bruno; VRIJ, Aldert. *Detecting Deception:* Current Challenges and Cognitive Approaches. Nova Jersey: Wiley-Blackwell, 2015, p. 50.

[407] LEVINE, Timothy; SHAW, Allison; SHULMAN, Hillary. Increasing Deception Detection Accuracy with Strategic Question. *Human Communication Research*, v. 36, p. 216-231, 2010, p. 216. Os autores anotam que as taxas de precisão de detecção da mentira ligeiramente acima do acaso encontram respaldo na maioria dos estudos. Assinalam que 90% dos estudos já publicados sobre a matéria apresentam resultados dentro de uma variação de 10% da média.

[408] BOND JR., Charles; DEPAULO, Bella. Accuracy of Depection Judgments. *Personality and Social Psychology Review*, v. 10, n. 03, p. 214-234, 2006, p. 214-234. A meta-análise consistiu na análise de 206 estudos, somando, no total, 24.483 pessoas instruídas a distinguir mentiras de verdades.

[409] VRIJ, Aldert; GRANHAG, Pär Anders; PORTER, Stephen. Pitfalls and Opportunities in Nonverbal and Verbal Lie Detection. *Psychological Science in the Public Interest*, v. 11, n. 03, p. 89-121, 2011, p. 89-121.

quais são, em primeiro lugar, essas dificuldades, a fim de formular, em um segundo momento, possíveis caminhos para superá-las, tornando a técnica de detecção da mentira a mais precisa e eficiente quanto possível.

3.4.1.1 Inexistência de um indicador seguro e invariável da mentira

Uma das poucas conclusões em relação a qual parece haver consenso entre os autores é a de que inexiste um indicador seguro, certo e invariável, que revele, indubitavelmente, a ocorrência de uma mentira.[410] Não há, em outras palavras, um sinal como o "nariz do Pinóquio", que cresce todas as vezes em que se mente – e apenas quando mente.

Conforme se observou nas meta-análises conduzidas por DePaulo et al. e por Vrij, não há um indicador que se relacione somente com a mentira e que apareça em todas as pessoas e em todas as ocasiões nas quais estão mentindo. Os depoentes sinceros também podem experimentar, como visto, processos emocionais e cognitivos semelhantes aos experimentados pelos mentirosos, como temor em terem suas narrativas interpretadas como mentiras ou elevada sobrecarga cognitiva na recuperação de suas memórias. Outrossim, é possível que o mentiroso, por ser experiente e hábil em mentir ou por ter planejado com antecedência a sua mentira, não exteriorize quaisquer dos sinais apontados nos estudos como mais prováveis em condições de mentira.

Os indicadores verbais e não verbais mais confiáveis da mentira podem servir de auxílio à detecção da mentira, mas não são infalíveis.

---

[410] Nesse sentido, cita-se alguns pesquisadores com proeminência nos estudos empíricos de detecção da mentira: DePaulo, Bella M.; Morris, Wendy L. Discerning lies from truths: behavioural cues to deception and the indirect pathway of intuition. In: Granhag, Pär-Anders; Stromwall, Leif (Orgs.). *The Detection of Deception in Forensic Contexts*. Reino Unido: Cambridge University Press, 2004, posição 222. (e-book); Hartwig, Maria; Granhag, Pär; Stromwall, Leif et al. Detecting deception in suspects: Verbal cues as a function of interview strategy. *Psychology, Crime & Law*, p. 01-14, jan. 2011, p. 01; Bull, Ray; Memon, Amina; Vrij, Aldert. *Psychology* and Law: Truthfulness, Accuracy and Credibility. 2. ed. West Sussex: Wiley, 2003, p. 29; Ekman, Paul; Frank, Mark G. Nonverbal detection of deception in forensic contexts. In: O'Donohue, William; Levensky, Eric (Ed.). *Handbook of Forensic Psychology: Resource for Mental Health and Legal Professionals*. San Diego: Elvesier Academic Press, 2004, p. 642 e 649.

A diferença entre depoentes sinceros e mentirosos pode ser sutil ou, até mesmo, inexistente.

3.4.1.2 Contramedidas

Outra dificuldade enfrentada pelas autoridades entrevistadoras no tocante à detecção da mentira é a adoção de contramedidas pelos depoentes. Ou seja, cientes de que certos comportamentos são associados ao ato de mentir e são alvos de análise pelos entrevistadores, as testemunhas mentirosas podem anular ou restringir ao máximo a exteriorização desses sinais.[411] Da mesma forma, podem esforçar-se a exibir comportamentos que os façam parecer credíveis.

3.4.1.3 Mentiras inseridas em narrativas verdadeiras

É comum que as mentiras não apareçam totalmente isoladas em um depoimento. Elas, ao contrário, podem ser inseridas em uma história verdadeira, no entanto retirada de seu contexto originário. Por exemplo, a testemunha pode utilizar-se, para a sua narrativa, de fatos ocorridos em outras circunstâncias, cercando a sua narrativa de detalhes numerosos e verossímeis. Nesses casos, a detecção da mentira por meio de métodos que avaliam, entre outros aspectos, a quantidade e a qualidade dos detalhes oferecidos pela testemunha podem ter sua eficiência prejudicada.

3.4.1.4 Ausência de feedback adequado

As autoridades entrevistadoras dificilmente recebem um *feedback* em relação à análise feita sobre a veracidade ou falsidade do depoimento da testemunha. Ou seja, não têm elas, em geral, um retorno sobre o acerto ou o equívoco em considerar um dado depoimento como veraz ou como falso.

A verdade, perseguida e obtida no processo penal, não corresponde a uma verdade absoluta e real. Não se tem, pois, na grande maioria das vezes, um valor de verdade independente, apto a confirmar ou a contra-

---

[411] VRIJ, Aldert; GRANHAG, Pär Anders; PORTER, Stephen. Pitfalls and Opportunities in Nonverbal and Verbal Lie Detection. *Psychological Science in the Public Interest*, v. 11, n. 03, p. 89-121, 2011, p. 94.

riar o julgamento feito pela autoridade acerca da verdade ou falsidade da narrativa da testemunha ou do acerto ou erro na conclusão obtida pela aplicação dos métodos de detecção da mentira (que serão examinados no próximo capítulo).

Para o *feedback* ser útil, permitindo uma evolução das técnicas e mecanismos de avaliação do depoimento da testemunha, bem como uma correção do processo de tomada de decisão judicial, deve ser ele imediato, frequente e confiável.[412]

3.4.1.5 Bons mentirosos

Outra dificuldade envolvida na atividade de detecção da mentira é a existência de bons mentirosos, que dificilmente revelam, por meio de seu comportamento, sinais associados ao ato de mentir. Vrij, Granhag e Porter identificam seis características que, somadas, formam um bom mentiroso: (i) apresentam um comportamento natural que afasta suspeitas (tais quais: manter contato visual, aparentar tranquilidade, boa fluência, ritmo de fala moderado, entre outros); (ii) não experimentam sobrecarga cognitiva ao mentir (planejam suas narrativas com antecedência e não têm dificuldades em criar e manter uma história plausível e coerente, ainda que tenham de improvisar uma resposta a uma pergunta inesperada); (iii) não experimentam emoções como medo, culpa e excitação ao mentir (seja porque não sentem remorso pela mentira, são mentirosos experientes ou não apresentam emoções comumente); (iv) são bons atores e aparentam um comportamento honesto (são eficientes em ocultar o aparecimento de emoções e em contornar uma possível sobrecarga cognitiva); (v) são atraentes e transmitem uma impressão de honestidade e correção; (vi) são "bons psicológicos" (são eficientes em perceber o que o destinatário está sentindo e pensando, conseguindo adaptar seu comportamento para atender às expectativas do interlocutor).

---

[412] VRIJ, Aldert; GRANHAG, Pär Anders; PORTER, Stephen. Pitfalls and Opportunities in Nonverbal and Verbal Lie Detection. *Psychological Science in the Public Interest*, v. 11, n. 03, p. 89-121, 2011, p. 94-95.

3.4.2 Os principais erros cometidos pelas autoridades entrevistadoras

3.4.2.1 Examinar os indicadores errados de mentira

As autoridades entrevistadoras, ao examinar a veracidade ou a falsidade do depoimento da testemunha, fiam-se, não raro, em indicadores equivocados da mentira, baseados em crenças[413] comumente disseminadas sobre como os mentirosos comportam-se e sobre como a sua narrativa apresenta-se.

Dois estudos empíricos foram conduzidos em âmbito global, por um extenso grupo de pesquisadores de várias nacionalidades ("The Global Deception Research Team"), voltado a coletar quais são as crenças sobre a mentira mais difundidas pelo mundo.[414]

No primeiro estudo, 2.320 participantes de 58 países responderam à seguinte pergunta aberta: "como você sabe quando alguém está mentindo para você?". O estereótipo da mentira prevalecente em todos os países, refletido na resposta de 63,66% dos participantes, é a de que o mentiroso tem aversão ao olhar.[415] Aproximadamente um quarto dos participantes acreditava que os mentirosos são mais nervosos do que as

---

[413] Adota-se aqui o conceito utilizado por Granhag, Hartwig e Strömwall de crença: "sentimento ou convicção (forte ou fraca) que algo é verdadeiro ou real". (GRANHAG, Pär-Anders; HARTWIG, Maria; STROMWALL, Leif. Practitioners' beliefs about deception. In: GRANHAG, Pär-Anders; STROMWALL, Leif [Orgs.]. *The Detection of Deception in Forensic Contexts*. Reino Unido: Cambridge University Press, 2004, posição 3014. [e-book]).

[414] Os dois estudos foram reproduzidos no artigo: The Global Deception Research Team. A World of Lies. *J Cross Cult Psychol*, v. 37, n. 01, p. 60-74, 2006, p. 60-74.

[415] A aversão ao olhar é recorrentemente apontada como principal estereótipo da mentira pela literatura especializada. Segundo Granhag, Hartwig e Strömwall, as pessoas tendem a acreditar que os mentirosos são mais nervosos do que as pessoas que dizem a verdade e, por conseguinte, que agem com nervosismo. Nesse sentido, a crença mais forte e comum entre as pessoas é que os mentirosos evitam o contato visual com o entrevistador. Também acreditam que os mentirosos mudam mais frequentemente de posição, movimentam-se mais (automanipulação ou movimento de pés, pernas e mãos), apresentam mais erros e hesitações em seu discurso e têm um ritmo de fala mais lento. Essas conclusões sobre os estereótipos mais comuns da mentira repetem-se nos estudos dos principais pesquisadores da área, como Zuckerman, DePaulo e Rosenthal (1981) e Aldert Vrij (2000) (GRANHAG, Pär-Anders; HARTWIG, Maria; STROMWALL, Leif. Practitioners' beliefs about deception.

pessoas que dizem a verdade (18,15%), que as narrativas construídas por eles são incoerentes (25,03%), bem como que a mentira pode ser detectada pelos movimentos corporais do mentiroso (25,04%).

No segundo estudo, 2.520 pessoas de 63 países foram instruídas a preencher um questionário, marcando os comportamentos que entendiam relacionados à mentira (perguntas fechadas). Ao final, 71,5% dos participantes do estudo acreditavam que os mentirosos tinham aversão ao olhar, 65,2% afirmaram que eles mudavam de postura mais que o usual, 64,8% acreditavam que eles tocavam mais vezes em si mesmos, e 62,2% assinalaram que eles contavam histórias mais longas que o usual.

Outros vários estudos examinaram quais as crenças sobre a mentira predominantes entre profissionais, ou seja, entre aqueles cujos trabalhos diários exigem a distinção entre verdades e mentiras (policiais, juízes, agentes de fronteira, agentes de alfândega e agentes penitenciários). As pesquisas feitas revelaram que esses não são melhores do que as pessoas leigas em detectar mentiras, ambos possuindo crenças similares – e equivocadas – sobre quais são os sinais distintivos do mentiroso.[416]

In: GRANHAG, Pär-Anders; STROMWALL, Leif [Orgs.]. *The Detection of Deception in Forensic Contexts*. Reino Unido: Cambridge University Press, 2004, posição 3029-3038. [e-book]).
[416] Granhag, Hartwig e Strömwall revisitaram diversos estudos empíricos realizados com profissionais (em sua maioria, agentes policiais) no Reino Unido, Holanda, Suécia, Espanha e Alemanha sobre as crenças mais disseminadas sobre a mentira. A maioria dos estudos concluiu inexistir diferença significativa entre as crenças sustentadas por pessoas leigas e as crenças tidas pelos profissionais. Em alguns casos, inclusive, revelou-se que os profissionais acreditavam mais fortemente do que os leigos em sinais equivocados da mentira, como a movimentação excessiva de pernas e a aversão ao olhar (GRANHAG, Pär-Anders; HARTWIG, Maria; STROMWALL, Leif. Practitioners' beliefs about deception. In: GRANHAG, Pär-Anders; STROMWALL, Leif [Orgs.]. *The Detection of Deception in Forensic Contexts*. Reino Unido: Cambridge University Press, 2004, posição 3065-3102. [e-book]). Em pesquisa mais recente sobre o tema, Bogaard, Meijer, Vrij e Merckelbach encontraram resultados condizentes com os estudos anteriores. Segundo os autores, tanto estudantes quanto agentes policiais listaram, como indicadores da mentira, sinais não verbais que não encontram respaldo científico (aversão ao olhar, movimentação e sudorese, por exemplo). (BOGAARD, Glynis; MEIJER, Ewout H.; MERCKELBACH, Harald; VRIJ, Aldert. Strong, but Wrong: Lay People's and Police Officers' Beliefs about Verbal and Nonverbal Cues to Deception. *Plos One*, v. 11, n. 06, p. 01-19, jun. 2016, p. 01-19).

Os estereótipos da mentira mais disseminados pelo mundo, como a aversão ao olhar pelo mentiroso ou a inquietação (agitação das pernas, braços e mãos), não se sustentam na prática, como visto nos estudos empíricos conduzidos por DePaulo[417] e Vrij.[418]

Os estereótipos da mentira não representam, pois, um dado de realidade verificável. Assumem eles muito mais um valor moral de desestímulo da mentira, relacionando-a a um ato negativo e repreensível, que, por conseguinte, deve causar vergonha e apreensão no mentiroso, justificando o aparecimento de sinais como aversão ao olhar e nervosismo.[419]

Por fim, verificou-se que os entrevistadores, ao julgarem a veracidade ou a falsidade de uma declaração, tendem a dar mais consistência aos indicadores não verbais da mentira (comportamento da testemunha)[420] do que aos indicadores verbais (coerência, consistência da narrativa com outros depoimentos dados pela testemunha e com outros elementos de provas, detalhamento da história, presença de elementos contextuais,

---

[417] DEPAULO, Bella et al. Cues to Deception. *Psychological Bulletin*, v. 129, n. 1, p. 74-118, 2003, p. 74-118.

[418] VRIJ, Aldert. *Detecting Lies and Deceit:* Pitfalls and Opportunities. 2. ed. Leicester: Wiley, 2008, p. 53 e ss.

[419] The Global Deception Research Team. A World of Lies. *J Cross Cult Psychol*, v. 37, n. 01, p. 60-74, 2006, p. 60-74.

[420] Em 2004, foi conduzida experiência por Bull, Mann e Vrij, na qual 99 agentes policiais britânicos observaram 54 fragmentos de filmagens de interrogatórios policiais reais. Após, os policiais foram solicitados a julgar os interrogatórios como verdadeiros e falsos e a indicarem quais indicadores suportaram suas decisões. Ao final, 78% dos indicadores reportados pelos policiais eram não verbais. (BULL, Ray; MANN, Samantha; VRIJ, Aldert. Detecting True Lies: Police Officers' Ability to Detect Suspects' Lies. *Journal of Applied Psyhcology*, v. 89, n. 01, p. 137-149, 2004, p. 137-149).

Alguns motivos são apontados, por Vrij, como motivadores dessa ênfase na observação dos indicadores não verbais: costume em fazer-se inferências sobre a personalidade ou preferências de uma pessoa apenas com base em seu comportamento; expectativas prévias sobre a falsidade ou veracidade de um depoimento conduzem a uma desconsideração pelo conteúdo da narrativa do depoente; demanda cognitiva exigida pela interpretação dos sinais verbais pode levar a uma análise preferencial dos sinais não verbais; os entrevistadores podem entender que os sinais não verbais são mais difíceis de serem controlados pelos mentirosos do que os sinais verbais (o que, de fato, pode ser verdade, conforme se assinalou no ponto 2.3). (VRIJ, Aldert. Nonverbal Dominance Versus Verbal Accuracy in Lie Detection. *Criminal Justice and Behavior*, v. 35, n. 10, p. 1323-1336, 2008, p. 1325-1326).

reconhecimento de imperfeições do discurso, etc.).[421] Os indicadores não verbais apresentam-se, em geral, menos confiáveis do que os verbais, uma vez que se baseiam frequentemente em estereótipos falsos, incentivam vieses de mentira[422] e são menos diagnosticáveis do que os sinais verbais relacionados à narrativa.[423]

3.4.2.2 O erro de Othello

O erro de Othello, denominado assim por Ekman[424], diz respeito ao fenômeno de considerar uma testemunha sincera como mentirosa apenas por essa apresentar sinais que poderiam ser, equivocadamente ou não, associados à mentira. Como já mencionado anteriormente, os processos emocionais e cognitivos comumente relacionados aos mentirosos (medo e sobrecarga cognitiva) não são, contudo, a eles exclusivos, podendo também ser experimentados pelas testemunhas sinceras.

A designação do fenômeno faz referência à peça de Shakespeare, na qual Othello, acusando Desdemona de traição, interpreta seu medo e angústia com a morte de seu suposto amante como sinais da infidelidade.

---

[421] Aldert Vrij assinala que os entrevistadores tendem a prestar atenção nos indicadores verbais da narrativa da testemunha apenas em circunstâncias especiais, tais quais: quando já possui, de antemão, informações sobre os fatos relatados por ela; quando tem depoimentos anteriores da testemunha para comparar com o depoimento atual; quando a narrativa tem elementos muito distintivos, que prendem a atenção do interlocutor. Do contrário, os entrevistadores tendem a focar no exame do comportamento não verbal apresentado pela testemunha (VRIJ, Aldert. Nonverbal Dominance Versus Verbal Accuracy in Lie Detection. *Criminal Justice and Behavior*, v. 35, n. 10, p. 1323-1336, 2008, p. 1324).
[422] Segundo Vrij, Granhag e Porter, a ênfase na análise dos indicadores não verbais da mentira incentiva os vieses dos entrevistadores em julgar um depoente como mentiroso. Isso porque os entrevistadores tendem a interpretar a presença desses indicadores como sinais da mentira, mas não costumam adotar a interpretação inversa, ou seja, não interpretam a ausência desses indicadores como sinais de veracidade do depoimento (VRIJ, Aldert. *Detecting Lies and Deceit*: Pitfalls and Opportunities. 2. ed. Leicester: Wiley, 2008, p. 98).
[423] Conforme se verificou na meta-análise promovida por DePaulo, também confirmada por Vrij, os indicadores da mentira que se mostraram mais relevantes à distinção de participantes verazes e mentirosos (pela quantidade de estudos independentes e pelos tamanhos de efeito) foram aqueles ligados aos aspectos verbais da narrativa.
[424] EKMAN, Paul. *Telling lies*: Clues to deceit in the marketplace, politics and marriage. New York: W. W. Norton, 1992, p. 27.

Equivoca-se Othello ao descartar a hipótese alternativa de que Desdemona, mesmo inocente da traição conjugal, apresentaria provavelmente o mesmo comportamento por temer a sua própria morte.

3.4.2.3 Desconsiderar diferenças interpessoais e intrapessoais

Outro equívoco que pode ser cometido durante a tentativa de detecção da mentira é a desconsideração de diferenças interpessoais e intrapessoais das testemunhas. As primeiras dizem respeito às potenciais diferenças existentes entre testemunhas, seja em razão de sua personalidade, seja em função de sua bagagem cultural. A introversão e a ansiedade em se relacionar com desconhecidos, por exemplo, podem causar à testemunha uma maior tensão e medo, quando comparada com pessoas mais extrovertidas e dinâmicas.

As diferenças étnicas e culturais entre testemunhas também podem ter grande impacto no comportamento do depoente e em sua narrativa, variando de acordo com o que é considerado natural, socialmente aceitável ou polido dentro de determinado padrão cultural. O contato visual, exemplificativamente, pode ser tido como sinal de educação na cultura ocidental, enquanto em outros países, como o Japão, pode ser considerado como um sinal de hostilidade ou rudeza, evitando-se, portanto, a sua prática.[425]

As diferenças intrapessoais, por sua vez, dizem respeito às diferenças verbais e não verbais apresentadas por uma mesma pessoa em momentos diversos. Assim, a testemunha pode apresentar-se calma, enquanto narra fatos irrelevantes ou cotidianos, e nervosa, ao relatar fatos relacionados ao suposto crime que presenciou. Ou seja, a mesma pessoa pode reagir diferentemente em situações de baixo e alto risco, assim como em situações informais ou formais. A natureza do tópico tratado e a pessoa do entrevistador também são fatores aptos a alterar o comportamento da testemunha.

Portanto, dois comportamentos diversos, exteriorizados em situações diferentes, não podem ser comparados, não sendo possível extrair disso

---

[425] VRIJ, Aldert; GRANHAG, Pär Anders; PORTER, Stephen. Pitfalls and Opportunities in Nonverbal and Verbal Lie Detection. *Psychological Science in the Public Interest*, v. 11, n. 3, p. 89-121, 2011, p. 100.

qualquer conclusão sobre a mentira ou sobre a veracidade da asserção feita pela testemunha.[426]

A comparação entre o comportamento da testemunha em duas afirmações diversas (uma que se sabe ser verdadeira e a outra em que se tem dúvidas acerca da veracidade) só pode ser feita se as respostas forem dadas em uma mesma entrevista, versarem sobre o mesmo tópico e forem separadas por um curto espaço de tempo.[427]

3.4.3 Estratégias para aumentar as diferenças entre testemunhas sinceras e mentirosas

Diante das dificuldades envolvidas no processo de detecção da mentira, muitos autores[428] propõem a tomada de uma posição ativa pela autoridade entrevistadora, voltada a explorar as diferenças nos processos mentais dos depoentes sinceros e dos mentirosos e a tornar os indicadores da mentira mais confiáveis e flagrantes. Para tanto, sugerem estratégias de inquirição e técnicas de sobrecarga cognitiva, aptas a induzir respostas diferentes entre depoentes sinceros e mentirosos, tornando as diferenças entre eles mais patentes.

3.4.3.1 Perguntas inesperadas

Os mentirosos tendem a planejar e a ensaiar sua história antes de seu depoimento, uma vez que não contam com o conhecimento e com a experiência obtidos com a vivência do fato narrado. Por essa razão, suas narrativas podem soar artificialmente organizadas, em rígida ordem cronológica, como em um roteiro.

---

[426] BULL, Ray; MEMON, Amina; VRIJ, Aldert. *Psychology* and Law: Truthfulness, Accuracy and Credibility. 2. ed. West Sussex: Wiley, 2003, p. 34.
[427] VRIJ, Aldert; GRANHAG, Pär Anders; PORTER, Stephen. Pitfalls and Opportunities in Nonverbal and Verbal Lie Detection. *Psychological Science in the Public Interest*, v. 11, n. 3, p. 89-121, 2011, p. 105.
[428] Ibid., p. 105 e ss. Apesar de os autores descreverem as estratégias de forma mais voltada à identificação de mentiras em interrogatórios de suspeitos ou réus, pode-se, com eventuais alterações, adaptá-las à identificação de mentiras em testemunhas. Ver também: HARTWIG, Maria; GRANHAG, Pär Anders; LUKE, Timothy. Strategic Use of Evidence During Investigative Interviews: The State of the Science. In: RASKIN, David (Ed.). *Credibility Assessment: Scientific Research and Applications*. Oxford: Elsevier, 2014, p. 08.

Para explorar essa fragilidade da história dos mentirosos, a autoridade entrevistadora pode fazer perguntas difíceis de serem antecipadas pela testemunha, como detalhamentos temporais ou espaciais, ou pedir que a explicação seja feita por meio de um formato inesperado, como, por exemplo, um desenho. Caso o mentiroso não tenha antecipado essas perguntas, provavelmente enfrentará maior dificuldade para respondê-las, apresentando maior período de latência entre a pergunta e a resposta e menor quantidade de detalhamento.[429]

Caso se desconfie que certas testemunhas tenham, em conjunto, planejado seus relatos de maneira a dar respostas consistentes entre si às perguntas feitas pela autoridade, pode-se formular perguntas inesperadas e inquirir as testemunhas separadamente sobre elas. Espera-se, com respaldo em estudos empíricos realizados[430], que as testemunhas

---

[429] VRIJ, Aldert; GRANHAG, Pär Anders; PORTER, Stephen. Pitfalls and Opportunities in Nonverbal and Verbal Lie Detection. *Psychological Science in the Public Interest*, v. 11, n. 03, p. 89-121, 2011, p. 106-107.

[430] Em pesquisa empírica conduzida com 80 pessoas, pares de participantes foram instruídos a almoçarem juntos em determinado restaurante e, após, a relatarem sua experiência separadamente com um entrevistador. Outros participantes, também em pares, foram instruídos a subtraírem dinheiro de uma carteira e, após, a mentirem, também separadamente, para o entrevistador sobre terem almoçado juntos no momento da subtração. Todos os participantes tiveram tempo prévio para planejarem seus relatos. Constatou-se que, ao serem entrevistados separadamente, os participantes mentirosos apresentaram menor consistência entre suas respostas às perguntas inesperadas, do que os participantes verazes. Às perguntas esperadas, os participantes deram respostas idênticas, por terem conseguido prevê-las e planejar com antecedência suas respostas. Perguntas inesperadas sobre o espaço (posições dos objetos e das pessoas no restaurante) e a instrução para desenhar o local e a disposição das coisas apresentaram resultados relevantes, possibilitando uma melhor precisão na distinção entre depoentes verazes e mentirosos. Com base na análise da similiaridade dos desenhos feitos pelos participantes mentirosos e verazes, os examinadores conseguiram identificar os mentirosos com 80% de precisão (FISHER, Ronald et al. Outsmarting the Liars: The Benefit of Asking Unanticipated Questions. *Law and Human Behavior*, v. 33, p. 159-166, 2009, p. 159-166).
No entanto, Parkhouse e Ormerod defendem resultados diferentes dos obtidos pela equipe de Fisher, Granhag, Vrij e outros, sustentando, também por pesquisas empíricas, que as perguntas inesperadas não elevaram significativamente a capacidade do entrevistador em detectar corretamente a falsidade ou a veracidade das respostas dos participantes. Contrariam a hipótese de que as perguntas inesperadas somente aumentam a carga cognitiva

mentirosas deem respostas consistentes entre si (ou mesmo idênticas) às perguntas esperadas (passíveis de serem antecipadas) e respostas mais inconsistentes a perguntas inesperadas (difíceis de serem antecipadas). Tal mecanismo é apto a aumentar as diferenças entre testemunhas sinceras e mentirosas, elevando as chances de precisão na detecção da mentira.

3.4.3.2 Aumento da sobrecarga cognitiva

Conforme preconizado pela teoria da complexidade do conteúdo, o ato de mentir tende a provocar maior sobrecarga cognitiva ao emissor da mensagem falsa, quando comparado com a demanda mental exigida pelo ato de dizer a verdade, pelas razões já expostas quando da análise dessa teoria (item 3.2.2).[431] No entanto, esse esforço cognitivo não é, de ordinário, apresentado ao mundo externo na forma de indicadores seguros e perceptíveis.

Como o ato de mentir provavelmente demanda um esforço mental maior que o ato de dizer a verdade, a testemunha mentirosa contará com uma menor quantidade de recursos cognitivos disponíveis para outras atividades. Em razão disso, pode a autoridade entrevistadora explorar esse possível ponto de fragilidade, focando em perguntas ou solicitações voltadas a elevar ainda mais o esforço cognitivo feito pela testemunha. Dividida entre duas atividades que demandam atenção e concentração, a

---

dos participantes mentirosos, apontando que, a despeito do ato de mentir demandar um esforço cognitivo maior que o de dizer a verdade no geral, as perguntas inesperadas elevam o esforço mental feito tanto pelos mentirosos quanto pelos verazes (PARKHOUSE, Tom; ORMEROD, Thomas. Unanticipated questions can yield unanticipated outcomes in investigative interviews. *Plos one*, p. 01-22, dez. 2018, p. 01-22).

[431] Contudo, nem sempre o ato de mentir demandará mais esforço cognitivo que o ato de dizer a verdade. Bull, Fischer, Mann e outros assinalam as situações nas quais o ato de mentir provavelmente exigirá um esforço cognitivo superior ao ato de dizer a verdade: (i) quando os entrevistados estão altamente motivados a serem acreditados; (ii) quando a recuperação da verdade é fácil e acessível ao mentiroso, tornando mais difícil a sua supressão do relato; (iii) quando a memória das testemunhas verazes também é de fácil acesso, caso contrário, se o evento ocorreu há muito tempo, por exemplo, a recuperação da lembrança pela testemunha veraz pode demandar recursos cognitivos superiores aos exigidos dos depoentes mentirosos (BULL, Ray et al. Increasing cognitive load to facilitate lie detection: the benefit of recalling an event in reverse order. *Law and Human Behavior*, v. 32, p. 253-265, 2008, p. 254).

tendência é de que a testemunha mentirosa tenha uma performance pior do que a apresentada por uma testemunha sincera.

Uma das estratégias possíveis de serem adotadas pela autoridade entrevistadora é a de solicitar às testemunhas que recontem a história de forma inversa, ou seja, cronologicamente "de trás para frente". Essa estratégia eleva o grau de esforço mental feito pelo depoente, uma vez que exige uma narrativa contrária à natural sequência cronológica dos eventos, bem como rompe com a reconstrução de eventos feita com base em esquemas.

Os participantes mentirosos, duplamente sobrecarregados (com o ato de mentir e com a inversão de sua narrativa), tendem a apresentar mais sinais de alta demanda cognitiva, como erros no discurso, hesitações, ritmo de fala mais lento, bem como menor detalhamento de sua história. Tendem a apresentar também sinais de nervosismo, como agitação de pés e pernas e maior pestanejar.[432]

Instruir a testemunha a manter o contato visual com o entrevistador também pode sobrecarregar sobremaneira a atenção do mentiroso, de vez que olhar para um ponto dinâmico e complexo, como a face de uma pessoa, é mais distrativo do que olhar para um ponto imóvel.[433]

3.4.3.3 Utilização estratégica das provas

A técnica da utilização estratégica das provas (conhecida pela sigla "SUE" de "Strategic Use of Evidence") baseia-se na proposição de que pessoas

---

[432] BULL, Ray et al. Increasing cognitive load to facilitate lie detection: the benefit of recalling an event in reverse order. *Law and Human Behavior*, v. 32, p. 253-265, 2008, p. 254. Os pesquisadores conduziram dois estudos empíricos, nos quais constataram que a inversão na ordem do relato acentua os sinais de sobrecarga mental nos participantes instruídos a mentir, aumentando, pois, a diferença entre os mentirosos e os verazes. Nesse estudo, os entrevistadores (policiais) tiveram mais sucesso em identificar corretamente a mentira quando observaram os participantes contando a história na ordem inversa (60% de precisão) do que quando ouviram a narrativa em ordem cronológica (42% de precisão).
[433] Em outra pesquisa empírica, conduzida por Fisher et al., verificou-se maior taxa de acerto na identificação da mentira no grupo de participantes instruídos a fixar o olhar no entrevistador, em comparação ao grupo de controle, aos quais nenhuma instrução foi passada (FISHER, Ronald et al. Look into my eyes: Can an instruction to maintain eye contact facilitate lie detection? *Psychology Crime and Law*, v. 16, n. 4, p. 327-348, 2010, p. 327-348).

sinceras e pessoas mentirosas adotam diferentes estratégias de convencimento do interlocutor.[434] A despeito de essa técnica ser originalmente pensada para distinguir suspeitos inocentes de suspeitos culpados, é possível, com ligeiras adequações, estender a sua aplicação às testemunhas.

Hartwig, Granhag e Luke[435] explicam que tanto as pessoas mentirosas quanto as verazes adotam estratégias de comportamento ou estratégias cognitivas durante a entrevista a fim de atingirem seus objetivos e afastarem resultados indesejados. Ainda que ambas ostentem os mesmos objetivos (serem consideradas verazes) e evitem as mesmas ameaças (serem consideradas mentirosas), elas diferenciam-se substancialmente em um ponto: as mentirosas intentam ocultar informações críticas do entrevistador, o que molda, diferentemente, as estratégias adotadas por cada um dos depoentes.

Nesse sentido, os mentirosos tomam decisões estratégicas sobre quais informações devem ser suprimidas, quais devem ser negadas e quais devem ser admitidas durante a entrevista, manuseando o risco de suprimir informações já conhecidas pelo entrevistador e de fornecer informações falsas que contrariem o conhecimento já possuído pelo destinatário. Sobre as informações a serem retidas, os mentirosos, no geral, recorrem a duas possíveis estratégias: evasão (como resposta a perguntas abertas, constroem sua narrativa, evitando divulgar a informação que pretendem manter suprimida) e negação (como resposta a perguntas fechadas).

Doutro vértice, as pessoas sinceras adotam estratégias de convencimento muito mais simples do que as mentirosas, uma vez que não têm que empreender esforços em gerenciamento de informações a serem ou

---

[434] HARTWIG, Maria; GRANHAG, Pär Anders; LUKE, Timothy. Strategic Use of Evidence During Investigative Interviews: The State of the Science. In: RASKIN, David (Ed.). *Credibility Assessment*: Scientific Research and Applications. Oxford: Elsevier, 2014, p. 09.
[435] Ibid., p. 10 e ss. Os autores fizeram uma meta-análise de oito estudos empíricos voltados a apurar a detecção da mentira em duas condições: a primeira com a aplicação da estratégia SUE, ou seja, com a divulgação estratégica de informação relevante apenas ao final da entrevista, e a segunda com a divulgação da informação logo no início da entrevista. Constataram os autores que, ainda que os mentirosos tendam, em ambas as condições, a fazer afirmações contrárias às evidências, essa tendência é ampliada quando são inquiridos sem conhecimento das informações já sabidas pela autoridade entrevistadora.

não reveladas. Concentram-se em apenas divulgar as informações sobre as quais têm conhecimento.

A SUE fundamenta-se na retenção (não divulgação) estratégica de informações relevantes (dados fáticos e elementos de provas) já conhecidas pela autoridade entrevistadora, como forma de explorar as diferentes estratégias adotadas pelas pessoas verazes e mentirosas. Permite-se, dessa maneira, examinar como os mentirosos implementam suas estratégias de evasão e negação quando não têm ciência das informações já conhecidas pelo entrevistador.

Os autores propõem a utilização de uma estrutura de inquirição afunilada: primeiro, volta-se às perguntas abertas e gerais, permitindo às testemunhas uma livre narrativa dos fatos que sabem. Os mentirosos evitarão dar quaisquer informações que revelem os fatos que pretendem omitir (estratégia de evasão), ocultando, em seu relato, fatos relevantes; enquanto as testemunhas sinceras tenderão a apresentar-se mais dispostas em divulgar todas as informações que sabem. Após, afunila-se para perguntas mais específicas, mormente, sobre as informações relevantes já conhecidas pelo juiz (sem informar, todavia, ao entrevistado que já detém esse conhecimento). O mentiroso, ao contrário da testemunha sincera, possivelmente, dará respostas negativas às perguntas fechadas sobre as informações que intenciona ocultar (estratégia de negação), contrariando os elementos já conhecidos pelo entrevistador (afirmação inconsistente com as evidências).[436]

A divulgação das informações conhecidas pela autoridade entrevistadora também pode dar-se de maneira estratégica, de forma a evidenciar as táticas de contrainquirição adotadas pelos mentirosos. Assim, apresentá-las, por exemplo, de forma indireta ou incompleta pode levar a testemunha mentirosa a reconsiderar suas respostas anteriores, sem, contudo, ser consistente com a integralidade das informações mantidas pelo entrevistador.[437]

---

[436] GRANHAG, Pär Anders; VRIJ, Aldert. Eliciting cues to deception and truth: What matters are the questions asked. *Journal of Applied Research in Memory and Cognition*, v. 1, p. 110-117, mar. 2012, p. 114.

[437] HARTWIG, Maria; GRANHAG, Pär Anders; LUKE, Timothy. Strategic Use of Evidence

As técnicas de utilização estratégica das provas, de formulação de perguntas inesperadas e de aumento da carga cognitiva da testemunha consistem, pois, em formas de condutas ativas, por parte da autoridade entrevistadora, aptas a acentuarem as diferenças perceptíveis entre depoentes mentirosos e sinceros.

3.5 Conclusão parcial

O presente capítulo encerra a apresentação dos fatores de contaminação potencialmente incidentes sobre a prova testemunhal, responsáveis por reduzir a sua confiabilidade e a sua segurança enquanto meio de prova apto a reconstruir os fatos relevantes ao processo.

A mentira, ao lado das falsas memórias e demais fenômenos mnêmicos estudados no capítulo precedente, ameaça a presunção de veracidade da palavra humana sobre a qual se erige a aceitação da prova testemunhal. Imprescindível, nesse cenário, incluí-la na análise, sobretudo, em face da dificuldade de sua detecção e dos erros frequentemente cometidos pelas autoridades entrevistadoras durante a análise dos indicadores da mentira.

No capítulo seguinte, descreve-se o estudo realizado no tocante aos modelos de inquirição e técnicas de avaliação da testemunha e de seu relato desenvolvidas e utilizadas em outros países, voltadas precipuamente a (i) reduzir a incidência dos fatores involuntários de contaminação da prova testemunhal (estratégias de inquirição dirigidas a, por exemplo, evitar sugestionamentos e formação de falsas memórias na testemunha), bem como a (ii) detectar a ocorrência do fator voluntário de contaminação da prova testemunhal (ou seja, distinguir, de forma mais confiável, testemunhas sinceras das mentirosas por meio de modelos adequados de inquirição e de análise estruturada do depoimento).

Intencionou-se, com tal exame, verificar a existência de formas hábeis a reduzir, tanto quanto possível, a contaminação da prova testemunhal, elevando sua qualidade e capacidade epistêmica.

During Investigative Interviews: The State of the Science. In: RASKIN, David (Ed.). *Credibility Assessment: Scientific Research and Applications.* Oxford: Elsevier, 2014, p. 18 e ss.

4
O Tratamento da Problemática da Contaminação da Prova Testemunhal pelo Direito Estrangeiro

4.1 Entrevista cognitiva (*cognitive interview* – CI): a obtenção de um relato testemunhal mais completo e preciso

4.1.1 Aspectos gerais

As então recentes descobertas sobre a fragilidade da memória, as falhas na condução das inquirições de testemunhas pelas forças policiais[438] e o declínio da aceitação da hipnose como forma de evocação de lembranças abriram caminho, no início da década de oitenta do século passado, para o desenvolvimento de uma inovadora forma de entrevista de testemunhas e vítimas. A pedido de policiais e operadores do Direito norte-americanos, Geiselman e Fisher desenvolveram, em 1984, a técnica denominada Entrevista Cognitiva.[439]

---

[438] Feix e Pergher identificam as falhas mais comuns cometidas pelos atores jurídicos durante as entrevistas com testemunhas e vítimas: "não explicar o propósito da entrevista; não explicar as regras básicas da sistemática da entrevista; não estabelecer *rapport*; não solicitar o relato livre; basear-se em perguntas fechadas e não fazer perguntas abertas; fazer perguntas sugestivas/confirmatórias; não acompanhar o que a testemunha recém disse; não permitir pausas; interromper a testemunha quando ela está falando; não fazer o fechamento da entrevista" (FEIX, Leandro; PERGHER, Giovanni. Memória em julgamento: técnicas de entrevista para minimizar as falsas memórias. In: STEIN, Lilian Milnitsky et al. *Falsas memórias*: fundamentos científicos e suas aplicações clínicas e jurídicas. Porto Alegre: Artmed, 2010, p. 211. [e-book]).

[439] BULL, Ray et al. The Cognitive Interview: A Meta-Analysis. *Psychology Crime and Law*, v. 5, p. 03-27, jan. 1999, p. 04. Geiselman e Fisher explicam que a hipnose, embora tenha sido reportada como útil para melhorar a memória da testemunha em diversos casos, também passou a ser contestada por vários pesquisadores, sob o argumento de que aumentava a

Essa ferramenta tem como função recuperar a memória da testemunha sobre o evento da forma mais completa e acurada possível, baseando-se, para tanto, em princípios mnemônicos e cognitivos, dinâmicas sociais e em elementos de comunicação.

O protocolo da Entrevista Cognitiva, em sua versão original, previa quatro técnicas mnemônicas de recuperação: (i) reinstalação do cenário fático e do estado psicológico da testemunha no momento da percepção do evento; (ii) relato livre com o maior detalhamento possível; (iii) repetição da narrativa em diferentes ordens (cronologicamente ao contrário); (iv) repetição da narrativa de diferentes perspectivas.[440]

Essas técnicas têm por fundamento dois princípios teóricos sobre a memória. O primeiro, denominado princípio da especificidade da codificação, consiste na afirmação de que a memória é dependente do contexto, e, por conseguinte, a similitude de elementos presentes entre o momento de codificação da memória e o momento de sua recuperação eleva a qualidade da lembrança (fundamento teórico da recriação mental do contexto). O segundo, conhecido por princípio dos múltiplos traços, expõe que a memória não é formada por uma única e integral representação, mas, ao contrário, é formada por uma complexa rede de componentes. Dessa forma, um traço de memória pode ser acessado por vários caminhos diversos, permitindo a recuperação de componentes não recordados em momentos anteriores (tal fundamenta as repetições da narrativa em diversas ordens e sob diferentes perspectivas).[441]

Em 1992, Geiselman e Fisher aprimoraram o modelo anterior, dando origem à chamada Entrevista Cognitiva Melhorada, que contou com o

---

sugestionabilidade da testemunha e elevava as chances de fabricações, distorções e erros no relato testemunhal (FISHER, Ronald et al. Eyewitness Memory Enhancement in Police Interview. Cognitive Retrievel Mnemonics Versus Hypnosis. *Journal of Applied Psychology*, v. 70, n. 2, p. 401-412, 1985, p. 386).

[440] FISHER, Ronald et al. Eyewitness Memory Enhancement in Police Interview. Cognitive Retrievel Mnemonics Versus Hypnosis. *Journal of Applied Psychology*, v. 70, n. 02, p. 401-412, 1985, p. 401-412; FISHER, Ronald et al. Enhancement of eyewitness memory with the cognitive interview. *The American Journal of Psychology*, v. 99, n. 03, p. 385-401, 1986, p. 385-401.

[441] BULL, Ray; MEMON, Amina; MILNE, Rebecca. The Cognitive Interview: A Meta-Analysis. *Psychology Crime and Law*, v. 5, p. 03-27, jan. 1999, p. 04.

acréscimo de elementos sociais e comunicativos voltados ao bem-estar psicológico da testemunha e ao desenvolvimento de uma boa relação entre ela e a autoridade entrevistadora. Tais recursos têm por objetivo elevar as chances de obtenção de um relato mais fidedigno e garantir uma cooperação mais intensa por parte da testemunha.[442]

A atual estrutura da Entrevista Cognitiva é dividida em cinco seções, dispostas em uma formatação flexível e adaptável a cada situação e a cada testemunha. Assim, não se exige que o entrevistador siga rigidamente a estrutura proposta, mas, ao contrário, que utilize as técnicas que, no caso concreto, melhor permitam a recuperação dos fatos percebidos por aquela dada testemunha.

4.1.2 Seções da Entrevista Cognitiva

4.1.2.1 Introdução: construção do relacionamento e transferência do controle

Nessa etapa inicial, deve o entrevistador, primeiramente, estabelecer um bom relacionamento com a testemunha a fim de criar um ambiente confortável, tranquilo e propício à evocação de uma memória potencialmente traumática e/ou de difícil recuperação.

Relevante, nesse ponto, que o entrevistador cumprimente a testemunha, identifique a instituição que representa e evite sustentar uma posição autoritária. Também é importante que o entrevistador explique à testemunha a razão pela qual foi chamada a depor, qual o seu papel na investigação e como será desenvolvida a entrevista.

A autoridade entrevistadora poderá abordar alguns tópicos neutros com a testemunha, com perguntas abertas (por exemplo: como é seu dia normalmente?), o que, de um lado, pode ajudar a reduzir eventual ansiedade sentida pela testemunha e, por outro, fazê-la, desde já, acostumar-se com o estilo da entrevista.

Ademais, deverá o entrevistador ressaltar o papel ativo e central que a testemunha assumirá durante a entrevista, uma vez que é a detentora

---

[442] ALBUQUERQUE, Pedro; BULL, Ray; PAULO, Rui. A entrevista cognitiva melhorada: pressupostos teóricos, investigação e aplicação. *Revista Psicologia*, v. 28, n. 02, p. 21-30, 2014, p. 23.

do conhecimento relevante. Assim, o entrevistador deve sublinhar à testemunha que ele não tem conhecimento sobre os fatos, motivando, por um lado, que ela relate tudo o que sabe, e, de outro, mitigando os efeitos negativos potencialmente decorrentes do estatuto do entrevistador.[443]

Nessa medida, o juiz ou a autoridade policial deverá limitar-se a formular questões de respostas abertas, incentivar a testemunha a dizer tudo que sabe e evitar interromper sua narrativa.[444] Tal estratégia, denominada de transferência de controle[445], permite que um maior número de informações seja evocado pela testemunha.

Também deverá ser transmitida explicitamente à testemunha a importância de um relato completo e abundante em detalhes, ainda que tais detalhes pareçam triviais, cronologicamente fora de ordem ou contrários às informações dadas anteriormente. Contudo, deve-se alertar a testemunha para não tentar adivinhar ou inferir elementos não percebidos, devendo, se for esse o caso, admitir não se lembrar ou não saber precisar a

---

[443] O fenômeno do estatuto do entrevistador, examinado no item 2.5.2.1 do segundo capítulo, consiste na crença, por parte da testemunha, de que o inquiridor é uma figura de autoridade, onisciente, e, portanto, detentor de um conhecimento superior ao da testemunha. Essa crença aumenta a confiança da testemunha no entrevistador, levando-a a acreditar que as opiniões e vieses manifestados por esse refletem necessariamente a verdade. Por essa razão, o estatuto do entrevistador, ao lado de sua postura e viés, é um fenômeno responsável por aumentar as chances de contaminação do relato testemunhal, por meio da aceitação e incorporação de falsas sugestões provenientes do entrevistador.
[444] FISHER, Ronald; GEISELMAN, Edward. The Cognitive Interview method of conducting police interviews: Eliciting extensive information and promoting Therapeutic Jurisprudence. *International Law and Psychiatric*, v. 33, p. 321-328, 2010, p. 324.
Esse processo diferencia-se dos tradicionais métodos de inquirição nos quais a testemunha assume um papel passivo, restringindo-se a responder brevemente perguntas específicas e fechadas formuladas pelas autoridades. Quando a testemunha assume um papel ativo, ela passa a fornecer mais informações sem aguardar a formulação de perguntas pelo entrevistador.
[445] PERGHER, Giovanni; STEIN, Lilian Milnitsky. Entrevista cognitiva e terapia cognitivo-comportamental: do âmbito forense à clínica. *Revista Brasileira de Terapias Cognitivas*. Rio de Janeiro, v. 1, n. 2, p. 11-20, dez. 2005. Disponível em: <http://pepsic.bvsalud.org/scielo.php?script=sci_arttext&pid=S1808-56872005000200002&lng=pt&nrm=iso>. Acesso em: 27.09.19.

informação requerida.⁴⁴⁶ A testemunha poderá – e deverá – pedir para o entrevistador explanar um questionamento que ela não tenha entendido, bem como corrigi-lo, caso esse faça uma afirmação equivocada sobre o seu relato.⁴⁴⁷

Por fim, o entrevistador deve reconhecer o esforço mental a ser feito pela testemunha para evocação da memória e agradecer-lhe antecipadamente por sua colaboração. Deve auxiliá-la, o quanto possível, a concentrar-se, eliminando eventuais distrações e aconselhando-a a fechar os olhos se necessário.⁴⁴⁸

4.1.2.2 Recriação do contexto e narrativa livre

Antes de iniciar a narrativa livre, a autoridade entrevistadora deve orientar a testemunha a recriar mentalmente o contexto do evento original que se pretende recuperar (técnica de restabelecimento do contexto). Deve a testemunha, por meio das instruções dadas pelo entrevistador, recriar os aspectos externos (ambiente, sons, cheiros, imagens) do evento, bem como os aspectos emocionais (sentimentos, humor, estado de espírito) e cognitivos (pensamentos) experimentados por ela durante a percepção e a codificação da memória, utilizando, para tanto, todos os sentidos possíveis (visuais, táteis, olfativos, auditivos e gustativos).⁴⁴⁹

---

⁴⁴⁶ FISHER, Ronald; GEISELMAN, Edward. Interviewing Witnesses and Victims. To appear in: Michel St. Yves (Ed.), *Investigative Interviewing*: Handbook of Best Practices (In press), 2014. Disponível em: <https://webcache.googleusercontent.com/search?q=cache:rWqHCV71C6kJ:https://www.psych.ucla.edu/sites/default/files/documents/other/Current_CI_Research.docx+&cd=4&hl=pt-BR&ct=clnk&gl=br&client=safari>. Acesso em: 29.09.19, p. 04.

⁴⁴⁷ FEIX, Leandro; PERGHER, Giovanni. Memória em julgamento: técnicas de entrevista para minimizar as falsas memórias. In: STEIN, Lilian Milnitsky et al. *Falsas memórias*: fundamentos científicos e suas aplicações clínicas e jurídicas. Porto Alegre: Artmed, 2010, p. 215. (e-book).

⁴⁴⁸ FISHER, Ronald; GEISELMAN, Edward, op. cit., 29.09.19, p. 04.

⁴⁴⁹ FEIX, Leandro; PERGHER, Giovanni. Memória em julgamento: técnicas de entrevista para minimizar as falsas memórias. In: STEIN, Lilian Milnitsky et al. *Falsas memórias*: fundamentos científicos e suas aplicações clínicas e jurídicas. Porto Alegre: Artmed, 2010, p. 217. (e-book).

A recriação do contexto fático e psicológico tem o condão de ajudar a testemunha a recuperar mais detalhes relacionados ao evento.[450] Além disso, ao restabelecer mentalmente os aspectos presentes no evento, a testemunha tende a incorporar menos informações pós-evento falsas provenientes de fontes internas e externas.

Após a recriação do evento, que deverá levar o tempo que for necessário, passar-se-á à narrativa livre da testemunha. Para tanto, o entrevistador deve requerer que a testemunha narre, em suas próprias palavras e com o máximo de detalhamento possível, tudo aquilo que se recorda sobre o evento percebido, do início ao fim. Deve ser instruída a incluir todos os detalhes que recordar, ainda que repute serem eles irrelevantes, triviais, já de conhecimento do entrevistador, ou mesmo que só se recorde parcialmente da informação.

Durante o relato livre, a autoridade deverá anotar os elementos relevantes mencionados pela testemunha, que podem vir a ser objeto de perguntas futuras mais específicas. Não deverá, porém, interromper a testemunha durante a sua narrativa para questioná-la sobre algum ponto ou para pedir que seja mais específica.

4.1.2.3 Questões complementares

Nessa etapa, o entrevistador, após o relato livre da testemunha, poderá aprofundar a investigação sobre algumas questões mencionadas pelo depoente (por exemplo: menção sobre arma ou sobre aspectos físicos do suposto autor do delito). Deverá iniciar pelo elemento de maior relevo à apuração dos fatos, pois a recordação de um detalhe principal pode desencadear, por associação, a recuperação de diversos outros detalhes. Além disso, à medida que a entrevista se desenvolve, a testemunha e o

---

[450] Griffiths e Milne explicam que recordar qualquer elemento do contexto original (aspectos físicos, ambientais, pessoais ou sentimentais), que foi codificado juntamente com a memória do evento, pode servir como "dica de recuperação", ou seja, como um estímulo que ajuda a acessar o traço de memória, e, por conseguinte, a melhorar a recuperação do evento (GRIFFITHS, Andy; MILNE, Rebecca. The Application of Cognitive Interview Techniques as Part of an Investigation. *Consultancy and Advising in Forensic Practice: Empirical and Practical Guidelines*, mar. 2010, p. 69-90. Disponível em: <https://www.researchgate.net/publication/229951700_The_Application_of_Cognitive_Interview_Techniques_as_Part_of_an_Investigation>. Acesso em: 03.10.19).

entrevistador tendem a perder a capacidade de concentração pela fadiga e pelo esforço cognitivo implementado ao longo da inquirição.[451]

Essas perguntas devem referir-se apenas a informações mencionadas pela própria testemunha e devem ser apresentadas de forma aberta ("como era o autor do delito?" ou "como era a arma utilizada?", caso a testemunha tenha mencionado, anteriormente, a existência de uma arma no local do crime). Assim, devem ser evitadas perguntas de respostas fechadas ("o autor portava um revólver?"), perguntas alternativas ou de múltipla escolha ("o autor portava um revólver ou uma faca?"); perguntas sugestivas ("o autor portava um revólver, não?") e perguntas confirmatórias ("o réu portava revólver, então?", quando a testemunha apenas afirma ter visto algo que poderia ser uma arma).[452]

As perguntas devem ser, inicialmente, as mais amplas possíveis, afunilando-se progressivamente para perguntas mais específicas. As perguntas fechadas só devem ser utilizadas quando não for possível obter a informação por meio de perguntas abertas.[453]

Pode-se recorrer à estratégia de recriação do contexto em menor proporção e de forma mais focalizada. É dizer, pode-se auxiliar a testemunha a criar uma imagem mental de algum aspecto específico do evento, como, por exemplo, a arma utilizada pelo autor, para ajudar na recuperação de detalhes precisos.[454]

---

[451] FISHER, Ronald; GEISELMAN, Edward. Interviewing Witnesses and Victims. To appear in: Michel St. Yves (Ed.), *Investigative Interviewing: Handbook of Best Practices* (In press), 2014. Disponível em: <https://webcache.googleusercontent.com/search?q=cache:rWqHCV71C6kJ:https://www.psych.ucla.edu/sites/default/files/documents/other/Current_CI_Research.docx+&cd=4&hl=pt-BR&ct=clnk&gl=br&client=safari>. Acesso em: 29.09.19, p. 05.
[452] ALBUQUERQUE, Pedro; BULL, Ray; PAULO, Rui. A entrevista cognitiva melhorada: pressupostos teóricos, investigação e aplicação. *Revista Psicologia*, v. 28, n. 02, p. 21-30, 2014, p. 23.
[453] FEIX, Leandro; PERGHER, Giovanni. Memória em julgamento: técnicas de entrevista para minimizar as falsas memórias. In: STEIN, Lilian Milnitsky et al. *Falsas memórias:* fundamentos científicos e suas aplicações clínicas e jurídicas. Porto Alegre: Artmed, 2010, p. 220-221. (e-book).
[454] GRIFFITHS, Andy; MILNE, Rebecca. The Application of Cognitive Interview Techniques as Part of an Investigation. *Consultancy and Advising in Forensic Practice*: Empirical and Practical Guidelines, mar. 2010, p. 69-90. Disponível em: <https://www.researchgate.net/

O entrevistador deve respeitar o processo mental feito pela testemunha para recuperar um aspecto específico do evento. Deve, nesse sentido, aguardar a testemunha finalizar o esforço mental de evocação e concluir sua resposta antes de elaborar outra pergunta ou mudar de tópico (princípio do momento).[455]

Ademais, cada testemunha tem uma representação mental diversa do evento, uma vez que a atenção dispensada é seletiva, assim como também é seletivo o processo de retenção do conhecimento. Pode-se recordar melhor, por exemplo, de detalhes relativos ao aspecto físico do autor ou da arma presente no cenário (efeito da focalização da arma). Desse modo, o entrevistador deve adaptar as questões complementares à particular situação de uma dada testemunha, ao invés de seguir estritamente uma lista padronizada de perguntas (questionamento compatível com a testemunha).[456]

4.1.2.4 Recuperações múltiplas e variadas

Ao final da fase de questionamentos complementares, o entrevistador poderá lançar mão de algumas técnicas mnemônicas que buscam ativar rotas alternativas de acesso às informações armazenadas. Uma dessas técnicas é a Mudança de Ordem, que requer à testemunha que reconte os fatos em ordem diversa à cronológica (do final para o começo, do meio para o começo, da memória mais importante à menos importante). Tal

---

publication/229951700_The_Application_of_Cognitive_Interview_Techniques_as_Part_of_an_Investigation>. Acesso em: 03.10.19.

[455] FISHER, Ronald; GEISELMAN, Edward. The Cognitive Interview method of conducting police interviews: Eliciting extensive information and promoting Therapeutic Jurisprudence. *International Law and Psychiatric*, v. 33, p. 321-328, 2010, p. 323. Contudo, Memon e Higham recordam que a técnica de criação de imagens mentais seguida de questionamentos específicos deve ser feita de forma cuidadosa para não ocasionar a fabricação de memórias. A testemunha, ao recriar mentalmente a imagem do evento, pode, muitas vezes, passar a confundir o evento real com o evento imaginado, recuperando detalhes incorretos. Isso pode ser acentuado caso a testemunha associe sentimentos e pensamentos a essa imagem mental (MEMON, Amina; HIGHAM, Philip A. A review of the cognitive interview. *Psychology, Crime and Law*, v. 5, p. 177-196, 2009, p. 182).

[456] O entrevistador pode, por exemplo, pedir que a testemunha explique por meio de desenhos, sobretudo, quando se trata de informações espaciais (disposições de coisas ou pessoas em um dado espaço).

técnica apresenta-se especialmente relevante quando a testemunha se encontra fortemente influenciada por esquemas mentais (padrões de pensamentos e comportamentos) relacionados a eventos do mesmo tipo.[457] Recontar o evento na ordem inversa pode impedir a interferência dos esquemas mentais na recuperação da memória, uma vez que são eles geralmente construídos e mantidos em ordem cronológica.

A Mudança de Perspectiva visa, igualmente, permitir a ativação de memórias diversas por meio da alteração da forma de recuperação do traço mnemônico. Nesse caso, o entrevistador pode solicitar à testemunha que reconte o evento de outra perspectiva, seja ela interna (por exemplo, do estado psicológico que se encontrava anteriormente à ocorrência do evento) ou externa (da perspectiva de uma outra pessoa presente no cenário do suposto crime).[458]

Além da Mudança de Ordem e da Mudança de Perspectiva, o entrevistador pode explorar outras rotas de recuperação da memória ao longo da entrevista, como, por exemplo, repetir as perguntas de uma forma diversa (ao invés de perguntar repetidamente sobre um objeto, pode-se questionar sobre as suas características, como seu peso, seu material ou sua

---

[457] Um exemplo citado por Albuquerque, Bull e Paulo é o do segurança de um bar que está a depor sobre uma briga que presenciou. É possível que esse segurança, por presenciar recorrentemente brigas, tenha um forte esquema mental sobre como uma briga de bar geralmente é e quais são seus componentes comuns. Desse modo, ao tentar recuperar uma briga em específico, pode evocar equivocadamente elementos habitualmente percebidos em outras brigas e ocultar elementos presentes nessa briga específica que contradigam seu esquema mental. (ALBUQUERQUE, Pedro; BULL, Ray; PAULO, Rui. A entrevista cognitiva melhorada: pressupostos teóricos, investigação e aplicação. *Revista Psicologia*, v. 28, n. 02, p. 21-30, 2014, p. 23).

[458] Memon e Higham apontam existirem preocupações em torno do uso da técnica da Mudança de Perspectiva, pois poderia confundir a testemunha e elevar as chances de fabricação de informações. Tal razão justificaria seu reduzido uso pelas forças policiais. Contudo, os autores citam a existência de estudos empíricos a demonstrar que essa técnica, quando comparada com outras técnicas da Entrevista Cognitiva, produz tantas informações precisas quanto as demais, ainda que não aumente o número total de informações recuperadas (MEMON, Amina; HIGHAM, Philip A. A review of the cognitive interview. *Psychology, Crime and Law*, v. 5, p. 177-196, 2009, p. 179).

função)[459] ou solicitar à testemunha que descreva o evento partindo de um aspecto sensorial diferente (focalizando-se, por exemplo, no aspecto auditivo e não visual da experiência).

4.1.2.5 Resumo

Direcionada ao fechamento da entrevista, a autoridade deverá promover uma síntese do evento relatado, com as palavras utilizadas pela testemunha. Diante do resumo feito pela autoridade, a testemunha poderá, se for o caso: (i) corrigir possíveis erros ou omissões de sua narrativa e/ou (ii) acrescentar informações não recuperadas nos momentos anteriores.[460]

Portanto, é o resumo, conforme pontuado por Stein e Pergher, uma "oportunidade do entrevistado conferir a acurácia de sua própria recordação, além de poder funcionar como uma nova tentativa de recuperação".[461] O entrevistador poderá, ainda, esclarecer alguma dúvida, imprecisão ou ambiguidade remanescente no relato da testemunha.

4.1.2.6 Encerramento

Por fim, no encerramento da Entrevista Cognitiva, deverá a autoridade cumprir com as formalidades exigidas pelo ato e seu registro, cumpri-

---

[459] FISHER, Ronald; GEISELMAN, Edward. Interviewing Witnesses and Victims. To appear in: Michel St. Yves (Ed.), *Investigative Interviewing*: Handbook of Best Practices (In press), 2014. Disponível em: <https://webcache.googleusercontent.com/search?q=cache:rW qHCV71C6kJ:https://www.psych.ucla.edu/sites/default/files/documents/other/Current_CI_Research.docx+&cd=4&hl=pt-BR&ct=clnk&gl=br&client=safari>. Acesso em: 29.09.19, p. 06.

[460] FISHER, Ronald; GEISELMAN, Edward. Interviewing Witnesses and Victims. To appear in: Michel St. Yves (Ed.), *Investigative Interviewing*: Handbook of Best Practices (In press), 2014. Disponível em: <https://webcache.googleusercontent.com/search?q=cache:rW qHCV71C6kJ:https://www.psych.ucla.edu/sites/default/files/documents/other/Current_CI_Research.docx+&cd=4&hl=pt-BR&ct=clnk&gl=br&client=safari>. Acesso em: 29.09.19, p. 07-08.

[461] PERGHER, Giovanni; STEIN, Lilian Milnitsky. Entrevista cognitiva e terapia cognitivo-comportamental: do âmbito forense à clínica. *Revista Brasileira de Terapias Cognitivas*. Rio de Janeiro, v. 1, n. 2, p. 11-20, dez. 2005. Disponível em <http://pepsic.bvsalud.org/scielo.php?script=sci_arttext&pid=S1808-56872005000200002&lng=pt&nrm=iso>. Acesso em: 27.09.19.

mentar a testemunha e agradecer por sua cooperação e por sua postura ativa durante a entrevista. O agradecimento contribui com a manutenção de um bom relacionamento entre o entrevistador e a testemunha, relevante caso venham a ser necessárias novas entrevistas no futuro.

Também é interessante que o entrevistador se coloque à disposição da testemunha em caso de eventuais dúvidas, bem como esclareça a importância de serem informadas quaisquer novas recuperações de memória, ainda que essas aconteçam depois de um longo espaço de tempo.

4.1.3 Eficácia da Entrevista Cognitiva auferida por estudos empíricos

A maioria dos estudos empíricos realizados para auferir a eficácia da Entrevista Cognitiva requer que os participantes assistam a um vídeo ou presenciem uma cena simulada de um crime e, após, aleatoriamente, sejam submetidos a formas de entrevista diferentes. Parte dos participantes é entrevistada por meio do modelo estabelecido pela Entrevista Cognitiva, enquanto a outra parte é submetida a uma entrevista de controle.[462]

Bull, Fisher e Milne[463] apontam que os estudos assim conduzidos concluem, invariavelmente, que a Entrevista Cognitiva é capaz de recupe-

---

[462] A entrevista do grupo de controle pode ser realizada pela entrevista padrão, ou seja, aquela geralmente utilizada pelas forças policiais (em geral, sem treinamento ou recursos específicos de recuperação) ou pela entrevista estruturada (os entrevistadores são treinados em recursos básicos de entrevista e em habilidades de comunicação pela mesma duração e qualidade do treinamento para a Entrevista Cognitiva. No entanto, não são treinados em técnicas mnemônicas específicas, como as utilizadas na EC). Há quem defenda (visão de pesquisa aplicada) que ao grupo de controle deve ser aplicada a entrevista padrão, que é a tipicamente utilizada pelos agentes policiais, uma vez que a eficácia da EC só seria comprovada se apresentar resultados superiores ao modelo utilizado na prática. Outros (visão de pesquisa teórica) argumentam que, em razão da entrevista padrão ser inadequada e não contar com treinamento em níveis comparáveis aos da EC, os eventuais bons resultados desse último podem ser consequência da alta motivação e treinamento dos entrevistadores, e não da eficácia de suas técnicas mnemônicas (BULL, Ray et al. The Cognitive Interview: A Meta-Analysis. *Psychology Crime and Law*, v. 5, p. 03-27, jan. 1999, p. 04).
[463] BULL, Ray; FISHER, Ronald; MILNE, Rebecca. Interviewing Cooperative Witnesses. *Current Directions in Psychological Science*, v. 20, n. 1, p. 16-19, 2011, p. 17.

rar de 25% a 50% mais detalhes corretos em comparação a entrevistas padrões, com aproximadamente a mesma taxa de acurácia.

Nesse sentido, meta-análise realizada por Bull et al., em 42 estudos experimentais[464], constatou que, em média, os participantes submetidos à Entrevista Cognitiva recordaram-se de 41% mais detalhes corretos do que os participantes do grupo de controle. Apesar de os participantes do grupo EC terem relatado mais detalhes incorretos (25% a mais)[465], a porcentagem média de acurácia (ou seja, a proporção das informações corretas em relação a todas as informações relatadas) é praticamente a mesma entre o grupo EC (85% de acurácia) e o grupo de controle (82%). Concluem os autores que as testemunhas sujeitas à Entrevista Cognitiva recuperam substancialmente mais informações do que as testemunhas sujeitas ao grupo de controle e que esse aumento de informações não redunda em um declínio na acurácia do relato.[466]

---

[464] A meta-análise debruçou-se sobre o exame de 42 estudos empíricos conduzidos por diversos pesquisadores entre os anos de 1984 e 1997. Esses estudos somaram 55 comparações entre entrevistas cognitivas e entrevistas padrões e contaram, ao todo, com aproximadamente 2500 entrevistados. (BULL, op. cit., jan. 1999, p. 03-27).

[465] Os autores ressalvam que os resultados para detalhes incorretos na EC, além de serem muito menores do que os para detalhes corretos, são menos consistentes que esses. Alguns estudos demonstraram resultados contrários, com participantes do grupo EC apresentando menos detalhes incorretos do que os participantes do grupo de controle. Em relação aos detalhes corretos, os resultados são muito mais relevantes e consistentes, inexistindo, na meta-análise realizada por Bull et al., um estudo sequer a concluir pela maior taxa de recuperação de detalhes corretos pelo grupo de controle do que pelo grupo EC (BULL, Ray et al. The Cognitive Interview: A Meta-Analysis. *Psychology Crime and Law*, v. 5, p. 03-27, jan. 1999, p. 22).

[466] BULL, Ray et al. The Cognitive Interview: A Meta-Analysis. *Psychology Crime and Law*, v. 5, p. 03-27, jan. 1999, p. 23. Os autores também chegaram às seguintes conclusões sobre a eficácia da Entrevista Cognitiva: quanto menor o lapso temporal entre o evento percebido e a entrevista, mais detalhes corretos podem ser recuperados; adultos recuperam mais detalhes corretos que crianças (no entanto, as crianças apresentam menos detalhes incorretos); a participação ativa da testemunha no evento aumenta as taxas de recuperação de detalhes corretos em relação aos casos em que a testemunha é apenas uma observadora passiva; a entrevista cognitiva em sua versão original resultou em menos detalhes incorretos do que a entrevista cognitiva melhorada.

Meta-análise mais recente[467], realizada por Memon, Meissner e Fraser, corroborou as conclusões anteriores: a Entrevista Cognitiva é capaz de produzir uma quantidade substancialmente maior de detalhes corretos em comparação a uma entrevista de controle. Embora também tenham constatado um pequeno crescimento na produção de detalhes incorretos, as taxas de acurácia das informações mantiveram-se semelhantes.

Para reduzir o número de informações incorretas evocadas na EC, mostra-se relevante, segundo os autores, que as testemunhas sejam bem informadas sobre a importância de não tentarem adivinhar ou pressupor informações, bem como de responderem "não sei", se for esse o caso.

4.1.4 A aplicação da Entrevista Cognitiva na prática

A despeito da comprovada eficácia da Entrevista Cognitiva, alguns problemas de ordem prática podem dificultar a sua implementação no cotidiano policial e forense. A sua estrutura é complexa e demanda um treinamento adequado dos entrevistadores em habilidades comunicacionais e em técnicas mnemônicas. Outrossim, sua aplicação completa demanda um tempo consideravelmente superior ao de uma entrevista padrão, o que pode tornar difícil a sua adoção ante a escassez de recursos humanos e a alta demanda suportada pelos agentes de investigação, bem como servir de fator de desmotivação dos entrevistadores.

Em primeiro lugar, é fundamental, para a correta e ampla adoção da Entrevista Cognitiva, que sejam realizados treinamento e capacitação adequados dos entrevistadores. No Reino Unido, onde a Entrevista Cognitiva é largamente adotada pelas forças policiais, desenvolveu-se um treinamento em diversos níveis: no primeiro nível, os entrevistadores aprendem a dominar as habilidades comunicacionais mais básicas (dinâmica social, estabelecimento de uma relação com a testemunha e incentivo à ampla narrativa livre pela testemunha); em seguida (nível 2), os agentes mais experientes são ensinados a trabalhar com as técnicas

---

[467] MEMON, Amina; MEISSNER, Christian; FRASER, Joanne. The Cognitive Interview: A meta-analytic review and study space analysis of the past 25 years. *Psychology Public Policy and Law*, v. 16, n. 4, p. 01-62, nov. 2010, p. 02-62. A meta-análise, desenvolvida em 2010, examinou 46 estudos empíricos realizados nos últimos 25 anos, que totalizaram 59 tamanhos de efeito diferentes e coletaram as respostas de 2.887 participantes.

mnemônicas mais complexas (restabelecimento do contexto, mudança de ordem ou de perspectiva, imagem mental); finalmente, no terceiro nível, os agentes mais bem avaliados e experientes são treinados a utilizar a Entrevista Cognitiva de forma completa e aprofundada, voltada à aplicação em casos complexos, nos quais os recursos e o tempo são mais amplos.[468]

Doutro vértice, ante a constatação de que alguns componentes da EC são menos utilizados na prática do que outros[469], seja por serem mais complexos ou mais demorados, alguns autores propuseram formatos de entrevistas cognitivas mais simples e céleres, sem, contudo, sacrificar ou reduzir a eficácia da ferramenta.

Nesse sentido, diante da constatação de que a etapa de reinstalação do contexto (MRC, na sigla em inglês) é frequentemente ignorada ou mal utilizada pelos entrevistadores (podendo, nessa última hipótese, gerar sugestionamentos à testemunha[470]), Dando et al.[471] apresentaram uma proposta alternativa denominada "esboço sumário de reinstalação do contexto" (*Sketch MRC*, na abreviação em inglês). Nesse novo modelo, a testemunha, ao invés de proceder à recriação mental, é solicitada a desenhar um esboço ou um plano do evento percebido, com o máximo de detalhamento possível, antes de iniciar a sua livre narrativa dos fatos.

---

[468] BULL, Ray; FISHER, Ronald; MILNE, Rebecca. Interviewing Cooperative Witnesses. *Current Directions in Psychological Science*, v. 20, n. 1, p. 16-19, 2011, p. 18.

[469] GRIFFITHS, Andy; MILNE, Rebecca. The Application of Cognitive Interview Techniques as Part of an Investigation. *Consultancy and Advising in Forensic Practice: Empirical and Practical Guidelines*, mar. 2010, p. 69-90. Disponível em: <https://www.researchgate.net/publication/229951700_The_Application_of_Cognitive_Interview_Techniques_as_Part_of_an_Investigation>. Acesso em: 03.10.19.

[470] O entrevistador, ao auxiliar a testemunha a recriar mentalmente o evento, pode incluir informações enganosas e sugestivas. Por exemplo, pode instruí-la a imaginar "quais pessoas estavam com ela no momento que presenciou o evento", induzindo a testemunha a imaginar outras pessoas presentes, ainda que estivesse sozinha. Ainda, o entrevistador pode dar informações fornecidas por outras testemunhas, contaminando a memória do entrevistado.

[471] DANDO, Coral; WILCOCK, Rachel; MILNE, Rebecca. The Cognitive Interview: The Efficacy of a Modified Mental Reinstatement of Context Procedure for Frontline Police Investigators. *Applied Cognitive Psychology*, v. 23, p. 138-147, 2008, p. 138-147.

Em estudos empíricos, a *Sketch MRC* apresentou melhores resultados que a MRC tradicional: apesar de produzir a mesma quantidade de detalhes corretos, reduziu a quantidade de confabulações (menção de um elemento inexistente ou de uma ação não ocorrida), bem como resultou em uma economia de tempo (duração 17% menor).[472]

A *Self-Administered Interview*, objeto de análise do próximo item, também foi desenvolvida como resposta às dificuldades de aplicação imediata da EC (ou de qualquer outra forma de entrevista), após a ocorrência do evento delituoso, em razão da escassez de tempo ou de recursos dos agentes de investigação. Assumindo o formato de uma entrevista aplicável pela própria testemunha, a *Self-Administered Interview* mitiga os efeitos do tempo e das informações pós-evento sobre a memória, de uma forma rápida, barata e eficaz.

4.2 *Self-Administered Interview* (SAI): a minimização dos efeitos do tempo e das informações pós-evento

4.2.1 Proposta da ferramenta

A denominada *Self-Administered Interview* (entrevista autoadministrada), conhecida pela sigla SAI, é um modelo padronizado de recuperação da memória da testemunha desenvolvida por Fisher, Gabbert e Hope.[473]

Conforme examinado no segundo capítulo deste trabalho, o transcurso de tempo entre a percepção do evento criminoso pela testemunha e a recuperação da memória por meio do depoimento pode ocasionar a decadência do traço mnemônico, ou seja, pode conduzir ao esquecimento das informações relevantes relacionadas ao evento percebido.

---

[472] DANDO, Coral; WILCOCK, Rachel; MILNE, Rebecca. The Cognitive Interview: The Efficacy of a Modified Mental Reinstatement of Context Procedure for Frontline Police Investigators. *Applied Cognitive Psychology*, v. 23, p. 138-147, 2008.

[473] Ver: FISHER, Ronald; GABBERT, Fiona; HOPE, Lorraine. Protecting Eyewitness Evidence: Examining the Efficacy of a Self-Administered Interview Tool. *Law & Human Behavior*, v. 33, n. 04, p. 298-307, 2009; FISHER, Ronald; GABBERT, Fiona; HOPE, Lorraine. From laboratory to the street: Capturing witness memory using the Self-Administered Interview. *Legal and Criminological Psychology*, p. 211-216, 2011; FISHER, Ronald et al. Protecting Against Misleading Post-event Information with a Self-Administered Interview. *Applied Cognitive Psychology*, v. 26, p. 568-575, 2012.

A demora entre a percepção e a evocação da memória também favorece a formação de falsas memórias, pela intervenção de informações pós--evento advindas de fontes externas, como a mídia ou a interferência entre testemunhas.

Diante desse cenário, a inquirição da testemunha deve ocorrer, idealmente, tão logo ocorra o evento percebido, a fim de que o relato seja tão preciso e completo quanto seja possível. Porém, isso nem sempre é viável, seja porque o evento criminoso ainda é, ao tempo de sua ocorrência, desconhecido pelas autoridades policiais, seja porque, ainda que conhecido, pode não haver estrutura ou organização suficientes a possibilitar uma inquirição imediata e, sobretudo, de boa qualidade, como a Entrevista Cognitiva (por exemplo, em casos de grande repercussão, com várias testemunhas, pode-se, diante da limitação de recursos dos órgãos policiais, demorar dias, semanas ou meses para ouvir todas as testemunhas).[474]

Por sua vez, faz-se relevante que a primeira recuperação da memória da testemunha seja de boa qualidade, ou seja, apresente-se tão fiel aos fatos e completa em seus detalhes quanto possível, sob pena de as recuperações futuras repetirem os mesmos erros feitos nessa primeira evocação.[475] Outrossim, recordar-se apenas parcialmente dos eventos percebidos pode prejudicar a posterior recuperação dos detalhes e infor-

---

[474] Fisher, Gabbert e Hope acrescentam também a dificuldade de os agentes policiais identificarem, mormente em eventos com grande número de testemunhas, aquelas que sejam detentoras de conhecimentos relevantes à investigação (dificuldade em distinguir testemunhas informativas – testemunhas-chave – das não informativas). Outrossim, os agentes, por vezes, apenas percebem a necessidade de obter informações adicionais da testemunha passados dias ou semanas do evento, o que prejudica consideravelmente a recuperação do traço de memória (FISHER, Ronald; GABBERT, Fiona; HOPE, Lorraine. From laboratory to the street: Capturing witness memory using the Self-Administered Interview. *Legal and Criminological Psychology*, p. 211-216, 2011, p. 212).

[475] A probabilidade de repetirem-se os mesmos erros (falsas informações) incorporados na primeira evocação pode ser explicada pela confusão na atribuição da fonte da informação, se proveniente do evento testemunhado ou se proveniente de sugestões externas ou internas. Quanto mais credíveis e consistentes são essas informações falsas com o conhecimento da testemunha acerca do evento, mais prováveis serão suas incorporações nas evocações futuras. Uma teoria alternativa para explicar esse fenômeno é o da "hipótese de bloqueio da evocação", que prediz que a evocação de informações falsas interfere no acesso da informação correta armazenada na memória da testemunha (PICKEL, Kerri.

mações restantes, não recuperadas nesse primeiro momento.[476] Assim, consoante advertem Stein e Pinto, os efeitos negativos (contaminação e distorção da memória) provocados por uma evocação inicial de baixa qualidade são piores do que se não houve entrevista alguma.[477]

Uma recuperação imediata (tão logo tenha sido percebido o evento) e de boa qualidade (precisa e completa) é a melhor forma de obter-se uma narrativa epistemologicamente confiável, bem como de evitar o esquecimento. É dizer, uma primeira recuperação rápida e completa eleva a probabilidade de o traço da memória ser recuperado novamente em ocasiões futuras.[478]

Ademais, o fortalecimento da memória episódica, a partir da recordação inicial do evento, também evita a aceitação e a incorporação de sugestionamentos provenientes de informações pós-evento, pois a tes-

---

When a lie becomes the truth: The effects of self-generated misinformation on eyewitness memory. *Memory*, v. 12, n. 01, p. 14-26, 2010, p. 14-26).

[476] FISHER, Ronald; GABBERT, Fiona; HOPE, Lorraine. Protecting Eyewitness Evidence: Examining the Efficacy of a Self-Administered Interview Tool. *Law & Human Behavior*, v. 33, n. 04, 2009, p. 299.

[477] STEIN, Lilian Milnitsky; PINTO, Luciano Haussen. Nova ferramenta de entrevista investigativa na coleta de testemunhos: a versão brasileira do *Self-Administered Interview©*. *Revista Brasileira de Segurança Pública*, v. 11, n. 1, p. 110-128, fev./mar. 2017, p. 112.

[478] Roediger e Butler demonstraram, por estudos empíricos, que a prática de evocar ativamente a memória geralmente produz uma retenção de longo prazo superior ao que se teria caso se estudasse a mesma matéria novamente pela mesma quantidade de tempo. Uma das possíveis explicações teóricas para o fenômeno é a de que a evocação elabora e ativa o traço de memória e/ou cria rotas de recuperação alternativas, facilitando evocações futuras (ROEDIGER, Henry; BUTLER, Andrew. The critical role of retrieval practice in long-term retention. *Trends in Cognitive Sciences*, v. 15, n. 1, p. 20-27, jan. 2011, p. 20-27). Fisher, Gabbert e Hope sugerem, com base em estudos de Damasio (1989) e Ayers & Reder (1998), que a recuperação eleva o nível de ativação dos itens de informação da memória e as associações entre eles, o que reforça a representação desses itens e aumenta a ligação entre eles para a formação de um traço integrado de memória episódica (FISHER, Ronald; GABBERT, Fiona; HOPE, Lorraine. Protecting Eyewitness Evidence: Examining the Efficacy of a Self-Administered Interview Tool. *Law & Human Behavior*, v. 33, n. 04, p. 298-307, 2009, p. 299).

temunha encontra-se em uma melhor condição de identificar e rejeitar a informação discrepante dos fatos realmente percebidos.[479]

Com o intuito de reduzir os efeitos do tempo sobre a memória da testemunha e de garantir um depoimento de boa qualidade epistemológica, Fisher, Gabbert e Hope projetaram e testaram a SAI, hoje já aplicada em alguns países, como o Reino Unido. A proposta da SAI é de que a testemunha, guiando-se por instruções e questões preestabelecidas, recupere sozinha as memórias do evento percebido, consolidando-as em um relato inicial por escrito, compreensivo de todas as informações recordadas. Tal ferramenta permite, segundo os autores, que a memória seja recuperada de forma mais confiável, de maneira simples e eficiente e sem dispêndio de recursos policiais.[480]

4.2.2 Conteúdo

A ferramenta SAI utiliza, em sua base, algumas técnicas oferecidas por outros instrumentos de inquirição, com as adaptações necessárias para que sejam administradas pela própria testemunha, por meio de instruções escritas. A Entrevista Cognitiva, vista no item anterior, empresta alguns de seus princípios e de suas estratégias cognitivas e mnemônicas para a SAI, como a adoção de perguntas abertas e técnicas de facilitação da evocação da memória, a exemplo da recriação do contexto presente quando da percepção do evento.

A entrevista autoadministrada é dividida em sete setores, com instruções e questões gerais que permitem a recuperação e o relato da memória relativa a diferentes tipos de crimes. A primeira página traz informações e recomendações básicas sobre a SAI, em que se sublinha, sobretudo, a importância de a testemunha observar atentamente as instruções e seguir a ordem estipulada das seções.

---

[479] FISHER, Ronald; GABBERT, Fiona; HOPE, Lorraine. From laboratory to the street: Capturing witness memory using the Self-Administered Interview. *Legal and Criminological Psychology*, p. 211-216, 2011, p. 213-214.

[480] FISHER, Ronald; GABBERT, Fiona; HOPE, Lorraine. Protecting Eyewitness Evidence: Examining the Efficacy of a Self-Administered Interview Tool. *Law & Human Behavior*, v. 33, n. 04, p. 298-307, 2009, p. 300.

A primeira seção (A) refere-se à adaptação de duas etapas da Entrevista Cognitiva. Em primeiro lugar, instrui-se a testemunha a, antes de responder às questões, recriar mentalmente o cenário fático no qual seu deu a percepção do evento, considerando, por exemplo, "onde estava", "o que estava fazendo", "se estava sozinha ou acompanhada de outras pessoas", "o que estava pensando ou sentindo no momento que percebeu o evento", "o que aconteceu", "quem estava envolvido", "o que se conseguiu ver", "o que se conseguiu ouvir".[481]

Apenas então, a testemunha é convidada a "reportar tudo o que sabe", instruindo-a escrever os fatos da forma mais completa e acurada possível, sem, contudo, tentar adivinhar detalhes mal recordados.

Após, na seção B, a testemunha é solicitada a narrar as características físicas percebidas no suposto autor do delito, com o máximo de detalhamento possível (informações sobre seu cabelo, pele, forma física, traços distintivos, entre outras). Dois diagramas da figura humana que acompanham o material podem ser utilizados pela testemunha para desenhar ou acrescentar informações sobre a aparência física do autor.[482]

Na seção C, a testemunha é instruída a desenhar um esboço do local no qual o evento foi percebido, com informações espaciais sobre a posição de objetos e de pessoas presentes na cena (a própria testemunha, o suposto autor, a suposta vítima e outras possíveis testemunhas), bem como indicação de direções de deslocamento (relevante, sobretudo, em casos de eventos ocorridos no trânsito, ou, ainda, quando o autor evade do local do suposto crime).

Na seção D, questiona-se à testemunha sobre a eventual presença de outras pessoas no local, que podem ter percebido a ocorrência, e, em

---

[481] FISHER, Ronald; GABBERT, Fiona; HOPE, Lorraine. From laboratory to the street: Capturing witness memory using the Self-Administered Interview. *Legal and Criminological Psychology*, p. 211-216, 2011, p. 215-216. Os autores, criadores da SAI, explicam que a testemunha é instruída a tomar todo o tempo necessário à reconstrução do contexto fático, bem como a, se necessário, fechar os olhos para ajudar na recriação do evento. Informa-se também que "pensar no evento antes de escrever as memórias ajudará a testemunha a lembrar mais detalhes".
[482] STEIN, Lilian Milnitsky; PINTO, Luciano Haussen. Nova ferramenta de entrevista investigativa na coleta de testemunhos: a versão brasileira da *Self-Administered Interview©*. *Revista Brasileira de Segurança Pública*, v. 11, n. 1, p. 110-128, fev./mar. 2017, p. 114.

seguida, na seção E, sobre a possível presença ou envolvimento de veículos. A seção F, por sua vez, visa a averiguar as condições objetivas de percepção e codificação do evento pela testemunha (condições de tempo, visibilidade, horário, duração da exposição, luminosidade, etc.). Por fim, na seção G, a testemunha é questionada sobre eventuais informações adicionais, ainda não relatadas nas seções anteriores.

Respondidas as questões pela testemunha, no local do suposto crime ou em outra localidade, respeitando-se, porém, a maior brevidade possível entre a percepção e o preenchimento da SAI, deverá o encarte com as respostas ser entregue aos agentes policiais.

4.2.3 Eficácia da SAI auferida por estudos empíricos

Em estudos empíricos promovidos por Fisher, Gabbert e Hope (2009), 55 participantes, após assistirem à filmagem de um evento criminoso, foram, aleatoriamente, sujeitos a três procedimentos diversos: parte deles preencheu a SAI, outros foram sujeitos a narrativas livres do evento percebido (*Free Recall* – FR), enquanto o restante foi submetido a uma Entrevista Cognitiva (*Cognitive Interview* – CI) conduzida por um profissional treinado. Os participantes sujeitos à SAI e à CI narraram significantemente mais detalhes precisos sobre o evento do que os participantes sujeitos à narrativa livre.[483]

Ao todo, os participantes que preencheram a SAI, após a percepção do evento, reportaram 42% a mais de detalhes corretos em comparação aos participantes que apenas foram instruídos a fazer uma narrativa livre do evento testemunhado.[484]

---

[483] FISHER, Ronald; GABBERT, Fiona; HOPE, Lorraine. Protecting Eyewitness Evidence: Examining the Efficacy of a Self-Administered Interview Tool. *Law & Human Behavior*, v. 33, n. 04, p. 298-307, 2009, p. 300-303. Não obstante os resultados gerais do estudo demonstrarem que os participantes do grupo SAI e do grupo CI recordaram-se de um número superior de detalhes corretos do que os participantes do grupo FR, algumas categorias individuais de detalhes (informações sobre o autor do delito e sobre as ações praticadas na cena) apresentaram significativas diferenças entre os grupos SAI e CI, com o segundo apresentando mais detalhes corretos do que o primeiro. Nessas duas categorias, os participantes sujeitos à SAI e à FR apresentaram resultados semelhantes.

[484] FISHER, Ronald et al. Protecting Against Misleading Post-event Information with a Self-Administered Interview. *Applied Cognitive Psychology*, v. 26, p. 568-575, 2012, p.

Em uma segunda experiência, publicada no mesmo artigo, participantes, após presenciarem o mesmo evento simulado, foram divididos em dois grupos: o primeiro (grupo de controle) não foi submetido imediatamente a qualquer forma de evocação da memória, o segundo (grupo de SAI) foi solicitado a preencher o encarte da SAI. Após o intervalo de uma semana, todos os participantes foram convidados a voltar e a dar uma narrativa livre sobre os fatos testemunhados. O grupo de participantes submetidos anteriormente à SAI relatou 30% a mais de detalhes corretos sobre o evento do que os participantes do grupo de controle.[485]

Em outro estudo empírico[486], os autores testaram os efeitos das informações pós-evento na memória da testemunha em participantes sujeitos ao preenchimento prévio da SAI (grupo de condição SAI) e em participantes não sujeitos à SAI (grupo de controle). Após o intervalo de uma semana, os participantes foram sujeitos à leitura de uma "notícia" sobre o evento com três informações incorretas[487] e, em seguida, solicitados a narrar livremente os fatos testemunhados no vídeo. Verificou-se que os participantes do grupo de condição SAI relataram consideravelmente

---

568. Os participantes sujeitos à SAI responderam, após o preenchimento do formulário, uma entrevista sobre a usabilidade da ferramenta. Todos os participantes responderam serem claras as informações contidas na SAI, bem como afirmaram terem seguidos todas as instruções e compreendido as razões para tanto. O *feedback* geral da ferramenta foi altamente positivo.

[485] FISHER, Ronald; GABBERT, Fiona; HOPE, Lorraine. Protecting Eyewitness Evidence: Examining the Efficacy of a Self-Administered Interview Tool. *Law & Human Behavior*, v. 33, n. 4, p. 298-307, 2009, p. 303-304.

[486] GABBERT, Fiona; HOPE, Lorraine; JAMIESON, Kat. Protecting Against Misleading Post-event Information with a Self-Administered Interview. *Applied Cognitive Psychology*, v. 26, p. 568-575, 2012, p. 568-575.

[487] Os participantes foram instruídos a ler uma notícia (montada pela equipe que conduzia o estudo) que resumia os acontecimentos assistidos no vídeo, sem saberem, contudo, que a notícia continha três informações falsas: (i) existência de arma no local do crime (quando, no vídeo, não havia arma visível); (ii) o autor do crime tinha barba/bigode (enquanto, no vídeo, o autor tinha a barba e o bigode raspados); (iii) letras incorretas da placa do veículo utilizado para a fuga dos autores do crime (GABBERT, Fiona; HOPE, Lorraine; JAMIESON, Kat, op. cit., 2012, p. 570).

menos informações falsas pós-evento do que os participantes do grupo de controle.[488]

Um segundo experimento, publicado nesse mesmo artigo, testou a proteção dada pela SAI quanto aos efeitos de contaminação provocados por perguntas sugestivas. Nesse estudo, participantes (sujeitos e não sujeitos à SAI após a percepção do evento) foram entrevistados três semanas depois de testemunharem a cena simulada de um crime. As perguntas dirigidas aos participantes eram fechadas, sendo 20 delas não críticas (não continham informações falsas) e 4 delas enganosas (perguntavam sobre informações ausentes na cena).

Os participantes do grupo de condição SAI deram mais respostas corretas às perguntas não críticas, bem como deram menos respostas equivocadas às perguntas sugestivas quando comparados ao grupo de controle (estudo 2).

Os autores constataram, diante dos resultados apresentados pelos estudos 1 e 2, que os participantes sujeitos à SAI foram menos propensos a esquecer informações e mais resistentes a aceitar e a incorporar em seus relatos informações pós-evento. Quanto maior a quantidade de informações corretas reportadas de uma forma geral pelo participante, menor o número de informações equivocadas/fabricadas dadas, seja após o contato com a reportagem falsa, seja em resposta a perguntas sugestivas. Isso reforça a hipótese de que uma memória forte torna a testemunha menos sujeita a falsas sugestões.[489]

Estudos de campo realizados com membros da força policial britânica confirmaram a eficácia da SAI fora dos laboratórios. Além da produção de mais informações corretas e detalhadas, a utilização dessa fer-

---

[488] Outrossim, constatou-se, como nos estudos anteriores, que os participantes que assistiram às filmagens de um evento criminoso e, logo após, preencheram a SAI recordaram-se, após uma semana, de mais detalhes corretos do que o grupo não submetido à SAI. Os participantes sujeitos à SAI recordaram-se de quase o dobro de detalhes corretos lembrados pelos participantes do grupo de controle.

[489] GABBERT, Fiona; HOPE, Lorraine; JAMIESON, Kat. Protecting Against Misleading Post--event Information with a Self-Administered Interview. *Applied Cognitive Psychology*, v. 26, p. 568-575, 2012, p. 573.

ramenta permitiu uma economia de tempo, bem como a identificação de testemunhas-chave.[490]

Diante disso, a SAI (*Self-Administered Interview*) apresenta-se como um instrumento inicial de recuperação da memória da testemunha que não substitui a Entrevista Cognitiva, mas garante, até o momento do depoimento formal, uma melhor preservação e proteção da memória do evento contra os efeitos do tempo. Ao reforçar o traço de memória por meio de uma recuperação de boa qualidade, a SAI retarda o esquecimento e protege contra informações pós-evento, reduzindo, por conseguinte, a contaminação da memória com informações advindas de fontes internas ou externas à testemunha.

Desse modo, a SAI garante que recuperações posteriores da memória sejam quantitativamente (maior número de detalhes recordados) e qualitativamente (informações mais corretas e precisas) melhores do que seriam em condições sem o prévio preenchimento da SAI.

4.2.4 Aplicação prática da SAI: desafios e aprimoramentos

A comprovada eficácia da SAI, auferida por estudos empíricos e de campo, bem como seu ótimo custo-benefício (baixo dispêndio de tempo e de recursos humanos, materiais e técnicos *vs.* sua eficácia em prevenir a formação de falsas memórias e retardar o esquecimento), tornam essa ferramenta uma ótima aliada para os agentes policiais em investigações criminais, sobretudo, em países em desenvolvimento, cuja escassez de recursos e treinamentos prejudicam sobremaneira a produção de provas. Esse ponto será retomado no último capítulo, quando da análise da inserção da SAI na realidade brasileira.

Deve-se considerar, contudo, alguns empecilhos à ampla e irrestrita utilização da SAI em todo e qualquer caso, bem como a todo tipo de testemunha. Em primeiro lugar, por demandar um relato por escrito da testemunha, a sua utilização exclui analfabetos, pessoas que tenham dificuldade em se expressar pela escrita ou testemunhas desmotivadas e não cooperativas. Doutro vértice, por ser autoaplicável e autoguiada,

---

[490] FISHER, Ronald; GABBERT, Fiona; HOPE, Lorraine. From laboratory to the street: Capturing witness memory using the Self-Administered Interview. *Legal and Criminological Psychology*, p. 211-216, 2011, p. 215-216.

sem, portanto, o elemento interrelacional e de dinâmica social provido pela EC, a SAI também pode dificultar a evocação de memória de eventos traumáticos (tal se aplica, sobretudo, no caso de vítimas). Por fim, sua utilização por crianças ou pessoas com deficiência mental também pode ser restrita em consequência das naturais limitações de autocompreensão e expressão pela escrita.[491]

Tais pontos demandam o desenvolvimento de estratégias alternativas para possibilitar a utilização da SAI para o maior grupo possível de pessoas e de crimes. Outro possível aprimoramento da SAI é a disponibilidade de um canal *on-line* para preenchimento da autoentrevista, na forma de uma plataforma simples, segura e eficiente. Poder-se-ia, dessa forma, disponibilizar as instruções de forma escrita e por áudio, bem como permitir as respostas também por escrito e por gravação de mensagem de voz, estendendo, assim, a utilização da ferramenta para analfabetos e pessoas com dificuldades de expressão por escrito.

4.3 *Statement Validity Analysis* (SVA): a tentativa de distinguir um depoimento sincero de um mentiroso

4.3.1 Conceito e origem

A *Statement Validity Analysis* ou *Statement Validity Assessment* (doravante referida apenas pela sigla SVA) é uma ferramenta originalmente desenvolvida para verificar a credibilidade da palavra da criança supostamente vítima de um crime sexual. Sua aplicação, no entanto, pode ser estendida a testemunhas, sejam elas adultas ou crianças.[492]

As origens do protocolo SVA remontam à década de 1950, na Alemanha, quando a Suprema Corte alemã passou a exigir a utilização de entre-

---

[491] STEIN, Lilian Milnitsky; PINTO, Luciano Haussen. Nova ferramenta de entrevista investigativa na coleta de testemunhos: a versão brasileira da *Self-Administered Interview©*. Revista Brasileira de Segurança Pública, v. 11, n. 1, p. 110-128, fev./mar. 2017, p. 114-115.

[492] Günter Köhnken, um dos criadores do procedimento SVA, assinala que não há qualquer óbice à aplicação do protocolo para outros grupos de pessoas. Afirma o autor que a ideia subjacente ao procedimento, bem como sua base teórica são igualmente aplicáveis a crianças e a adultos (KÖHNKEN, Günter. Statement Validity Analysis and the 'detection of the truth'. In: GRANHAG, Pär-Anders; STROMWALL, Leif [Orgs.]. *The Detection of Deception in Forensic Contexts*. Reino Unido: Cambridge University Press, 2004, posição 557. [e-book]).

vistas psicológicas e a avaliação da credibilidade de depoimentos infantis relacionados a crimes de violência sexual. A partir de então, diversos critérios de avaliação foram desenvolvidos na Alemanha Ocidental e na Suécia, para a verificação da credibilidade das acusações. Na década de 1980, esses critérios foram refinados e consolidados em um procedimento de avaliação formal pelos especialistas Köhnken e Steller, dando origem ao protocolo SVA, nos mesmos moldes em que é ainda hoje utilizado.[493]

A utilização do protocolo SVA como evidência é consolidada nas cortes criminais da Alemanha, sendo raras as contestações acerca de sua confiabilidade. Também é aceito como evidência em algumas cortes da América do Norte e em cortes criminais de diversos países da Europa Ocidental, como Áustria, Suíça, Suécia, Espanha e Países Baixos.[494]

Köhnken, um dos criadores do procedimento, explica que a SVA é "um procedimento abrangente para gerar e testar hipóteses sobre a fonte de uma determinada declaração". Tal procedimento inclui "uma coleta de dados relevantes às hipóteses em questão, técnicas de análise desses dados e diretrizes para extrair conclusões sobre as hipóteses iniciais".[495]

O protocolo SVA consiste em cinco estágios, que serão a seguir examinados: (i) análise dos autos do caso; (ii) geração da hipótese; (iii) entrevista semiestruturada; (iv) Análise de Conteúdo Baseada em Critérios (Criteria-Based Content Analysis – CBCA); (v) Verificação da Validade (The Validity Checklist).

4.3.2 Etapas integrantes do protocolo SVA

4.3.2.1 Análise dos autos do caso

A primeira etapa do procedimento SVA é o exame dos autos do processo ou inquérito. Destina-se a apurar informações sobre a testemunha

---

[493] VRIJ, Aldert. *Detecting Lies and Deceit: Pitfalls and Opportunities.* 2. ed. Leicester: Wiley, 2008, p. 217 e ss.
[494] GRANHAG, Pär Anders; VERSCHUERE, Bruno; VRIJ, Aldert. *Detecting Deception:* Current Challenges and Cognitive Approaches. Nova Jersey: Wiley-Blackwell, 2015, p. 05. (e-book).
[495] KÖHNKEN, Günter. Statement Validity Analysis and the 'detection of the truth'. In: GRANHAG, Pär-Anders; STROMWALL, Leif (Orgs.). *The Detection of Deception in Forensic Contexts.* Reino Unido: Cambridge University Press, 2004, posição 563. (e-book). (tradução nossa).

– ou vítima, se for o caso (dados sobre sua idade, capacidade cognitiva, relacionamento com a pessoa acusada, entre outros), bem como sobre a natureza do evento em questão (tipo de evento, repetições ao longo do tempo). Igualmente, volta-se à análise dos depoimentos anteriores da testemunha (consistência interna entre os depoimentos, convergência externa com outros elementos de prova reunidos nos autos, lapso temporal entre a ocorrência do evento percebido e os depoimentos da testemunha), à verificação de eventuais interesses da testemunha no deslinde dos fatos e à ocorrência de outros eventos secundários possivelmente relevantes ao caso.[496]

4.3.2.2 Geração das hipóteses

Köhnken explica que a etapa anterior de análise do caso é necessária para gerar as hipóteses sobre a fonte da informação, parte essa crucial do protocolo SVA e das quais dependem todos os estágios posteriores.[497]

As hipóteses são suposições acerca das "potenciais fontes ou origens de uma dada declaração".[498] Pode assumir-se que a declaração é verdadeira, é dizer, que retrata fielmente a percepção da testemunha e as suas experiências com o acusado.

Contudo, é possível que os dados coletados na etapa anterior corroborem a hipótese de que a declaração seja falsa, isto é, que tenha sido intencionalmente fabricada pela testemunha para satisfazer algum interesse pessoal. Nesse caso, pode-se supor ser ela completa ou parcialmente falsa.[499]

---

[496] GRANHAG, Pär Anders; VERSCHUERE, Bruno; VRIJ, Aldert, op. cit., 2015, p. 05. (e-book); KÖHNKEN, Günter. Statement Validity Analysis and the 'detection of the truth'. In: GRANHAG, Pär-Anders; STROMWALL, Leif (Orgs.). *The Detection of Deception in Forensic Contexts.* Reino Unido: Cambridge University Press, 2004, posição 568-573. (e-book).
[497] KÖHNKEN, Günter. Statement Validity Analysis and the 'detection of the truth'. In: GRANHAG, Pär-Anders; STROMWALL, Leif (Orgs.). *The Detection of Deception in Forensic Contexts.* Reino Unido: Cambridge University Press, 2004, posição 573. (e-book).
[498] Ibid., posição 584. (e-book).
[499] Uma narrativa pode ter a maioria dos seus elementos retirados de uma história verdadeira, contudo com a falsificação de elementos cruciais. É o caso, por exemplo, da hipótese de transferência incorreta, lembrada por Köhnken. A testemunha descreve um evento (um fato supostamente criminoso) que realmente percebeu, no entanto, identifica

É possível, ainda, que tenha havido instruções externas para que a testemunha falseie ou altere os fatos, como, por exemplo, a possível influência dos pais sobre testemunhas ou vítimas crianças. Ou a testemunha pode sofrer de algum transtorno mental que dificulte ou impeça a separação entre a realidade e a fantasia ou que a leve a mentir compulsivamente.

Ademais, é possível que a falsidade da declaração da testemunha não seja intencional, mas, sim, decorrente da formação de uma falsa memória, provocada, por exemplo, por sugestões externas.

Após a geração da hipótese, faz-se necessário examinar o método apto a testar a hipótese posta, ou seja, estabelecer uma "estratégia de diagnóstico", que pode variar de entrevistas até testes psicométricos, que medem as características psicológicas da testemunha, como memória, habilidades cognitivas, traços de personalidade, entre outros aspectos.

4.3.2.3 Entrevista semiestruturada

A entrevista semiestruturada, etapa essencial do protocolo SVA, deve ser iniciada com uma evocação livre das lembranças pela testemunha, evitando, assim, sugestões e direcionamentos da autoridade entrevistadora. As perguntas devem ser abertas (por exemplo: "conte-me tudo o que se lembra desse dia"), tal qual na Entrevista Cognitiva, de forma a garantir que a resposta seja tão ampla quanto possível e livre de influências externas.

Inicialmente, nesse sentido, as perguntas devem ser sempre abertas, e, apenas depois, a autoridade entrevistadora deve passar às perguntas específicas para precisar aspectos ou detalhes do evento percebido e descrito pela testemunha. Essas últimas perguntas devem restringir-se às informações já fornecidas pela testemunha em sua narrativa.

Perguntas direcionadoras (por exemplo: o acusado portava uma arma?) ou que prevejam alternativas de respostas (ele portava uma arma de fogo ou uma faca?) devem ser evitadas por serem aptas a induzir a resposta da testemunha, levando-a ou a concordar com a informação con-

---

falsamente uma pessoa como autora do crime (KÖHNKEN, Günter. Statement Validity Analysis and the 'detection of the truth'. In: GRANHAG, Pär-Anders; STROMWALL, Leif [Orgs.]. *The Detection of Deception in Forensic Contexts*. Reino Unido: Cambridge University Press, 2004, posição 592 [e-book]).

tida na pergunta ou a escolher uma entre as alternativas postas, ainda que a resposta verdadeira não esteja entre elas.[500]

É importante, nessas entrevistas, testar a validade das hipóteses formuladas nas etapas anteriores. Nesse sentido, se a hipótese a ser testada aduz que a declaração é parcialmente falsa, as perguntas na entrevista devem-se focalizar nos aspectos relevantes ao diagnóstico da hipótese, aptas a revelar as diferenças entre as afirmações verdadeiras e as afirmações falsas.[501]

Algumas técnicas especiais de entrevista devem ser adotadas quando a testemunha ou a vítima são crianças. Faz-se necessário, nesses casos, criar um ambiente confortável para a criança expor os fatos de seu conhecimento, com o estabelecimento de uma comunicação prévia com a testemunha acerca de eventos não relacionados ao processo ou ao inquérito (comunicação neutra). Relevante, também, sublinhar a importância de a testemunha dizer a verdade em sua integralidade. O entrevistador deve evitar interromper a testemunha e evitar comentários ou questões que expressem críticas ou elogios.[502]

4.3.2.4 Análise de Conteúdo Baseada em Critérios (*Criteria-Based Content Analysis* – CBCA)

4.3.2.4.1 Aspectos gerais

A próxima etapa da SVA, a CBCA, baseia-se na hipótese, originalmente posta por Undeutsch (1967), de que afirmações verdadeiras, ou seja,

---

[500] VRIJ, Aldert. *Detecting Lies and Deceit: Pitfalls and Opportunities*. 2. ed. Leicester: Wiley, 2008, p. 205-207.

[501] KÖHNKEN, Günter. Statement Validity Analysis and the 'detection of the truth'. In: GRANHAG, Pär-Anders; STROMWALL, Leif (Orgs.). *The Detection of Deception in Forensic Contexts*. Reino Unido: Cambridge University Press, 2004, posição 605. (e-book).

[502] GRANHAG, Pär Anders; VERSCHUERE, Bruno; VRIJ, Aldert. *Detecting Deception:* Current Challenges and Cognitive Approaches. Nova Jersey: Wiley-Blackwell, 2015, p. 06. (e-book). Vrij aponta que declarações de testemunhas obtidas com a Entrevista Cognitiva recebem uma pontuação na CBCA (analisada à frente) maior do que as declarações obtidas com outros modelos de inquirição (VRIJ, Aldert. *Detecting Lies and Deceit: Pitfalls and Opportunities*. 2. ed. Leicester: Wiley, 2008, p. 237-238).

aquelas baseadas na memória da testemunha acerca do evento, diferem, em conteúdo e qualidade, das afirmações fabricadas.[503]

A CBCA consiste na análise da presença ou ausência de 19 critérios na entrevista da testemunha (feita com base, sobretudo, em sua transcrição), que medem o grau de veracidade da declaração. A elevada presença dos critérios reforça a hipótese de que a declaração é veraz, no sentido de que reflete fielmente a memória da testemunha.[504]

Köhnken[505] explica que tanto fatores cognitivos quanto motivacionais influenciam a pontuação da CBCA. Os primeiros fatores preveem que, diante de certas condições cognitivas e verbais mínimas, apenas as pessoas que narram eventos realmente percebidos produzirão declarações com as características descritas nos critérios.

Os fatores motivacionais, considerados como componentes de "gerenciamento de impressões", estão relacionados à motivação e ao comportamento apresentado pela testemunha. Testemunhas que mentem tendem a ocultar o aparecimento de determinados indicadores tidos como estereótipos da mentira (por exemplo, o reconhecimento de erros/imperfeições no discurso). Destarte, certos conteúdos são mais prováveis de serem observados em narrativas verazes e menos prováveis de serem identificados em narrativas falsas.

Os critérios de análise são divididos em quatro categorias: características gerais (compostas por: estrutura lógica, produção não estruturada e quantidade de detalhes); conteúdos específicos (enquadramento con-

---

[503] GRANHAG, Pär Anders; VERSCHUERE, Bruno; VRIJ, Aldert, op. cit., 2015, p. 06. (e-book).
[504] Em geral, os examinadores avaliam a presença ou a ausência dos critérios, computando-os em uma escala de três pontos, no qual 0 significa que o critério está ausente, 01 que o critério está presente e 02 significa que o critério está fortemente presente. (VRIJ, Aldert. *Detecting Lies and Deceit: Pitfalls and Opportunities*. 2. ed. Leicester: Wiley, 2008, p. 208). Por sua vez, Köhnken defende a utilização de uma escala de cinco pontos, sendo o "0 = critério ausente" e o 04 = "critério fortemente presente". Entende o autor que essa escala é muito mais sensível para identificar diferenças sutis entre declarações verdadeiras e declarações falsas. (KÖHNKEN, Günter. Statement Validity Analysis and the 'detection of the truth'. In: GRANHAG, Pär-Anders; STROMWALL, Leif [Orgs.]. *The Detection of Deception in Forensic Contexts*. Reino Unido: Cambridge University Press, 2004, posição 766-773. [e-book]).
[505] KÖHNKEN, Günter. Statement Validity Analysis and the 'detection of the truth'. In: GRANHAG, Pär-Anders; STROMWALL, Leif (Orgs.). *The Detection of Deception in Forensic Contexts*. Reino Unido: Cambridge University Press, 2004, posição 638-644. (e-book).

textual, descrição das interações, reprodução da conversa, complicações inesperadas durante o incidente, detalhes não usuais, detalhes supérfluos, descrição de detalhes malcompreendidos, associações externas relacionadas ao evento, relatos do estado mental subjetivo, atribuição do estado mental do acusado); conteúdos relacionados à motivação (correções espontâneas, admissão de erros de memória, suscitação de dúvidas sobre o próprio depoimento, autodepreciação, perdão ao acusado); elementos específicos relativos à ofensa (detalhes característicos da ofensa).

A ausência de um ou mais critérios na declaração da testemunha não significa que ela seja falsa. A presença de um elevado número de critérios indica uma maior probabilidade de o depoimento ser verdadeiro, e não que ele seja, necessariamente, verdadeiro.

4.3.2.4.2 Critérios de análise
– Características gerais

As características gerais, como supramencionado, dizem respeito às afirmações da testemunha como um todo e são consideradas critérios de veracidade do depoimento, uma vez que são elementos difíceis de serem fabricados pela testemunha mentirosa.[506] São compostas por três subcategorias.

A primeira consiste na *estrutura lógica* da narrativa (1). Requer que o depoimento da testemunha não tenha contradições, nem inconsistências lógicas. Estrutura lógica não se confunde com a plausibilidade da narrativa, ou seja, é possível que um depoimento seja implausível, mas, mesmo assim, tenha consistência lógica.

A *produção não estruturada* (2) diz respeito à ausência de uma estrutura organizada cronologicamente. As narrativas baseadas em memórias, em geral, não planejadas, não seguem uma rígida ordem cronológica, mas são contadas de acordo com a lembrança ou com as associações momentâneas.

A *quantidade de detalhes* (3) envolve especificações do evento, de sua localidade, dos arredores, dos objetos e das pessoas presentes no momento da percepção da testemunha.

---

[506] VRIJ, Aldert. Detecting Lies and Deceit: Pitfalls and Opportunities. 2. ed. Leicester: Wiley, 2008, p. 209.

– Conteúdos específicos

Essa categoria, como o próprio nome indica, busca analisar especificamente as frases integrantes do depoimento da testemunha, em suas concretudes e vivacidades. Também são critérios complexos e difíceis de serem reproduzidos pela testemunha mentirosa, por isso são indicadores de depoimentos genuínos.

O *enquadramento contextual* (4) refere-se à menção de especificações de tempo e espaço, nos quais se insere o evento percebido pela testemunha. A descrição de atividades diárias ou hábitos, que antecederam/sucederam ou ocorreram simultaneamente ao evento, também são detalhes contextuais relevantes.

A *descrição de interações* (5) envolve a narrativa das ações e reações geralmente verificáveis quando da ocorrência de um evento. Para crianças, é especialmente difícil a fabricação de interações.[507]

A *reprodução das conversas* (6) refere-se à replicação dos diálogos, em sua forma original, ou seja, tal como uma encenação das falas de cada pessoa envolvida no cenário. A mera descrição do conteúdo da conversa não é suficiente para o preenchimento desse critério.

As *complicações não esperadas durante o incidente* (7) consistem no relato de informações inesperadas, que fogem ao curso natural do evento, interrompendo o fluxo da narrativa.

Os *detalhes não usuais* (8) referem-se a elementos ou informações que são inesperados e surpreendentes, embora tenham relevância para a narrativa da testemunha. Relatar, por exemplo, um problema de fala (gagueira) percebida no acusado consiste na descrição de um detalhe não usual.

Os *detalhes supérfluos* (9) dizem respeito a dados ou elementos que, a despeito de se conectarem de alguma forma aos fatos relatados, não têm relevância para a descrição do evento.

Os *detalhes malcompreendidos* (10) dizem respeito à narrativa de informações que estão fora do alcance de compreensão da testemunha. A des-

---

[507] KÖHNKEN, Günter. Statement Validity Analysis and the 'detection of the truth'. In: GRANHAG, Pär-Anders; STROMWALL, Leif (Orgs.). *The Detection of Deception in Forensic Contexts*. Reino Unido: Cambridge University Press, 2004, posição 659. (e-book).

crição pode ser correta, mas a interpretação do evento é, por vezes, equivocada. Esse critério ganha relevância quando a testemunha é criança.

As *associações externas relacionadas ao evento* (11) referem-se a menções de fatos externos ao núcleo do evento, mas que, em algum grau, relacionam-se a ele.

Os *relatos do estado mental subjetivo* (12) estão presentes quando a testemunha refere-se aos próprios sentimentos experimentados ao longo do evento (medo, surpresa, alívio, desprezo, entre outros), e como esses sentimentos desenvolveram-se ou alteraram-se durante toda a ocorrência. Também se incluem nesse critério os pensamentos da testemunha relacionados ao evento percebido.

A *atribuição do estado mental do acusado* (13) diz respeito à descrição, feita pela testemunha, dos possíveis sentimentos, pensamentos e motivações do acusado, aferidos por meio de ações ou gestos produzidos por ele.

– Conteúdos relacionados à motivação

A terceira categoria, relativa aos conteúdos relacionados à motivação, concerne a aspectos relativos a como a testemunha apresenta a sua narrativa. Como as testemunhas sinceras não têm uma preocupação primária em parecerem credíveis, elas tendem a apresentar mais elementos considerados como estereótipos da mentira. As testemunhas mentirosas, por sua vez, tendem a preocupar-se com o "gerenciamento de impressões" e, na tentativa de parecerem sinceras, buscam eliminar de sua narrativa os componentes que consideram sinais típicos de mentira.[508]

Nesse sentido, as *correções espontâneas* (14) são verificadas quando a testemunha corrige informações ou acresce novos elementos à narrativa anteriormente concedida, sem que tenha sido instada a tanto pelo entrevistador.

---

[508] BRIGHAM, John C.; RUBY, C.L. *The Criterea-Based Content Analysis and its Utility in Distinguishing Between Truthful and Fabricated Criminal Allegations:* a Critical Review. Florida State University, p. 01-66, 1997, p. 21. Disponível em: <https://apps.dtic.mil/dtic/tr/fulltext/u2/a283221.pdf>. Acesso em: 30.08.19.

A *admissão de falhas na memória* (15) ocorre quando a testemunha espontaneamente confessa não saber ou não se recordar de partes do evento ou de alguns aspectos a ele relacionados.

A *suscitação de dúvidas sobre o próprio depoimento* (16) dá-se quando a testemunha reconhece a implausibilidade, estranheza ou improbabilidade da ocorrência do evento por ela narrado.

A *autodepreciação* (17) está presente quando a testemunha menciona elementos que a desfavoreçam ou a culpem pela ocorrência do evento ou por algum fato negativo.

O *perdão ao acusado* (18) verifica-se quando a testemunha ou vítima perdoa o acusado por seu comportamento ou conduta.

– Elementos específicos relativos à ofensa

Essa última categoria, formada por um único critério, diz respeito à descrição feita pela testemunha sobre o evento supostamente criminoso. Os *detalhes característicos da ofensa* (19) referem-se ao detalhamento, pela testemunha, de características tipicamente verificáveis em crimes de mesma natureza. Esses detalhes devem ser contrários ao senso comum e convergentes ao conhecimento técnico defendido pelos especialistas da área.

4.3.2.4.3 Classificação preliminar da declaração

A classificação preliminar sobre a provável veracidade ou falsidade da declaração deve ser feita diante do exame dos critérios da CBCA presentes. Essa classificação não é definitiva, pois deve ser testada em face da Verificação de Validade, a seguir examinada, a fim de se avaliar se as conclusões obtidas com a CBCA devem ser mantidas ou rejeitadas ante a ausência ou existência de hipóteses alternativas para esses resultados.

Não há uma determinação ou recomendação sobre como deve ser feito o cálculo dos critérios para definir se uma declaração é (provavelmente) verdadeira ou falsa. Em estudos laboratoriais, essa classificação é feita por computadores a partir de análises estatísticas, como a análise discriminante.[509]

---

[509] VRIJ, Aldert. *Detecting Lies and Deceit: Pitfalls and Opportunities*. 2. ed. Leicester: Wiley, 2008, p. 231-232.

Em casos reais, esse cálculo é feito pelos próprios avaliadores, tomando em conjunto todos os critérios ou considerando-os de forma individual. Nesse último caso, um determinado critério pode, diante de um caso concreto, ter um peso superior aos demais, sustentando, quando presente, a conclusão pela provável veracidade da declaração.

Além disso, é possível que a classificação entre depoentes mentirosos e depoentes sinceros seja feita por meio de regras gerais de decisão, como a presença de determinados critérios (por exemplo: critérios de 1 a 5), somados a certa quantidade dos demais critérios. Esse método de cálculo, conforme aponta Vrij, revela-se arbitrário, pois não repousa sobre uma justificativa racional e não encontra uniformidade entre os examinadores.[510]

4.3.2.5 Verificação da Validade (*The Validity Checklist*): a avaliação dos resultados da CBCA

A avaliação do resultado obtido com a Análise de Conteúdo Baseada em Critérios (CBCA) é feita em duas etapas. A primeira consiste em uma compilação das características do depoimento da testemunha que estão relacionadas a critérios previstos na CBCA. Resulta-se dessa compilação uma pontuação bruta.[511]

Essa pontuação não é suficiente para definir a provável veracidade ou falsidade de uma declaração, porque fatores diversos, que não apenas a veracidade do depoimento, influenciam os resultados da CBCA. Com efeito, a capacidade verbal e cognitiva da testemunha, sua idade, seu estado emocional, a incidência de sugestionamentos externos, todos esses fatores influenciam a pontuação da análise de conteúdo e fazem com que a CBCA não seja um teste padronizado.[512]

---

[510] Ibid., p. 232.
[511] KÖHNKEN, Günter. Statement Validity Analysis and the 'detection of the truth'. In: GRANHAG, Pär-Anders; STROMWALL, Leif (Orgs.). *The Detection of Deception in Forensic Contexts*. Reino Unido: Cambridge University Press, 2004, posição 678. (e-book).
[512] VRIJ, Aldert. *Detecting Lies and Deceit: Pitfalls and Opportunities*. 2. ed. Leicester: Wiley, 2008, p. 214. Exemplificativamente, uma criança mais nova, em razão de não ter sua capacidade cognitiva e suas habilidades comunicativas verbais completamente desenvolvidas, enfrenta maiores dificuldades em construir um relato bem detalhado, bem como em descrever os sentimentos e pensamentos da perspectiva de outra pessoa (como a do suposto

A fim de tentar padronizar os resultados da análise, a próxima etapa de avaliação é a Verificação de Validade ("The Validity Checklist"), pela qual se examina a incidência de certos fatores sobre o depoimento da testemunha. A análise desses fatores leva o avaliador a considerar interpretações alternativas para o resultado da CBCA. Rejeitadas essas interpretações, reforça-se a conclusão de que o resultado da CBCA reflete, de fato, a provável veracidade do depoimento, sem influência de outros elementos. Caso contrário, faz-se necessário considerar que o resultado da análise de conteúdo não necessariamente conduz à afirmação da veracidade ou da falsidade do depoimento.[513]

Os fatores a serem examinados na Verificação de Validade são divididos em quatro categorias. As primeiras dizem respeito às características psicológicas do entrevistado. Entre elas, devem-se examinar as *inadequações de linguagem e conhecimento*, ou seja, se o conhecimento e a linguagem da testemunha são incompatíveis com a capacidade cognitiva de sua idade, ou superam o conhecimento que a testemunha poderia obter com o evento, o que poderia sugerir influência de outra pessoa em seu depoimento. Após, passa-se à análise da *inadequação de afeto*, verificável quando o entrevistado exterioriza emoções incompatíveis com as comumente desencadeadas pela percepção do evento narrado.[514] Por fim, deve-se verificar a *suscetibilidade à sugestão da testemunha* durante a entrevista.[515]

---

autor do delito). Doutro vértice, tem dificuldades em reconhecer falhas em sua memória, por não ter ainda desenvolvido por completo sua metamemória e metacognição (ou seja, a consciência sobre o próprio conhecimento e sobre a própria memória). (GRANHAG, Pär Anders; VERSCHUERE, Bruno; VRIJ, Aldert. *Detecting Deception*: Current Challenges and Cognitive Approaches. Nova Jersey: Wiley-Blackwell, 2015, p. 10 [e-book]).

[513] VRIJ, Aldert. *Detecting Lies and Deceit:* Pitfalls and Opportunities. 2. ed. Leicester: Wiley, 2008, p. 214.

[514] Esse fator volta-se muito mais à análise da palavra da vítima. Recorda-se que o protocolo SVA foi originalmente projetado para averiguação da credibilidade da palavra da criança, supostamente vítima de crime sexual. Destarte, alguns aspectos, como esse, encaixam-se melhor quando se pensa na vítima – e, no caso, nas emoções por ela experimentadas quando da narrativa do evento, e não tanto na testemunha.

[515] Para verificar-se a suscetibilidade à sugestão da testemunha, o entrevistador pode fazer algumas perguntas, ao final da entrevista, propositadamente enganosas (ou seja, sobre elementos que sabe serem falsos ou inexistentes), a fim de checar se a testemunha recusará ou aceitará a sugestão falsa. Essas perguntas devem ater-se apenas a aspectos

O grau de suscetibilidade ao sugestionamento varia de acordo com as características individuais da testemunha, bem como em razão de sua idade (crianças são mais sugestionáveis que adultos, e crianças mais novas são mais sugestionáveis que crianças mais velhas).

Em segundo lugar, estão os fatores associados ao estilo do entrevistador ou à forma de condução da entrevista. Dos quais, apresenta-se relevante verificar a existência de *sugestionabilidade, direcionamento e questões coercitivas por parte do entrevistador*. Também aparece a *inadequação geral da entrevista*, ou seja, fatores outros, que não a sugestionabilidade, de igual modo, responsáveis por determinar a qualidade da entrevista. Um exemplo é a ausência de instruções gerais prévias por parte da autoridade entrevistadora, como, por exemplo, a orientação sobre a importância de a testemunha não tentar adivinhar ou inferir informações que fogem de seu conhecimento (relevante, sobretudo, no caso de testemunhas crianças).

Em terceiro lugar, relacionam-se os fatores ligados à motivação da testemunha em relatar o evento. Deve-se, nesse ponto, verificar a presença de *motivos questionáveis para depor* (relacionamento prévio entre a testemunha e o acusado, potenciais interesses da testemunha no deslinde do processo); a existência de um *contexto questionável da divulgação ou relato original*; de eventuais *pressões para relatar falsamente* (se há, por exemplo, indícios de a testemunha ter sido pressionada, coagida ou instruída a mentir).

Por fim, passa-se à análise das questões investigativas. Cabe examinar, primeiramente, se há *inconsistências entre o depoimento e as leis da natureza* (se os fatos narrados são surreais ou faticamente impossíveis). Após, verifica-se a existência de *inconsistências com outros depoimentos da própria testemunha*. As inconsistências entre os depoimentos, aptas a colocar em dúvida a veracidade das declarações, devem ser substanciais e repousar sobre a

---

secundários e irrelevantes do evento, sob pena de contaminar a memória da testemunha em seus aspectos centrais e cruciais à investigação. No entanto, Granhag, Verschuere e Vrij ressalvam que testar a aceitação da testemunha para sugestões de aspectos periféricos do evento não revela muita coisa sobre a sua suscetibilidade à sugestão de elementos centrais. Os autores assinalam que crianças tendem a ser mais resistentes a aceitar sugestões sobre elementos centrais do que sobre elementos periféricos do evento (GRANHAG, Pär Anders; VERSCHUERE, Bruno; VRIJ, Aldert. *Detecting Deception:* Current Challenges and Cognitive Approaches. Nova Jersey: Wiley-Blackwell, 2015, p. 13-14 [e-book]).

descrição nuclear do evento.[516] Pequenas discrepâncias, sobre aspectos secundários ou contextuais da narrativa, não só são aceitáveis, como são esperadas. Depoimentos idênticos, dados pela mesma testemunha em momentos diversos, podem sugerir uma história fabricada. Finalmente, importa verificar se há *inconsistências substanciais entre o depoimento e outras evidências*, principalmente, entre o primeiro e eventuais provas periciais.

Feita essa verificação, resta examinar se as hipóteses geradas no início do procedimento resistem quando confrontadas com os resultados encontrados. Caso todas as hipóteses sobre a falsidade (parcial ou total) dos depoimentos sejam incompatíveis com os dados obtidos, pode-se concluir que há elevada probabilidade de as experiências e as memórias da testemunha serem as únicas fontes de suas declarações. Caso a hipótese alternativa (sobre ser o depoimento baseado em fatores estranhos e externos à memória da testemunha) tenha aderência aos dados obtidos, é possível que o depoimento seja falso. Tal não permite, todavia, concluir seguramente que o depoimento seja falso.

4.3.3 Eficácia da SVA auferida por pesquisas empíricas

Vrij examinou estudos de campo e estudos laboratoriais acerca da eficácia da SVA. Quanto aos estudos de campo, o autor destacou a dificuldade de estabelecer, em casos reais, o valor de verdade. Dos cinco estudos examinados, em quatro deles, não se estabeleceu o valor de verdade de forma satisfatória (ou seja, não se fiaram a elementos autônomos de estabelecimento da verdade, como provas periciais, mas apenas consideraram a existência/ausência de confissão ou de condenação).[517]

O estudo remanescente, cujo valor de verdade foi estabelecido satisfatoriamente com suporte em evidências físicas, comprovou que as declarações verdadeiras continham mais critérios da CBCA do que as decla-

---

[516] KÖHNKEN, Günter. Statement Validity Analysis and the 'detection of the truth'. In: GRANHAG, Pär-Anders; STROMWALL, Leif (Orgs.). *The Detection of Deception in Forensic Contexts*. Reino Unido: Cambridge University Press, 2004, posição 703. (e-book).

[517] VRIJ, Aldert. *Detecting Lies and Deceit:* Pitfalls and Opportunities. 2. ed. Leicester: Wiley, 2008, p. 223-227.

rações falsas. Os outros quatro estudos, conquanto devam ser avaliados com reservas, também corroboram esses resultados.[518]

Os estudos laboratoriais, de seu lado, igualmente apoiaram a conclusão de que os critérios da CBCA são mais frequentes em declarações verdadeiras do que em declarações fabricadas. Essas conclusões sustentam-se para além de casos envolvendo crimes sexuais contra menores, alcançando também testes com testemunhas e em outros tipos de crimes.[519]

Vrij testou a hipótese de Undeutsch (de que as declarações verdadeiras diferem em conteúdo e qualidade das afirmações falsas) para cada um dos critérios presentes na CBCA. De 29 estudos (de campo e de laboratório) que consideraram o critério *quantidade de detalhes*, 22 estudos (ou seja, 76%) concluíram que as declarações verdadeiras contêm mais *detalhes* (critério 3 da CBCA) do que as declarações mentirosas. Ademais, em nenhum dos 29 estudos as afirmações verdadeiras contiveram consideravelmente menos detalhes do que as falsas.

Os critérios cognitivos (características gerais e critérios específicos) apresentaram mais suporte do que os critérios motivacionais. Entre os primeiros, destacam-se a *produção não estruturada* (3), *enquadramento contextual* (4) e *reprodução de conversas* (6), que se apresentaram em pelo menos 50% dos casos mais frequentes em declarações verdadeiras. Essa porcentagem é relevante, porque raramente esses critérios tiveram maior incidência em declarações fabricadas.

Em 16 de 20 estudos (80%), as declarações verdadeiras obtiveram pontuação mais alta na CBCA do que as declarações fabricadas. Dos quatro estudos restantes, em apenas um deles (5%), as declarações fabricadas pontuaram mais alto do que as verdadeiras. No entanto, esse único estudo contou com uma abordagem diversa da CBCA, razão pela qual não se considerou como teste apto a confirmar a validade da ferramenta.[520]

---

[518] Ibid., p. 226-227.
[519] KÖHNKEN, Günter. Statement Validity Analysis and the 'detection of the truth'. In: GRANHAG, Pär-Anders; STROMWALL, Leif (Orgs.). *The Detection of Deception in Forensic Contexts*. Reino Unido: Cambridge University Press, 2004, posições 784-787. (e-book).
[520] Vrij aponta que nesse estudo, conduzido por Landry and Brigham (1992), os avaliadores utilizaram de procedimentos atípicos para realizar a experiência. Foram eles treinados em breve lapso temporal sobre a CBCA, procederam à análise de declarações muito curtas, bem como se basearam, para o exame, em filmagens dos depoimentos dos participantes,

Em análise da taxa de precisão na distinção entre declarações verdadeiras e mentirosas com a utilização da SVA, Vrij identificou uma porcentagem de 70,81% de acerto na classificação dos relatos como verdadeiros e 71,12% de acerto na classificação dos relatos como mentirosos.[521] Essa taxa é consideravelmente mais alta do que a taxa de acerto obtida com a análise não estruturada de sinais verbais e não verbais, que se mantém ligeiramente acima do acaso.

4.3.4 Aplicação prática da SVA: limites e críticas

A aplicação adequada da SVA em casos reais pode esbarrar em algumas limitações e dificuldades práticas. Em primeiro lugar, por ter sido originalmente desenvolvida para avaliar depoimentos de crianças vítimas de crimes sexuais, a SVA deve sofrer algumas alterações e ponderações para se adequar à análise de depoimentos de testemunhas, adultas ou crianças, de quaisquer tipos de crimes. Portanto, alguns critérios como "perdão ao acusado" ou "autodepreciação" devem ter seus papéis mitigados ou afastados, assim como a verificação da "inadequação do afeto", relacionado às emoções e aos sentimentos próprios da vítima em relação ao suposto ato criminoso que sofreu.

Superado isso, deve-se observar que nem todas as declarações são passíveis de serem examinadas pela CBCA. O material concedido pela testemunha pode ser insuficiente para a análise dos critérios, seja por seu objeto ser muito delimitado, simples ou sem informações especiais, seja por já ter decorrido longo período entre a percepção do evento e a sua evocação, tendo grande parte dos detalhes caído no esquecimento.[522] As mentiras inseridas em contextos reais, por sua vez, também podem ser difíceis de serem identificadas pela SVA, visto que, por contarem com

---

em detrimento de suas transcrições (VRIJ, Aldert. *Detecting Lies and Deceit:* Pitfalls and Opportunities. 2. ed. Leicester: Wiley, 2008, p. 227-228).

[521] Ibid., p. 233-234. Esses resultados foram obtidos a partir da análise de 19 estudos laboratoriais independentes e 02 estudos de campo.

[522] KÖHNKEN, Günter. Statement Validity Analysis and the 'detection of the truth'. In: GRANHAG, Pär-Anders; STROMWALL, Leif (Orgs.). *The Detection of Deception in Forensic Contexts*. Reino Unido: Cambridge University Press, 2004, posições 729-736. (e-book).

diversos aspectos verdadeiros, tendem a somar uma elevada pontuação na CBCA.[523]

De outro lado, a SVA foi projetada para permitir a diferenciação entre relatos verdadeiros e relatos intencionalmente fabricados (mentirosos). Relatos frutos de falsas memórias, produzidos, por exemplo, em razão de repetidas perguntas sugestivas, podem ser muito similares aos relatos de eventos experimentados, em vivacidade e riqueza de detalhes, tornando difícil a sua distinção pela aplicação da CBCA.

No mais, a sua eficácia pode ser restringida, caso a testemunha seja especialmente treinada para obter uma alta pontuação no CBCA, por meio da estratégica inserção em seu relato de diversos elementos considerados, pelos avaliadores, como critérios de veracidade.[524]

A aplicação da SVA, além de esbarrar em limitações, pode apresentar-se complexa e difícil, exigindo um adequado e intenso programa de treinamento dos avaliadores.

Ainda assim, alguns fatores da Verificação de Validade podem ser de difícil identificação e de mensuração na prática (por exemplo, a suscetibilidade da testemunha a sugestões). É igualmente difícil, se não impossível, aferir com exatidão o impacto de cada um dos fatores externos da

---

[523] Isso pode ocorrer, por exemplo, quando a testemunha relata um evento verdadeiro, com diversos detalhes contextuais reais, porém mente acerca de seu autor. Nesse caso, a sua declaração pode alcançar elevada pontuação na CBCA, por preencher os critérios de riqueza de detalhes, enquadramento contextual, entre outros.

[524] KÖHNKEN, Günter. Statement Validity Analysis and the 'detection of the truth'. In: GRANHAG, Pär-Anders; STROMWALL, Leif (Orgs.). *The Detection of Deception in Forensic Contexts*. Reino Unido: Cambridge University Press, 2004, posições 739-741. (e-book). Em análise de estudos laboratoriais que testaram o efeito do treino sobre os resultados da SVA, Vrij observou que o treinamento dos participantes torna a SVA uma ferramenta ineficaz de distinção entre depoentes verazes e depoentes mentirosos. Participantes que tiveram conhecimento, previamente à sua entrevista, sobre os critérios avaliados na CBCA, tiveram pontuação superior àqueles que não receberam essa informação. Entre os participantes mentirosos treinados e os participantes verazes, não se verificaram diferenças entre as pontuações da CBCA (VRIJ, Aldert. *Detecting Lies and Deceit*: Pitfalls and Opportunities. 2. ed. Leicester: Wiley, 2008, p. 238).

Verificação de Validade sobre os resultados da CBCA. Esse impacto, nas palavras de Vrij, pode ser apenas *estimado*, e não determinado.[525]

Granhag, Verschuere e Vrij destacam, nesse sentido, que a Verificação de Validade é menos padronizada e mais subjetiva que a sua fase anterior, a CBCA, e, portanto, abre margem para larga discordância entre os examinadores e entre as partes processuais.[526] Se um examinador está convencido sobre o acerto dos resultados apresentados pela CBCA, que sustentam a veracidade ou a falsidade do relato testemunhal, tenderá a discordar sobre a força dos impactos causados pelos fatores externos nessa etapa posterior, sendo o inverso também verdadeiro.

No entanto, ainda que alguns fatores da Verificação de Validade sejam contestáveis[527] e outros sejam de difícil constatação prática, a análise do impacto do conjunto desses fatores sobre a validade ou invalidade dos resultados da CBCA é fundamental e, logo, não deve ser abandonada.

Por fim, há divergências doutrinárias sobre se a SVA deve ser aplicada pelos tribunais em processos criminais. Vrij, um dos principais estudiosos sobre a mentira e a sua detecção, entende que a SVA não atende aos requisitos para aceitação de evidências científicas nas cortes criminais, tomando por base as orientações da Suprema Corte dos Estados Unidos apresentadas no caso *Daubert v. Merrel Dow Pharmaceuticals Inc*. Para o autor, há problemas na confirmação da hipótese Undeutsch em pesquisas de campo; a SVA apresenta uma taxa de erro de quase 30% na identificação de declarações verdadeiras e falsas (atestada por estudos laboratoriais), o que estaria muito acima da dúvida razoável; não há suficientes estudos laboratoriais publicados e revisados sobre a Verificação de Validade e sobre a SVA como um todo, somente em relação à aplicação

---

[525] VRIJ, Aldert. *Detecting Lies and Deceit*: Pitfalls and Opportunities. 2. ed. Leicester: Wiley, 2008, p. 242.

[526] GRANHAG, Pär Anders; VERSCHUERE, Bruno; VRIJ, Aldert. *Detecting Deception*: Current Challenges and Cognitive Approaches. Nova Jersey: Wiley-Blackwell, 2015, p. 14. (e-book).

[527] O fator "inadequação do afeto" parece ser um dos mais problemáticos, uma vez que não existe uma forma típica de expressão de sentimentos pela vítima e nem sempre esses sentimentos são visíveis ao mundo exterior. No entanto, no caso da testemunha, esse fator já deve ser mesmo afastado, por ter exclusiva relação com a vítima.

da CBCA; e não há concordância sobre a aceitação da SVA pela comunidade científica.[528]

As preocupações de Vrij justificam-se, com maior intensidade, dentro do sistema jurídico norte-americano, uma vez que os jurados podem ser mais facilmente seduzidos e convencidos pelos resultados da SVA do que um juiz togado. Portanto, caso esse instrumento seja aceito e utilizado, devem ser amplamente explicadas às partes e aos jurados as limitações dos resultados, bem como devem ser esses confirmados por pelo menos dois *experts* diferentes.[529]

Köhnken, em sentido contrário, defende que aplicação da SVA justifica-se não por ser ela absolutamente eficaz em distinguir declarações falsas de verdadeiras, mas, sim, por ser consideravelmente superior aos demais instrumentos disponíveis para atestar a credibilidade de declarações.[530] Embora reconheça suas limitações, comuns a qualquer outro método de diagnóstico, o autor argumenta que os níveis de confiabilidade, constatados pela convergência/consistência entre *experts* e entre um mesmo *expert* em diversas codificações, aumentam consideravelmente com a implementação de um treinamento extensivo e adequado.

Em face de todo o examinado, conclui-se que a SVA, a despeito de suas limitações e problemáticas, pode ser uma ferramenta útil de auxílio à tomada de decisão acerca da confiabilidade de um depoimento testemunhal, uma vez que se apresenta mais eficaz que a simples e isolada observação de sinais não verbais ou verbais estranhos àqueles previstos pela CBCA. Seus resultados não devem ser tomados em sentido absoluto, mas, após a confirmação entre mais de um *expert*, devem ser confrontados com as demais provas produzidas nos autos. Mesmo Vrij concorda sobre a relevância de diversos critérios previstos pela CBCA na detecção da mentira, ao menos em estágios iniciais da investigação.[531]

---

[528] VRIJ, Aldert. *Detecting Lies and Deceit:* Pitfalls and Opportunities. 2. ed. Leicester: Wiley, 2008, p. 251-254.

[529] Ibid., p. 255.

[530] KÖHNKEN, Günter. Statement Validity Analysis and the 'detection of the truth'. In: GRANHAG, Pär-Anders; STROMWALL, Leif (Orgs.). *The Detection of Deception in Forensic Contexts.* Reino Unido: Cambridge University Press, 2004, posições 739-741. (e-book).

[531] VRIJ, Aldert. *Detecting Lies and Deceit:* Pitfalls and Opportunities. 2. ed. Leicester: Wiley, 2008, p. 256-257.

4.4 *Reality Monitoring* (RM): a identificação da origem de uma memória

4.4.1 Fundamento teórico

O método Reality Monitoring (RM) de identificação da origem de uma memória foi desenvolvido por Marcia Johnson e Carol Raye[532], em 1981. O Monitoramento de Realidade consiste em um processo por meio do qual as pessoas atribuem uma memória a uma fonte interna (imaginação) ou externa (percepção de um dado evento). Em outros termos, o RM refere-se ao processo ou atividade pelos quais se distingue uma memória baseada primariamente em uma percepção de um evento passado de uma memória fundada primariamente em um ato pretérito de imaginação.[533]

As informações geradas internamente pela própria pessoa são, essencialmente, de três tipos: (i) re-representação de um evento percebido (ocorre quando o traço de memória é reativado na ausência do estímulo externo original, após a informação deixar a memória de trabalho e a consciência); (ii) pensamentos cotemporais (associações e pensamentos simultâneos à percepção do evento, que aumentam ou alteram a realidade apreendida), (iii) fantasia (combinações de informações novas que produzem eventos imaginários).

Johnson e Raye[534] propõem que as memórias geradas pela imaginação diferem qualitativamente das memórias geradas pela percepção em suas dimensões específicas. Nesse sentido, as memórias baseadas em eventos externos são obtidas por meio de processos de percepção e, portanto, tendem a apresentar mais informações sensoriais (elementos visuais, sonoros, olfativos, entre outros), mais elementos contextuais (detalhes espaciais como o local do evento e as posições das coisas e pessoas em relação umas às outras; e detalhes temporais, como o horário e a duração do evento), mais informações afetivas (emoções sentidas durante o evento) e mais detalhes semânticos (informações gerais e específicas) do

---

[532] JOHNSON, Marcia K.; RAYE, Carol L. Reality Monitoring. *Psychological Review*, v. 88, n. 1, p. 67-85, 1981, p. 67-85.
[533] JOHNSON, Marcia K.; RAYE, Carol L. Reality Monitoring. *Psychological Review*, v. 88, n. 1, p. 67-85, 1981, p. 67.
[534] Ibid., p. 71.

que as memórias de eventos internos. As memórias provenientes de fontes externas tendem a ser mais concretas, vívidas e robustas.[535]

Por sua vez, as memórias geradas por fontes internas são obtidas por meio de processos cognitivos e, em razão disso, tendem a conter mais referências a operações mentais em sua evocação (pensamentos e raciocínios lógicos), diversamente das memórias de percepção, cujos processos de recuperação são mais automáticos.[536] As memórias provenientes de processos internos tendem a ser mais vagas, menos concretas e mais esquemáticas.[537]

É possível, com base na avaliação dos atributos majoritariamente presentes em uma dada memória, decidir sobre a sua provável origem. Assim, exemplificativamente, uma memória contendo elevado número de operações cognitivas e baixa quantidade de detalhes sensoriais pode ser julgada como provavelmente proveniente de uma fonte interna. Ainda, uma memória com alto número de detalhes sensoriais e contextuais tem maior probabilidade de ser originada de uma fonte externa.

Pode-se atingir, mediante esse processo de julgamento, três resultados possíveis: memórias provenientes de provável origem interna, de provável origem externa ou de origem incerta.

Informações adicionais podem auxiliar a esclarecer a origem das memórias que receberam resultados inconclusivos no julgamento ante-

---

[535] Ibid., p. 69.

[536] Encontram-se alguns exemplos na literatura para exemplificar essas operações cognitivas frequentemente presentes durante a evocação de memórias autogeradas: "eu deveria estar de casaco, pois fazia muito frio naquela noite" (VRIJ, Aldert. Verbal Lie Detection Tools: Statement Validity Analysis, Reality Monitoring and Scientific Content Analysis. In: GRANHAG, Pär Anders; VERSCHUERE, Bruno; VRIJ, Aldert [Eds.]. *Detecting Deception: Current Challenges and Cognitive Approaches*. Nova Jersey: Wiley-Blackwell, 2015, p. 15 [e-book]); "eu acho que sonhei, pois nunca estive na Austrália antes" (SPORER, Siegfried L. Reality monitoring and detection of deception. In: GRANHAG, Pär-Anders; STROMWALL, Leif [Orgs.]. *The Detection of Deception in Forensic Contexts*. Reino Unido: Cambridge University Press, 2004, posição 837 [e-book]).

[537] VRIJ, Aldert. Verbal Lie Detection Tools: Statement Validity Analysis, Reality Monitoring and Scientific Content Analysis. In: GRANHAG, Pär Anders; VERSCHUERE, Bruno; VRIJ, Aldert [Eds.]. *Detecting Deception:* Current Challenges and Cognitive Approaches. Nova Jersey: Wiley-Blackwell, 2015, p. 15. [e-book]; JOHNSON, Marcia K.; RAYE, Carol L. Reality Monitoring. In: *Psychological Review*, v. 88, n. 01, p. 67-85, 1981, p. 71.

rior, bem como corroborar as origens prováveis obtidas. Para tanto, deve-se recorrer a processos racionais, nos quais se investiga se a memória-alvo encontra suporte em outras memórias (por exemplo, memórias de eventos anteriores ou posteriores que confirmem a ocorrência da memória-alvo), ou, ao contrário, se outras memórias contradizem-na ou negam a sua existência. Deve-se também constatar se a memória-alvo está em conformidade ou contradição com o conhecimento geral da pessoa (por exemplo, se a memória-alvo contradiz ou não uma lei da natureza). Se há memórias de suporte e coerência com o conhecimento geral, reforça-se a hipótese de que a memória é derivada da percepção de um evento externo, e vice-versa.[538]

Esses processos também envolvem, ainda que involuntariamente, o recurso a assunções sobre como a memória funciona (assunções sobre metamemória) e opiniões pessoais (por exemplo: "se essa ideia tivesse sido minha, eu me recordaria").[539]

Contudo, deve-se considerar que o Monitoramento de Realidade perde a sua eficácia quando a memória-alvo não possui as características distintivas de sua classe, como é o caso de memórias autogeradas vívidas e entremeadas de detalhes sensoriais. Esse processo de atribuição da origem da memória também pode fracassar caso a pessoa proceda a um raciocínio equivocado ou falhe em associar a memória-alvo com outras memórias ou com seu conhecimento geral.[540]

O RM prevê que, quanto mais similares são as memórias de eventos imaginados, em seus detalhes específicos, e as memórias de eventos percebidos, mais essas memórias confundem-se e mais difícil é a correta

---

[538] Assim, pode constatar-se que a memória de uma conversa com determinada pessoa advém de uma fonte interna, ao verificar que não se conhece essa pessoa. Ou, pode-se identificar uma memória como fruto de imaginação por conter elementos contrários às leis da natureza. (JOHNSON, Marcia K. Discriminating the Origin of Information. In: OLTMANNS, T. F.; MAHER, B.A. [Ed.]. *Delusional Beliefs*. Nova York: Wiley, p. 34-65, 1988, p. 41; JOHNSON, Marcia K.; RAYE, Carol L. Reality Monitoring. *Psychological Review*, v. 88, n. 01, p. 67-85, 1981, p. 72).

[539] JOHNSON, Marcia K.; RAYE, Carol L. Reality Monitoring. *Psychological Review*, v. 88, n. 1, p. 67-85, 1981, p. 72.

[540] JOHNSON, Marcia K. Discriminating the Origin of Information. In: OLTMANNS, T. F.; MAHER, B.A. (Ed.). *Delusional Beliefs*. Nova York: Wiley, p. 34-65, 1988, p. 41.

atribuição de suas origens. As memórias autogeradas podem ser criadas com base em detalhes e recortes de eventos percebidos, o que as tornam mais vívidas e convincentes do que memórias unicamente provenientes da imaginação.[541]

Por fim, a partir de 1990, passou-se a conceber a ideia de extensão dos princípios teóricos do RM para a distinção entre mentiras (enquanto produtos de fontes internas) e verdades (originadas da percepção de eventos externos). Ou seja, assim como as falsas memórias, as mentiras são produzidas internamente, como fruto da imaginação de seu autor (com a evidente diferença de serem elas intencionalmente criadas).[542]

Deve-se considerar, entretanto, que algumas mentiras contam, em seu enredo, com boa parte de fatos realmente percebidos, tirados de seu contexto original ou distorcidos em alguma medida. Portanto, deve-se analisar, como se fará à frente, se o RM apresenta-se eficaz para detectar mentiras, considerando as suas diferenças e particularidades frente às falsas memórias.

4.4.2 Modelo padronizado de critérios do RM

Não existe, até o momento, um modelo padronizado de critérios a serem verificados para o monitoramento da origem da memória-alvo. Não existe aplicação prática da ferramenta e os estudos empíricos são conduzidos, em geral, com protocolos díspares de critérios.

Vrij[543], com apoio na doutrina de Sporer[544], propõe a adoção de um modelo padronizado, formado por oito critérios, passível de ser utilizado tanto no Monitoramento de Realidade autoaplicado[545] quanto no inter-

---

[541] JOHNSON, Marcia K. Memory and Reality. *American Psychologist*, v. 61, p. 760-771, nov. 2006, p. 762.
[542] VRIJ, Aldert. *Detecting Lies and Deceit*: Pitfalls and Opportunities. 2. ed. Leicester: Wiley, 2008, p. 266.
[543] VRIJ, Aldert. *Detecting Lies and Deceit*: Pitfalls and Opportunities. 2. ed. Leicester: Wiley, 2008, p. 266-268.
[544] SPORER, Siegfried Ludwig. The Less Travelled Road to Truth: Verbal Cues in Deception Detection in Accounts of Fabricated and Self-Experienced Events. *Applied Cognitive Psychology*, v. 11, n. 5, p. 373-397, 1997, p. 379.
[545] No caso do RM aplicado, existe um questionário mais extenso e detalhado ("Questionário de Características da Memória" – MCQ), criado por Johnson e outros, mencionado à

pessoal (a seguir examinados), seja para distinção entre falsas memórias e memórias verdadeiras, seja para distinção entre relatos mentirosos e relatos sinceros. Alguns desses critérios encontram similitude com critérios existentes no CBCA.

Os sete primeiros critérios desse modelo têm sua incidência mais esperada entre as memórias derivadas de eventos percebidos, enquanto a ocorrência do oitavo critério é mais esperada entre as memórias autogeradas (mentiras ou falsas memórias).

O primeiro critério (1) é a *clareza*. Preenchem esse critério as memórias vívidas, claras, robustas. Após, há (2) as *informações sensoriais*, relativas à presença de detalhes de sons, cheiros, gostos, imagens visuais e sensações físicas. Em terceiro lugar, verifica-se a presença de (3) *informações espaciais* no relato, consistentes na localização do evento e na disposição das coisas e pessoas no cenário. O quarto critério (4) é formado pelas *informações temporais*, ou seja, informação sobre quando o evento ocorreu (horário ou parte do dia) ou descrição de uma concatenação de atos (o ato *x* precedeu, sucedeu ou foi concomitante ao ato *y*). Esses dois últimos critérios (3 e 4) correspondem ao enquadramento contextual do CBCA.

O quinto critério (5) consiste no *afeto*, é dizer, na descrição das sensações experimentadas pela testemunha durante a ocorrência do evento. O critério seguinte (6) refere-se à *possibilidade de reconstrução* da história com base nas informações relatadas pela testemunha. Em seguida, deve-se aferir (7) o *realismo* da história, ou seja, se é ela plausível e realista, bem como se faz sentido. Corresponderia, em parte, à estrutura lógica prevista pelo CBCA. Por fim, o último critério (8) que, à diferença dos demais, tem sua incidência mais frequentemente esperada nos relatos provenientes de fontes internas (falsas memórias e mentiras) do que em relatos verdadeiros, refere-se a *operações cognitivas*. O critério perfaz-se

---

frente (JOHNSON, Marcia K et al. Phenomenal Characteristics of Memories for Perceived and Imagined Autobiographical Events. *Journal of Experimental Psychology: General*, v. 117, n. 4, p. 371-376, 1988, p. 371-376). Para o RM interpessoal, sugere-se a utilização da versão mais enxuta descrita por Vrij, seja por ser mais fácil de ser aplicada, seja pela economia considerável de tempo.

quando a testemunha menciona inferências mentais realizadas por ela durante a ocorrência do evento e/ou quando da evocação da memória.[546]

4.4.3 Formas de Monitoramento de Realidade

4.4.3.1 Monitoramento de Realidade autoaplicado

O Monitoramento de Realidade pode ser aplicado pelo próprio indivíduo para decidir sobre a origem de suas memórias ou pode ser conduzida por terceiros para avaliar a origem de memórias alheias (Monitoramento de Realidade interpessoal).

No primeiro caso, a autoaplicação do RM pode servir à distinção entre memórias de eventos imaginados (falsas memórias) e memórias de eventos percebidos pelo próprio indivíduo. Para tanto, em diversos estudos empíricos conduzidos por Johnson et al., os participantes foram instruídos a pontuar a qualidade de suas memórias internas e externas com base em um questionário de 39 itens denominado "Questionário de Características da Memória" (MCQ, na sigla em inglês), utilizando, para tanto, uma escala de sete pontos.

Esse questionário, como o próprio nome indica, abrange um amplo leque de características da memória, tais como clareza, cor, detalhes visuais, sons, cheiros, vivacidade, detalhes do evento, complexidade, realismo, localização, detalhes espaciais (posição de objetos e pessoas) e temporais (horário, ano, dia, estação, duração), sentimentos, eventos ocorridos antes e após o evento-alvo, implicações, pensamentos, dúvidas e certeza sobre o evento, etc.

O preenchimento do MCQ proporciona um exame mais criterioso do indivíduo sobre suas próprias memórias, induzindo-o a analisar, com

---

[546] Diversos estudos utilizam um conceito mais restritivo desse critério, incluindo apenas as inferências feitas pela testemunha à época do evento. Vrij, por outro lado, em suas pesquisas empíricas, adota um conceito mais abrangente, para também incluir as inferências realizadas no momento da evocação (VRIJ, Aldert. *Detecting Lies and Deceit*: Pitfalls and Opportunities. 2. ed. Leicester: Wiley, 2008, p. 268).

acuidade e atenção, a presença de qualidades potencialmente úteis ao diagnóstico sobre a origem da memória.[547]

Em consonância com o estabelecido pela teoria do Monitoramento de Realidade, estudo empírico produzido por Johnson et al.[548] concluiu que as memórias para eventos percebidos (derivados do mundo externo) receberam maior pontuação do MCQ para informações sensoriais (visuais, sons, cheiros) e detalhes contextuais (temporais e espaciais). Outrossim, essas memórias foram consideradas mais positivas e mais suportadas por memórias de eventos anteriores e posteriores. Por outro lado, as memórias para eventos imaginados (geração interna) foram consideradas mais complexas, mais intensas, menos positivas, menos realistas e com maiores implicações à época, bem como foram objeto de reflexões por mais vezes.

Em um segundo estudo, os participantes foram instigados a pensar em um evento percebido e em um evento imaginado para, após, responder "como sabiam que o evento percebido realmente aconteceu" e "como sabiam que o evento imaginado nunca aconteceu". Para os eventos percebidos, os participantes justificaram suas respostas mais frequentemente com informações sobre o evento em si, bem como com memórias corroborativas do evento-alvo, ao invés de recorrerem a operações mentais. Já para os eventos imaginados, os participantes recorreram, em suas respostas, a operações cognitivas, ao invés de comentarem sobre os detalhes do evento em si.[549]

4.4.3.2 Monitoramento de Realidade interpessoal

4.4.3.2.1 Aplicação geral
O Monitoramento de Realidade interpessoal, por sua vez, pode revelar-se útil não apenas para a eficaz distinção de memórias alheias para eventos percebidos e para eventos imaginados (falsas memórias). Pode-se recor-

---

[547] JOHNSON, Marcia K. Memory and Reality. *American Psychologist*, v. 61, p. 760-771, nov. 2006, p. 762.
[548] JOHNSON, Marcia K et al. Phenomenal Characteristics of Memories for Perceived and Imagined Autobiographical Events. *Journal of Experimental Psychology: General*, v. 117, n. 4, p. 371-376, 1988, p. 372-374.
[549] Ibid., p. 374-375.

rer a essa ferramenta também para se distinguir memórias alheias provenientes de fabricações intencionais (mentiras) de memórias de eventos externos percebidos.

Em experiências conduzidas por Johnson, Bush e Mitchell[550], constatou-se que as pessoas tendem a julgar as origens das memórias alheias com base nos mesmos critérios com os quais julgam as próprias memórias. Nesse sentido, a tendência de julgar um relato alheio como verdadeiro, ou seja, como originado de um evento experimentado, aumentou em função do aumento de detalhes sensoriais e emocionais na história. Essa tendência manteve-se tanto para participantes jovens quanto para participantes mais velhos.

Contudo, em outra experiência, os pesquisadores verificaram que a elevação do nível de suspeita[551] sobre a possibilidade de o relato ser mentiroso ou ser proveniente de falsas memórias inverteu os resultados anteriormente obtidos. Ou seja, as mesmas informações (detalhes sensoriais e emocionais) que, em situação de baixa suspeita, elevaram o grau de confiabilidade no relato, reduziram a credibilidade ou foram indiferentes na avaliação, em situações de alta suspeita.[552] Nesses últimos casos, a elevação do número de detalhes sensoriais e emocionais foi encarada como artificial e como uma forma de o depoente parecer convincente.

Isso demonstra, segundo os autores, que o contexto do julgamento (instruções recebidas previamente à avaliação) influencia no peso atribuído às várias características da memória, tendo, por conseguinte, impacto direto na conclusão obtida com o monitoramento da fonte. Os participantes do grupo de baixa suspeita indicaram que seu julgamento sobre a origem da memória baseou-se principalmente em detalhes con-

---

[550] JOHNSON, Marcia K; BUSH, Julie G.; MITCHELL, Karen. Interpersonal reality monitoring: Judging the sources of other people's memories. *Social Cognition*, v. 16, n. 2, p. 199-224, 1998, p. 199-224.

[551] Para tanto, um grupo de pessoas foi induzido a suspeitar da honestidade do depoente. Foram eles informados que o relato foi retirado aleatoriamente de registros policiais, bem como foram induzidos a acreditar que o depoente poderia ter fabricado o relato, por ter alta motivação para mentir (JOHNSON, Marcia K; BUSH, Julie G.; MITCHELL, Karen. Interpersonal reality monitoring: Judging the sources of other people's memories. *Social Cognition*, v. 16, n. 2, p. 199-224, 1998, p. 210).

[552] Ibid., p. 217.

cretos (como detalhes sensoriais). Já o grupo submetido à alta suspeita empreendeu mais processos mentais estratégicos e sistemáticos, como a análise da plausibilidade e consistência do relato com seu conhecimento geral ou com outras informações relacionadas.[553]

4.4.3.2.2 Monitoramento de Realidade interpessoal e a detecção da mentira

Como mencionado anteriormente, estudiosos propuseram o alargamento da utilização do RM para alcançar também a detecção da mentira. Vrij realizou meta-análise de estudos laboratoriais e de campo voltados à verificação da eficácia dessa ferramenta para distinguir relatos sinceros de relatos mentirosos.[554]

As conclusões extraídas dos estudos mostram um padrão não uniforme acerca da validade dos critérios previstos pelo RM. No entanto, Vrij ressalva que essa não uniformidade pode dever-se à inexistência de adoção de um modelo padronizado de critérios. Ainda mais problemático é o fato de que, na maior parte dos estudos, não há descrição clara de como os critérios adotados foram definidos e codificados.

Feita essa ressalva, verificou-se que os padrões para informações sensoriais foram pouco claros quando analisados conjuntamente. No entanto, quando codificados distintamente, constatou-se que os detalhes sonoros eram mais presentes em relatos verdadeiros do que em relatos falsos. Os detalhes temporais e espaciais, também quando examinados distintamente, apresentaram um padrão relevante, aparecendo mais frequentemente em relatos de eventos percebidos do que em relatos mentirosos.

A clareza nem sempre foi um sinal diagnosticável da verdade, no entanto, segundo Vrij, todas as vezes em que se constataram diferenças entre relatos verdadeiros e falsos, também se concluiu que os primeiros eram mais claros do que os segundos. O quinto critério, o afeto, não se apresentou relevante na distinção dos relatos de origens diversas. Doutro

---

[553] JOHNSON, Marcia K; BUSH, Julie G.; MITCHELL, Karen. Interpersonal reality monitoring: Judging the sources of other people's memories. *Social Cognition*, v. 16, n. 2, p. 199-224, 1998, p. 215-216.

[554] VRIJ, Aldert. *Detecting Lies and Deceit:* Pitfalls and Opportunities. 2. ed. Leicester: Wiley, 2008, p. 269-272.

lado, os relatos verdadeiros apresentaram-se mais realísticos e mais fáceis de se reconstruir.

Por fim, na maioria dos estudos examinados, não se encontrou diferença acerca da menção de operações cognitivas feitas por participantes verazes e por participantes mentirosos.[555]

Em conclusão, Vrij assinala que a avaliação da eficácia do RM deve levar em consideração a análise conjunta de todos os critérios, e não o exame individualizado de cada um, visto que inexiste um indicador único e incontroverso sobre a mentira. Os estudos que fizeram uma somatória total dos critérios concluíram que os relatos verdadeiros tiveram uma pontuação mais alta do que os relatos mentirosos, conforme previsto pela teoria do Monitoramento de Realidade.[556]

Quanto aos níveis de acurácia na distinção de relatos verdadeiros e falsos com a utilização do RM, Vrij, ao examinar dez pesquisas empíricas diversas, verificou um índice geral de 71,70% de acerto na classificação de relatos verdadeiros e de 66,10% de precisão na classificação de relatos falsos (a acurácia média total foi de 68,80%). A média total de acerto na classificação de relatos falsos e verdadeiros com o RM foi maior do que a média obtida por esses mesmos estudos com a aplicação do CBCA. Por fim, os estudos que combinaram os dois métodos (RM e CBCA) produziram índices de acurácia ainda maiores (80,33% de acerto na classificação

---

[555] Vrij assinala, todavia, que, nos estudos conduzidos por ele, foram identificadas diferenças em relação a esse critério, com os relatos mentirosos apresentando mais operações cognitivas do que os relatos verdadeiros. Segundo o pesquisador, essa diferença com os demais estudos pode justificar-se em vista da definição de "operações cognitivas" adotada em cada estudo. Vrij, como mencionado anteriormente, utiliza um conceito mais abrangente de "operações cognitivas", considerando não só aquelas feitas pela testemunha quando da ocorrência do evento, mas também quando da evocação da memória (VRIJ, Aldert. *Detecting Lies and Deceit*: Pitfalls and Opportunities. 2. ed. Leicester: Wiley, 2008, p. 271-272).

[556] Ibid., p. 272.
Em outro estudo realizado por Sporer e Hamilton, os critérios mais presentes em relatos verdadeiros foram clareza/vivacidade, informação temporal e realismo (SPORER, Siegfried L. Reality monitoring and detection of deception. In: GRANHAG, Pär-Anders; STROMWALL, Leif [Orgs.]. *The Detection of Deception in Forensic Contexts*. Reino Unido: Cambridge University Press, 2004, posição 892-901. [e-book]).

de relatos verdadeiros, 68% na classificação de relatos falsos e 74% no total).[557]

4.4.4 Aplicação prática do RM: possibilidades e limitações

A despeito da solidez teórica do Monitoramento de Realidade, de sua eficácia constatada por estudos empíricos e da adesão de pesquisadores à sua utilização, essa ferramenta ainda não foi efetivamente implementada na prática.

Ainda que se recomende a sua utilização, algumas limitações devem ser levadas em consideração. Em primeiro lugar, estudos empíricos constataram que as diferenças entre as memórias percebidas e as memórias imaginadas tendem a diminuir consideravelmente com a passagem do tempo. Segundo Vrij, isso pode dar-se em razão das memórias percebidas, com o transcurso do tempo, tenderem a adquirir mais operações cognitivas para facilitar a evocação futura, enquanto as memórias imaginadas tendem a adquirir mais detalhes sensoriais e contextuais ao serem visualizadas repetidamente ao longo do tempo. Assim, as memórias de eventos externos tornam-se mais internas e as memórias de eventos internos tornam-se mais externas, diluindo-se os traços distintivos entre elas.[558] Por essa razão, o RM pode não ser tão eficaz para distinguir a origem de memórias muito antigas.

Outra limitação atribuída ao Monitoramento de Realidade consiste na restrição em se adotar esse método em crianças muito novas. Isso ocorre porque crianças não diferenciam os eventos imaginados daqueles expe-

---

[557] VRIJ, Aldert. op. cit., 2008, p. 273-275. Sporer, em análise de diversos estudos empíricos sobre a eficácia do RM, também encontrou números semelhantes quanto ao índice de acurácia na classificação de relatos verdadeiros e relatos falsos com a utilização da ferramenta: "ao longo dos estudos, os índices de classificação variaram de 61% a 91% para relatos verdadeiros, e de 61% para 85% para relatos mentirosos (em geral, de 64% a 86%)". O autor também assinalou que a utilização combinada do RM e do CBCA resultou em índices de acurácia superiores à utilização isolada dessas ferramentas. (SPORER, Siegfried L. Reality monitoring and detection of deception. In: GRANHAG, Pär-Anders; Stromwall, Leif [Orgs.]. *The Detection of Deception in Forensic Contexts*. Reino Unido: Cambridge University Press, 2004, posição 1005. [e-book]. [tradução nossa]).

[558] VRIJ, Aldert. *Detecting Lies and Deceit:* Pitfalls and Opportunities. 2. ed. Leicester: Wiley, 2008, p. 263.

rienciados tão claramente quanto adultos, seja porque as dimensões de suas memórias não se apresentam tão bem definidas, seja porque, por faltar-lhes a capacidade de fazer assunções de metamemória, não são elas capazes de avaliar os atributos presentes em sua memória e de classificar a sua origem com base nisso.[559]

Também, em razão do restrito conhecimento geral e da dificuldade em empreenderem raciocínios abstratos, as crianças mais novas, provavelmente, não recorrem aos processos mentais complexos dos quais os adultos se socorrem ao não conseguirem classificar a fonte da memória apenas com base em seus atributos.[560] Ou seja, a análise do conteúdo semântico da memória e o seu confronto com o conhecimento geral de mundo e com outras memórias são operações mentais difíceis de serem realizadas por crianças.

A despeito de suas limitações, o RM apresenta-se, de uma forma geral, como mais uma ferramenta de apoio à distinção entre falsas memórias e memórias provenientes de eventos percebidos, bem como de suporte à distinção entre relatos verdadeiros e relatos falsos. Não é capaz de produzir uma prova definitiva sobre a falsidade (intencional ou não intencional) do relato da testemunha, nem sobre a sua veracidade, mas pode vir em socorro às demais ferramentas, uma vez que a acurácia na classificação dos relatos com a sua utilização (ao menos em relação à detecção da mentira) encontra-se consideravelmente acima do nível do acaso.

Para a detecção da mentira, a utilização combinada da CBCA e do RM produziu resultados ainda melhores nos índices de precisão na classificação da origem dos relatos, a demonstrar que essas ferramentas não

---

[559] LINDSAY, D.S.; JOHNSON, Marcia K. Reality monitoring and suggestibility: Children's ability to discriminate among memories from different sources. In: CECI, S. J.; TOGLIA, M. P.; ROSS, D. F. (Eds.). *Children's eyewitness memory*. New York: Springer-Verlag, 1987, p. 101-102. Em revisão de estudos empíricos até então publicados, Lindsay e Johnson constataram que crianças com menos de seis anos tiveram uma boa performance (equiparada a adultos) quando solicitadas a classificar a origem de uma memória, exceto quando deveriam distinguir a memória de uma ação que apenas se imaginaram realizando da memória de uma ação que realmente experimentaram (ibid., p. 103-107).

[560] LINDSAY, D.S.; JOHNSON, Marcia K. Reality monitoring and suggestibility: Children's ability to discriminate among memories from different sources. In: CECI, S. J.; TOGLIA, M. P.; ROSS, D. F. (Eds.),. *Children's eyewitness memory*. New York: Springer-Verlag, 1987, p. 102.

são contraditórias ou excludentes, mas, sim, potencialmente complementares.[561] Dessa maneira, pode-se somar alguns critérios unicamente contidos no RM quando da aplicação da CBCA, como, por exemplo, os detalhes sensoriais e o realismo, bem como aferir distintamente, como recomendado pelo RM, as informações espaciais e as informações temporais, ao invés de serem consideradas sob um único critério (enquadramento contextual, no caso da CBCA).[562]

---

[561] VRIJ, Aldert. *Detecting Lies and Deceit:* Pitfalls and Opportunities. 2. ed. Leicester: Wiley, 2008, p. 275; SPORER, Siegfried L. Reality monitoring and detection of deception. In: GRANHAG, Pär-Anders; STROMWALL, Leif (Orgs.). *The Detection of Deception in Forensic Contexts.* Reino Unido: Cambridge University Press, 2004, posição 1009. (e-book).

[562] VRIJ, Aldert. *Detecting Lies and Deceit:* Pitfalls and Opportunities. 2. ed. Leicester: Wiley, 2008, p. 276-277.

5
A Prova Testemunhal no Direito Processual Penal Brasileiro: Propostas de Aperfeiçoamento e Mitigação dos Fatores de Contaminação

5.1 A realidade brasileira no tocante à produção da prova testemunhal: legislação e prática

5.1.1 A legislação processual penal pátria: a incipiente disciplina da prova testemunhal

A legislação processual penal brasileira, no que toca à disciplina da prova testemunhal, não denota preocupação com as vicissitudes da memória humana e com a incidência dos fatores voluntários e involuntários de contaminação sobre a testemunha.

Boa parte dos dispositivos atinentes à matéria data da redação originária do diploma adjetivo, em 1941, época em que os estudos sobre a Psicologia do Testemunho eram ainda tímidos e não possuíam grande alcance de propagação.[563] Algumas reformas foram implementadas desde então, sendo as mais relevantes ao objeto do presente estudo aquelas promovidas em 2008.

---

[563] Os estudos sobre a falibilidade da memória humana e formação de falsas memórias alcançou grande desenvolvimento e atraiu atenção da comunidade científica a partir das pesquisas realizadas por Elizabeth Loftus, no início dos anos oitenta (MEMON, Amina; STEIN, Lilian Milnitsky. Testing the Efficacy of the Cognitive Interview in a Developing Country. *Applied Cognitive Psychology*, v. 20, p. 597-605, 2006, p. 598).

Nesse sentido, a Lei nº 11.690/08 alterou o procedimento probatório da produção da prova testemunhal, conforme já examinado no capítulo inicial deste trabalho. Afastado o sistema presidencialista, as partes passaram a protagonizar a produção da prova, dirigindo diretamente suas perguntas à testemunha, sem passar pela forçada tradução do magistrado. Permitiu-se, assim, o exame direto e cruzado das partes com a testemunha, em considerável ampliação do contraditório, ao tempo que possibilitou, ao menos potencialmente, a produção de uma prova mais fiel aos fatos a partir da exploração e de esclarecimentos de contradições e omissões do relato testemunhal, bem como da obtenção de mais quantidade de informações.

Nessa esteira, a nova redação do art. 212, *caput*, passou a prever a inadmissão, por parte do juiz, de perguntas que induzam a resposta da testemunha, sejam impertinentes ou importem em repetição de pergunta já feita.

A inadmissão de perguntas indutoras teria o condão de reduzir a indesejada influência do entrevistador sobre as respostas da testemunha. Contudo, não há, como bem acentua Gustavo Noronha de Ávila[564], uma definição sobre o que seriam tais perguntas indutoras, a serem inadmitidas pelo juiz. Para além da dificuldade de conceituação – o que dificulta a sua verificação na prática e o seu controle pelas partes –, também se constata ser restritivo o âmbito das inadmissões previstas no art. 212: as perguntas sugestivas, por exemplo, estariam acobertadas pela vedação às perguntas indutoras?

Entende-se que sim, uma vez que as figuras em muito se aproximam, com a diferença de ser a indução mais direta e ostensiva que a sugestão, sendo essa mais sutil.[565] Justamente por ser mais sutil e menos perceptível, maior razão existe para justificar a sua inadmissão, uma vez que pode ser mais facilmente aceita e incorporada na memória da testemunha. No

---

[564] ÁVILA, Gustavo Noronha de; SIQUEIRA, Dirceu Pereira. Acesso à justiça e os direitos da personalidade: elementos para a formação da prova testemunhal no novo código de processo penal, levando a psicologia do testemunho a sério! *Revista Eletrônica de Direito e Sociedade*, v. 6, n. 1, p. 59-77, 2018, p. 69.
[565] Ibid., p. 69.

entanto, melhor seria se a norma, expressamente, incluísse as perguntas sugestivas como objeto de inadmissão pelo juiz.

Ademais, não há a regulamentação de uma forma de inquirição voltada à obtenção de um relato mais preciso e detalhado, como a Entrevista Cognitiva, examinada no capítulo anterior. Nem ao menos se determina, como etapa inicial da entrevista, a narrativa livre dos fatos pela testemunha, seguida da formulação de perguntas complementares pelas partes, preferencialmente do tipo aberto.

A vedação de perguntas repetidas também tem sua relevância à luz da mitigação da contaminação da prova: a repetição das perguntas, como visto no segundo capítulo, pode ter o pernicioso efeito de reduzir a precisão e a consistência das respostas dadas pelas testemunhas, seja por consolidar respostas especulativas, seja por transmitir a ideia de que a resposta anteriormente dada era equivocada ou insatisfatória, ou seja, ainda, por forçar um novo processo reconstrutivo de evocação, potencialmente prejudicial à boa qualidade da memória.

Por sua vez, a reforma de 2008 também incluiu a incomunicabilidade das testemunhas, prevista no art. 210, *caput* e §1º. Conforme a disposição legal, as testemunhas não deverão ouvir os depoimentos umas das outras, bem como deverão, antes e durante a audiência, ser mantidas em espaços separados.

Não obstante seja essa previsão relevante – embora, como se verá, pouco observada na prática –, a lei desconsidera todos os momentos anteriores à audiência nos quais as testemunhas podem ter tido contato entre si. Ou seja, ignora as possíveis interações das testemunhas tão logo tenham percebido o evento ou quando inquiridas em delegacia. O efeito de conformidade de memória entre testemunhas e a formação de falsas memórias, por erro de atribuição da fonte da informação, podem ter ocorrido em momento muito anterior à inquirição da testemunha em juízo.

A Lei nº 11.719/08, por sua vez, incluiu, no §1º do art. 405 do CPP, a obrigatoriedade, sempre que possível, de ser a audiência registrada por meio de gravação magnética, estenotipia, digital, inclusive, audiovisual, ou outra técnica similar, para garantir a fidedignidade das informações.[566]

---

[566] O STJ já decidiu ser a gravação audiovisual uma obrigatoriedade e não uma opção para o juiz, toda vez que o recurso estiver disponível. No HC 428.511, relatado pelo Ministro

Essa disposição é salutar, uma vez que preserva a integridade dos depoimentos e permite o exame dos sinais verbais e não verbais transmitidos pela testemunha, bem como a análise da condução da entrevista pela autoridade, na hipótese da gravação audiovisual. A gravação de áudio e som deve ser preferível à estenotipia, justamente por permitir a análise, pelas instâncias superiores, dos comportamentos da testemunha e do entrevistador, razão pela qual deveria ter sido prevista sua prioridade sobre as demais formas de registro.

A imposição do compromisso de dizer a verdade (art. 203 do CPP), sob pena de incorrer nas sanções pelo crime de falso testemunho, e o instituto da acareação (arts. 229 e 230) poderiam, a seu turno, ser citados como formas de garantia da veracidade da prova testemunhal, previstas desde a redação originária do diploma processual penal.

No entanto, a efetividade dessas medidas na minimização dos fatores de contaminação é questionável. O compromisso de dizer a verdade apenas visaria à redução da mentira, e não da formação das falsas memórias. Ademais, não se sabe ao certo a sua influência para dissuadir a testemunha de mentir, uma vez que o mentiroso pode ter confiança que sua mentira não será detectada, ou, ainda, que a ameaça penal não será efetivada. E a acareação, instituto pouco utilizado na prática, também não parece surtir efeitos positivos quanto ao aumento da veracidade do relato. O confronto entre testemunhas com relatos divergentes não tem o condão de elevar a confiabilidade da prova, uma vez que um possível resultado consensual entre elas pode decorrer de um efeito de conformidade entre as testemunhas, com a incorporação de falsas sugestões umas das outras, ou, ainda, pode significar a adoção do relato da testemunha mais confiante e convincente, independente de ser ele o correto. Outrossim, se a testemunha estiver mentindo, dificilmente alterará seu relato.

Do exposto, vê-se, pois, que a despeito de poucos dispositivos que, de alguma forma, reduzem o impacto de alguns fatores de contaminação (ainda que de forma imperfeita e incompleta), não há uma atenção mais

---

Ribeiro Dantas, decidiu-se pela nulidade da audiência de instrução e todos os atos a ela posteriores, em razão de o juiz não ter utilizado o sistema de gravação audiovisual, embora esse estivesse disponível (BRASIL, Superior Tribunal de Justiça, *Habeas Corpus* n.º 428.511/RJ, Rel. Min. Ribeiro Dantas, Quinta Turma, julgado em 19/04/18, DJe 25/04/18).

detida do legislador para a problemática da falibilidade da prova testemunhal. Toma-se o depoimento como retrato fiel e objetivo da realidade, desconsiderando o subjetivismo e a seletividade que permeiam o processo perceptivo, bem como as falhas, interferências e equívocos que acometem a codificação, retenção e evocação do evento perante a autoridade. Os inúmeros sugestionamentos aos quais a testemunha está exposta, provenientes da mídia, das redes sociais, do contato com outras testemunhas, do entrevistador, ou mesmo autogeradas, bem como o esquecimento e o preenchimento das lacunas de memórias com falsas informações – todos esses elementos não são considerados pelo legislador.

O tempo entre a percepção do evento pela testemunha e a sua evocação perante a autoridade, sobretudo em juízo, pode ser – como costumeiramente o é – demasiadamente longo, o que contribui para a decadência do traço mnemônico, para a formação de falsas memórias e para o fenômeno de interferência entre memórias similares. A despeito disso, o fator tempo não é considerado pelo legislador, que parte do pressuposto de que a memória da testemunha funciona tal qual um gravador ou uma filmadora, capaz, assim, de armazenar e recuperar o evento exatamente como ocorrido.

5.1.2 A prática pelos atores jurídicos: os procedimentos adotados para coletas de depoimentos

Além do exame da atual disciplina normativa relativa à prova testemunhal, faz-se relevante, igualmente, verificar qual é o tratamento dispensado, na prática brasileira, pelos atores jurídicos a esse meio de prova, bem como ao elemento informativo consistente nos depoimentos obtidos em solo policial.

Nesse sentido, a Secretaria de Assuntos Legislativos do Ministério da Justiça promoveu, em 2015, por meio do Projeto Pensando o Direito, sob coordenação de Lilian Stein, um amplo diagnóstico nacional sobre as práticas utilizadas para a coleta de depoimentos em fase pré-processual e em juízo, bem como sobre os procedimentos utilizados para o reconhecimento.[567]

---

[567] BRASIL, Ministério da Justiça. Avanços científicos em psicologia do testemunho aplicados ao reconhecimento pessoal e aos depoimentos forenses. *Série Pensando o Direito*, v. 59.

O estudo foi realizado pelo método qualitativo, baseado em entrevistas semiestruturadas conduzidas com 87 atores jurídicos, provenientes das cinco regiões do Brasil, e representantes dos quatro seguintes grupos: (1) magistrados; (2) policiais (civis e militares); (3) promotores; e (4) defensores (públicos e privados).

Os procedimentos de coletas de depoimentos foram divididos em três fases: pré-investigativa, investigativa e processual, a seguir examinadas.

5.1.2.1 Fase pré-investigativa

A fase pré-investigativa refere-se ao primeiro contato informal havido entre a polícia militar e as potenciais testemunhas e vítimas, pessoalmente (em geral, no local do crime ou em suas proximidades) ou por meio da central telefônica de emergência. A lei não regulamenta a forma dessa entrevista, tampouco é ela considerada como etapa formal da persecução penal.[568]

A entrevista volta-se, sobretudo, à rápida coleta de informações sobre o autor do delito, a fim de localizá-lo. Tal dá-se, consoante constatado pelo estudo, mediante perguntas fechadas sobre características físicas do suspeito, vestimentas e objetos resultados do delito. Não há registro formal, por vídeo ou por escrito, do depoimento das testemunhas e vítimas.

5.1.2.2 Fase investigativa

Já em relação à fase investigativa, os participantes do estudo, invariavelmente, apontaram o peso fundamental exercido pelas entrevistas realizadas com testemunhas e vítimas nessa etapa. A relevância dada a esses depoimentos é reflexo, principalmente, da rara existência de indícios a serem objeto de prova técnica, bem como do temor de represálias sen-

---

Brasília: Ministério da Justiça, Secretaria de Assuntos Legislativos, IPEA, 2015, p. 17-104. Os dados obtidos sobre as práticas de reconhecimento no Brasil não serão examinados nesse trabalho, por fugirem ao recorte temático proposto.

[568] STEIN, Lilian Milnitsky; ÁVILA, Gustavo; BENIA, Luís. Witness interviewing in Brazil. In: WALSH, David; OXBURGH, G. E.; REDLICH, A. D. (Orgs.). *International developments and practices in investigative interviewing and interrogation*. London: Routledge, 2015 (e-book, sem número de página).

tido pelas pessoas que perceberam o suposto evento criminoso, o que motiva, por vezes, a não repetição do depoimento em juízo.[569]

Cinco estratégias utilizadas para a coleta dos depoimentos foram citadas pelos participantes: acolhimento, perguntas abertas, perguntas fechadas, perguntas confrontativas e perguntas de trás para frente (essa última estratégia foi mencionada apenas uma vez).

As perguntas fechadas foram apontadas como preponderantes pelos participantes do estudo. Como visto anteriormente, essas perguntas tendem a ser altamente sugestivas, seja por já conterem as respostas esperadas em seu conteúdo, seja por anteciparem informações não mencionadas pela testemunha. As perguntas confrontativas, as quais confrontam a testemunha com suas respostas dadas em depoimentos anteriores ou com respostas de outras testemunhas, são igualmente sugestivas, seja por produzirem falsas memórias na testemunha, seja por induzirem-na a responder de forma diversa do recordado, por temor de ser considerada contraditória ou mentirosa.[570]

As perguntas abertas e o acolhimento, apesar de terem sido mencionados por alguns participantes do estudo, são estratégias pouco verificadas na prática em razão do reduzido tempo disponível para entrevistas e, possivelmente, pelo limitado treinamento dos agentes policiais em técnicas adequadas de inquirição.

Outra constatação relevante refere-se à crença, por parte dos atores jurídicos entrevistados, que a experiência adquirida pela prática contínua em entrevistas conduziu-os ao desenvolvimento de uma especial habilidade de detecção da mentira. Consoante visto no terceiro capítulo desta

---

[569] A efetividade dos programas de proteção de vítimas e testemunhas, regulamentados pela Lei n. 9.807/99, foi contestada por diversos participantes do estudo (BRASIL, Ministério da Justiça. Avanços científicos em psicologia do testemunho aplicados ao reconhecimento pessoal e aos depoimentos forenses. In: *Série Pensando o Direito*, v. 59. Brasília: Ministério da Justiça, Secretaria de Assuntos Legislativos, IPEA, 2015, p. 52).

[570] Stein aponta que 28,5% dos participantes reconheceram a utilização de perguntas confrontativas, por meio das quais os entrevistadores confrontam as testemunhas com as respostas anteriormente dadas aos policiais militares (STEIN, Lilian Milnitsky; ÁVILA, Gustavo; BENIA, Luis. Witness interviewing in Brazil. In: WALSH, David; OXBURGH, G. E.; REDLICH, A. D. [Orgs.]. *International developments and practices in investigative interviewing and interrogation*. London: Routledge, 2015 [e-book, sem número de página]).

obra, inexistem indicadores não verbais e verbais confiáveis da mentira, que sempre aparecem quando a testemunha está mentindo e que nunca aparecem quando ela está dizendo a verdade. Também se verificou que os entrevistadores frequentemente baseiam sua análise em falsos estereótipos da mentira, como a aversão ao olhar ou a movimentação excessiva de braços, pernas e pés apresentados pelo depoente.

Doutro vértice, nenhum dos policiais civis entrevistados mencionou a necessidade de separação, em salas distintas, entre as testemunhas de acusação e as testemunhas de defesa, enquanto essas aguardam a oitiva em delegacia. Como visto, esse procedimento é indispensável para evitar que as testemunhas sofram influências umas das outras, com a consequente contaminação de suas memórias.

As entrevistas realizadas em fase investigativa raramente são registradas por gravação de áudio e imagem, sendo elas, no geral, apenas transcritas pelo entrevistador. Esse procedimento pode ocasionar uma perda do conteúdo do depoimento, uma vez que as palavras e os termos utilizados pela testemunha não são, em geral, reproduzidos com exatidão. Restringe-se também a análise, pelas partes e pelo juiz, do comportamento, expressões e tom de voz da testemunha, relevantes à valoração da credibilidade do depoente.

Stein et al. apontam, por fim, o problema do elevado lapso temporal transcorrido entre o evento e a entrevista das testemunhas em delegacia, responsável por ocasionar a decadência do traço de memória do evento testemunhado. A despeito de haver determinação legal (art. 10 do CPP) de encerramento das investigações em dez dias, em caso de acusado preso, e em trinta dias, nas demais hipóteses, esse prazo não é, em geral, observado. Nos casos envolvendo tráfico de entorpecentes, por exemplo, os pesquisadores assinalam que o prazo médio de conclusão dos inquéritos é três vezes maior do que o determinado em lei.[571]

---

[571] STEIN, Lilian Milnitsky; ÁVILA, Gustavo; BENIA, Luis. Witness interviewing in Brazil. In: WALSH, David; OXBURGH, G. E.; REDLICH, A. D. (Orgs.). *International developments and practices in investigative interviewing and interrogation*. London: Routledge, 2015 (e-book, sem número de página).

5.1.2.3 Fase processual

Quanto à fase processual, houve uma confluência quase unânime entre todos os grupos de atores jurídicos de que a prova testemunhal é de suma importância para o desfecho do processo.[572] Diversos atores estimaram que mais de 90% dos casos eram resolvidos com base em provas testemunhais.

Os participantes mencionaram a relevância assumida pelos depoimentos de policiais militares, pois, em alguns casos, esses são os únicos depoentes disponíveis, seja pela inexistência de outras testemunhas, seja pelo temor sentido pelas testemunhas existentes, que as levam ao não comparecimento em juízo ou à contradição de seus depoimentos anteriores. Os atores jurídicos, contudo, divergem sobre a qualidade do depoimento policial.[573]

---

[572] Os participantes do estudo foram questionados sobre o impacto do depoimento testemunhal, seja na fase investigativa, seja na fase processual, para o desfecho dos casos. A quase totalidade dos participantes (90,3%) respondeu que a prova testemunhal é muito importante (ou seja, possui maior valor no conjunto probatório). Apenas 6,5% dos participantes responderam que a prova testemunhal tem valor igual às demais provas/elementos informativos no conjunto probatório, e tão somente 3,2% responderam que tem ela pouca importância. Quando considerada a resposta apenas de juízes, esse percentual torna-se ainda mais elevado: 94,4% indicaram que a prova testemunhal é fundamental para o desfecho do processo (BRASIL, Ministério da Justiça. Avanços científicos em psicologia do testemunho aplicados ao reconhecimento pessoal e aos depoimentos forenses. *Série Pensando o Direito*, v. 59. Brasília: Ministério da Justiça, Secretaria de Assuntos Legislativos, IPEA, 2015, p. 64).

[573] Os policiais, geralmente, não percebem diretamente o evento, uma vez que aparecem normalmente após a sua ocorrência. Nesses casos, não são testemunhas propriamente ditas, mas apenas "testemunhas" de ouvir dizer. Ademais, ainda há de se considerar a sua intrínseca parcialidade, já que, naturalmente, tendem a defender a legalidade de sua própria atuação. Por fim, por atuarem em inúmeros casos extremamente semelhantes entre si (como, por exemplo, casos de tráfico de drogas), a memória dos policiais para o evento-alvo é mais propensa a sofrer interferências entre os traços similares de eventos anteriores e posteriores, levando à formação de falsas memórias. Nessa esteira, a interferência de eventos similares, somada ao considerável tempo transcorrido entre as investigações e o depoimento em juízo, conduz à dificuldade de o policial militar recordar os fatos de um evento específico com exatidão e riqueza de detalhes. Por isso, defende-se a posição de que os depoimentos de policiais devem ter um valor relativo, ou seja, não podem, exclusivamente, fundamentar uma sentença condenatória, mas apenas quando amparados por

Foram mencionadas sete estratégias utilizadas pelos atores jurídicos durante as entrevistas em juízo: acolhimento, perguntas abertas, perguntas fechadas, perguntas qualificadoras, leitura da denúncia, perguntas confirmatórias e pressão.

O acolhimento da testemunha ou vítima (abrangido pela primeira etapa da Entrevista Cognitiva) foi pouco indicado pelos participantes. Da mesma forma, as perguntas abertas são pouco utilizadas pelos atores processuais e, ainda quando utilizadas (em reduzida proporção), não são formuladas no início da entrevista, mas são alternadas com perguntas fechadas. Dessa forma, as perguntas fechadas não são utilizadas ao final da entrevista, como deveriam, mas são alternadas com as perguntas abertas, desde o início da inquirição.

Outra estratégia comum é a leitura da denúncia na abertura da audiência, com o fito, segundo os entrevistados, de situar a testemunha sobre os fatos objeto do processo, no início da tomada de seu depoimento. Além da denúncia, foi mencionada a leitura de outras peças do inquérito, como o depoimento pré-processual da testemunha, com o objetivo de verificar se ela confirma seu relato anterior.

O contato prévio da testemunha com a versão unicamente acusatória dos fatos, contida na exordial, pode resultar no direcionamento de sua narrativa, com a aceitação da denúncia como reflexo da realidade. A leitura do depoimento policial da testemunha induz à corroboração de suas respostas anteriores, ainda que sejam elas divergentes da memória do depoente. Ambas as práticas são nocivas à boa recuperação do traço mnemônico e reduzem a qualidade epistemológica da prova.

O recurso a perguntas confirmatórias pelo juiz, após a inquirição das partes, também foi indicado como recorrente pelos entrevistados. Foram mencionadas, outrossim, situações nas quais o magistrado desrespeitou a disposição contida no art. 212 do CPP e dirigiu perguntas à testemunha antes das partes.

---

outros elementos probatórios. Essa posição intermediária é defendida, entre outros, por Badaró (BADARÓ, Gustavo Henrique. *Processo penal*. 2. ed. Rio de Janeiro: Elsevier, 2014, p. 330) e por Ávila (ÁVILA, Gustavo Noronha de. *Falsas Memórias e Sistema Penal:* a Prova Testemunhal em Xeque. Rio de Janeiro: Lumen Iuris, 2013, p. 61).

Quanto à inadmissão de perguntas indutivas e repetitivas, também previstas no art. 212 do CPP, o estudo concluiu que os atores jurídicos não dispõem de capacitação técnica suficiente para identificarem e controlarem a formulação dessas questões, uma vez que não foram sequer mencionadas na entrevista.

Práticas de pressão, de igual modo, foram indicadas pelos atores jurídicos. Entre elas, mencionou-se a ênfase desmedida às sanções pelo crime de falso testemunho, na hipótese de a testemunha faltar com a verdade, causando um temor indesejado até mesmo nas testemunhas verazes.

Outrossim, verificou-se que os profissionais não contam com treinamentos especializados em técnicas de inquirição, sendo que muitos deles alegaram aprender apenas com a prática e com a observação da atuação de colegas mais experientes.

Doutro vértice, os entrevistados afirmaram que as testemunhas costumeiramente compartilham o mesmo espaço físico antes da audiência, em frontal descumprimento ao art. 210 do CPP. Ainda quando há estrutura para manter as testemunhas de defesa e de acusação separadas, não há fiscalização para impedir a comunicação entre elas.

Por fim, o estudo constatou que diversas comarcas, particularmente, as do interior dos estados, não têm disponível o recurso de gravação audiovisual das audiências. Ainda são comuns as utilizações da técnica de estenotipia e do método tradicional, no qual o juiz dita o teor do depoimento para o escrevente.[574]

Constata-se, por meio dessa pesquisa empírica, que a realidade prática brasileira das coletas de depoimentos, em fase policial e processual, encontra-se em sentido diametralmente oposto aos avanços e descobertas tidas no campo científico da Psicologia do Testemunho. Os poucos dispositivos legais que apresentam uma mínima preocupação com a integridade e confiabilidade da prova testemunhal são reiteradamente descumpridos, sem qualquer consequência jurídica para tanto.

---

[574] STEIN, Lilian Milnitsky; ÁVILA, Gustavo; BENIA, Luis. Witness interviewing in Brazil. In: WALSH, David; OXBURGH, G. E.; REDLICH, A. D. (Orgs.). *International developments and practices in investigative interviewing and interrogation*. London: Routledge, 2015 (e-book, sem número de página).

Nesse cenário, não se apresenta suficiente uma reforma legislativa em matéria de prova testemunhal, mas revela-se necessária, sobretudo, uma mudança significativa na formação e capacitação dos atores jurídicos. Tal pode ser implementado por meio da incorporação de matérias de Psicologia do Testemunho na grade dos cursos de graduação e pós-graduação, bem como por meio da disseminação de treinamentos obrigatórios de técnicas adequadas de entrevista para todos os profissionais da área.[575]

5.2 O aperfeiçoamento da prova testemunhal mediante a redução do impacto dos fatores de contaminação

5.2.1 Mitigação do impacto dos fatores involuntários de contaminação da prova testemunhal

5.2.1.1 Adoção da entrevista cognitiva e da entrevista autoadministrada: evitando sugestionamentos e equívocos

Diante da incontestável falibilidade da prova testemunhal, de um lado, e da impossibilidade de abandonar a utilização desse meio de prova, ante a sua importância no processo penal, de outro, apresentam-se fundamentais a identificação e a implementação de ferramentas voltadas ao aprimoramento da qualidade dos depoimentos testemunhais. Ou seja, se não se pode abrir mão da prova testemunhal, por ser, em larga parcela dos casos, o único meio de prova disponível, deve-se, ao menos, criar condições para que o resultado advindo da prova seja o mais fiel à realidade fática quanto possível.

Conforme examinado no item anterior, não obstante a sólida e uníssona literatura científica a apontar a fragilidade da memória humana, sujeita a distorções de percepção, interferências, falsas memórias e esquecimento, a disciplina do Código de Processo Penal brasileiro não reflete os avanços científicos verificados na área da Psicologia do Testemunho.

A realidade forense apresenta-se ainda mais avessa às recomendações de boas práticas em entrevistas, verificando-se violações até mesmo aos

---

[575] BRASIL, Ministério da Justiça. Avanços científicos em psicologia do testemunho aplicados ao reconhecimento pessoal e aos depoimentos forenses. *Série Pensando o Direito*, v. 59. Brasília: Ministério da Justiça, Secretaria de Assuntos Legislativos, IPEA, 2015, p. 71.

poucos dispositivos legais que visariam a uma melhor qualidade epistemológica da prova testemunhal.

Em face da insuficiência legislativa e da ineficiência prática, propõe-se a adoção de duas ferramentas úteis à redução dos fatores involuntários de contaminação da prova testemunhal: a Entrevista Cognitiva e a Entrevista autoadministrada (*Self-Administered Interview*), a serem devidamente observadas pelos atores de justiça.

A Entrevista Cognitiva (EC) é o modelo de entrevista de testemunhas mais recomendado pela literatura científica porque, comprovadamente, tem a aptidão de gerar mais informações corretas e detalhadas do que formas de entrevista padrão.[576] Como visto no capítulo anterior, a EC baseia-se em técnicas mnemônicas e comunicacionais que se voltam à redução da formação de falsas memórias, à facilitação do acesso e recuperação do traço de memória e à assunção do controle da entrevista pela testemunha.

Esse modelo de entrevista foi examinado, de forma minudente, no capítulo anterior, razão pela qual, para evitar repetições, remete-se o leitor ao item I do capítulo IV, para conferir as seções integrantes da EC, a sua eficácia auferida por estudos empíricos e a sua aplicação prática.

Interessa, aqui, verificar a possibilidade de implementação da EC na prática brasileira, tendo em vista as particularidades da nossa realidade. Nesse sentido, observa-se que o perfil da grande maioria das testemunhas e vítimas entrevistadas durante a persecução criminal no Brasil difere

---

[576] FISHER, Ronald et al. Enhancement of eyewitness memory with the cognitive interview. *The American Journal of Psychology*, v. 99, n. 3, 1986, p. 385-401; MEMON, Amina; MEISSNER, Christian; FRASER, Joanne. The Cognitive Interview: A meta-analytic review and study space analysis of the past 25 years. *Psychology Public Policy and Law*, v. 16, n. 4, nov. 2010, p. 02-62; FEIX, Leandro; PERGHER, Giovanni. Memória em julgamento: técnicas de entrevista para minimizar as falsas memórias. In: STEIN, Lilian Milnitsky et al. *Falsas memórias: fundamentos científicos e suas aplicações clínicas e jurídicas*. Porto Alegre: Artmed, 2010, p. 223. (e-book); BULL, Ray; FISHER, Ronald; MILNE, Rebecca. Interviewing Cooperative Witnesses. *Current Directions in Psychological Science*, v. 20, n. 1, 2011, p. 16-18; ALBUQUERQUE, Pedro; BULL, Ray; PAULO, Rui. A entrevista cognitiva melhorada: pressupostos teóricos, investigação e aplicação. *Revista Psicologia*, v. 28, n. 02, 2014, p. 21-30; PINTO, Luciano; STEIN, Lilian Milnitsky. As bases teóricas da técnica da recriação do contexto na entrevista cognitiva. *Avances en Psicología Latinoamericana*, v. 33, n. 2, 2015, 285-301.

substancialmente do perfil dos participantes (estudantes universitários) da totalidade dos estudos empíricos antes examinados, voltados a aferir o grau de eficácia da EC.

Esses estudos empíricos não refletem a realidade brasileira, na qual as testemunhas e vítimas são, em sua grande maioria, provenientes de classes socioeconômicas mais baixas e com reduzido grau de escolaridade.

Em consideração a esse aspecto, Memon e Stein[577] conduziram o primeiro estudo empírico voltado a investigar a efetividade da aplicação da EC em países em desenvolvimento, por meio da realização de entrevistas com funcionárias do setor de limpeza de uma universidade no Brasil, provenientes de famílias pobres e com baixa escolaridade (60% das participantes tinham estudado apenas até o Ensino Fundamental). As participantes assistiram ao vídeo de um crime violento e, após, foram entrevistadas pelo método da EC ou pelo método de uma entrevista padrão (EP, ou seja, aquela comumente utilizada pelas forças policiais brasileiras, que conta com perguntas identificadoras: "quem", "onde", "quando", perguntas abertas seguidas de perguntas fechadas, interrupções e ausência de transferência de controle à testemunha).

As pesquisadoras concluíram que as participantes submetidas à EC recordaram-se, após uma semana, de um número mais elevado de detalhes corretos em comparação àquelas submetidas à EP, sem reduzir a precisão de seus relatos ou aumentar o número de informações incorretas. Além disso, a EC foi capaz de produzir não apenas mais detalhes corretos, mas mais detalhes corretos relevantes do ponto de vista forense.

Destarte, os resultados desse estudo repetiram os apresentados pelos estudos anteriores, realizados com estudantes universitários. Tal serve ao propósito de demonstrar que a EC poderia ser aplicada, sem perda de eficácia, a testemunhas de baixa escolaridade, como as verificadas majoritariamente na realidade brasileira.

Para além da aderência da ferramenta ao perfil da testemunha brasileira, não se pode ignorar outro óbice existente à implantação da EC como modelo de entrevista a ser obrigatoriamente observado pelas autoridades policiais e judiciais brasileiras: os custos e as dificuldades de trei-

---

[577] MEMON, Amina; STEIN, Lilian Milnitsky. Testing the Efficacy of the Cognitive Interview in a Developing Country. *Applied Cognitive Psychology*, v. 20, p. 597-605, 2006, p. 597-605.

namento dos atores jurídicos em todo o país, considerando, de um lado, a complexidade da técnica e, de outro, a escassez de recursos públicos.

Apresenta-se imprescindível o treinamento dos atores jurídicos (policiais, escrivãos, delegados, juízes, defensores, promotores e outros profissionais que atuam como entrevistadores, como psicólogos e assistentes sociais) para compreensão e aplicação das técnicas mnemônicas e comunicacionais presentes na EC. Esse treinamento, conforme asseverado pelos especialistas na matéria[578], deve ser feito de forma extensiva e aprofundada, bem como contar, posteriormente, com um acompanhamento dos agentes treinados para verificação da adequação de sua aplicação prática, oportunizando *feedbacks* e correções.

Memon et al.[579] sugerem que o treinamento seja feito por etapas, partindo de técnicas de menor para as de maior complexidade: inicialmente, devem ser introduzidos os aspectos básicos da EC, com a ênfase na utilização apropriada dos questionamentos e nas técnicas comunicacionais (relacionamento com a testemunha e transferência de controle). Após, em um segundo momento, deve-se, gradualmente, inserir técnicas mnemônicas mais complexas (*e.g.* restabelecimento do contexto de codificação do evento), com o automonitoramento das entrevistas e a contínua apresentação de *feedbacks* pelos treinadores. Os agentes em treinamento devem, outrossim, assistir à aplicação prática dos conceitos teóricos, bem como exercitar, eles mesmos, os conceitos aprendidos. Não apenas devem os atores jurídicos ser treinados de forma extensiva, como devem

---

[578] Nesse sentido, Bull et al. demonstram, por pesquisa empírica, que a Entrevista Cognitiva não produz resultados efetivos quando os entrevistadores (agentes policiais) não contam com treinamento e motivação suficientes para aplicar a técnica de forma adequada (BULL, Ray et al. Towards understanding the effects of interviewer training in evaluating the cognitive interview. *Applied Cognitive Psychology*, v. 8, p. 641–659, 1994, p. 641–659). No mesmo sentido, defendendo a necessidade de um treinamento extensivo para a adequada aplicação da EC: FEIX, Leandro; PERGHER, Giovanni. Memória em julgamento: técnicas de entrevista para minimizar as falsas memórias. In: STEIN, Lilian Milnitsky et al. *Falsas memórias*: fundamentos científicos e suas aplicações clínicas e jurídicas. Porto Alegre: Artmed, 2010, p. 224. (e-book).

[579] BULL, Ray et al. Towards understanding the effects of interviewer training in evaluating the cognitive interview. *Applied Cognitive Psychology*, v. 8, p. 641–659, 1994, p. 655-657.

ser eles motivados a abandonar suas práticas usuais e a incorporar, em seu labor diário, as novas técnicas aprendidas.

Memon e Stein defendem que o treinamento também deve enfatizar, primordialmente, em países em desenvolvimento, como o Brasil, o respeito aos direitos da testemunha, como figura central da entrevista, a ser ativamente ouvida e compreendida pelas autoridades entrevistadoras. Desse modo, a incorporação da EC na realidade brasileira, com o adequado treinamento de seus aplicadores, não apenas apresentará o benefício de produzir depoimentos mais precisos e detalhados, como também propiciará, em consequência, uma alteração no tratamento das testemunhas, apta a estimular sua colaboração na apresentação de elementos probatórios relevantes ao inquérito e ao processo penal.[580]

Conquanto exija um treinamento extensivo e adequado dos entrevistadores, além de demandar maior tempo para a sua aplicação, a EC tem elevada aptidão para representar uma significativa e indispensável melhoria na qualidade da prova testemunhal, conduzindo, por conseguinte, a um potencial maior de acertamento da decisão judicial com a realidade fática.

Esse modelo de entrevista deve, por essa razão, ser observado tanto na primeira inquirição das testemunhas em solo policial, a fim de evitar tanto quanto possível a contaminação da memória do depoente nesse estágio inicial, quanto na fase judicial, perante o juiz e sob o contraditório das partes.

Os resultados da EC podem ser potencializados com a aplicação conjunta com a *Self-Administered Interview* (SAI). Como examinado no item 2 do capítulo IV, a SAI é uma forma de entrevista autoaplicável, cujo objetivo é permitir uma primeira evocação da memória da testemunha, de forma precisa e completa, tão logo o evento testemunhado tenha ocorrido. Dessa forma, têm-se mitigados os efeitos maléficos do transcurso do tempo entre a percepção do evento e o depoimento da testemunha perante as autoridades, responsável pela decadência do traço mnemônico e pela maior exposição da testemunha a informações falsas pós-evento.

---

[580] MEMON, Amina; STEIN, Lilian Milnitsky. Testing the Efficacy of the Cognitive Interview in a Developing Country. *Applied Cognitive Psychology*, v. 20, p. 597-605, 2006, p. 603.

No Brasil, conforme visto na pesquisa promovida pelo Ministério da Justiça, o intervalo entre o evento e a recuperação da memória da testemunha em delegacia pode ser de semanas ou, até mesmo, meses.[581] Ainda que haja uma entrevista inicial com a testemunha tão logo ocorra o crime (fase pré-investigativa), é ela superficial, rápida e direcionada a aspectos específicos, extraídos com o uso indiscriminado de perguntas fechadas.[582] Uma entrevista inicial de baixa qualidade, como já visto, apresenta-se mais prejudicial à memória da testemunha do que se nenhuma evocação fosse realizada. Tem por consequência a repetição futura de eventuais erros cometidos e a dificuldade posterior de recuperar informações não recordadas nesse primeiro momento.

A implementação da EC no Brasil deve vir complementada com a aplicação da SAI, visto que a primeira, por ser uma técnica complexa, que demanda tempo e recursos humanos, dificilmente será aplicada, adequadamente, tão logo ocorrido o crime. Portanto, nesse ínterim, é altamente recomendável que as próprias testemunhas recuperem as informações armazenadas por meio da autoplicação da SAI.

Por ser a SAI uma ferramenta de fácil implementação, pois não demanda tempo, investimentos, treinamentos continuados e recursos humanos, pode ser ela uma ótima aliada para a melhoria da qualidade da prova testemunhal em países em desenvolvimento, como o Brasil.[583]

Nesse sentido, Stein e Pinto traduziram e adaptaram a SAI para a língua portuguesa brasileira, com a participação de tradutores, juízes especialistas em EC e juízes não especialistas, convidados a aferir a clareza e a compreensão das instruções contidas no protocolo. A eficácia da versão brasileira da SAI também foi testada pelos pesquisadores, em primeira

---

[581] BRASIL, Ministério da Justiça. Avanços científicos em psicologia do testemunho aplicados ao reconhecimento pessoal e aos depoimentos forenses. *Série Pensando o Direito*, v. 59. Brasília: Ministério da Justiça, Secretaria de Assuntos Legislativos, IPEA, 2015, p. 49.
[582] STEIN, Lilian Milnitsky; ÁVILA, Gustavo; BENIA, Luis. Witness interviewing in Brazil. In: WALSH, David; OXBURGH, G. E.; REDLICH, A. D. (Orgs.). *International developments and practices in investigative interviewing and interrogation*. London: Routledge, 2015 (e-book, sem número de página).
[583] STEIN, Lilian Milnitsky; PINTO, Luciano Haussen. Nova ferramenta de entrevista investigativa na coleta de testemunhos: a versão brasileira da *Self-Administered Interview©*. *Revista Brasileira de Segurança Pública*, v. 11, n. 1, p. 110-128, fev./mar. 2017, p. 115.

aplicação empírica da SAI na América Latina, e, após, comparada com a eficácia apresentada pela versão original da ferramenta.[584]

Os resultados do estudo empírico atestaram a efetividade da versão brasileira da SAI, uma vez que os brasileiros reportaram uma quantidade total de informações e apresentaram um nível de acurácia praticamente iguais aos apresentados pelos estrangeiros que utilizaram a versão original da ferramenta.[585]

Verifica-se, pois, que a SAI é uma ferramenta apta a ser aplicada na realidade brasileira, sobretudo, em razão de seu custo-benefício (baixo dispêndio de recursos para a sua implantação *versus* aptidão para proteger a memória da testemunha contra o esquecimento e contra os efeitos de falsas sugestões). No entanto, a SAI não substitui a EC, mas deve ser aplicada anteriormente a ela. Também apresenta a vantagem de ajudar os agentes policiais a identificarem testemunhas-chave, ou seja, aquelas que, por possuírem conhecimento relevante sobre o evento, devem ser priorizadas a depor formalmente em delegacia.

Por fim, tendo em vista o perfil majoritário das testemunhas brasileiras (pessoas de baixa escolaridade), deve-se repensar meios de tornar a SAI mais acessível a pessoas analfabetas ou com dificuldades em expressarem-se por escrito. Como sugerido no capítulo anterior, uma forma para contornar esse problema é a criação de plataformas digitais para o preenchimento e envio da SAI *on-line*, com a opção de se escutar as instruções (ao invés de lê-las) e de registrar as respostas por meio de gravação de voz (ao invés de escrevê-las). Para facilitar o acesso das testemunhas à versão digital da SAI, as delegacias podem disponibilizar computadores em suas

---

[584] O estudo empírico foi realizado com 37 brasileiros, aos quais foi aplicada a versão brasileira da SAI, e com 25 estrangeiros fluentes em inglês, ao quais foi aplicada a versão original da SAI, após ambos os grupos assistirem a um vídeo sobre um assalto a banco (ibid., p. 119-123).

[585] Os brasileiros apresentaram diferenças estaticamente significativas em relação aos estrangeiros apenas em duas situações: os brasileiros reportaram uma quantidade um pouco menor de informações corretas sobre ações e no total em comparação aos estrangeiros, embora esses dois grupos não tenham diferido em relação ao total de informações incorretas. (STEIN, Lilian Milnitsky; PINTO, Luciano Haussen. Nova ferramenta de entrevista investigativa na coleta de testemunhos: a versão brasileira da *Self-Administered Interview©*. Revista Brasileira de Segurança Pública, v. 11, n. 1, p. 110-128, fev./mar. 2017, p. 121).

sedes para esse fim, com a prestação de auxílio, quando necessário, para a sua utilização.

Conclui-se, portanto, que ambas as ferramentas examinadas podem ser adotadas, sem perda de eficácia, pelos atores jurídicos brasileiros, ainda que seja necessário superar, para tanto, óbices particulares à nossa realidade. Certamente, entre os principais obstáculos a serem transpostos, destaca-se a necessidade de modificação da cultura prevalecente no meio jurídico. De nada adiantam novos protocolos e alterações legislativas sem que haja uma verdadeira alteração da mentalidade dos operadores do Direito, revelada pelo abandono das antigas práticas e pela adoção ampla e efetiva das melhores técnicas de entrevista investigativa.

Tal modificação cultural, paulatina e progressiva, pode ser iniciada no processo de formação dos novos profissionais, com a incorporação de matérias de Psicologia do Testemunho nas grades dos cursos de Direito, nos níveis de graduação e pós-graduação. Quanto aos profissionais já atuantes na área jurídica, mostra-se imprescindível a promoção de campanhas de conscientização e de cursos e treinamentos de capacitação. Relevante, outrossim, o acompanhamento contínuo desses profissionais pelos treinadores (pessoas capacitadas nas técnicas de entrevistas investigativas), para a concessão de *feedbacks* e a oportunização de aprimoramentos e correções.

5.2.1.2 Observância da duração razoável do processo e a produção antecipada da prova testemunhal: reduzindo os efeitos negativos do tempo sobre a memória da testemunha

A SAI, como visto, é uma opção de ferramenta acessível e eficaz para a mitigação dos efeitos negativos do tempo sobre a prova testemunhal. Contudo, a sua utilização, tão logo ocorra o evento, não exclui a necessidade de a Entrevista Cognitiva ser realizada posteriormente, dentro de um prazo razoável.

Não basta que a primeira entrevista, conduzida em delegacia, seja realizada pouco tempo após o evento, mas deve-se, principalmente, garantir que a entrevista sujeita ao contraditório judicial também ocorra dentro de um período de tempo razoável, sob pena de já ter se operado, a essa altura, a decadência do traço mnemônico (com o consequente preenchimento das lacunas com falsas informações), de ter ocorrido o fenômeno da interferência entre as memórias, ou, então, de a testemunha já ter sido exposta a toda sorte de falsas sugestões pós-evento.

Não obstante, verifica-se que, na prática brasileira, as audiências criminais de instrução, debates e julgamento são designadas, não raro, muitos meses ou anos após a ocorrência dos fatos. É absolutamente ilusório, nesse cenário, acreditar que a memória da testemunha manter-se-á intacta durante todo esse longo período, resistente ao esquecimento e à formação de falsas memórias, pronta à reprodução exata dos fatos assim como ocorreram.

Sendo o decurso do tempo o principal fator causador do esvanecimento do traço mnemônico, além de ser ele responsável pela maior exposição da testemunha aos demais fatores de contaminação, deve-se, obrigatoriamente, quando se intenta melhorar a qualidade da prova testemunhal, observar a duração razoável da persecução penal.

Em casos complexos, que demandam extenso lapso temporal para a conclusão das diligências, ou, ainda, quando presentes quaisquer outras circunstâncias que retardem, sobremaneira, o curso do inquérito ou do processo, dever-se-ia cogitar a possibilidade de produção antecipada da prova testemunhal[586], ao menos relativamente às consideradas testemunhas-chave (assim identificadas pelas respostas apresentadas na SAI). No entanto, reconhece-se a dificuldade de se delimitar em lei, de maneira objetiva, quais seriam as hipóteses autorizadoras da antecipação da prova testemunhal, incorrendo-se no risco de ceder ao julgador um amplo espaço de arbítrio.

Outrossim, não obstante a prova testemunhal carregue, em si, "uma presunção de urgência"[587], verifica-se que a extensão da produção antecipada da prova para todo e qualquer caso poderia esbarrar em óbices

---

[586] A prova antecipada é aquela produzida antes de seu momento previsto, ou seja, antes da audiência de instrução. Devem-se garantir, na produção antecipada da prova, o controle judicial e a presença do defensor dativo ou constituído.

[587] ALTOÉ, Rafael; ÁVILA, Gustavo Noronha de. Aspectos Cognitivos da Memória e a Antecipação da prova testemunhal no Processo Penal. *Revista Opinião Jurídica*, ano 15, n. 20, p. 255-270, jan./jul. 2017, p. 265. No mesmo sentido, Dezem defende ser a prova testemunhal ontologicamente urgente, uma vez que o próprio legislador, nos artigos 92 e 93 do CPP, assim a considerou (DEZEM, Gustavo Madeira. *Curso de Direito Penal*. 2. ed. São Paulo: Revista dos Tribunais, 2016, p. 359 [e-book]).

práticos e jurídicos. Ainda que a produção antecipada exija a participação do defensor dativo ou constituído, sacrifica-se, muitas vezes, a presença do acusado, quando ainda não identificado ou localizado, restringindo-se, assim, o direito ao contraditório. Ainda, a antecipação da prova pode resultar em dispêndios desnecessários de recursos estatais (humanos e materiais), uma vez que, ao final do inquérito, pode-se concluir pelo não oferecimento da denúncia, ou, ainda que oferecida a inicial acusatória, pelo não arrolamento da testemunha ouvida antecipadamente.

Pode-se vislumbrar, contudo, ao menos algumas hipóteses objetivas nas quais a antecipação da prova testemunhal deveria ser obrigatória, ante a existência de concreto perigo de perecimento da prova testemunhal. Nessa esteira, no caso de suspensão do processo por não comparecimento do acusado citado por edital (hipótese prevista pelo art. 366 do CPP), o juiz deverá (e não apenas poderá) determinar a produção antecipada da prova testemunhal, uma vez que o decurso do tempo é, por si só, fator apto e suficiente a causar o perecimento da prova, por esvanecimento do traço mnemônico ou pela formação de falsas memórias. O mesmo aplica-se às hipóteses de suspensão do processo previstas nos arts. 92 e 93 do CPP (pendência de questão prejudicial), nas quais, inclusive, o legislador reconheceu a natureza urgente da prova testemunhal.[588]

Destarte, nas hipóteses dos arts. 366, 92 e 93 do CPP, a produção antecipada da prova testemunhal deve ser obrigatória e automática, e não apenas uma faculdade atribuída ao magistrado. Outrossim, ao contrário

---

[588] "Art. 92. Se a decisão sobre a existência da infração depender da solução de controvérsia, que o juiz repute séria e fundada, sobre o estado civil das pessoas, o curso da ação penal ficará suspenso até que no juízo cível seja a controvérsia dirimida por sentença passada em julgado, sem prejuízo, entretanto, da inquirição das testemunhas e de outras provas de natureza urgente"; "Art. 93. Se o reconhecimento da existência da infração penal depender de decisão sobre questão diversa da prevista no artigo anterior, da competência do juízo cível, e se neste houver sido proposta ação para resolvê-la, o juiz criminal poderá, desde que essa questão seja de difícil solução e não verse sobre direito cuja prova a lei civil limite, suspender o curso do processo, após a inquirição das testemunhas e realização das outras provas de natureza urgente". Entende-se que, nas hipóteses dos artigos 92 e 93 do CPP, as provas testemunhais a serem antecipadas não se restringem àquelas previstas no art. 225 do diploma adjetivo (testemunhas enfermas ou idosas), mas deve-se estender a antecipação a todas as potenciais testemunhas-chave. (Grifou-se).

do que reza a Súmula nº 455 do STJ[589], o transcurso do tempo, na hipótese do art. 366, consiste em fundamentação suficiente para a antecipação da prova, ao menos nos casos das provas dependentes de memória.[590]

Portanto, o seu recurso deverá ser reservado a casos nos quais o perecimento da prova testemunhal – considerado esse como o risco de decadência do traço de memória pelo transcurso do tempo – apresenta-se mais patente (como no caso do art. 366 do CPP), hipóteses nas quais se torna justificável a limitação do contraditório, de vez que a contaminação

---

[589] Súmula n. 455 do STJ: "A decisão que determina a produção antecipada de provas com base no art. 366 do CPP deve ser concretamente fundamentada, não a justificando unicamente o mero decurso do tempo".
Todavia, é possível encontrar julgados atenuando a aplicação da referida súmula, nos quais se entendeu que o transcurso do tempo, aliado à falibilidade da memória humana, pode justificar a produção antecipada da prova testemunhal, na hipótese prevista no art. 366 do CPP. Nesse sentido: "PRODUÇÃO ANTECIPADA DE PROVAS. MOTIVAÇÃO. OCORRÊNCIA. FALIBILIDADE DA MEMÓRIA HUMANA. RELEVANTE TRANSCURSO DE TEMPO DESDE A DATA DOS FATOS. ENUNCIADO 455 DA SÚMULA DO SUPERIOR TRIBUNAL DE JUSTIÇA. INAPLICABILIDADE. CONSTRANGIMENTO ILEGAL NÃO EVIDENCIADO. [...]. Não há como negar o concreto risco de perecimento da prova testemunhal tendo em vista a alta probabilidade de esquecimento dos fatos distanciados do tempo de sua prática, sendo que detalhes relevantes ao deslinde dos fatos narrados na incoativa poderão ser perdidos com o decurso do tempo à causa da revelia do acusado [...]" (BRASIL, Superior Tribunal de Justiça, *Habeas Corpus* n.º 339.460/SP, Rel. Min. Jorge Mussi, Quinta Turma, j. em 20/06/17, DJe 28/06/17). Nessa mesma esteira: BRASIL, Superior Tribunal de Justiça, Recurso Ordinário em *Habeas Corpus* n.º 54.561/RO, Rel. Min. Leopoldo de Arruda Raposo (Desembargador Convocado do TJ/PE), Quinta Turma, julgado em 17/03/15, DJe 14/05/15.

[590] Nessa esteira, Altoé e Ávila defendem a antecipação da prova testemunhal no curso do processo penal, em razão da complexidade e suscetibilidade da memória ao esquecimento e à formação de falsas memórias, especialmente quando diante da hipótese do art. 366 do CPP: "Em verdade, a antecipação da prova no processo, quando da hipótese do artigo 366 do CPP deveria ser automática e obrigatória em todos os casos, situando-se como uma decorrência natural da decisão. Os riscos que o tempo opera na memória, pelo que ficou demonstrado, são extremamente nocivos e substancialmente maiores do que ordinariamente se crê, de modo que se deve ter por presumida, em todos os casos envolvendo a prova testemunhal, a *necessidade* que a Súmula 455 do STJ exige na condição de uma fundamentação de cunho excepcional". (ALTOÉ, Rafael; ÁVILA, Gustavo Noronha de. Aspectos Cognitivos da Memória e a Antecipação da prova testemunhal no Processo Penal. *Revista Opinião Jurídica,* ano 15, n. 20, p. 255-270, jan./jul. 2017, p. 263).

da prova testemunhal pode esvaziar o sentido do direito de contraditar a testemunha e, inclusive, pode apresentar-se prejudicial à defesa.

Entretanto, em todos os casos, deve-se observar o prazo razoável entre a percepção do evento e a coleta do depoimento testemunhal em contraditório, obrigação essa que decorre, inclusive, do direito fundamental à duração razoável do processo, assegurado no inciso LXXVII do art. 5º da Carta Magna.

A observância da duração razoável do processo, combinada com a aplicação da SAI, tão logo ocorra o evento, e com a adoção da Entrevista Cognitiva, a ser realizada em solo policial, garantem evocações de qualidade e protegem a memória contra os efeitos negativos do transcurso do tempo, reduzindo a velocidade do esquecimento e mitigando os efeitos sugestivos de informações pós-evento.

5.2.1.3 Adoção de técnicas de inquirição voltadas a crianças e adolescentes

Sem qualquer pretensão de esgotar o tema, far-se-á uma breve análise das ferramentas atualmente disponíveis para entrevistas de crianças e adolescentes, pontuando eventuais acertos e erros, bem como sugerindo caminhos de aprimoramentos voltados à melhoria da qualidade da prova testemunhal.

A adoção de métodos distintos para inquirição de crianças e adolescentes teve origem, no Brasil, em 2003, com o desenvolvimento do projeto Depoimento sem Dano, conduzido no Estado do Rio Grande do Sul, na Comarca de Porto Alegre. Visando à redução dos danos e à atenuação da vitimização secundária das testemunhas e vítimas infantojuvenis, foram criados ambientes especiais para as entrevistas e instalados sistemas de gravação e transmissão do depoimento em tempo real à sala de audiência. A entrevista, realizada em espaço acolhedor e reservado, passou a ser intermediada por profissionais capacitados para tanto, como psicólogos e assistentes sociais.[591]

Em 2010, o Conselho Nacional de Justiça recomendou a adoção do Depoimento sem Dano, a partir de então denominado Depoimento

---

[591] BLEFARI, Carlos et al. Investigação de Suspeita de Abuso Sexual Infantojuvenil: O protocolo NICHD. *Temas em Psicologia*, v. 22, n. 02, p. 415-432, 2014, p. 418.

Especial, em todos os tribunais, como método especial de inquirição de crianças e adolescentes vítimas e testemunhas de violência nos processos judiciais (Recomendação nº 33/2010). Além da criação de ambiente adequado e reservado para o depoimento e a instalação de sistema de videogravação, a Recomendação expressamente previu a necessidade de capacitação específica dos entrevistadores para o emprego da técnica do depoimento especial, "usando os princípios básicos da entrevista cognitiva". A partir de então, os estados passaram a desenvolver protocolos próprios para a produção do depoimento especial, em observância às recomendações do CNJ.

Apenas em 2017, a matéria recebeu disciplina legal, em âmbito nacional. A Lei nº 13.431/17 estabeleceu o sistema de garantia de direitos da criança e do adolescente vítima ou testemunha de violência e previu, entre outros aspectos, a adoção de procedimentos especiais de entrevistas, quais sejam, a escuta especializada e o depoimento especial.

A criança e o adolescente serão ouvidos como testemunhas, nos termos dessa lei, quando expostos a crime violento contra membros de sua família ou de sua rede de apoio, independentemente do ambiente no qual foi cometido (art. 4º, inciso II, alínea "c"). Nessa situação, a criança ou adolescente são ouvidos como testemunhas, mas são considerados também, pelo legislador, como vítimas de crime psicológico, razão pela qual devem ser assistidos e protegidos com o intuito de evitar suas revitimizações durante o curso da persecução penal (o que poderia ocorrer, por exemplo, por meio de entrevistas repetitivas e com agentes despreparados).

Essas formas especiais de entrevistas têm como principal objetivo amparar as crianças e os adolescentes vítimas e testemunhas de violência, reduzindo, tanto quanto possível, a dor e o sofrimento de recuperar a memória do evento traumático vivido ou presenciado. Fomenta-se a consecução desse objetivo por meio da adoção de técnicas adequadas de entrevistas, da participação de profissionais especializados, da criação de um ambiente adequado e acolhedor para o depoente (com respeito à sua privacidade), bem como da priorização de uma única entrevista (tão logo seja possível).[592] Outrossim, resguarda-se o depoente de qualquer

---

[592] SANTOS, Adriana Ribeiro dos; COIMBRA, José César. O Depoimento Judicial de Crianças

contato, ainda que visual, com o suposto autor do delito, ou com qualquer pessoa que represente uma ameaça, coação ou constrangimento à criança ou ao adolescente.

Nesse sentido, a preocupação primária da lei é com a integridade psicológica e com o bem-estar da testemunha ou vítima, e não com o resultado da prova testemunhal. Todavia, a escorreita observância dos métodos previstos na legislação tem o condão de eliciar um maior número de informações precisas, ao tempo que se busca afastar eventuais pressões existentes em cima do depoente, bem como criar um ambiente propício à boa recuperação de sua memória. Ademais, como se verá à frente, alguns dispositivos legais voltam-se especificamente a mitigar a incidência dos fatores de contaminação da memória da testemunha.

Não há hierarquia entre os dois métodos previstos na lei, ao passo que inexiste ordem predeterminada de preferência para a utilização de cada um deles, tampouco distinção em termos de valor probatório.[593]

Na escuta especializada, prevista no art. 7º, a vítima ou a testemunha é ouvida perante órgão da rede de proteção (órgão mantido e organizado pelo município, responsável por dar assistência aos menores e a seus familiares), "limitado o relato estritamente ao necessário para o cumprimento de sua finalidade". Os profissionais atuantes junto ao órgão da rede de proteção deverão contar com qualificação técnica adequada e específica ao tipo de violência sofrida pela testemunha ou vítima, bem como à sua idade e às suas eventuais necessidades especiais. Deverá o órgão da rede de proteção atuar em articulação e colaboração com os órgãos policiais e judiciais.

Não há determinação expressa sobre o momento de realização da escuta especializada, tampouco regulamentação sobre o seu procedimento. Murillo Digiácomo e Eduardo Digiácomo[594] defendem ser a

e Adolescentes entre Apoio e Inquirição. *Psicologia: Ciência e Profissão*, v. 37, n.3, p. 595-60, jul./set. 2017, p. 596.

[593] DIGIÁCOMO, Murillo José; DIGIÁCOMO, Eduardo. *Comentários à Lei n. 13.431/2017.* Curitiba: Ministério Público do Paraná, 2018, p. 36. (e-book). Disponível em: <http://www.crianca.mppr.mp.br/arquivos/File/publi/caopca/lei_13431_comentada_jun2018.pdf>. Acesso em: 22.11.19.

[594] DIGIÁCOMO, Murillo José; DIGIÁCOMO, Eduardo. *Comentários à Lei n. 13.431/2017.* Curitiba: Ministério Público do Paraná, 2018, p. 36. (e-book). Disponível em: <http://www.

escuta especializada realizável a qualquer tempo, seja em fase pré-processual para recolher elementos necessários à instauração do inquérito ou da ação penal, seja em juízo, se as circunstâncias do caso concreto assim indicarem. Quanto ao procedimento, no silêncio da lei, cabem aos profissionais observarem, conforme a sua *expertise*, as técnicas e protocolos que entenderem adequados ao caso concreto.

O depoimento especial, previsto, por sua vez, no art. 8º, é uma forma de entrevista estruturada realizada perante a autoridade policial ou judiciária. Deverá, preferencialmente[595], ser realizado uma só vez, como forma de evitar a vitimização secundária do depoente, em regime de produção antecipada de prova, garantida a ampla defesa do acusado. A antecipação da produção da prova contribui para um relato mais fiel aos fatos, ao atenuar as chances de esquecimento e de formação de falsas memórias.

Como na escuta especializada, a entrevista é realizada diretamente por um profissional capacitado[596], que deverá traduzir, em uma linguagem adequada, as perguntas formuladas pelas partes e pelo juiz.

Sobre o procedimento a ser seguido no depoimento especial, ressalta-se a adoção de técnicas comunicacionais semelhantes às recomendadas pela Entrevista Cognitiva: a testemunha ou vítima deverá ser informada sobre a tomada do depoimento especial, os procedimentos a serem observados, a sua participação na entrevista e os seus direitos. Essa etapa é relevante não apenas para criar uma relação positiva entre o entrevistador e a testemunha (acolhimento e estabelecimento de confiança) e preparar a criança à tomada do depoimento, como também permite ao profissional verificar se o depoente está em condições psicológicas de narrar

---

crianca.mppr.mp.br/arquivos/File/publi/caopca/lei_13431_comentada_jun2018.pdf>. Acesso em: 22.11.19. p. 38. (e-book).

[595] Quando a vítima ou testemunha tiver menos de sete anos ou for caso de violência sexual, o depoimento especial obrigatoriamente deverá ser produzido sob o rito de antecipação de prova. Em qualquer hipótese, o depoimento especial só será repetido se justificada a sua imprescindibilidade pela autoridade competente e houver concordância da criança ou adolescente ou de seu representante legal.

[596] A lei prevê a possibilidade de a testemunha ou vítima prestar seu depoimento diretamente ao juiz, se assim o desejar.

os fatos. Pode-se, igualmente, verificar, nesse momento, se a testemunha ou vítima está sofrendo pressão ou interferências externas.[597]

Veda-se também, expressamente, a leitura da denúncia ou de outras peças processuais, o que é extremamente salutar à preservação da fidelidade da memória do depoente.

Em seguida, a criança ou adolescente devem ser instruídos a fazer um relato livre sobre os fatos, o que, novamente, apresenta-se apropriado à mitigação dos fatores de contaminação da prova. Critica-se, todavia, a ressalva, contida no inciso II do art. 12, sobre a possibilidade de o profissional especializado "intervir quando necessário, utilizando técnicas que permitam a elucidação dos fatos". Como já mencionado, a interrupção da testemunha pelo entrevistador é altamente prejudicial à evocação da memória, porque é esse um processo complexo e exigente do ponto de vista cognitivo.

O depoimento especial será transmitido em tempo real para a sala de audiência, preservado o sigilo da gravação. Após o relato livre da testemunha ou vítima, abrir-se-á para perguntas complementares das partes e do juiz, a serem feitas em bloco, e sujeitas à avaliação de pertinência pelo magistrado e pelo profissional especializado. Ao último, cabe reformular as perguntas, quando necessário, para melhor adaptá-las à linguagem e ao nível de compreensão de seu destinatário.

A gravação do depoimento especial é obrigatória. Tal previsão é positiva, seja para a verificação da regularidade do procedimento, seja para o exame, pelos julgadores, sobretudo, das instâncias superiores, das perguntas formuladas pelo entrevistador e do comportamento e reações exteriorizadas pelo depoente.

Conforme se observa, a disciplina legal de métodos especiais de entrevistas com crianças e adolescentes vítimas e testemunhas de situações de violência representa um grande avanço em direção à padronização e à sistematização da matéria. Esses métodos – escuta especializada e depoimento especial – traduzem formas de proteção e assistência efetivas às

---

[597] DIGIÁCOMO, Murillo José; DIGIÁCOMO, Eduardo. *Comentários à Lei n. 13.431/2017.* Curitiba: Ministério Público do Paraná, 2018, p. 48. (e-book). Disponível em: <http://www.crianca.mppr.mp.br/arquivos/File/publi/caopca/lei_13431_comentada_jun2018.pdf>. Acesso em: 22.11.19.

crianças e adolescentes, assim como têm o condão de produzir um depoimento menos sujeito a sugestões internas e externas, e, por conseguinte, mais afinado aos fatos pretéritos.

Contudo, há melhorias a serem consideradas, como um detalhamento mais amplo da matéria, a exemplo da regulamentação do procedimento a ser seguido no caso da escuta especializada e uma melhor clarificação sobre a distinção entre as duas figuras (escuta especializada e depoimento especial) e sobre seus momentos de aplicação. Além disso, deve-se consignar, ao contrário da redação atual, que o entrevistador evite interromper a vítima ou testemunha durante sua narrativa, bem como se abstenha de formular perguntas repetitivas, indutivas ou sugestivas.

Também se entendem benéficas, seja à proteção da criança e do adolescente, seja à produção de informações mais precisas e detalhadas, a necessária observância das técnicas previstas na Entrevista Cognitiva pelo entrevistador, assim como a capacitação da equipe multidisciplinar responsável pela condução da entrevista, por meio de adequado e extensivo treinamento, com as devidas adaptações para a sua aplicação ao público infantojuvenil. Assim como previsto na Recomendação nº 33/2010, e em alguns protocolos estaduais, como o do Tribunal de Justiça do Estado do Rio de Janeiro[598], a Entrevista Cognitiva pode contribuir efetivamente para o depoimento das crianças e adolescentes, sejam elas vítimas ou testemunhas de violência, sejam, ainda, de crimes não violentos. Os conhecimentos de Psicologia Social e Psicologia Cognitiva que fundamentam a EC têm, juntos, a aptidão de criar um ambiente mais confortável e acolhedor à testemunha ou vítima, bem como eliciar mais informações precisas sobre o fato testemunhado ou vivido.

Por fim, o Projeto de Código de Processo Penal (Projeto de Lei nº 8.045/10), em matéria de prova testemunhal, apenas prevê alterações

---

[598] No protocolo do TJRS (Ato Normativo Conjunto no 09/2012), determina-se que a inquirição de crianças e adolescentes vítimas ou testemunhas de violência deve observar as dez etapas seguintes: "I- Planejamento; II-Preparação; III – Recepção; IV- *Rapport* ou Acolhimento Inicial; V – Apresentação do Protocolo; VI – Recriação do Contexto; VII – Questionamento; VIII – Esclarecimento Final; IX – Fechamento; X – Finalização". Essas etapas têm grande semelhança com as propostas pela EC, incluindo-se, inclusive, a técnica mnemônica de recriação do contexto da codificação do evento.

relevantes no tocante à inquirição de crianças e adolescentes.[599] Nesse caso, diferentemente do previsto na Lei nº 13.431/17, não se restringe a aplicação do procedimento especial apenas às vítimas e testemunhas de violência, mas caberá a sua adoção, a pedido das partes, do representante legal da criança, ou por iniciativa do juiz, quando "a natureza e a gravidade do crime, bem como as suas circunstâncias e consequências" recomendarem. Ademais, deverá ser aplicado o procedimento "quando houver fundado receio de que a presença da criança ou do adolescente na sala de audiências possa prejudicar a espontaneidade das declarações, constituir fator de constrangimento para o depoimento ou dificultar os objetivos descritos nos incisos I e II do *caput* do art. 193" (salvaguarda da integridade física, psíquica e emocional do depoente e redução de sua revitimização).

Muitas das exigências relativas à inquirição diferenciada da criança e do adolescente são iguais às previstas na lei de 2017: profissional capacitado para a entrevista, realização em sala separada e adequada, comunicação em tempo real com o juiz, que deve retransmitir as perguntas das partes ao entrevistador, que, por sua vez, deve traduzi-las ao depoente, observando-se o nível de compreensão e linguagem da criança. A entrevista deverá ser gravada por meio eletrônico ou magnético.

Na fase de inquérito, o juiz de garantias[600], previsto pelo projeto, decidirá sobre a produção antecipada da prova testemunhal, levando em consideração a redução da capacidade de reprodução dos fatos pelo

---

[599] Ressalta-se que o Projeto de Código de Processo Penal apenas traz alterações no âmbito das inquirições de crianças e adolescentes. No que diz respeito às entrevistas de testemunhas adultas, não se verifica qualquer modificação em relação à redação atual.

[600] A Lei n.º 13.964/19 modificou o Código de Processo Penal para inserir, no art. 3º-A, a figura do "juiz das garantias", cuja criação estava prevista pelo Projeto de novo CPP. Segundo a nova disciplina legal, o juiz das garantias, que se distingue do juiz da instrução e julgamento, "é responsável pelo controle da legalidade da investigação criminal e pela salvaguarda dos direitos individuais cuja franquia tenha sido reservada à autorização prévia do Poder Judiciário". Como era também previsto pelo Projeto de CPP, caberá ao juiz de garantias, entre outras diversas atribuições, "decidir sobre o requerimento de produção antecipada de provas consideradas urgentes e não repetíveis, assegurados o contraditório e a ampla defesa em audiência pública e oral" (inciso VII). Ressalta-se, contudo, que os dispositivos referentes ao juiz de garantias estão, no presente momento dessa escrita, suspensos por decisão cautelar do Ministro Luiz Fux, proferida nas Ações Diretas de

depoente, em razão da sua condição de pessoa em desenvolvimento. Nesse caso, deve-se observar o procedimento especial de inquirição e a entrevista não deverá ser repetida em juízo, salvo se demonstrada a sua imprescindibilidade pelas partes. Essa previsão mostra-se relevante, pois promove a proteção da memória da criança e do adolescente contra os efeitos do tempo e das sugestões externas e internas, além de evitar a revitimização da testemunha ou vítima por meio de inquirições repetidas.

O protocolo da EC, como não poderia deixar de ser, deve ser observado nas entrevistas de crianças e adolescentes vítimas e testemunhas de quaisquer crimes, assim como nas entrevistas de adultos.

No caso de entrevistas de testemunhas e vítimas menores de idade, seria igualmente vantajosa a incorporação de algumas técnicas previstas pelo protocolo NICHD (*National Institute of Child Health and Human Development*). Apesar de esse protocolo ter sido desenvolvido para entrevista forense de crianças vítimas de crimes sexuais, algumas de suas recomendações apresentam-se úteis para entrevistas de crianças e adolescentes testemunhas de quaisquer crimes.

O protocolo NICHD adota diversas técnicas preconizadas pela EC, como o estabelecimento de uma relação (*rapport*) entre entrevistador e entrevistado, utilização de relato livre, perguntas abertas, não utilização de perguntas fechadas, alternativas e sugestivas, e incentivo à testemunha a responder com "não sei", se for esse o caso.[601]

Um dos diferenciais do protocolo NICHD, que pode ser estendido às testemunhas crianças e adolescentes, é a explanação, por parte do entrevistador, da distinção entre mentira e verdade, e a verificação, com o recurso a exemplos simples, se a criança é apta a fazer essa distinção (por exemplo, pode o entrevistador questionar à testemunha: "se eu dissesse que meu sapato é azul, seria verdade ou mentira?", quando o sapato do entrevistador é, em realidade, preto). Da mesma forma, o entrevistador deve explicar, de forma simplificada, que a testemunha não deverá responder aquilo que não sabe e não deverá tentar adivinhar informa-

---

Inconstitucionalidade 6.298, 6.299, 6.300 e 6.305, em trâmite perante o Supremo Tribunal Federal.

[601] KATZ, Carmit et al. (Eds.). *Children's Testimony:* A Handbook of Psychological Research and Forensic Practice. Nova Jersey, Wiley-Blackwell, 2011, p. 431-488.

ções que não se recorda (exemplo: "se eu te perguntasse o nome do meu filho, o que você me responderia?"). Também por meio de exemplos, o entrevistador deverá indicar a necessidade de a testemunha corrigi-lo sempre que ele afirmar uma informação errada. Outra recomendação do protocolo é, antes da entrevista, fazer um treinamento com a criança ou adolescente sobre memória episódica, requerendo que o depoente relate, de forma detalhada, um evento neutro (por exemplo, uma festa de aniversário).[602]

Portanto, tanto a Lei nº 13.431/17 quanto o Projeto de CPP, a despeito de abrigaram disposições relevantes e representarem um avanço em matéria de coleta de depoimento infantojuvenil, têm espaços para aprimoramentos, seja para elevar o âmbito de tutela de vítimas e testemunhas vulneráveis, seja para elevar a qualidade epistemológica da prova.

5.2.2 Mitigação do impacto dos fatores voluntários de contaminação da prova testemunhal: adoção conjunta de mecanismos de identificação de mentira

Além das tentativas de minimização da incidência dos fatores involuntários de contaminação da prova testemunhal, faz-se também necessário combater a influência negativa da mentira sobre o relato da testemunha, por meio da adoção de técnicas mais eficazes à sua correta identificação.

Não só é prejudicial à qualidade da prova testemunhal a não detecção de testemunhas mentirosas, como também o é, em igual medida, a equivocada identificação de uma testemunha veraz como se mendaz fosse, com a consequente desconsideração de um depoimento sincero (e potencialmente acertado com os fatos pretéritos).

Por essa razão, ao longo deste trabalho, tanto se enfatizou a inexistência de um indicador incontroverso sobre a mentira e a existência de tantos estereótipos falsos sobre os comportamentos apresentados pelo mentiroso, que, conquanto não se sustentem em estudos empíricos, são amplamente aceitos e incorporados na prática forense pelos atores jurídicos.

---

[602] Ibid., p. 431-488.

Na realidade brasileira, a ausência de treinamento adequado (ou de qualquer tipo de treinamento) dos atores jurídicos para a detecção da mentira e o escasso diálogo entre os conhecimentos científicos e a prática[603] proporcionam um terreno particularmente fértil para o enraizamento e a proliferação de falsos estereótipos sobre o mentiroso. Somado a isso, inexiste a previsão ou adoção de ferramentas voltadas à distinção, de forma mais confiável possível, entre depoimentos sinceros e depoimentos intencionalmente falsos.

Em vista disso e do examinado nos capítulos III e IV, propõe-se a adoção combinada de técnicas de análises verbais de depoimentos, com a concomitante ou consecutiva verificação dos indicadores não verbais relacionados, em maior grau, com a atividade (omissiva ou comissiva) de mentir. A despeito de inexistir um método infalível de detecção da mentira, a adoção combinada de técnicas pode elevar as probabilidades de êxito na distinção correta entre depoimentos sinceros e depoimentos falsos.

A estratégia sugerida consiste, primeiramente, em uma combinação do exame dos critérios previstos pela Análise Baseada em Critérios (CBCA), etapa componente da *Statement Validity Analysis* (SVA), e pelo Monitoramento de Realidade (RM)[604]. Conforme apontado no quarto capítulo, estudos empíricos que combinaram os dois métodos para distinção entre relatos sinceros e mentirosos obtiveram índices de acurácia superiores àqueles que utilizaram os métodos de forma isolada.[605]

Tal conjugação pode dar-se de duas formas: pela aplicação sucessiva dos instrumentos, com a posterior análise conjunta dos resultados, ou

---

[603] ÁVILA, Gustavo Noronha de; CECCONELLO, William Weber; STEIN, Lilian Milnitsky. A (ir)repetibilidade da prova penal dependente da memória: uma discussão com base na psicologia do testemunho. *Revista Brasileira de Políticas Públicas*, Brasília, v. 8, n. 2, p. 1058-1073, 2018, p. 1064.

[604] Os resultados preliminares obtidos com a análise combinada dos critérios devem ser testados em face da Verificação de Validade (*The Validity Checklist*), consoante previsto pelo protocolo SVA.

[605] VRIJ, Aldert. *Detecting Lies and Deceit:* Pitfalls and Opportunities. 2. ed. Leicester: Wiley, 2008, p. 273-275; SPORER, Siegfried L. Reality monitoring and detection of deception. In: GRANHAG, Pär-Anders; STROMWALL, Leif (Orgs.). *The Detection of Deception in Forensic Contexts*. Reino Unido: Cambridge University Press, 2004, posição 1005. (e-book).

pela combinação dos critérios previstos por ambos os modelos em um só protocolo, com a exclusão daqueles que importarem em repetição. Por reduzir o tempo de aplicação e facilitar a sua adoção na prática, bem como por não se vislumbrarem prejuízos provenientes dessa junção, propõe-se a união dos critérios sob um mesmo protocolo.[606]

Sugere-se, nessa linha, somar aos critérios da CBCA os critérios da clareza, das informações sensoriais[607] e do realismo[608], previstos unicamente no RM. Outrossim, o critério do enquadramento contextual contido na CBCA pode ser melhor explorado se decomposto nos critérios "informações espaciais" e "informações temporais", assim como proposto no RM.

Exclui-se dessa lista o único critério do RM cuja ocorrência é mais esperada em relatos falsos, qual seja, a menção a operações cognitivas. Isso porque diversos estudos empíricos não confirmaram a confiabilidade desse indicador para distinguir relatos falsos de verdadeiros.[609]

---

[606] Essa proposta é defendida por Bull et al.: "A logical step is to combine both verbal methods. An interesting addition to the CBCA list of criteria would be the Reality Monitoring criterion 'perceptual information' (criterion 2)". (BULL, Ray et al. Detecting Deceit via Analysis of Verbal and Nonverbal Behavior. *Journal of Nonverbal Behavior*, v. 24, n. 4, p. 239-261, 2000, p. 255).

[607] O critério das informações sensoriais, que é central à teoria subjacente ao Monitoramento de Realidade, não encontra correspondência na CBCA, embora exerça elevada importância na distinção entre relatos verdadeiros e falsos. Como visto, os relatos provenientes de experiências vivenciadas tendem a conter mais informações sensoriais, como detalhes sobre elementos visuais, sons, texturas, gostos e odores. Nessa medida, o empréstimo desse critério à CBCA tem o potencial de elevar o grau de acurácia na classificação das origens de um depoimento.

[608] O critério do realismo consiste na análise da plausibilidade e do sentido lógico da narrativa da testemunha. Tem semelhança com o critério da "estrutura lógica", previsto pela CBCA, mas o extrapola ao exigir também que o relato seja plausível.

[609] GARRIDO, Eugenio et al. Reality Monitoring Approach: a Review of the Empirical Evidence. *Psychology, Crime & Law*, v. 11, n. 1, 2005, p. 99-122; SPORER, Siegfried L. Reality monitoring and detection of deception. In: GRANHAG, Pär-Anders; STROMWALL, Leif (Orgs.). *The Detection of Deception in Forensic Contexts*. Reino Unido: Cambridge University Press, 2004, posição 1161-1165. (e-book); BULL, Ray et al. Detecting Deceit via Analysis of Verbal and Nonverbal Behavior. In: *Journal of Nonverbal Behavior*, v. 24, n. 4, p. 239-261, 2000, p. 255. Uma das explicações possíveis para a não consistência dos resultados dos estudos é a de que as pessoas também recorrem a operações cognitivas para se recordar

Outros critérios do RM possuem correspondência ou semelhança com critérios já previstos na CBCA, como o afeto (previsto como "estado mental subjetivo" na CBCA) e possibilidade de reconstrução da história (decomposto nos seguintes critérios: "estrutura lógica", "produção não estruturada" e "número de detalhes").

Para além da aplicação de um protocolo que agregue critérios de dois métodos de análise verbal da mentira, recomenda-se também a somatória, nesse exame, dos indicadores não verbais mais confiáveis da mentira. Dentre eles, cita-se: menor quantidade de gestos ilustrativos da fala, menor movimentação de dedos e mãos, menor frequência de fala (frases mais curtas), maior repetição de palavras e frases e maior período de latência entre a pergunta e o início da resposta pela testemunha.

Nessa esteira, Bull et al. defendem a utilização conjunta da análise verbal e não verbal para melhor identificação da mentira. Demonstraram os pesquisadores, por meio de estudos empíricos, que a utilização combinada das três técnicas de detecção da mentira (CBCA, RM e análise dos indicadores não verbais) resultou em um índice de 80,82% de acerto na classificação de relatos verdadeiros e mentirosos, consideravelmente superior ao obtido com a utilização separada de cada um desses métodos.[610]

Portanto, tendo em vista que não há um único indicador ou método infalível para detectar a mentira, o recurso a diversas técnicas, de forma

---

melhor de eventos realmente experimentados. Dessa forma, quando relatam um evento baseado em memórias reais, podem tender a mencionar operações cognitivas, como facilitadores da recuperação da memória.

[610] Os pesquisadores obtiveram, por pesquisas empíricas, o índice de acurácia na classificação de relatos verdadeiros e falsos por meio das três técnicas (análise do comportamento não verbal, CBCA, RM), isoladamente e, após, de maneira conjunta. Os índices de acerto obtidos foram os seguintes: (i) análise do comportamento não verbal – 70,6% de acerto na classificação de relatos verdadeiros e 84,6% na classificação de relatos mentirosos, totalizando um índice de acerto de 78,08%; (ii) CBCA – 64,7% para relatos verdadeiros, 79,5% para relatos mentirosos, 72,60% no total; (iii) RM – 70,6% para relatos verdadeiros; 64,1% para relatos falsos, 67,12% no total; (iv) CBCA + RM + comportamento não verbal – 76,5% para relatos verdadeiros, 84,6% para relatos mentirosos, 80,82% no total. (BULL, Ray et al. Detecting Deceit via Analysis of Verbal and Nonverbal Behavior. *Journal of Nonverbal Behavior*, v. 24, n. 4, p. 239-261, 2000, p. 239-263).

conjunta, tem a aptidão de aumentar a probabilidade de acerto, em níveis bem superiores ao acaso.[611]

Assim, em consonância com o examinado no item anterior, as testemunhas deverão ser sempre entrevistadas com a Entrevista Cognitiva, para evitar a formação de falsas memórias. Após, caso as partes levantem suspeitas sobre a veracidade do depoimento da testemunha, o seu depoimento deverá ser submetido à análise combinada das técnicas descritas. Essa análise deverá ser realizada, necessariamente, por *experts*, ou seja, por pessoas devidamente treinadas para a aplicação dos métodos CBCA, RM e de análise não verbal da mentira. Os resultados das análises verbais e não verbais da mentira deverão ser confirmados por, pelo menos, dois especialistas diferentes.

A despeito do resultado dessa análise conjunta não refletir uma certeza, mas, no máximo, se bem aplicada, uma elevada probabilidade de acerto, a adoção desses mecanismos auxilia uma tomada de decisão mais informada e menos baseada em estereótipos e subjetivismos.

Além disso, a autoridade entrevistadora também poderá, durante a entrevista, lançar mão das estratégias examinadas no item 3.4.3 do terceiro capítulo, voltadas à maximização das diferenças apresentadas pelas testemunhas mentirosas e pelas testemunhas sinceras.

Assim, pode-se, quando se entender cabível, formular perguntas inesperadas ou dirigir solicitações inusitadas à testemunha (por exemplo: solicitá-la que desenhe o local do evento); adotar técnicas de elevação da carga cognitiva do depoente (solicitando-o, por exemplo, a narrar o evento em ordem cronológica inversa); ou, por fim, explorar a técnica de divulgação estratégica de provas.

Essas estratégias, ao propulsionarem a elevação das diferenças entre depoentes sinceros e mentirosos, podem contribuir para a eficácia da análise estruturada verbal e não verbal do depoimento e do depoente, a ser realizada posteriormente.

---

[611] Conforme visto anteriormente (item 3.4 do capítulo 3), estudos demonstram que as pessoas, ao tentarem detectar a mentira, apresentam resultados apenas ligeiramente acima do acaso, ou seja, pouco acima da taxa de 50% de acerto na distinção entre relatos sinceros e relatos mentirosos.

5.3 A cautela na valoração da prova testemunhal: critérios úteis de avaliação da credibilidade e veracidade da narrativa

O momento de atribuir valor probatório ao depoimento da testemunha é dos mais tortuosos, haja vista se tratar de uma prova fundada exclusivamente na palavra humana, sendo passível, como visto neste trabalho, de inúmeras distorções voluntárias ou involuntárias, afastando-a da reconstrução segura dos fatos ocorridos.

Encontra-se na doutrina a frequente indicação de elementos a serem avaliados pelo juiz no momento da valoração da prova testemunhal: (i) a pessoa da testemunha, incluindo aqui as possíveis razões que a testemunha teria para falsear os fatos (amizade, inimizade ou parentesco com alguma das partes, ou presença de interesses econômicos ou morais no resultado do processo), o fato de ter sido a testemunha contraditada, sua idade, seu desenvolvimento mental (se completo ou não), se é ela portadora de deficiências físicas ou mentais (que poderiam dificultar a percepção, a retenção e a evocação dos fatos), entre outros aspectos; e o (ii) o conteúdo de seu depoimento (detalhamento, precisão, segurança, confiança, persistência no mesmo relato durante as várias vezes em que foi ouvida, se a testemunha é a fonte direta da informação narrada, entre outros).[612]

Ramos[613] bem observa as dificuldades em se atribuir valor à prova testemunhal e a pouca clareza sobre os fatores que devem ser considerados pelo juiz a fim de que a prova seja valorada de acordo com a prudência e a sana crítica. Os fatores de ordem objetiva (relacionados ao depoimento) e os fatores de ordem subjetiva (análise subjetiva da pessoa da testemu-

---

[612] TORNAGHI, Hélio. *Curso de processo penal*. 7. ed. São Paulo: Saraiva, 1990, p. 426-428; BADARÓ, Gustavo Henrique. *Processo penal*. 2. ed. Rio de Janeiro: Elsevier, 2014, p. 329-330; ARANHA, Adalberto José Q. T. de Camargo. *Da prova no processo penal*. 3. ed. São Paulo: Saraiva, 1994, p. 130-131; MITTERMAIER, C. J. A. *Tratado de la prueba en materia criminal*. 3. ed. Madrid: Imprenta de La Revista de Legislación, 1877, 297-301; ÁVILA, Gustavo Noronha de. *Falsas Memórias e Sistema Penal*: a Prova Testemunhal em Xeque. Rio de Janeiro: Lumen Iuris, 2013, p. 60.

[613] RAMOS, Vitor de Paula. *Prova testemunhal*: Do Subjetivismo ao Objetivismo. Do isolamento Científico ao Diálogo com a Psicologia e a Epistemologia. São Paulo: Thomson Reuters Brasil, 2018, p. 52-53.

nha) indicados pela doutrina são, também, recorrentemente apontados pela jurisprudência para motivar a valoração da prova testemunhal.

Diversos desses fatores, conforme visto ao longo deste trabalho, não são indicadores seguros sobre a veracidade da palavra da testemunha. A confiança e a firmeza com as quais a testemunha relata os fatos, por exemplo, não indicam que ela esteja dizendo a verdade, seja porque a mentira também pode ser sustentada de forma segura, seja porque as falsas memórias podem criar lembranças vívidas e convincentes.

Como mencionado anteriormente, a confiança subjetiva da testemunha na acurácia de seu próprio relato não é um indicador seguro de que sua narrativa é verdadeira. Isso porque diversos fatores que em nada se relacionam com a confiabilidade objetiva do depoimento podem ocasionar a elevação da confiabilidade subjetiva do depoente: repetição de perguntas em uma mesma entrevista, repetição de depoimentos ao longo do tempo, ocorrência do efeito de conformidade com outras testemunhas, recebimento de *feedbacks* positivos dados pelo entrevistador, exposição a informações pós-evento confirmatórias da memória. Todos esses fatores têm o condão de reforçar e consolidar uma memória falsa na testemunha, elevando a sua confiança em sua ocorrência.[614]

Na mesma esteira, a linearidade e a persistência do relato tampouco se relacionam, necessariamente, com uma narrativa veraz.

Ramos conclui, de forma acertada, que, independente do exame dos fatores objetivos ou subjetivos da prova testemunhal, a sua valoração baseia-se, em última análise, "em uma crença anterior e mais profunda: 'a de que o homem, em regra, percebe e narra a verdade'".[615]

---

[614] Kahneman sustenta que a confiança subjetiva não é um bom critério para avaliar a correção de um julgamento. Nesse sentido, afirma: "confiança subjetiva em um julgamento não é uma avaliação razoável da probabilidade desse julgamento ser correto. Confiança é um sentimento, que reflete a coerência da informação e a facilidade cognitiva de processá-la. É sábio levar a sério admissões de incerteza, mas declarações sustentadas com alta confiança revelam, sobretudo, que um indivíduo construiu uma história coerente em sua mente, não necessariamente que a história é verdadeira". (KAHNEMAN, Daniel. *Thinking, Fast and Slow*. New York: Farrar, Straus and Giroux, 2011, p. 207. [e-book]. [tradução nossa]).

[615] RAMOS, Vitor de Paula. *Prova testemunhal*: Do Subjetivismo ao Objetivismo. Do isolamento Científico ao Diálogo com a Psicologia e a Epistemologia. São Paulo: Thomson Reuters Brasil, 2018, p. 54.

No entanto, essa crença não resiste a um estudo mais aprofundado sobre o funcionamento imperfeito da memória humana, sua plasticidade e sua sujeição a interferências e equívocos. Essa crença também desconsidera a mentira como fator inseparável da natureza humana, à qual qualquer depoimento está sujeito.

Portanto, o juiz, ao examinar a prova testemunhal, não deve tomar a sua credibilidade como garantida, tampouco deve considerar, de antemão, que o seu resultado corresponde, com exatidão, aos fatos ocorridos na realidade. Deve-se adotar a corrente epistemológica não presuntivista do testemunho, ou seja, encarar a prova testemunhal com desconfiança epistemológica, exigindo, para a sua aceitação, não apenas a ausência de provas em contrário, como também a existência de provas positivas em seu favor.

Para a análise da existência de provas negativas, a pesarem contra a veracidade do depoimento, deve o juiz investigar, na valoração da prova testemunhal, se a testemunha esteve sujeita (ainda que potencialmente), ao longo do processo de formação de sua memória, aos fatores involuntários de contaminação da prova.[616] Cumpre perquirir, assim, com respaldo nos dados obtidos no curso probatório, se a testemunha estava em condições de perceber corretamente a ocorrência do evento, ou seja, se estava, por exemplo, posicionada em distância e ângulos adequados de observação, se os níveis de visibilidade e luminosidade eram bons, se sua atenção era plena ou se ela poderia ter se desviado por alguma razão (*e.g.* efeito de focalização da arma), e se estava sujeita a elevados níveis de estresse e emoção. Deve-se considerar, igualmente, se o evento teste-

---

[616] Wise e Safer desenharam um método para que o juiz avalie a acurácia da prova testemunhal em etapas. Deve o juiz avaliar se: as entrevistas foram capazes de obter o número máximo de informações da testemunha; a forma de condução das entrevistas pode ter contaminado a memória da testemunha; as entrevistas, outras testemunhas, a mídia ou quaisquer outros fatores elevaram significantemente a confiança da testemunha previamente ao seu depoimento; fatores presentes durante a percepção do evento potencialmente aumentaram ou diminuíram a precisão da memória da testemunha. Feito isso, deve o juiz estimar se a probabilidade de o relato ser acurado é alto, médio ou baixo (WISE, Richard A.; SAFER, Martin A. A Method for Analyzing the Accuracy of Eyewitness Testimony in Criminal Cases. *Court Review: The Journal of the American Judges Association*, 387, v. 48, p. 22-34, 2012, p. 25).

munhado foi instantâneo ou, ao contrário, se foi repetido ou continuado. Na primeira hipótese, a percepção e a recordação de detalhes tendem a ser piores do que na segunda hipótese, visto que o tempo de exposição ao estímulo é menor e as condições objetivas do ambiente tendem a ser desfavoráveis.[617]

Outrossim, cabe investigar se a testemunha esteve sujeita, desde o momento da percepção até a evocação de sua memória, a fontes de sugestionamentos, potencialmente, formadoras de falsas memórias. Assim, deve-se averiguar, por exemplo, como a testemunha foi inquirida, seja em fase de inquérito, seja em fase judicial, reforçando, nesse ponto, a importância de serem todas as entrevistas registradas por sistema audiovisual. É de se verificar se a Entrevista Cognitiva foi devidamente observada, se foram dirigidas à testemunha perguntas sugestivas ou concedidos *feedbacks* após suas respostas.

Também se mostra relevante investigar se a testemunha teve contato ou foi mantida em mesmo espaço com outras testemunhas, de defesa ou de acusação, e se houve uma ampla exposição midiática do caso, com a divulgação de informações sugestivas nos meios de comunicação, entre outros aspectos.[618] Impende observar o tempo transcorrido entre os fatos e a recuperação da memória com o intuito de verificar a possibilidade da ocorrência do fenômeno do esquecimento e do preenchimento das lacunas de memória com informações pós-evento.

Quanto à possível ocorrência de falseamento proposital dos fatos, o juiz deve verificar se a testemunha tinha razões para mentir, verificando, por exemplo, a existência de eventual relação entre ela e as partes processuais e de potencial interesse no que tange ao desfecho do processo.

---

[617] RAMOS, Vitor de Paula. *Prova testemunhal:* Do Subjetivismo ao Objetivismo. Do isolamento Científico ao Diálogo com a Psicologia e a Epistemologia. São Paulo: Thomson Reuters Brasil, 2018, p. 134.

[618] Revela-se útil que o entrevistador alerte a testemunha, desde a sua primeira entrevista (em fase pré-investigativa), sobre os perigos de contaminação de sua memória, advertindo-a a não contatar outras testemunhas. a não conversar sobre o fato com qualquer outra pessoa e a receber com cautela outras informações pós-evento, como as provenientes da mídia ou das redes sociais. Outrossim, cabe ao entrevistador questionar, previamente ao início da entrevista, se a testemunha teve contato com outras testemunhas e/ou se esteve exposta à cobertura midiática sobre o caso.

Nesse ponto, também deve considerar os resultados da aplicação conjugada dos métodos de análise verbal e não verbal da mentira, que devem ser adotados sempre que as partes levantarem fundadas suspeitas sobre a falsidade do depoimento da testemunha.

Doutro vértice, o confronto do depoimento da testemunha com as demais provas dos autos e com os depoimentos anteriores da própria testemunha[619] pode corroborar hipóteses sobre a veracidade ou falsidade (intencional ou não intencional) de sua narrativa. Contudo, é relevante recordar-se que pequenas divergências ou inconsistências entre depoimentos da testemunha são normais, e, inclusive, esperadas. Depoimentos idênticos em todos os seus detalhes podem apontar para uma possibilidade de fabricação do relato.

---

[619] Cabe mencionar, nesse ponto, a alteração legislativa promovida pela Lei nº. 13.964/19, que acrescentou o artigo 3º-C, § 3º, no Código de Processo Penal, cuja eficácia encontra-se, até o momento dessa escrita, suspensa por decisão do Ministro Luiz Fux, proferida, cautelarmente, nas Ações Diretas de Inconstitucionalidade nºˢ. 6.298, 6.298, 6.299, 6.300 e 6.305 (assim como os demais dispositivos relativos ao juiz de garantias). O referido artigo trata da exclusão física das peças do inquérito dos autos processuais, determinando que os primeiros deverão permanecer acautelados na secretaria do juízo. Ao juiz de instrução e julgamento apenas deverão ser encaminhadas as provas antecipadas, as irrepetíveis e as medidas de obtenção de provas. Embora se reconheça a importância dessa previsão, que busca evitar a contaminação do julgador com os elementos informativos produzidos sem contraditório e sem ampla defesa, verifica-se, doutro lado, um prejuízo à valoração da prova testemunhal. Faz-se relevante que o julgador avalie todos os depoimentos da testemunha, seja para verificar se foi ela exposta a perguntas sugestivas ou se recebeu *feedbacks* em entrevistas anteriores (que podem gerar falsas memórias, passíveis de serem repetidas em juízo), seja para verificar seu comportamento, suas respostas e a existência de consistência entre seus relatos (corroboração entre depoimentos da mesma testemunha e entre esses e os demais elementos probatórios). É de suma importância que a tomada de depoimento da testemunha em inquérito policial seja cercada de cautela, para evitar a contaminação de sua memória. Assim, deve ser a testemunha ouvida segundo as técnicas da Entrevista Cognitiva, aplicadas por profissional capacitado a tanto, assim como deve ser seu depoimento gravado por sistema audiovisual. Embora não haja contraditório nesse primeiro momento, é inegável a relevância do depoimento em solo policial, uma vez que esse tem lugar em momento mais próximo aos fatos, quando o traço de memória da testemunha é mais forte e robusto. O contraditório deve ser exercido seja *a posteriori* sobre a gravação desse depoimento inicial, seja sobre a prova testemunhal produzida em juízo.

Cabe, pois, verificar se há, entre os elementos probatórios reunidos no processo, de um lado, provas contrárias ao depoimento, que reduzam o seu grau de confiabilidade (especialmente quando a prova contrária é considerada mais segura, como a pericial); bem como, de outro lado, provas que corroborem seu conteúdo.

Ressalta-se, ainda, que a valoração da prova testemunhal deve estar alinhada com o estado da arte da Psicologia do Testemunho, ou seja, deve estar em consonância com o que a literatura científica reconhece como válido e sólido para a avaliação do depoimento. Assim, a autoridade judicial deve rejeitar, por exemplo, os estereótipos sobre o comportamento de uma testemunha mentirosa, bem como reconhecer, por sua vez, que a memória não funciona como um gravador ou um reprodutor de vídeo. Reconhecer as falhas e a falibilidade da prova testemunhal é o primeiro passo para uma valoração mais objetiva e afinada com a verdade possível.

Na hipótese em que as únicas provas contrárias ao réu consistirem em depoimentos testemunhais potencialmente "contaminados", quer por terem sido expostos a fatores de formação de falsas memórias, quer por existirem indícios de serem eles falsos, deve o juiz, com fundamento na presunção de inocência, absolver o acusado, haja vista a incerteza e a insegurança transmitidas por essas provas.[620] À mesma conclusão deve

---

[620] Nesse sentido, entendendo pela absolvição dos apelantes, por serem as provas testemunhais acusatórias potencialmente contaminadas pela formação de falsas memórias: "APELAÇÃO CRIMINAL. CONDENAÇÃO PELA PRÁTICA DO CRIME DEFINIDO NO ARTIGO 33, CAPUT, E §4o, DA LEI 11.343/06. PROVIMENTO DO APELO DEFENSIVO. PROVA INSUFICIENTE PARA QUE HAJA JUÍZO DE CERTEZA ACERCA DA AUTORIA. PSICOLOGIA DAS TESTEMUNHAS OCULARES E FALSAS MEMÓRIAS. ABSOLVIÇÃO DOS ACUSADOS. RECURSO MINISTERIAL PREJUDICADO. [...]. Incerteza que paira sobre a semelhança entre as pessoas que os policiais viram de binóculos e os apelantes. Estudo da psicologia das testemunhas que revela a existência de fatores de interferência na memória das testemunhas oculares e no modo como se dá a percepção e a assimilação daquilo que foi apreendido pelo sentido da visão. Duração da exposição, condições de visibilidade, distância, luminosidade, dentre outros fatores que, embora não cientificamente comprovados, podem influir no processo de codificação e retenção da informação como no caso deste processo em que os acusados foram observados a distância, por binóculos. Probabilidade da ocorrência de falsas memórias, que se diferenciam da mentira porque naquelas o 'o agente crê honestamente no que está relatando', ao passo que na mentira há uma 'um ato consciente, onde a pessoa tem noção do seu espaço de

chegar o juiz no caso de a única prova contrária ao réu consistir em uma prova testemunhal não corroborada por nenhum outro elemento de prova, uma vez que o grau epistemológico transmitido por esse meio probatório é extremamente reduzido, inapto à comprovação do fato além de qualquer dúvida razoável.[621]

5.4 Sugestões de *lege ferenda*

De acordo com o exposto e examinado no presente capítulo, apresenta-se necessário afinar a legislação processual penal brasileira com os avanços científicos obtidos na área da Psicologia do Testemunho. O tratamento legislativo em matéria de prova testemunhal é superficial, insuficiente e inadequado para dar uma resposta efetiva à problemática da falibilidade dessa modalidade probatória, à complexidade da memória humana e à sujeição da testemunha a inúmeros fatores de contaminação e distorção de seu relato.

Muito embora a ciência e a Psicologia do Testemunho tenham avançado muito desde a redação originária do CPP, foram escassas e insuficientes as inovações legislativas promovidas ao longo dos anos (cuja importância restringe-se, quase que integralmente, ao âmbito da coleta de depoimentos de crianças e adolescentes vítimas e testemunhas de violência). Nesse cenário, faz-se necessário, como primeira etapa de pavimentação do caminho a ser trilhado para mudanças efetivas na produção da prova testemunhal, modernizar e adequar a legislação para o enfrentamento do problema posto.

Antes de se iniciar o exame das propostas de alterações legislativas, faz-se relevante um breve esclarecimento. Como examinado, a Entrevista Cognitiva é, atualmente, o melhor modelo de entrevista investigativa existente, e, portanto, deve ser utilizada pelos atores jurídicos como

---

criação e manipulação'. [...]. In dubio pro reo que funciona como critério de resolução da incerteza, impondo-se como expressão do princípio da presunção de inocência a absolvição dos apelantes". (BRASIL, Tribunal de Justiça do Estado do Rio Grande do Sul, Apelação Criminal n.º 0008748-37.2008.8.19.0066, Rel. Des. Geraldo Prado, Quinta Câmara Criminal, j. em 19/11.09, DJe em 09/07/10).

[621] RAMOS, Vitor de Paula. *Prova testemunhal:* Do Subjetivismo ao Objetivismo. Do isolamento Científico ao Diálogo com a Psicologia e a Epistemologia. São Paulo: Thomson Reuters Brasil, 2018, p. 138.

protocolo padrão para inquirição de testemunhas (bem como para a produção de outras provas orais, como as declarações do ofendido). No entanto, a previsão da Entrevista Cognitiva como modelo obrigatório de entrevista na lei processual penal pode ter o negativo efeito de impedir (ou, em muito, dificultar) a evolução da prática mediante a absorção futura de novas técnicas de entrevistas, potencialmente melhores que a Entrevista Cognitiva. É dizer, a codificação desse método tem por efeito o congelamento da técnica, impedindo que a prática acompanhe de forma satisfatória as evoluções tidas na ciência, no campo da Psicologia do Testemunho. O progresso é ínsito à ciência, sendo, pois, um equívoco encerrar um conhecimento científico em um corpo rígido como a lei[622].

Portanto, embora deva ser adotada a Entrevista Cognitiva como modelo padrão para as entrevistas de testemunhas e vítimas durante a persecução penal, seja em fase de inquérito, seja em juízo, ao menos até a superveniência de técnica considerada cientificamente superior a ela, não deve ser esse método inserido em nosso Código de Processo Penal. Melhor seria, nesse cenário, que a sua adoção viesse proposta em atos normativos (resoluções ou recomendações) do Conselho Nacional de Justiça, bem como fosse determinada e disciplinada por atos normativos internos dos tribunais e por resoluções das secretarias estaduais de segurança pública. Ademais, faz-se importante a consolidação das técnicas de entrevistas e avaliação dos depoimentos em *guidelines*, a serem disponibilizados aos atores jurídicos, bem como utilizados em treinamentos e cur-

---

[622] Nessa esteira, Weber bem descreve a natureza mutável e evolutiva da ciência, a qual não se coaduna com a estagnação ou com a pretensão de certeza: "No domínio da ciência, entretanto, todos sabem que a obra construída terá envelhecido dentro de dez, vinte ou cinquenta anos. Qual é, em verdade, o destino ou, melhor, a *significação*, em sentido muito especial, de que está revestido todo trabalho científico, tal como, aliás, todos os outros elementos da civilização sujeitos à mesma lei? É o de que toda obra científica 'acabada' não tem outro sentido senão o de fazer novas 'indagações': ela pede, portanto, que seja 'ultrapassada' e envelheça. Quem pretende servir à ciência deve resignar-se a tal destino (...). Repito, entretanto, que na esfera da ciência, não só nosso destino, mas também nosso objetivo é o de nos vermos, um dia, ultrapassados. Não nos é possível concluir um trabalho sem esperar, ao mesmo tempo, que outros avancem ainda mais. E, em princípio, esse progresso se prolongará ao infinito" (WEBER, Max. *Ciência e Política: duas vocações*. 20. ed. Trad.: Leonidas Hegenberg; Octany Silveira da Mota. São Paulo: Cultrix, 2013, p. 29).

sos de capacitação dos profissionais. Essas mesmas ponderações aplicam-se à Entrevista Autoadministrada e aos métodos de detecção de mentira.

Conquanto não seja recomendado o engessamento em lei de um método específico de entrevista, com a rígida descrição de suas etapas, pode-se prever a necessária observância de alguns elementos mais relevantes e mais resistentes a alterações, como a exigência de se atentar, inicialmente, ao relato livre da testemunha, sem interrupções do entrevistador, e, somente após, passar para questões complementares (a serem realizadas, quando em juízo, primeiramente, pelas partes, e, após, pelo juiz), devendo ser elas, preferencialmente, abertas.

Outrossim, as entrevistas, sejam as realizadas em delegacia[623], sejam as conduzidas em juízo, deverão ser registradas, preferencialmente, por meio audiovisual, para permitir a análise futura da condução da entrevista e dos questionamentos formulados, do comportamento verbal e não verbal da testemunha, assim como dos exatos termos por ela utilizados.

Ademais, cumpre conceituar, no atual art. 212, *caput*, do CPP, o que vem a ser as perguntas indutivas, a serem inadmitidas pelo juiz, a fim de auxiliar a sua identificação na prática. Sugere-se, para tanto, incluir como definição de perguntas indutivas "aquelas que têm a potencialidade de direcionar a resposta da testemunha por conterem informações não mencionadas anteriormente por ela, limitarem seu âmbito de resposta, utilizarem palavras ou termos que influenciem a resposta ou transmitam

---

[623] As entrevistas realizadas em fase pré-investigativa, como as conduzidas por policiais militares nas cenas de crimes, também devem ser registradas, uma vez que esse primeiro contato com a testemunha é, costumeiramente, permeado de perguntas fechadas, e, nesse sentido, altamente prejudicial à correta preservação da memória do evento. Idealmente, esse registro deve ser feito por meio audiovisual, o que pode ser viabilizado mediante a instalação de câmaras nos uniformes dos policiais militares. Em razão do alarmante crescimento da violência policial em abordagens de suspeitos, vem ganhando cada vez mais força a defesa da adoção dessa tecnologia, que já se encontra em fase experimental em alguns estados ou em vias de implementação em outros. Importante, nesse cenário, que essa tecnologia seja também utilizada para o registro de entrevistas pré-investigativas com testemunhas. Quando não for possível essa gravação, pela indisponibilidade dos meios tecnológicos, essas entrevistas iniciais devem ser, ao menos, registradas formalmente por escrito, preservando-se, tanto quanto possível, a integridade e originalidade do relato testemunhal.

um juízo de valor, ou, de qualquer outra forma, contenham, sugiram ou insinuem a resposta desejada pelo entrevistador".

Nesse diapasão, também se recomenda prever expressamente a inadmissão de perguntas sugestivas ao lado das perguntas indutivas. Embora ambas dirijam a resposta da testemunha para um determinado sentido desejado pelo entrevistador, entende-se que a sugestão pode dar-se de maneira mais sutil e indireta do que a indução, sendo, dessa forma, ainda mais perniciosa à integridade da memória da testemunha, pois pode ser mais facilmente incorporada em sua resposta.

Deve-se proibir, igualmente, a concessão implícita ou explícita de *feedbacks* positivos e negativos à testemunha, após as suas respostas, uma vez que podem eles reforçar respostas sugestionadas, aumentar a sugestionabilidade da testemunha para futuras perguntas, bem como provocar a alteração de uma resposta anteriormente dada.

Outra relevante implementação legislativa consiste na expressa vedação da leitura da denúncia e de outras peças do inquérito (*e.g.* depoimento da testemunha em fase policial) antes da produção da prova testemunhal, haja vista serem esses documentos altamente sugestionáveis, passíveis de direcionar e moldar a narrativa ou resposta da testemunha. A mera confirmação do depoimento anterior da testemunha, pelo entrevistador, também deve ser expressamente proibida[624].

As violações aos dispositivos suprarreferidos (inadmissão de perguntas indutivas e sugestivas, proibição da concessão de *feedbacks*, vedação de leitura da denúncia ou outras peças do inquérito e confirmação do depoimento anterior) deverão ser sancionadas com o reconhecimento da nulidade absoluta da prova testemunhal em questão.[625]

---

[624] Ainda que não necessariamente deva vir prevista no diploma processual penal, impende também ressaltar a importância de a autoridade entrevistadora não se fiar a uma única hipótese sobre os fatos, ao dirigir os questionamentos à testemunha. Deverá a autoridade explorar todas as versões possíveis, evitando, assim, o viés confirmatório.

[625] A respeito disso, Gustavo Noronha de Ávila defende a imposição de nulidade absoluta em caso de descumprimento da ordem de etapas previstas pela Entrevista Cognitiva ou em caso de supressão do relato livre (ÁVILA, Gustavo Noronha de; SIQUEIRA, Dirceu Pereira. Acesso à justiça e os direitos da personalidade: elementos para a formação da prova testemunhal no novo código de processo penal, levando a psicologia do testemunho a sério! *Revista Eletrônica de Direito e Sociedade*, v. 6, n. 1, p. 59-77, 2018, p. 74).

Isso porque essas violações têm o poderoso condão de ocasionar a contaminação da memória da testemunha em extensões difíceis de serem mensuradas. Desse modo, não é possível determinar, tampouco comprovar (o que afasta a possibilidade de se prever tão somente uma nulidade relativa), a influência de uma pergunta ou informação sugestiva sobre o depoimento de uma testemunha.

Por sua vez, a utilização da SAI, como forma inicial de recuperação da memória da testemunha, tão logo o evento tenha sido percebido, também deverá ser promovida por meio de atos normativos dos tribunais e resoluções aplicáveis às forças policiais. A SAI poderá ser disponibilizada em portal *on-line* e/ou distribuída às potenciais testemunhas e vítimas, no local do crime, pelos policiais militares. Seu conteúdo deverá seguir o protocolo criado por Gabbert, Fisher e Hope, já examinado no item 2 do capítulo anterior.

Para a redução dos efeitos negativos do tempo sobre o depoimento, para além da aplicação da SAI, deve-se prever expressamente a obrigatoriedade de a prova testemunhal ser produzida em prazo razoável, seja em delegacia, seja em juízo. Sugere-se, ademais, a previsão da necessária produção antecipada da prova testemunhal, ao menos das testemunhas-chave, nas hipóteses previstas pelos arts. 92, 93 e 366 do CPP, em razão do elevado risco de perecimento da prova, ocasionado pelo esquecimento do evento pela testemunha.

No que tange à coleta de depoimentos de testemunhas e vítimas adolescentes e crianças, sugere-se também a previsão, em atos normativos dos tribunais e em outras resoluções pertinentes, da obrigatoriedade de ser observada a Entrevista Cognitiva, com adaptações necessárias à idade e ao nível de compreensão do depoente, emprestando-se, quando cabível, elementos previstos pelo protocolo NICHD. Recomenda-se, outrossim, a supressão da possibilidade de interrupção da testemunha ou vítima pelo entrevistador, contida no art. 12, inciso II, da Lei nº 13.431/17.

Por fim, deve-se prever, na legislação processual penal, a "perícia" sobre a prova testemunhal quando há fundados receios[626], demonstrados

---

[626] Esses fundados receios poderão ser demonstrados, por exemplo, por meio da indicação de interesses potencialmente nutridos pela testemunha no desfecho do processo (a demonstrar a sua ausência de imparcialidade), a existência de relacionamento anterior

pela parte solicitante, de que o depoimento não condiz com a verdade, seja porque a testemunha intencionalmente mentiu ou involuntariamente distorceu os fatos (falsas memórias).

Na primeira hipótese, o juiz deverá determinar que, no mínimo, dois especialistas examinem o depoimento (a transcrição e a gravação audiovisual), utilizando-se das técnicas combinadas de detecção da mentira (SVA, RM e análise do comportamento não verbal da testemunha). No segundo caso, deve-se submeter o depoimento ao exame de Monitoramento de Realidade para verificação da possibilidade de a memória ser proveniente de uma fonte interna (formação de falsas memórias), ao invés de originar-se de uma percepção externa[627].

Os resultados obtidos com a perícia não vinculam a decisão do juiz sobre a exclusão ou a aceitação da prova testemunhal, mas devem contribuir, juntamente com outros elementos, para uma valoração mais informada e racional da prova.

Essas são as sugestões de alterações legislativas que se reputou mais relevantes e urgentes para alinhar o tratamento normativo da prova testemunhal com as descobertas mais recentes da Psicologia do Testemunho e, dessa forma, permitir um aprimoramento da qualidade epistêmica dessa modalidade probatória, por meio da adoção de ferramentas e estratégias aptas a promoverem a proteção da integridade da memória humana e a detecção mais fiel quanto possível da mentira.

---

ou atual da testemunha com alguma das partes, a contradição entre seus depoimentos ou entre seu depoimento e outros elementos de prova, entre outros. No caso de receio de que o depoimento seja fruto de falsas memórias, poder-se-á demonstrar que a testemunha esteve sujeita a fontes de informações pós-evento prejudiciais à sua memória, como, por exemplo, perguntas sugestivas ou contato com outras testemunhas.

[627] As técnicas de detecção da mentira não deverão ser encapsuladas na legislação processual penal, de vez que, como dito, a ciência é dinâmica e mutável, e, portanto, não se conforma à rigidez da lei. Deverão ser previstas e regulamentadas em protocolos dos tribunais e aplicadas por especialistas na área de detecção da mentira.

CONCLUSÕES

O presente trabalho objetivou traçar um panorama geral sobre a falibilidade da prova testemunhal no processo penal brasileiro, por meio da apresentação dos fatores extrínsecos e intrínsecos à testemunha, dependentes ou não de sua vontade, que, de alguma forma, contaminam o depoimento e afastam-no da realidade pretérita.

Para tanto, percorreu-se, inicialmente, os meandros da memória humana, suas etapas de formação e seu funcionamento, com o intuito de verificar todos os elementos que a influenciam e interferem na sua exatidão e na correspondência com a realidade externa (denominados, neste trabalho, de fatores involuntários de contaminação da prova testemunhal). Ulteriormente, o estudo inseriu-se no universo da mentira para compreender as nuanças desse fenômeno e os processos emocionais e cognitivos do mentiroso, de forma a tentar identificar traços distintivos entre os depoentes mendazes e os sinceros (mentira como fator voluntário de contaminação da prova testemunhal).

Construído esse cenário, foram colocados em foco os métodos de inquirição e análise do depoimento, desenvolvidos pela literatura científica estrangeira e voltados ao aprimoramento da prova testemunhal mediante a redução do impacto dos fatores voluntários e involuntários de contaminação sobre a testemunha. Por fim, examinou-se a possibilidade de aplicação dessas técnicas na realidade brasileira, tendo em vista as particularidades e as dificuldades próprias do país.

Destarte, pode-se sintetizar as principais conclusões obtidas e já destacadas ao longo do trabalho:

1. A prova testemunhal é, sem dúvidas, central ao processo penal. Sendo o crime a delimitação de um fato da vida, um recorte da realidade,

é ele, em geral, percebido por alguém, por meio de algum de seus sentidos (visão, audição, tato, paladar ou olfato).

2. A importância da prova testemunhal contrasta, contudo, com a sua intrínseca e inseparável falibilidade: não obstante seja esse meio de prova o mais relevante e o mais utilizado no processo penal, sendo, não raro, o único elemento a sustentar uma sentença condenatória, é ele frágil e pouco confiável do ponto de vista epistemológico.

3. A presunção da veracidade da palavra humana, recorrentemente levantada como fundamento da aceitação desse meio de prova, é falsa. Rechaça-se a corrente epistemológica presuntivista do testemunho, que defende a presunção de sua veracidade, salvo prova em contrário. Não basta inexistirem provas em contrário, devem existir provas positivas em favor da veracidade do depoimento testemunhal a fim de ser considerado justificado epistemologicamente.

4. Um depoimento testemunhal sem erros é a exceção, e não a regra.

5. A memória humana é complexa e falível, visto que está sujeita ao impacto de uma série de fatores de contaminação, que atuam desde a percepção e codificação do evento (seletividade da atenção, emoção e estresse, estereótipos e expectativas, condições objetivas da percepção como luminosidade e distância), passando pela retenção do traço de memória (formação de falsas memórias, interferência entre testemunhas, informações pós-evento advindas da mídia e das redes sociais), e, por fim, até a recuperação da lembrança perante a autoridade policial ou judicial (perguntas sugestivas, esquecimento, preenchimento de lacunas e interferência entre memórias).

6. Posto isso, é absolutamente falsa a ideia de que a memória funciona tal qual um gravador ou uma filmadora, e, dessa forma, bastaria, após, acessar o arquivo correto e reproduzi-lo sem perdas ou equívocos em sua transmissão.

7. A memória é altamente sugestionável, e, portanto, a testemunha é também altamente suscetível a sugestionamentos. Tal suscetibilidade é tão elevada que até mesmo a escolha de determinada palavra pelo entrevistador, em detrimento de outra, pode alterar substancialmente a resposta da testemunha. Nesse sentido, a forma como a inquirição é conduzida tem efeito direto no conteúdo do depoimento.

8. A falibilidade da prova testemunhal, para além do impacto dos fatores involuntários de contaminação associados à memória, também repousa sobre a baixa confiabilidade da palavra humana, enquanto passível de ser produto de um falseamento voluntário dos fatos. Em um processo penal, no qual interesses de alta relevância estão em jogo, não se pode desconsiderar a constante possibilidade de a testemunha fabricar informações (forma comissiva da mentira) ou omitir fatos relevantes (forma omissiva da mentira).

9. Inexiste um indicador seguro e confiável sobre a mentira, que só apareça quando a testemunha está mentindo e nunca apareça quando ela está dizendo a verdade. Isso porque os processos emocionais e cognitivos (sobrecarga mental, medo e vergonha), provavelmente, mais experimentados pelos mentirosos, não são constantes, nem são a eles exclusivos, podendo, de igual modo, ser observados em depoentes sinceros, o que resulta na exteriorização de sinais semelhantes entre testemunhas sinceras e mendazes.

10. A maioria dos estereótipos amplamente disseminados sobre a mentira (*e.g.* aversão ao olhar, nervosismo, inquietação) não se sustenta em evidências científicas, obtidas por meio da realização de estudos empíricos. Em virtude da dissociação entre crença e ciência, os índices de acurácia na distinção entre relatos verdadeiros e mentirosos são tão somente ligeiramente superiores ao nível do acaso (sendo o acaso equivalente a 50% de chance de acerto), mesmo entre profissionais que, cotidianamente, trabalham com a detecção de mentira (policiais, agentes alfandegários, juízes, entre outros).

11. Existem métodos adequados e eficazes para a mitigação do impacto dos fatores voluntários e involuntários de contaminação da prova testemunhal, já em utilização em diversos países. Entre eles, destacou-se a relevância da Entrevista Cognitiva (EC) para a redução da formação de falsas memórias e para a geração de mais informações corretas; da *Self--Administered Interview* (SAI) para proteção da memória contra os efeitos negativos do tempo; da *Statement Validity Analysis* (SVA) para a detecção da mentira; e do *Reality Monitoring* (RM) para distinção entre memórias originadas de fontes internas e externas.

12. Identificaram-se, na realidade brasileira, inúmeros problemas na legislação e na prática relativas à prova testemunhal. A legislação proces-

sual penal é incipiente e insuficiente para enfrentar e minimizar o problema da falibilidade da prova testemunhal, bem como a prática revela-se ineficaz e contraproducente, elevando, por conseguinte, os riscos de contaminação da testemunha.

13. Faz-se necessário, pois, reformular o sistema jurídico brasileiro no tocante à produção da prova testemunhal, tanto no âmbito da alteração legislativa, quanto, sobretudo, na esfera prática.

14. O conhecimento (e reconhecimento) da falibilidade da prova testemunhal, ante a complexidade da memória humana e a vulnerabilidade da testemunha a inúmeros fatores de contaminação, voluntários e involuntários, é o primeiro passo para a implementação de mudanças efetivas na prática brasileira.

15. Constatou-se que as técnicas de redução do impacto dos fatores involuntários de contaminação da prova testemunhal, a Entrevista Cognitiva e a Entrevista Autoadministrada (SAI), podem ser aplicadas na realidade brasileira, sem prejuízos em suas eficácias. A Entrevista Cognitiva deve ser adotada como modelo padrão de entrevistas de vítimas e testemunhas, nas fases policial e judicial, ao menos até a eventual superveniência futura de outro método que se apresente tecnicamente superior a ela, segundo o entendimento da comunidade científica e a comprovação obtida por diversos estudos empíricos. Por sua vez, a SAI deve ser adotada como protocolo a ser seguido, pela própria testemunha, tão logo o evento ocorra. Ambas as técnicas, EC e SAI, devem ter suas adoções determinadas por atos normativos internos, como resoluções do Conselho Nacional de Justiça, protocolos dos tribunais e resoluções aplicáveis às forças policiais, bem como devem ser consolidadas em *guidelines*, para orientações de uso e treinamento dos atores jurídicos.

16. Nessa mesma esteira, para reduzir a sugestionabilidade da testemunha, devem-se vedar, expressamente, na legislação processual penal, a formulação de perguntas indutivas e sugestivas (conceituando-as, para facilitar a sua identificação), a formulação de perguntas confirmatórias acerca do depoimento anterior da testemunha, a concessão de *feedbacks* positivos e negativos, bem como a leitura da denúncia e de peças do inquérito policial ao depoente, sob pena, em todos esses casos, de nulidade absoluta da prova testemunhal.

17. Todas as entrevistas, mesmo as produzidas em fase de inquérito, deverão ser registradas em meio audiovisual, a fim de que se possa, posteriormente, examinar como foram elas conduzidas, se existiram eventuais fontes de contaminação da memória das testemunhas nas perguntas a ela formuladas ou no comportamento apresentado pelo entrevistador, bem como avaliar as respostas e o comportamento da testemunha. As entrevistas conduzidas em fase pré-investigativa também devem ser gravadas sempre que possível. Quando essa gravação não for viável, deve-se, ao menos, realizar o devido registro escrito da entrevista, tão fiel quanto possível, assim como evitar as perguntas fechadas e sugestivas, comuns nesse primeiro contato com a testemunha.

18. Para reduzir os efeitos do tempo sobre a memória da testemunha, além da aplicação da SAI, faz-se fundamental observar a duração razoável do processo, garantindo-se que a coleta do depoimento testemunhal ocorra em prazo razoável após a percepção do evento. Nas hipóteses de suspensão do curso processual (arts. 92, 93 e 366 do CPP), sugere-se a antecipação da produção da prova testemunhal, em razão do grave risco de perecimento da prova, pela elevada probabilidade de esquecimento dos detalhes do evento pela testemunha.

19. No que tange à coleta de depoimentos de testemunhas crianças e adolescentes, recomenda-se, igualmente, a adoção da Entrevista Cognitiva, combinada com elementos previstos pelo protocolo NICHD.

20. Sugere-se, doutro vértice, para a mitigação da incidência do fator voluntário de contaminação da prova testemunhal, a aplicação combinada de três técnicas de detecção da mentira: a Análise Baseada em Critérios (CBCA), o Monitoramento de Realidade (RM) e a análise do comportamento não verbal da testemunha. Esses métodos combinados funcionariam tal qual uma "perícia" sobre a prova testemunhal, a ser solicitada pela parte interessada, que deverá, para tanto, demonstrar um fundado receio de que o depoimento da testemunha seja falso. O juiz também poderá explorar, durante a entrevista, os recursos a perguntas inesperadas, à divulgação estratégica da prova e à elevação da sobrecarga cognitiva do depoente, a fim de realçar as diferenças entre depoentes sinceros e depoentes mentirosos.

21. Muito embora sejam várias e valiosas as possibilidades de alterações legislativas em matéria de prova testemunhal, é evidente que tal não

modifica, por si, a realidade, pois o problema apresenta extensas e profundas raízes culturais e sociais. Tanto é que as poucas disposições normativas ora vigentes voltadas à elevação da confiabilidade da palavra da testemunha são sistematicamente desrespeitadas pelos atores jurídicos, sem, todavia, motivarem a aplicação de sanção ou o desencadeamento de qualquer consequência jurídica.

22. A alteração legislativa, para ter impacto no plano fático, deve vir acompanhada de uma verdadeira mudança de mentalidade dos atores de justiça. Isso pode ser promovido por meio de programas de conscientização; da inserção de disciplinas de Psicologia do Testemunho na grade obrigatória de cursos de graduação de Direito e na grade optativa da pós-graduação; e de treinamentos extensivos e contínuos para disseminação dos conhecimentos e achados mais recentes da literatura científica. Além da necessária capacitação dos profissionais de Direito para o manejo de boas técnicas de entrevistas com testemunhas e vítimas, a sua aplicação diária deverá ser, periodicamente, vistoriada, sobretudo, para correção de falhas e para a concessão de *feedbacks*.

23. Nessa esteira, a valoração da prova testemunhal também deve estar alinhada com os conhecimentos da Psicologia do Testemunho, sob pena de se esvaziarem todos os esforços empreendidos em uma boa e escorreita produção probatória. Para tanto, de acordo com uma vertente não presuntivista da prova testemunhal, deve-se aferir a inexistência de provas contrárias ao depoimento (possível incidência de fatores de contaminação sobre a testemunha e verificação de elementos probatórios que a desmintam), bem como a existência de provas positivas em seu favor (corroboração com outros elementos probatórios).

24. É necessário, assim, estreitar a relação e o diálogo entre a ciência e a prática, de forma que essas duas esferas se retroalimentem e aprimorem-se consecutivamente. A ciência, por seu lado, deve oferecer as bases teóricas e fornecer caminhos e meios para aprimoramentos das técnicas utilizadas; a prática, por outro, deve apresentar os problemas e as demandas por resoluções, bem como demonstrar os resultados, ao longo do tempo, da aplicação das técnicas sugeridas pela ciência, permitindo, desse modo, a consolidação de boas práticas e a correção de imperfeições.

25. Esse diálogo entre ciência e prática, quando observado nos procedimentos de coleta e valoração da prova testemunhal, tem a capacidade

de produzir, continuamente, melhorias na qualidade da prova, elevando sua confiabilidade e estreitando a correspondência do depoimento com os fatos pretéritos.

26. Em razão de a prova testemunhal ser elemento central ao processo penal brasileiro, o aprimoramento da qualidade epistêmica desse meio de prova é medida necessária e urgente. A elevação da qualidade da prova testemunhal tem o condão de promover a elevação da qualidade das decisões judiciais, aproximando-as, tanto quanto possível, da verdade processual e reduzindo os índices de erros e de injustas condenações.

REFERÊNCIAS

AHARONIAN, Ani A.; BORNSTEIN, Brian H. Stress and Eyewitness Memory. In: CUTLER, Brian L. *Encyclopedia of Psychology and Law* Cutler. Newbury Park, CA: SAGE Publications, p. 01-02, 2008.

ALBRIGHT, Thomas D. Why eyewitnesses fail. *Proceedings of the National Academy of Sciences of the United States of America*, v. 114, n. 30, p. 7758-7764, 2017.

ALBUQUERQUE, Pedro; BULL, Ray; PAULO, Rui. A entrevista cognitiva melhorada: pressupostos teóricos, investigação e aplicação. *Revista Psicologia*, v. 28, n. 2, p. 21-30, 2014.

ALCALÁ-ZAMORA y CASTILLO, Niceto; LEVENE, Ricardo. *Derecho Procesal Penal*. Buenos Aires: Editorial Guillermo Kraft, 1945. Tomo II.

ALTOÉ, Rafael; ÁVILA, Gustavo Noronha de. Aspectos Cognitivos da Memória e a Antecipação da prova testemunhal no Processo Penal. *Revista Opinião Jurídica*, ano 15, n. 20, p. 255-270, jan./jul. 2017.

ALTAVILLA, Enrico. *Psicologia Judiciária*. São Paulo: Saraiva, 1946. v. 1.

ANDRADE, Manuel da Costa. *Sobre as proibições de prova em processo penal*. Coimbra: Coimbra Editora, 2006.

AQUINO, José Carlos G. Xavier de. *A prova testemunhal no processo penal*. 6. ed. São Paulo: Letras Jurídicas, 2015.

ARANHA, Adalberto José Q. T. de Camargo. *Da prova no processo penal*. 3. ed. São Paulo: Saraiva, 1994.

ÁVILA, Gustavo Noronha de. *Falsas memórias e sistema penal*: a prova testemunhal em xeque. Rio de Janeiro: Lumen Juris, 2013.

ÁVILA, Gustavo Noronha de; CECCONELLO, William Weber; STEIN, Lilian Milnitsky. A (ir)repetibilidade da prova penal dependente da memória: uma discussão com base na psicologia do testemunho. *Revista Brasileira de Políticas Públicas*, Brasília, v. 8, n. 2, p. 1058-1073, 2018.

ÁVILA, Gustavo Noronha de; SIQUEIRA, Dirceu Pereira. Acesso à justiça e os direitos da personalidade: elementos para a formação da prova testemunhal no novo código de processo penal, levando a psicologia do testemunho a sério! *Revista Eletrônica de Direito e Sociedade*, v. 6, n. 1, p. 59-77, 2018.

BACCEGA, Maria Aparecida. O estereótipo e as diversidades. *Comunicação & Educação*. São Paulo, n. 13, p. 07-14, dez. 1998.

BADARÓ, Gustavo Henrique. *Processo penal*. 5. ed. São Paulo: Revista dos Tribunais, 2017.

BADARÓ, Gustavo Henrique. Direito à prova e os limites lógicos de sua admissão: os conceitos de pertinência e relevância. In: BEDAQUE, José Roberto dos Santos; CINTRA, Lia Carolina Batista; EID, Elei Pierre (Coords.). *Garantismo Processual*. Brasília: Gazeta Jurídica, 2016.

BADARÓ, Gustavo Henrique. A utilização da hearsay witness na Corte Penal Internacional. Estudo sobre sua admissibilidade e valoração. *Zeitschrift für Internationale Strafrechtsdogmatik*, v. 04, p. 177-188, 2014a.

BADARÓ, Gustavo Henrique. Prova emprestada no processo penal e a utilização de elementos colhidos em Comissões Parlamentares de Inquérito. *Revista Brasileira de Ciências Criminais*, São Paulo, v. 22, n. 106, p. 157-169, jan./fev. 2014b.

BADDELEY, Alan; ANDERSON, Michael C.; EYSENCK, Michael W. *Memória*. Porto Alegre: Artmed, 2011.

BARROS, Romeu Pires de Campos. *Direito processual penal brasileiro*. São Paulo: Sugestões Literárias, 1971. v. 2.

BEAR, Mark F. *Neurociências*: desvendando o sistema nervoso. 2. ed. Porto Alegre: Artmed, 2012.

BELTRÁN, Jordi Ferrer. *La valoración racional de la prueba*. Madrid: Marcial Pons, 2007.

BENN, Piers. Medicine, lies and deceptions. *Journal of Medical Ethics*, v. 27, n. 2, p. 130-134, abr. 2001.

BITENCOURT, Cezar Roberto. *Tratado de Direito Penal*. 6. ed. São Paulo: Saraiva, 2012. v. 5.

BLEFARI, Carlos et al. Investigação de Suspeita de Abuso Sexual Infantojuvenil: O protocolo NICHD. *Temas em Psicologia*, v. 22, n. 02, p. 415-432, 2014.

BOGAARD, Glynis et al. Strong, but Wrong: Lay People's and Police Officers' Beliefs about Verbal and Nonverbal Cues to Deception. *Plos One*, v. 11, n. 6, p. 01-19, jun. 2016.

BOND JR, Charles; DEPAULO, Bella. Accuracy of Deception Judgments. *Personality and Social Psychology Review*, v. 10, n. 3, p. 214-234, 2006.

BRAINERD, C. J.; REYNA, V. F. Fuzzy-Trace Theory. *Current Directions in Psychological Science*, v. 11, n. 5, p. 164-169, out. 2002.

BRASIL, Ministério da Justiça. *Avanços científicos em psicologia do testemunho aplicados ao reconhecimento pessoal e aos depoimentos forenses.* Brasília: Ministério da Justiça, Secretaria de Assuntos Legislativos, IPEA, 2015. (Série Pensando o Direito, v. 59).

BREMNER, J. Douglas et al. Functional neuroanatomical: Correlates of Effects of Stress on Memory. *Journal of Traumatic Stress*, v. 8, n. 4, 1995.

BREWER, Neil et al. How variations in Distance Affect Eyewitness Reports and Identification Accuracy. *Law and Human Behavior*, v. 32, n. 562, p. 526-535, 2008.

BRIGHAM, John C.; BENNETT, Brooke; MEISSNER, Christian A.; MITCHELL, Tara L. The Influence of Race on Eyewitness Memory. In: LINDSAY, R. C. L. et. al. (Ed.). *The Handbook of Eyewitness Psychology: Memory for People.* Nova Jersey: Lawrence Erlbaum Associates, p. 257-276, 2007. v. 2.

BRIGHAM, John C.; RUBY, C.L. *The Criterea-Based Content Analysis and its Utility in Distinguishing Between Truthful and Fabricated Criminal Allegations:* a Critical Review. Floria: Florida State University, 1997. Disponível em: <https://apps.dtic.mil/dtic/tr/fulltext/u2/a283221.pdf>. Acesso em: 30 ago. 2019.

BRUCK, Maggie; CECI, Stephan J. The Suggestibility of Children's Memory. *Annual Review of Psychology*, v. 50, p. 419-439, 1999.

BRUCK, Maggie; CECI, Stephan J. Suggestibility of the Child Witness: A Historical Review and Synthesis. *Psychological Bulletin*, v. 113, n. 3, 1993.

BRUST. Priscila Goergen. *Memória para eventos emocionais*: estudos acerca da acurácia da memória e de informações centrais e periféricas do evento. 2010. Dissertação (Mestrado em Psicologia) – Pontifícia Universidade Católica do Rio Grande do Sul, Porto Alegre, 2010.

BULL, Ray et al. Increasing cognitive load to facilitate lie detection: the benefit of recalling an event in reverse order. *Law and Human Behavior*, v. 32, p. 253-265, 2008.

BULL, Ray et al. Detecting Deceit via Analysis of Verbal and Nonverbal Behavior. *Journal of Nonverbal Behavior*, v. 24, n. 4, p. 239-261, 2000.

BULL, Ray et al. The Cognitive Interview: A Meta-Analysis. *Psychology Crime and Law*, v. 5, p. 03-27, jan. 1999.

BULL, Ray et al. Towards understanding the effects of interviewer training in evaluating the cognitive interview. *Applied Cognitive Psychology*, v. 8, p. 641-659, 1994.

BULL, Ray; FISHER, Ronald; MILNE, Rebecca. Interviewing Cooperative Witnesses. *Current Directions in Psychological Science*, v. 20, n. 1, p. 16-19, 2011.

BULL, Ray; MANN, Samantha; VRIJ, Aldert. Detecting True Lies: Police Officers' Ability to Detect Suspects' Lies. *Journal of Applied Psyhcology*, v. 89, n. 01, p. 137-149, 2004.

BULL, Ray; MEMON, Amina; VRIJ, Aldert. *Psychology* and Law: Truthfulness, Accuracy and Credibility. 2. ed. West Sussex: Wiley, 2003.

BULLER, David et al. *Interpersonal Deception Theory: Examining Deception From a Communication Perspective.* U.S. Army Research Institute for the Behavioral and Social Sciences, 1998.

BULLER, David; BURGOON, Judee K. Interpersonal Deception Theory. *Communication Theory*, v. 6, n. 3, p. 203-24, ago.1996.

CARNELUTTI, Francesco. *As misérias do processo penal.* Trad.: Ricardo Rodrigues Gama. Campinas: Russell Editores, 2013 (e-book).

CARNELUTTI, Francesco. *Lecciones sobre el proceso penal.* Trad.: Santiago Sentís Melendo. Buenos Aires: E.J.E.A., 1950. v.1.

CECI, Stephen J.; ROSS, David F.; TOGLIA, Michael P. Suggestibility of Children's Memory: Psycholegal Implications. *Journal of Experimental Psychology: General*, v. 116, n. 1, p. 38-49, 1987.

CLARK, Noel; GUDJONSSON, Gisli. Suggestibility in Police Interrogation: A Social Psychological Model. *Social Behaviour*, v. 1, p. 73-95, 1986.

CORDERO, Franco. *Procedura Penale.* 2. ed. Varese: Giuffrè, 1971.

COUTINHO, Jacinto Nelson de Miranda. Sistema acusatório: cada parte no lugar constitucionalmente demarcado. *Revista de Informação Legislativa*, v. 46, n. 183, p. 103-105, jul./set. 2009.

CRAIK, Fergus; LOCKHART, Robert. Levels of Processing: A framework for Memory Research. *Journal of Verbal Learning and Verbal-Behavior*, n. 11, p. 671-684, 1972.

CUNHA, Alexandra Isabel da Quintã. *A sugestionabilidade interrogativa em crianças*: O papel da idade e das competências cognitivas. Tese (Doutorado em Psicologia) – Escola de Psicologia da Universidade do Miinho, Minho, 2010.

CUNHA FILHO, Alexandre J. Carneiro da et. al. (Coord.). *48 visões sobre a Corrupção.* São Paulo: Quartier Latin, 2016.

CURCI, Antonietta; LANCIANO, Tiziana. Memory for emotional events: the accuracy of central and peripherical details. *Europe's Journal of Psychology*, v. 7, n. 2, p. 323-336, maio 2011.

DALMAZ, Carla; NETTO, Carlos Alexandre. A memória. *Ciência e Cultura*, v. 56, n. 1, jan. 2004.

DAMASIO, Antonio. *O erro de Descartes*. São Paulo: Companhia das Letras, 2012 (e-book).

DANDO, Coral; WILCOCK, Rachel; MILNE, Rebecca. The Cognitive Interview: The Efficacy of a Modified Mental Reinstatement of Context Procedure for Frontline Police Investigators. *Applied Cognitive Psychology*, v. 23, p. 138-147, 2008.

DEZEM, Gustavo Madeira. *Curso de Direito Penal*. 2. ed. São Paulo: Revista dos Tribunais, 2016 (e-book).

DEZEM, Guilherme Madeira. *Da prova penal*: tipo processual, provas típicas e atípicas. Campinas: Millennium, 2008.

DEPAULO, Bella M. et al. Cues to Deception. *Psychological Bulletin*, v. 129, n. 1, p. 74-118, 2003.

DEPAULO, Bella et al. Lying in Everyday Life. In: *Journal of Personality and Social Psychology*, v. 70, n. 5, p. 979-995, 1996.

DEPAULO, Bella M. et al. The Motivational Impairment Effect in the Communication of Deception: Replications and Extensions. *Journal of Nonverbal Behavior*, v. 12, n. 3, p. 177-202, 1988.

DEPAULO, Bella M.; KIRKENDOL, Susan E. The Motivational Impairment Effect in the Communication of Deception. In: YUILLE, J.C. (Ed.) *Credibility Assesment*. Nato Science. Dordrecht: Springer, 1988. (Series D: Behavioural and Social Sciences, v. 47).

DEPAULO, Bella M.; MORRIS, Wendy L. Discerning lies from truths: behavioural cues to deception and the indirect pathway of intuition. In: GRANHAG, Pär-Anders; STROMWALL, Leif (Orgs.). *The Detection of Deception in Forensic Contexts*. Reino Unido: Cambridge University Press, posição 193-543, 2004 (e-book).

DIAS, Jorge de Figueiredo. *Direito Processual Penal*. Coimbra: Coimbra Editora, 2004.

DIGIÁCOMO, Murillo José; DIGIÁCOMO, Eduardo. *Comentários à Lei n. 13.431/2017*. Curitiba: Ministério Público do Paraná, 2018 (e-book). Disponível em: < http://www.crianca.mppr.mp.br/arquivos/File/publi/caopca/lei_13431_comentada_jun2018.pdf>. Acesso em: 22.11.19.

DIKE, Charles; BARANOSKI, Madelon; GRIFFITH, Ezra. Pathological lying revisited. *The Journal of the American Academy of Psychiatry and the Law*, v. 33, n. 03, fev. 2005.

DOHERTY-SNEDDON, G.; PHELPS, F. G. Gaze aversion: A response to cognitive or social difficulty. *Memory & Cognition*, v. 33, n. 4, p. 727-733, jun. 2005.

EKMAN, Paul. Lying and nonverbal behavior: theoretical issues and new findings. *Journal of Nonverbal Behavior*, v. 12, issue 3, p. 163-175, set. 1998.

EKMAN, Paul. *Telling lies*: Clues to deceit in the marketplace, politics and marriage. New York: W. W. Norton, 1992.

EKMAN, Paul; FRANK, Mark G. Nonverbal detection of deception in forensic contexts. In: O'DONOHUE, William; LEVENSKY, Eric (Ed.). *Handbook of Forensic Psychology: Resource for Mental Health and Legal Professionals*. San Diego: Elvesier Academic Press, p. 635-653, 2004.

ESPÍNOLA FILHO, Eduardo. *Código de Processo Penal Brasileiro Anotado*. 6. ed. Rio de Janeiro: Editor Borsoi, 1965. v. 3.

FEINN, Richard; SULLIVAN, Gail. Using Effect Size – or why the P Value is not enough. *Journal of Graduate Medical Education*. 2012, v. 4, n. 3, set. 2012. Disponível em: <https://www.ncbi.nlm.nih.gov/pmc/articles/PMC3444174/>. Acesso em: 17 ago. 2019.

FEIX, Leandro. *Efeito da emoção na memória de criança*. 2008. Dissertação (Mestrado em Psicologia Social) – Pontifícia Universidade Católica do Rio Grande do Sul, Porto Alegre, 2008.

FEIX, Leandro; PERGHER, Giovanni. Memória em julgamento: técnicas de entrevista para minimizar as falsas memórias. In: STEIN, Lilian Milnitsky et al. *Falsas memórias*: fundamentos científicos e suas aplicações clínicas e jurídicas. Porto Alegre: Artmed, p. 209-227, 2010 (e-book).

FELDMAN, Robert; REICHERT, Andreas; TYLER, James M. The price of deceptive behaviour: Disliking and lying to people who lie to us. *Journal of Experimental Social Psychology*, v. 42, n. 01, p. 69-77, 2006.

FERRAJOLI, Luigi. *Direito e razão*: teoria do garantismo penal. São Paulo: Editora Revista dos Tribunais, 2002.

FERRER BELTRÁN, Jordi. *Prova e verità nel diritto*. Trad.: Valentina Caraveli. Bologna: Il Mulino, 2004.

FERRO, Ana Luiza et al. *Criminalidade organizada – comentários à lei 12.850 de 02 de agosto de 2013*. Curitiba: Juruá, 2014.

FISHER, Ronald et al. Protecting Against Misleading Post-event Information with a Self-Administered Interview. *Applied Cognitive Psychology*, v. 26, p. 568-575, 2012.

FISHER, Ronald et al. Look into my eyes: Can an instruction to maintain eye contact facilitate lie detection? *Psychology Crime and Law*, v. 16, n. 4, p. 327-348, 2010.

FISHER, Ronald et al. Outsmarting the Liars: The Benefit of Asking Unanticipated Questions. *Law Aand Human Behavior*, v. 33, p. 159-166, 2009.

FISHER, Ronald et al. Enhancement of eyewitness memory with the cognitive interview. *The American Journal of Psychology*, v. 99, n. 3, p. 385-401, 1986.

FISHER, Ronald et al. Eyewitness Memory Enhancement in Police Interview. Cognitive Retrievel Mnemonics Versus Hypnosis. *Journal of Applied Psychology*, v. 70, n. 2, p. 401-412, 1985.

FISHER, Ronald; GABBERT, Fiona; HOPE, Lorraine. From laboratory to the street: Capturing witness memory using the Self-Administered Interview. *Legal and Criminological Psychology*, p. 211-216, 2011.

FISHER, Ronald; GABBERT, Fiona; HOPE, Lorraine. Protecting Eyewitness Evidence: Examining the Efficacy of a Self-Administered Interview Tool. *Law & Human Behavior*, v. 33, n. 4, p. 298-307, 2009.

FISHER, Ronald; GEISELMAN, Edward. Interviewing Witnesses and Victims. To appear. In: YVES, Michel St. (Ed.). *Investigative Interviewing: Handbook of Best Practices* (In press), 2014. Disponível em: <https://webcache.googleusercontent.com/search?q=cache:rWqHCV71C6kJ:https://www.psych.ucla.edu/sites/default/files/documents/other/Current_CI_Research.docx+&cd=4&hl=pt-BR&ct=clnk&gl=br&client=safari>. Acesso em: 29.09.19.

FISHER, Ronald; GEISELMAN, Edward. The Cognitive Interview method of conducting police interviews: Eliciting extensive information and promoting Therapeutic Jurisprudence. *International Law and Psychiatric*, v. 33, p. 321-328, 2010.

FITZGERALD, Ryan; PRICE, Heather. Eyewitness identification across the life span: a meta-analysis of age differences. *Psychological Bulletin*, v. 141, n. 6, p. 1228-1265, 2015.

FLORES, Marcelo Marcante. Prova testemunhal e falsas memórias: entrevista cognitiva como meio (eficaz) para redução de danos (?). *Revista IOB de Direito Penal e Processual Penal*, Porto Alegre, v. 11, n. 61, p. 65-76, abr./maio 2010.

FLORIAN, Eugenio. *Delle prove penali*. Milano: F. Vallardi, 1924.

FRANK, Jean; LANDEIRA-FERNANDEZ, J. Rememoração, subjetividade e as bases neurais da memória autobiográfica. *Psicologia Clínica*, Rio de Janeiro, v. 18, p. 35-47, 2006.

GABBERT, Fiona et al. Memory Conformity Between Eyewitnesses. *Court Review: The Journal of the American Judges Association*, v. 48, p. 36-43, 2012.

GABBERT, Fiona et al. "With a little help from my friends...": The role of co-witness relationship in susceptibility to misinformation. *Acta Psychologica*, v. 127, n. 2, p. 476-484, fev. 2008.

GABBERT, Fiona; HOPE, Lorraine; FISHER, Ronald P. Protecting Eyewitness Evidence: Examing the Efficacy of a Self-Administered Interview Tool. *Law Human Behaviour*, v. 33, n. 4, 2009.

GALASINSKI, Dariusz. *The Language of Deception: A Discourse Analytical Study*. Thousand Oaks: SAGE, 2000.

GARRIDO, Eugenio et al. Reality Monitoring Approach: a Review of the Empirical Evidence. *Psychology, Crime & Law*, v. 11, n. 1, p. 99-122, 2005.

GERSHMAN, Bennett L. Child witnesses and procedural fairness. *American Journal of Trial Advocacy: dedicated to the advancement of trial advocacy as a specialty within the law*, Birminghan, v. 24, n. 3, p. 585-608, 2001.

GESU, Cristina Di. *Prova Penal e Falsas Memórias*. Porto Alegre: Livraria do Advogado, 2014.

GESU, Cristina Di; GIACOMOLLI, Nereu José. *As falsas memórias na reconstrução dos fatos pelas testemunhas no processo penal*. Trabalho publicado nos Anais do XVII Congresso Nacional do CONPEDI, realizado em Brasília, em novembro de 2008.

GILOVICH, Thomas; MEDVEC, Victoria Husted; SAVITSKY, Kenneth. The Illusion of Transparency: Biased Assessments of Other's Ability to Read One's Emotional States. *Journal of Personality and Social Psychology*, v. 75, n. 2, p. 332-346, 1998.

GOLDSMITH, Morris; KORIAT, Asher; PANSKY, Ainat. Strategic regulation of grain size in memory reporting over time. *Journal of Memory and Language*, v. 52, p. 505-525, 2005.

GOMES, Décio Luiz Alonso. *Imediação processual penal*: definição do conceito, incidência e reflexos no direito brasileiro. Tese (Doutorado em Direito Processual Penal) – Universidade de São Paulo (USP), São Paulo, 2013.

GOMES FILHO, Antonio Magalhães. Provas – Lei 11.690, de 09.06.2008. In: MOURA, Maria Thereza Rocha de Assis (Coord.). *As reformas no processo penal*: as novas Leis de 2008 e os projetos de reforma. São Paulo: Editora Revista dos Tribunais, p. 246-294, 2009.

GOMES FILHO, Antonio Magalhães. Notas sobre a terminologia da prova (reflexos no processo penal brasileiro). In: YARSHELL, Flávio Luiz et al. (Coord.). *Estudos em homenagem à Professora Ada Pellegrini Grinover*. São Paulo: DPJ Editora, p. 303-318, 2005.

GOMES FILHO, Antonio Magalhães. *Direito à prova no processo penal*. São Paulo: Editora Revista dos Tribunais, 1997.

GORPHE, François. *La critica del testimonio*. 5. ed. Trad.: Mariano Ruiz-Funes. Madrid: Reus, 1971.

GRANDE Enciclopedia Larousse Cultural. São Paulo: Nova Cultura, 1998, v. 7 e 13.

GRANHAG, Pär-Anders; HARTWIG, Maria; STROMWALL, Leif. Practitioners' beliefs about deception. In: GRANHAG, Pär-Anders; STROMWALL, Leif (Orgs.). *The Detection of Deception in Forensic Contexts*. Reino Unido: Cambridge University Press, posição 3012-3316, 2004 (e-book).

GRANHAG, Pär-Anders; STROMWALL, Leif. Research on deception detection: past and present. In: GRANHAG, Pär-Anders; STROMWALL, Leif (Orgs.). *The Detection of Deception in Forensic Contexts*. Reino Unido: Cambridge University Press, posição 66-192, 2004 (e-book).

GRANHAG, Pär Anders; VERSCHUERE, Bruno; VRIJ, Aldert. *Detecting Deception: Current Challenges and Cognitive Approaches*. Nova Jersey: Wiley-Blackwell, 2015.

GRANHAG, Pär Anders; VRIJ, Aldert. Eliciting cues to deception and truth: What matters are the questions asked. *Journal of Applied Research in Memory and Cognition*, v. 1, p. 110-117, mar. 2012.

GRANHAG, Pär-Anders; STROMWALL, Leif (Orgs.). *The Detection of Deception in Forensic Contexts*. Reino Unido: Cambridge University Press, 2004 (e-book).

GRIFFITHS, Andy; MILNE, Rebecca. The Application of Cognitive Interview Techniques as Part of an Investigation. *Consultancy and Advising in Forensic Practice: Empirical and Practical Guidelines*, p. 69-90, mar. 2010. Disponível em: <https://www.researchgate.net/publication/229951700_The_Application_of_Cognitive_Interview_Techniques_as_Part_of_an_Investigation>. Acesso em: 03 out. 2019.

GUDJONSSON, Gisli H. *The psychology of interrogations, confessions and testimony*. Chichester: John Wiley & Sons, 1992.

HARTWIG, Maria; GRANHAG, Pär Anders; LUKE, Timothy. Strategic Use of Evidence During Investigative Interviews: The State of the Science. In: RASKIN, David (Ed.). *Credibility Assessment: Scientific Research and Applications*. Oxford: Elsevier, 2014.

HARTWIG, Maria et al. Detecting deception in suspects: Verbal cues as a function of interview strategy. *Psychology, Crime & Law*, p. 01-14, jan. 2011.

HEALY, William; HEALY, Mary Tenny. *Pathological Lying, acussation, and swindling: a study in forensic psychology*. Boston: Little, Brown, and Company, 1915.

HUANG, Tin Po. *A produção de falsas memórias e sua relação com fatores emocionais e processamentos consciente e automático*. Tese (Doutorado em Psicologia) – Faculdade de Brasília. Brasília, 2009.

IZQUIERDO, Iván. *Memória*. 2. ed. Porto Alegre: Artmed, 2011.

IZQUIERDO, Iván. Memórias. *Estudos Avançados*, São Paulo, v. 3, n. 6, p. 89-112, 1989.

IZQUIERDO, Iván et al. Memória: tipos e mecanismos – achados recentes. *Revista USP*. São Paulo, n. 98, p. 9-16, jun./jul./ago. 2013.

JOHNSON, Marcia K. Memory and Reality. *American Psychologist*, v. 61, p. 760-771, nov. 2006.

JOHNSON, Marcia K. Discriminating the Origin of Information. In: OLTMANNS, T. F.; MAHER, B.A. (Ed.). *Delusional Beliefs*. Nova York: Wiley, p. 34-65, 1988.

JOHNSON, Marcia K.; BUSH, Julie G.; MITCHELL, Karen. Interpersonal reality monitoring: Judging the sources of other people's memories. *Social Cognition*, v. 16, n. 2, p. 199-224, 1998.

JOHNSON, Marcia K. al. Phenomenal Characteristics of Memories for Perceived and Imagined Autobiographical Events. *Journal of Experimental Psychology: General*, v. 117, n. 4, p. 371-376, 1988.

JOHNSON, Marcia K.; RAYE, Carol L. Reality Monitoring. *Psychological Review*, v. 88, n. 1, p. 67-85, 1981.

KAHNEMAN, Daniel. *Thinking, Fast and Slow*. New York: Farrar, Straus and Giroux, 2011 (e-book).

KANDEL, Eric R. et al. *Princípios de Neurociências*. 5. ed. Porto Alegre: AMGH, 2014 (e-book).

KANDEL, Eric R.; SQUIRE, Larry R. *Memória: da mente às moléculas*. Porto Alegre: Artmed, 2003.

KÖHNKEN, Günter. Statement Validity Analysis and the 'detection of the truth'. In: GRANHAG, Pär-Anders; STROMWALL, Leif (Orgs.). *The Detection of Depection in Forensic Contexts*. Reino Unido: Cambridge University Press, posição 545-827, 2004.

KUHBANDNER, Christof et al. Differential binding of colors to objects in memory: red and yellow stick better than blue and green. *Frontiers in psychology*, v. 6, p. 01-11, mar. 2015.

LANGELUDDEKE, Albrecht. *Psiquiatría Forense*. Madrid: Espasa-Calpe, 1972.

LEAL, Antônio Luiz da Câmara. *Código de Processo Penal Brasileiro*. Rio de Janeiro: Livraria Editora Freitas Bastos, 1942. v. 2.

LEONE, Giovanni. *Tratado de Derecho Procesal Penal*. Trad.: Santiago Sentís Melendo. Buenos Aires: Ediciones Juridicas Europa-America, 1963.

LEVINE, Timothy; SHAW, Allison; SHULMAN, Hillary. Increasing Deception Detection Accuracy with Strategic Question. *Human Communication Research*, v. 36, p. 216-231, 2010.

LINDHOLM, Torun; CHRISTIANSON, Sven-Åke. Intergroup Biases and Eyewitness Testimony. *The Journal of Social Psychology*, v. 138, n. 6, p. 710-723, 1998.

LINDSAY, D.S.; JOHNSON, Marcia K. Reality monitoring and suggestibility: Children's ability to discriminate among memories from different sources. In: CECI, S. J.; TOGLIA, M. P.; ROSS, D. F. (Eds.). *Children's eyewitness memory*. New York: Springer-Verlag, p. 92-121, 1987.

LOFTUS, Elizabeth F. Make-Believe Memories. *American Psychologist*, v. 58, n. 11, p. 864-873, 2003.

LOFTUS, Elizabeth F. Creating False Memories. *Scientific American*, v. 277, p. 71-75, set. 1997.

LOFTUS, Elizabeth F.; BANAJI, Mahzarin Rustum. Memory Modification and the Role of the Media. In: GHEORGHIU, V.A.; NETTER, P.; EYSENCK, H. J. *Suggestion and Suggestibility*. Berlim: Springer, p. 279-303, 1989.

LOFTUS, Elizabeth F.; CHRISTIANSON, Sven-Ake. Remembering emotional events: the fate of detailed information. *Cognition and Emotion*, v. 5, n. 2, p. 81-108, mar. 1991.

LOFTUS, Elizabeth F.; CHRISTIANSON, Sven-Ake. Memory for Traumatic Events. *Applied cognitive psychology*, v. 1, p. 225-239, 1987.

LOFTUS, Elizabeth F.; DAVIS, Deborah. Internal and External Sources of Misinformation in Adult Witness Memory. In: LINDSAY, R. C. L et al. *The Handbook of Eyewitness Psychology*. v. 1, Londres: Erbaun Associates Publishers, p. 195-237, 2007.

LOFTUS, Elizabeth F.; LOFTUS, Geoffrey R.; MESSO, Jane. Some facts about "Weapon Focus". *Law and Human Behavior*, v. 11, n. 01, p. 55-62, 1987.

LOFTUS, Elizabeth F.; MILLER, David G.; BURNS, Helen J. Semantic Integration of Verbal Information into a Visual Memory. *Journal of Experimental Psychology: Human Learning and Memory*, v. 4, n. 1, p. 19-31, 1978.

LOFTUS, Elizabeth F.; PALMER, John C. Reconstruction of Automobile Destruction: An Example of the Interaction Between Language and Memory. *Journal of Verbal Learning and Verbal Behaviour*, v. 13, p. 585-589, 1974.

LOFTUS, Elizabeth F.; ZANNI, Guido. Eyewitness testimony: the influence of the wording of a question. *Bulletin of the Psychonomic Society*, v. 5, n. 1, p. 86-88, 1975.

LOMBROSO, Paul. Aprendizado e memória. *Revista Brasileira de Psiquiatria*, v. 26, n. 3, p. 207-210, 2004.

LOPES JR, Aury. *Direito Processual Penal*. 11. ed. São Paulo: Saraiva, 2014.

LOPES JR, Aury; GESU, Cristina di. Falsas memórias e prova testemunhal no processo penal: em busca da redução de danos. *Revista de estudos de ciências criminais*, n. 25, p. 99-132, 2007.

LOPES JR, Aury; SEGER, Mariana da Fonseca. Prova testemunhal e processo penal: a fragilidade do relato a partir da análise da fragilidade perceptiva e do fenômeno das falsas memórias. In: ZALUAR, Alba et. al. *Tensões contemporâneas da repressão criminal*. Porto Alegre: Livraria do Advogado, 2014.

MALAN, Diogo Rudge. *Direito ao confronto no processo penal*. Rio de Janeiro: Lumen Juris, 2009.

MALATESTA, Nicola Framarino dei. *A lógica das Provas em Matéria Criminal*. 2. ed. Lisboa: Livraria Clássica Editora, 1927.

MANZINI, Vincenzo. *Trattato di Diritto Processuale Penale Italiano*. 6. ed. Torino: UTET, 1970. v. 3.

MARQUES, José Frederico. *Elementos de direito processual penal*. Campinas: Millenium Editora, 2009. v. 2.

MEISSNER, Christian A.; BRIGHAM, John C. Thirty Years of Investigating the Own-Race Bias in Memory for Faces: a Meta-Analytic Review. *Psychology, Public Policy, and Law*, v. 7, n. 01, p. 03-35, 2001.

MEMON, Amina; HIGHAM, Philip A. A review of the cognitive interview. *Psychology, Crime and Law*, v. 5, p. 177-196, 2009.

MEMON, Amina; HOPE, Lorraine; BULL, Ray. Exposure duration: Effects on eyewitness accuracy and confidence. *British Journal of Psychology*, v. 94, p. 339-354, 2003.

MEMON, Amina; MEISSNER, Christian; FRASER, Joanne. The Cognitive Interview: A meta-analytic review and study space analysis of the past 25 years. *Psychology Public Policy and Law*, v. 16, n. 4, p. 01-62, nov. 2010.

MEMON, Amina; STEIN, Lilian Milnitsky. Testing the Efficacy of the Cognitive Interview in a Developing Country. *Applied Cognitive Psychology*, v. 20, p. 597-605, 2006.

MEMON, Amina; WRIGHT, Daniel. Eyewitness testimony and the Oklahoma bombing. *The Psychologist*, v. 12, n. 6, p. 292-295, 1999.

MITTERMAIER, C. J. A. *Tratado de la prueba en materia criminal*. 3. ed. Madrid: Imprenta de La Revista de Legislación, 1877.

MOURAO JUNIOR, Carlos Alberto; FARIA, Nicole Costa. Memória. *Psicologia: Reflexão e Crítica*. Porto Alegre, v. 28, n. 4, p. 780-788, dez. 2015.

NICKERSON, Raymond S. Confirmation Bias: A Ubiquitous Phenomenon in Many Guises. *Review of General Psychology*, v. 2, n. 2, p. 175-220, 1988.

NYGAARD, Maria Lúcia Campani; FEIX, Leandro da Fonte; STEIN, Lilian Milnitsky. Contribuições da psicologia cognitiva para a oitiva da testemunha: avaliando a eficácia da entrevista cognitiva. *Revista Brasileira de Ciências Criminais*, São Paulo, v. 14, n. 61, p. 151-164, jul./ago. 2006.

NORONHA, Edgard Magalhães. *Curso de direito processual penal*. 10. ed. São Paulo: Saraiva, 1978.

NUCCI, Guilherme de Souza. *Código Penal Comentado*. 14. ed. Rio de Janeiro: Forense, 2014 (e-book).

ODINOT, Geralda. *Eyewitness confidence: the relation between accuracy and confidence in episodic memory*. 2008. Tese (Doutorado em Psicologia) – Faculty of Social and Behavioural Sciences, Leiden University, The Netherlands, 2008.

ODINOT, Geralda et al. Are Two Interviews Better Than One? Eyewitness Memory across Repeated Cognitive Interviews. *Plos One*, v. 8, n. 10, p. 01-07, out. 2013.

OLIVEIRA, Eugênio Pacelli de. *Curso de processo penal*. 16. ed. São Paulo: Atlas: 2012.

PARKHOUSE, Tom; ORMEROD, Thomas. Unanticipated questions can yield unanticipated outcomes in investigative interviews. *Plos one*, p. 01-22, dez. 2018.

PEIXOTO, Carlos Eduardo; RIBEIRO, Catarina; ALBERTO, Isabel. O protocolo de entrevista forense do NICHD: contributo na obtenção do testemunho da criança no contexto português. *Revista do Ministério Público de Lisboa*, Lisboa, v. 34, n. 134, p. 149-187, abr./jun. 2013.

PERGHER, Giovanni et al. Memória, humor e emoção. *Revista Psiquiátrica do Rio Grande do Sul*, v. 28, n. 1, p. 61-68, jan./abr. 2006.

PERGHER, Giovanni; STEIN, Lilian Milnitsky. Entrevista cognitiva e terapia cognitivo-comportamental: do âmbito forense à clínica. *Revista Brasileira de Terapias Cognitivas*. Rio de Janeiro, v. 1, n. 2, p. 11-20, dez. 2005. Disponível em: <http://pepsic.bvsalud.org/scielo.php?script=sci_arttext&pid=S1808--56872005000200002&lng=pt&nrm=iso>; Acesso em: 27 set. 2019.

PERGHER, Giovanni; STEIN, Lilian. Compreendendo o esquecimento: teorias clássicas e seus fundamentos experimentais. *Psicologia USP*, v. 14, n. 1, p. 129-155, 2003.

PICKEL, Kerri. When a lie becomes the truth: The effects of self-generated misinformation on eyewitness memory. *Memory*, v. 12, n. 1, p. 14-26, 2010.

PICKEL, Kerri. The weapon focus effect on memory for female versus male perpetrators. *Memory*, v. 17, n. 6, p. 664-678, 2009.

PINTO, Luciano Haussen. *Psicologia do testemunho e uma nova técnica de entrevista investigativa:* a versão brasileira da Self-Administered Interview. 2015. Dissertação (Doutorado em Psicologia) – Pontifícia Universidade Católica do Rio Grande do Sul, Porto Alegre, 2015.

PISANI, Mario. *Manuale di Procedura Penale*. Bologna: Monduzzi Editore, 1994.

POOLE, Debra A.; WHITE, Lawrence T. Effects of Question Repetition on the Eyewitness Testimony of Children and Adults. *Developmental Psychology*, v. 27, n. 6, p. 975-986, 1991.

PRADO, Luiz Regis. *Curso de direito penal brasileiro*. 14. ed. São Paulo: Editora Revista dos Tribunais, 2015.

PURVES, Dale et. al. *Neuroscience*. 5. ed. Sunderland, Mass.: Sinauer Associates, 2012.

RAMOS, Vitor de Paula. *Prova testemunhal:* Do Subjetivismo ao Objetivismo. Do isolamento Científico ao Diálogo com a Psicologia e a Epistemologia. São Paulo: Thomson Reuters Brasil, 2018.

REALE JÚNIOR, Miguel. *Código penal comentado*. São Paulo: Saraiva, 2017.

REYNA, Valerie; LLOYD, Farrell. Theories of false memory in children and adults. *Learning and Individual Differences*, v. 9, n. 2, p. 95-123, 1997.

ROEDIGER, Henry; BUTLER, Andrew. The critical role of retrieval practice in long-term retention. *Trends in Cognitive Sciences*, v. 15, n. 1, p. 20-27, jan. 2011.

ROHENKOHL, Gustavo et al. Emoção e falsas memórias. In: STEIN, Lilian Milnitsky et al. *Falsas memórias:* fundamentos científicos e suas aplicações clínicas e jurídicas. Porto Alegre: Artmed, p. 87-100, 2010 (e-book).

ROGERS, Kara. *The eye:* The physiology of human perception. Nova York: Britannica Educational Publishing, 2011.

SADOCK, Benjamin J. et al. *Compêndio de psiquiatria clínica*. Trad.: Marcelo de Abreu Almeida et al. 11. ed. Porto Alegre: Artmed, 2017 (e-book).

SANTOS, Adriana Ribeiro dos; COIMBRA, José César. O Depoimento Judicial de Crianças e Adolescentes entre Apoio e Inquirição. *Psicologia: Ciência e Profissão*, v. 37, n.3, p. 595-60, jul./set. 2017.

SOKOL, Daniel K. Dissecting Deception. *Cambridge Q. Healthcare Ethics*, v. 15, p. 457-464, 2006.

SOUSA, Luís Filipe Pires de. *Prova testemunhal*. Coimbra, Almedina: 2016.

SPORER, Siegfried L. Reality monitoring and detection of deception. In: GRANHAG, Pär-Anders; STROMWALL, Leif (Orgs.). *The Detection of Deception in Forensic Contexts*. Reino Unido: Cambridge University Press, posição 829-1307, 2004.

SPORER, Siegfried L. The Less Travelled Road to Truth: Verbal Cues in Deception Detection in Accounts of Fabricated and Self-Experienced Events. *Applied Cognitive Psychology*, v. 11, n. 5, p. 373-397, 1997.

STEIN, Lilian Milnitsky. As bases teóricas da técnica da recriação do contexto na entrevista cognitiva. *Avances en Psicología Latinoamericana*, v. 33, n. 2, 285-301, 2015.

STEIN, Lilian Milnitsky (Org.). *Falsas Memórias – Fundamentos científicos e suas aplicações clínicas e jurídicas*. Porto Alegre: ARTMED, 2010.

STEIN, Lilian Milnitsky; ÁVILA, Gustavo; BENIA, Luis. Witness interviewing in Brazil. In: WALSH, David; OXBURGH, G. E.; REDLICH, A. D. (Orgs.). *International developments and practices in investigative interviewing and interrogation*. London: Routledge, 2015.

STEIN, Lilian Milnitsky; NYGAARD, Maria Lúcia C. A memória em julgamento: uma análise cognitiva dos depoimentos testemunhais. *Revista Brasileira de Ciências Criminais – IBCCRIM*, São Paulo, Ano 11, n. 43, 2003.

STEIN, Lilian Milnitsky; PINTO, Luciano Haussen. Nova ferramenta de entrevista investigativa na coleta de testemunhos: a versão brasileira da *Self-Administered Interview©*. In: *Revista Brasileira de Segurança Pública*, v. 11, n. 1, p. 110-128, fev./mar. 2017.

STONE, Kevin; WEST, Robin. Age Differences in Eyewitness Memory for a Realistic Event. *Journals of Gerontology, Series B: Psychological Sciences and Social Sciences*, v. 69, n. 3, p. 338-347, mar. 2013.

TARUFFO, Michele. *La prova dei fatti giuridici*. Milano: Giuffrè, 1992.

THE GLOBAL Deception Research Team. A World of Lies. *J Cross Cult Psychol*, v. 37, n. 1, p. 60-74, 2006.

THOMPSON, William C.; CLARKE-STEWART, K. Alison; LEPORE, Stephan. J. What did the janitor do? Suggestive Interviewing and the Accuracy of Children's Accounts. *Law and Human Behavior*, v. 21, n. 4, p. 405-426, 1997.

TORNAGHI, Hélio. *Curso de processo penal*. 7. ed. São Paulo: Saraiva, 1990.

TORNAGHI, Hélio. *Instituições de processo penal*. São Paulo: Saraiva, 1978. v. 4.

TRINDADE, Jorge. *Manual de Psicologia Jurídica para operadores do Direito*. 6. ed. Porto Alegre: Livraria do Advogado, 2012.

TULVING, Endel. What is Episodic Memory? *Current Directions in Psychological Science*, v. 2, n. 3, p. 67-70, 1993.

VALLE FILHO, Oswaldo Trigueiro do. *A ilicitude da prova*: teoria do testemunho de ouvir dizer. São Paulo: Revista dos Tribunais, 2004.

VASCONCELLOS, Vinicius Gomes. *Colaboração premiada no processo penal*. São Paulo: Revista dos Tribunais, 2017.

VENTER, A.; LOUW, D. A.; VERSCHOOR, T. Perception and Memory: Implications for Eyewitness Testimony. *South African Journal of Criminal Justice*. n. 16, p. 137-162, 2003.

VRIJ, Aldert. Verbal Lie Detection Tools: Statement Validity Analysis, Reality Monitoring and Scientific Content Analysis. In: GRANHAG, Pär Anders; VERSCHUERE, Bruno; VRIJ, Aldert (Eds.). *Detecting Deception*: Current Challenges and Cognitive Approaches. Nova Jersey: Wiley-Blackwell, 2015.

VRIJ, Aldert. *Detecting Lies and Deceit: Pitfalls and Opportunities*. 2. ed. West Sussex: John Wiley & Sons, 2008a.

VRIJ, Aldert. Nonverbal Dominance Versus Verbal Accuracy in Lie Detection. *Criminal Justice and Behavior*, v. 35, n. 10, p. 1323-1336, 2008b.

VRIJ, Aldert; GRANHAG, Pär Anders; PORTER, Stephan. Pitfalls and Opportunities in Nonverbal and Verbal Lie Detection. *Psychological Science in the Public Interest*, v. 11, n. 03, p. 89-121, fev. 2011.

WARREN, Amye; HULSE-TROTTER, Katherine; TUBBS, Ernest C. Inducing Resistance to Suggestibility in Children. *Law and Human Behavior*, v. 15, n. 3, p. 273-285, 1991.

WATERMAN, Amanda H.; BLADES, Mark; SPENCER, Christopher. Interviewing Children and Adults: The Effect of Question Format on the Tendency to Speculate. *Applied Cognitive Psychology*, v. 15, n. 5, p. 521-531, 2001.

WEBER, Max. *Ciência e Política: duas vocações*. 20. ed. Trad.: Leonidas Hegenberg; Octany Silveira da Mota. São Paulo: Cultrix, 2013.

WISE, Richard A.; SAFER, Martin A. A Method for Analyzing the Accuracy of Eyewitness Testimony in Criminal Cases. *Court Review: The Journal of the American Judges Association*, v. 48, n. 387, p. 22-34, 2012.

YUKSEL, Yusuf. *Understanding Interpersonal Deception Theory*. Disponível em: <https://www.academia.edu/24202169/Understanding_Interpersonal_Deception_Theory>. Acesso em: 08.08.19.

ZILLI, Marcos Alexandre Coelho. A colaboração premiada nos trópicos. Autonomia das partes e o imperativo do controle judicial. Leituras sobre a Lei 12.850/13 à luz da eficiência e garantismo. In: CUNHA FILHO, Alexandre J. Carneiro da et al. (Coord.). *48 visões sobre a Corrupção*. São Paulo: Quartier Latin, 2016.